Überreicht
Herrn Dr. [illegible]
am 25.08.1989
Peter Koch

Den Freunden
der Waggonfabrik Talbot

Reise um die Welt

Reise um die Welt

Von
Ehrenfried Kluckert
und
Gabriele Steckmeister

Prestel-Verlag
München

Passavia Druckerei GmbH Passau
ISBN 3-7913-0726-6

INHALT

I

FRÜHLING IM WINTER

Gran Canaria

Schneeschauer in Rotterdam

Schlaff hängen die Segel an den Masten. Windstille. Das Schiffsvolk dagegen ist eifrig bemüht, klobige Kisten im Rumpf der Segler zu verstauen. Aufgeregte Gesten. Kommandos scheinen über die träge Wasseroberfläche zu schallen. Ein Tender hat sich vom Schiff gelöst und dümpelt einem weiteren, mächtigeren Segler entgegen. Sein steil aufragendes Heck ist reich mit Ornamenten verziert. Auch die Luken für die Kanonenrohre fehlen nicht. Gerade wird die holländische Flagge gehißt. Ein Windstoß füllt das große Segel. »Klar Schiff zum Ablegen – Kurs Batavia!«

Ein wenig nachdenklich und gleichzeitig mit klopfendem Herzen stehen wir vor diesem Bild. Einer unserer Lieblingsmaler hat es geschaffen: Willem van de Velde. Das dichte Beieinander der Matrosen und Ladeoffiziere, halb eingehüllt von den ockerfarbenen Segeln, wirkt intim. Aber der hohe blaue Himmel, der am Horizont im Dunst mit dem Meer verschmilzt, verheißt Ferne, abenteuerliche Fahrten, exotische Länder.

Wir sind uns schon einig geworden. Wenn es ein Plakat oder eine Postkarte dieser altertümlichen Hafenszene von van de Velde gibt, dann könnten wir unsere Kabine damit schmücken. Wir haben Glück. Das Boymans-van-Beuningen-Museum in Rotterdam bietet eine große Auswahl von Kunstdrucken seiner Schätze an.

Vor dem Museum empfängt uns ein eisiger Regenschauer, mitunter in Schnee übergehend. Gebückt streben wir dem Hafen zu. Die Wolkendecke reißt auf. Ein verlorener Sonnenstrahl blitzt auf das ölige Wasser. Barkassen flitzen hin und her. Ladebäume kreisen. Container werden verschoben.

Lokomotiven pfeifen. Und in der Ferne dampft ein mächtiger Schiffsleib ab. Wir können nicht genau erkennen, um was für einen Typus es sich handelt. Erneut hat sich ein Schneeschauer zwischen uns und das Hafenbecken gesenkt.

Nun haben wir die neue Willemsbrug erreicht. Sie überspannt den breiten Maasarm und führt hinüber nach Feijenoord, dort wo unser Schiff, die ›Alexandr Pushkin‹, auf uns und viele Passagiere wartet.

Langsam dürfte sich der Terminal an der Wilhelmina-Kade füllen. Koffer und Kisten und viele Männer und Frauen, die erwartungsvoll zum Schiff hochschauen, haben sich sehr wahrscheinlich schon eingefunden. Wir lassen uns Zeit, denn es sind noch viele Stunden bis zum Ablegen des Passagierdampfers. Wir wollen die letzten Stunden allein sein. Drei Monate mit über vierhundert Passagieren warten auf uns. Und da wir diese Weltreise lektorieren, zu jeder Station also Vorträge halten, wird es sehr bald nur noch ein ganz eingeschränktes Privatleben geben. Außerdem ist jetzt Zeit für einen Abschiedstrunk, für einen zünftigen Seemannstrunk, der die Beklemmungen löst und das innere Frösteln auftaut, das uns jetzt, so kurz vor der Abfahrt, doch befällt.

Schon gestern Mittag ist uns eine Hafenkneipe, ein schummriges Seemannsloch, aufgefallen. Die verräucherte Bude ist gemütlich. Im Hintergrund plärrt eine Musikbox. An den Wänden über der Theke kleben Münzen und Geldscheine verschiedener Nationen. Ein ausgestopftes Krokodil hängt von der Decke herunter. Ein Fischernetz mit Korkschwimmern ist um eine Säule gewunden. Und die bekannten Kugelfische der Karibik dienen als stachelige Lampe. Fast schon zu typisch das Interieur. Aber uns gefällt es. Wir fühlen uns wohl, umgeben von diesem Plunder. Wir müssen an das Gemälde von van de Velde denken. Anders dürften Hafenkneipen um 1700 auch nicht eingerichtet gewesen sein.

Der Wirt kommt mit einer ›lütschen Lage‹ ’rüber. Prost! Prost auf die Welt! Und dann noch ein Bier. Jetzt fühlen wir uns stark und ganz mutig. Wir lachen über die kleinen Ängste und freuen uns auf das Schiff, auf das Meer.

Stürmisch wird es werden. Vielleicht schon heute Nacht, wenn wir die Maasmündung erreicht haben und auf den Kanal zuhalten. Morgen werden wir die Biskaya erreicht haben. Bis nach Gran Canaria, unserer ersten Station, sind es fünf Seetage. Da kann einiges passieren ...

Auf Kurs des Kolumbus

Sturm in der Biskaya. Das war auch nicht anders zu erwarten im Januar. Das Schiff hält sich gut mit seinen 20000 BRT. Tief taucht der Bug in die aufgewühlte See. Gischt spritzt über die Reling. Jede siebte Welle soll ja eine besonders hohe Welle sein. Aber wo sollen wir anfangen zu zählen? Einige Wellen sind tatsächlich höher als die anderen. Dann geht ein Zucken durch den Schiffsleib – so als ob es geschüttelt würde. Wir stehen oben auf dem Peildeck. Die kalte frische Luft tut gut. Etwas mulmig ist uns in der Magengegend. Aber so richtig seekrank sind wir nicht. Nun ist der Sturm auch kein richtiger Sturm. Windstärken bis 8 sind angesagt. Ob wir wohl einen richtigen Orkan erleben werden, im Pazifik oder im Chinesischen Meer? Noch sind wir ja fast zu Hause, hier in der Biskaya.

Einige Passagiere kommen über das Deck. Sie stemmen sich gegen die Windböen und nicken uns freundlich zu. Sie haben uns, die Lektoren, wiedererkannt. Gestern Abend wurde neben der russischen auch die deutsche Besatzung vorgestellt. Und da die Lektoren alles über das Reisegebiet wissen sollen, kommt auch schon unter einem dicken Wollschal die erste Frage auf uns zu:

»Warum ist die Biskaya eigentlich immer so stürmisch?« Eine gute Frage. Aber um eine exakte Antwort sind wir im Augenblick etwas verlegen und versuchen uns mit »Golfstrom von Süden« und »Kalte Luftschicht von Norden« an das Problem heranzutasten. »Genaueres werden Sie dann im Vortrag hören!«

So ganz falsch liegen wir mit unserer Vermutung nicht. Unten in unserer Kabine greifen wir ins gerade eingerichtete Bücherregal und orientieren uns über Biskaya-Stürme. Der

Golfstrom, die ›Warmwasserheizung Europas‹, fließt nicht gleichmäßig nordostwärts durch den Nordatlantik. Der Strom pendelt in seiner Richtung hin und her. Wahrscheinlich hängt das mit den unterschiedlichen Windgeschwindigkeiten der Passatzone zusammen. So kommt es, daß über eine so große Entfernung von mehreren tausend Seemeilen Warmwassermassen an die Küsten Nordeuropas ›gestrudelt‹ werden. Diese treffen – besonders im Winterhalbjahr – auf eiskalte nördliche Luft- und Wasserströme, die südwärts ziehen. Die warmen Golfstrudel vermischen sich also auf ihrem Weg nach Europa in der Biskaya mit kaltem Wasser. Das erzeugt die Turbulenzen.

Wir haben die Biskaya verlassen. Das Meer ist ruhig, und die Luft wird von Tag zu Tag wärmer. Die ersten Liegestühle werden ausprobiert. Einige Passagiere haben sich schon in windstille Ecken gelegt, dick vermummt und eingehüllt in Wolldecken.

Wir müssen uns eigentlich schon in den Gewässern befinden, die damals Kolumbus durchfahren hat, um Indien zu erreichen. Sein Kurs war zunächst: Süd-Süd-West. Er hielt auf die Kanarischen Inseln zu. Von 1484 bis 1486 soll er sich auf La Gomera niedergelassen haben. Später war er Gast in Las Palmas bei Antonio de Torres, dem Militärgouverneur von Gran Canaria. 1492 landete er dann in der Bucht von Gando auf Gran Canaria, ließ seine Schiffe überholen und verproviantierte seine Mannschaften für die ungewisse Fahrt. Unter anderem lud er Orangen, Zitronen, Zuckerrohr und Bananen, um sie später in Westindien einzuführen. Kolumbus hat also nicht nur uns die Kartoffel gebracht, sondern den Amerikanern die eben genannten Güter.

Die Kanarischen Inseln

Gando ist heute der Flughafen von Gran Canaria, er liegt etwa 25 Kilometer südlich von Las Palmas. Während wir in den frühen Morgenstunden in den Hafen von Las Palmas einlaufen, hören wir von fern das Dröhnen eines Jets. Er hat schon an Höhe gewonnen und beschreibt nun über der Stadt eine weite Kurve in nordöstlicher Richtung. In wenigen Stunden wird er Europa erreicht haben, vielleicht Madrid oder Frankfurt ...

Die Kanarischen Inseln, besonders Las Palmas auf Gran Canaria, sind europäisch, spanisch. Das waren sie schon zur Zeit des Kolumbus. Obwohl er viele Tage, fast Wochen brauchte, um diese Inseln zu erreichen, befand er sich immer noch in der Heimat. Seit 1344 bemühten sich die Spanier um die Inseln, genauer war es zunächst einmal der französische Papst Clemens VI., der von Avignon aus seine Besitzungen vergrößern wollte, da ihm Italien verloren schien. Er ernannte Luiz de la Cerda, einen Urenkel des Königs Alfons von Kastilien, zum ›König der Kanaren‹. Dieser aber weigerte sich, auszuwandern. Er verzichtete auf diese Auszeichnung und blieb in Spanien. Vielleicht auch deswegen, weil er Kunde von den ›Guanchen‹ hatte, den Einwohnern der Kanarischen Inseln.

Diese galt es ja zunächst einmal zu besiegen und zu vertreiben, bevor die eigene Herrschaft gefestigt werden konnte. Etwa hundert Jahre später gelang es den Spaniern, sich mit den Guanchen zu arrangieren. Im Jahre 1464 schließt Diego de Herrera ein Abkommen mit den Guanchen-Königen, eine Festung auf Teneriffa bauen zu dürfen. Diese benutzt er schließlich, um die Insel zu erobern. Doch die Burg, an der Stelle des heutigen Santa Cruz de Tenerife, wird gestürmt und zerstört, das spanische Heer restlos aufgerieben.

In der Folgezeit kreuzen immer wieder spanische Kriegsschiffe vor den Küsten. Sie versuchen zu landen und ins Landesinnere vorzudringen. In den meisten Fällen werden sie zurückgedrängt oder in blutigen Kämpfen vernichtet. Entscheidend wird das Jahr 1494. Es gelingt Don Alonso de Lugo, auf Teneriffa Fuß zu fassen und ein Ritterheer in Stellung zu bringen. In einer ersten Schlacht muß er sich geschlagen geben. Der Spanier verliert über zweitausend Ritter. In einer zweiten, offensichtlich besser organisierten Auseinandersetzung können dann die spanischen Ritter das Heer der Guanchen bezwingen. Kurze Zeit später wütet unter den Guanchen die Pest. Das bricht ihren Widerstand.

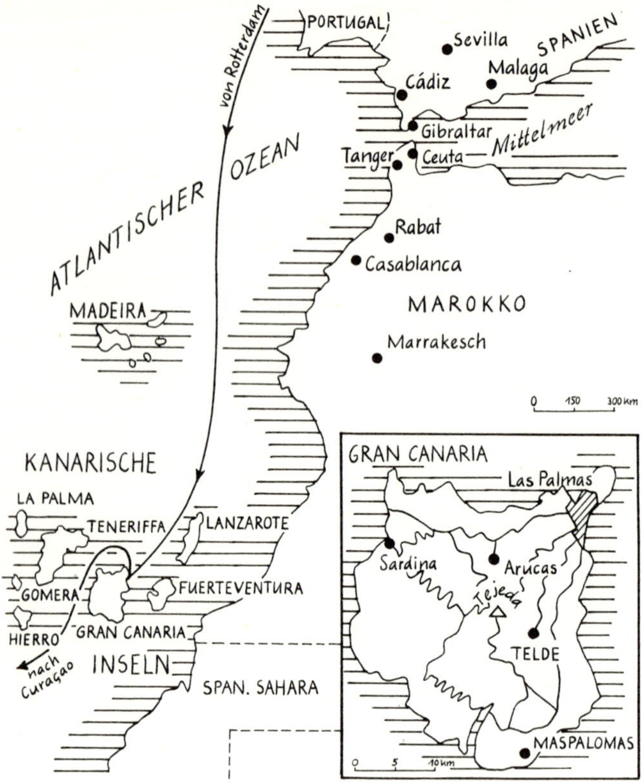

Nach mehreren kurzen Waffengängen gehören die Inseln den spanischen Herren.

Wer waren die Guanchen, dieses kampfstarke Volk, das von den Spaniern niedergemetzelt wurde? Es gibt eine allerdings nicht sehr überzeugende Hypothese: Vermutlich handelte es sich um die ›Wandschen‹, um die Vandalen also, jenen ostgermanischen Stamm, der im Verlauf der ersten christlichen Jahrhunderte vom hohen Norden über die Pyrenäen nach Spanien und weiter über die Meerenge von Gibraltar nach Nordafrika gezogen ist und dort ein Reich gegründet hat. Längere Zeit beherrschten sie von Afrika aus das Mittelmeer, zogen 455 unter Geiserich nach Rom, brandschatzten und plünderten es. Hundert Jahre später unterlagen sie dem byzantinischen Feldherrn Belisar, der übrigens vom Heer der gotischen Königin Amalaswintha, der Tochter Theoderichs des Großen, unterstützt worden ist. Reste des geschlagenen Heeres sollen dann nach Südmarokko geflohen und von dort, um eine sichere Bleibe zu finden, auf die Inseln übergesetzt sein. Aber wie gesagt, hier handelt es sich um eine Spekulation.

Im Museo Canario, dem bedeutendsten Historischen Museum der Kanarischen Inseln, das unweit der Kathedrale von Las Palmas liegt, wird die Geschichte der Guanchen in vielen Einzelheiten entfaltet. Besonders interessant sind die keramischen Gefäße, deren Muster teilweise in einer antikisierenden Formensprache gehalten sind. Außerdem – und das ist ein Indiz für einen möglichen Kontakt zum westlichen Mittelmeerraum – ist der Totenkult, der bei den Guanchen eine große Rolle gespielt hat, verwandt mit demjenigen von Griechenland oder dem alten Rom: Sie glaubten an ein Weiterleben nach dem Tode und versahen daher den mumifizierten Leichnam, der in Felshöhlen bestattet wurde, mit Geräten des alltäglichen Lebens und mit Nahrungsmitteln. Übrigens bestanden ihre Handwerkszeuge aus Obsidian, einem besonders harten vulkanischen Gesteinsglas, oder aus Basalt. Metalle sind auf Vulkaninseln bekanntlich nicht zu finden. Deswegen konnten sie auch nur Holz- oder Steinwaffen benutzen.

Las Palmas de Gran Canaria

Las Palmas wird immer wieder als die Stadt der Kanarischen Inseln hervorgehoben, in der die meisten Attraktionen geboten werden. Aber was sind das für Attraktionen? Der Welthafen ist laut und schmutzig. Eine mehrspurige Stadtautobahn trennt ihn vom sogenannten Einkaufsparadies (eine weitere Attraktion). Aber hier, in der Neustadt von Las

Palmas, sind wir nicht mehr auf den Kanarischen Inseln, allenfalls in einer spanischen Metropole. Geschäfte, Souvenierläden, Straßencafés – dieses Szenarium ist austauschbar. Im Dunst der Abgaswolken unzähliger Autos und vor einer schauerlichen Lärmkulisse der Badestrand Las Canteras. Jetzt im Januar sieht er öde, fast schon morbide aus. Die Promenadencafés haben um elf Uhr noch geschlossen. Das Meer? Wir haben es nicht geprüft, aber wir wissen: Ganz in der Nähe breitet sich der Welthafen aus …

Wo liegt also das Las Palmas von Gran Canaria? Etwa zwei Kilometer südlich von Las Canteras beginnt die Gartenstadt *Ciudad Jardín,* ein recht vornehmes Viertel, in dem das Luxus-Hotel der Stadt, Santa Catalina, steht. In der Nähe das sogenannte kanarische Dorf, Pueblo Canario. Es handelt sich hier um so etwas wie ein Museumsdorf, entstanden zwischen 1887 und 1933. Hier wird, kurz gesagt, ›Typisches‹ präsentiert, beispielsweise kunsthandwerkliche Objekte. An Donnerstagen und Sonntagen finden Volkstänze statt. Als typisch empfanden wir weder das eine noch das andere, eher touristisch. Was wir suchen, haben wir noch nicht gefunden. Aber was suchen wir eigentlich? Vielleicht *das* Las Palmas von Gran Canaria. Angesichts eines Drachenbaumes vor einem prachtvollen Palast aus dem 19. Jahrhundert wähnten wir uns endlich in ›Kanarien‹. Die Dracaena, nur noch in wenigen Exemplaren auf der Insel wachsend, gehört zu den ältesten Bäumen der Welt. Sie wuchs, als die Alpen entstanden sind und die ersten Säugetiere auf der Erde lebten – im Tertiär, vor sechzig Millionen Jahren. Aus diesem Baum haben die Guanchen einen blutroten Saft gewonnen, den sie für die Einbalsamierung ihrer Toten verwendeten.

Wir streifen durch *La Vegueta,* durch die Altstadt. Die Gassen sind zu eng, als daß Autos sie in einem mörderischen Tempo passieren könnten. Bald verstummt auch das Hupen, zumindest wird es immer leiser. Statt dessen neue Geräusche: Offene Läden und Werkstätten, in denen palavert, gehämmert und gesägt wird. Alltagsgeräusche, die an eine ferne, vergangene Zeit erinnern. Hier ist sie noch präsent. Schon unterbricht ein rasch anschwellendes Tuten diese intimen

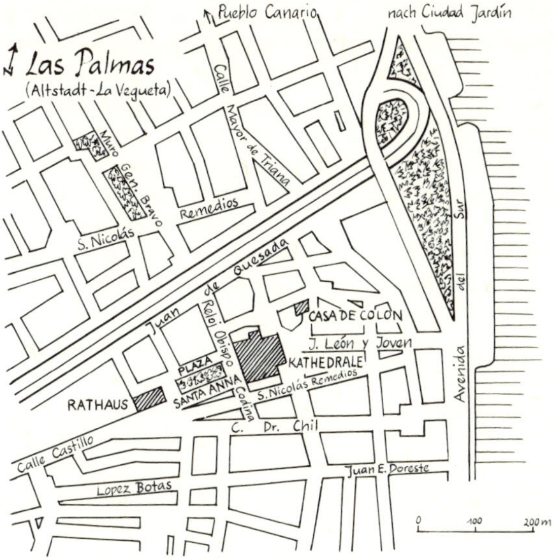

Geräusche. Vor uns breitet sich ein großer Platz aus, die *Plaza Santa Ana.* An ihrer Stirnseite erhebt sich das stattliche Rathaus und gegenüber die graue Basaltstein-Fassade der *Kathedrale Santa Ana.* Im Augenblick interessieren uns aber die vier großen Hunde aus Bronze am meisten. Wie wachsame Jagdhunde sehen sie aus. Sie scheinen einerseits den Platz und dann vielleicht auch die Portale des Gotteshauses zu bewachen. Was die Eule für Athen ist, das sind die Hunde für Gran Canaria, überhaupt für die Kanarischen Inseln. Mit der Weisheit jenes Nachtvogels können die Hunde allerdings nicht mithalten. Sie haben der Inselgruppe lediglich ihren Namen gegeben. Der römische Universalhistoriker Plinius d. Ä. soll diese Inseln so getauft haben, weil ihm von großen Hunden (lat. ›canes‹), die dort lebten, berichtet worden war. Einem »König von Mauretanien«, so Plinius, sind zwei dieser großen Hunde zum Geschenk gemacht worden. Die Kanaren scheinen heute immer noch stolz auf die Herkunft ihres Namens zu sein – es sind noch viele Hundesymbole auf den

Inseln und besonders in Las Palmas zu finden. Und wenn wir schon bei den immer wieder interessanten Namenserklärungen sind, sollten wir natürlich auch die Kanarienvögel erwähnen. Die bei uns so beliebten Sänger sind hier zu Hause. Das stimmt allerdings nicht ganz. Die Kanaren sprechen von ›pájaro de Amburgo‹, vom Vogel aus Hamburg also. Tatsächlich ist die Heimat der Vögel, die wir kennen, Deutschland, genauer der Harz. Schon zu Kolumbus' Zeiten haben Seeleute die munteren kleinen Vögel mit dem hellen Gesang als Souvenir mit in die Heimat genommen. Damals sahen sie noch grau-braun aus, so wie bei uns die Spatzen. Irgendwann sind sie auf diese Weise nach Deutschland gelangt. Im Harz wurde ihnen dann ein gelbes oder weißes Gewand angezüchtet. Ihr Name: Harzer Roller. Als diese Vögel später wieder nach Gran Canaria oder Teneriffa exportiert wurden, übernahmen die Kanaren nicht den merkwürdig klingenden Zuchtnamen, sondern wählten den Namen der Verladestation, die auf den Kisten stand: ›Amburgo‹. Auf den Kanarischen Inseln trällern also zwei Arten von Kanarienvögeln, die gelben ›pájaros de Amburgo‹ und deren spatzengleiche Urahnen.

Las Palmas, dieser Name soll schließlich auch noch erklärt werden: Er geht auf ein Soldatenlager spanischer Besatzungstruppen zurück. Sie hatten ihre Zelte inmitten eines Palmenhains aufgeschlagen. Das muß kurz vor 1478, dem Gründungsjahr der Stadt, gewesen sein, und die Soldaten gehörten wahrscheinlich zum Heer des Generals Juan Rejon, der von hier aus die Insel eroberte.

Nun stehen wir vor dem Eingang der *Kathedrale*. Der katholische Ernst, der Heiterkeit und Ausgelassenheit mit strengem Auge bewacht, wird unterstrichen vom graubraunen Basalt. Mächtig, fast schon ungeheuerlich wirken die Pilaster, gar nicht einladend, eher trutzig und wehrhaft. Eigentlich müßten die nunmehr zart und fast schon ängstlich wirkenden Hündchen vor diesem Bauwerk zurückschrekken. Nein, eine Paradiesespforte kann diese Fassade kaum genannt werden. Warum auf diesem paradiesischen Eiland eine so trutzige, für manche sicherlich unfreundlich wirkende Kirche? Vielleicht, weil die Insel paradiesisch ist, eine Konkurrenz also zum himmlischen Paradies, die mit aller Strenge zurückgewiesen werden muß: Seligkeit erst im Himmel – auf Erden ein Jammertal! Und ein Jammertal sind diese ›Inseln des ewigen Frühlings‹ keinesfalls. Schon im Altertum haben Homer und Plutarch die Kanarischen Inseln als Inseln der Glückseligkeit und Elysische Gefilde gepriesen. Die Christen mußten dann diese ›Leichtfertigkeit‹ korrigieren – wahrscheinlich mit einem zu strengen Zeigefinger.

Die klassizistische Fassade aus der Zeit um 1800 stammt von einem heimischen Architekten und Bildhauer. Sein Name ist Lujan Pérez. Auch die zahlreichen Heiligenstatuen im Innern sind von seiner Hand. Die Baugeschichte geht bis auf das 15. Jahrhundert zurück. Kurz nach der Gründung der Stadt Las Palmas wurde der Grundstein gelegt. Hundert Jahre später, gegen 1570, ist die Kirche eingeweiht worden. Und weitere hundert Jahre später haben Barockbaumeister Umbauten vorgenommen, so daß im Innenraum ein merkwürdiger Kontrast auffällt: ein üppig gestalteter Barockaltar sowie bewegte Pilasterverzierungen, darüber ein feingliedriges gotisches Rippengewölbe.

In der Sakristei befindet sich der Kirchenschatz und hier, endlich, eine heitere Note im tristen Dämmer des Sakralraumes: Die Emaillearbeit, ein kostbares, mit spielerischen Verzierungen versehenes Pacem (Kußtäfelchen), stammt vom berühmten Italiener Benvenuto Cellini. Ob das ebenfalls dort hängende Bischofsporträt von Francisco de Goya gemalt worden ist, möchten wir allerdings sehr bezweifeln.

Nun aber hinaus, entweder mit dem Lift in die Höhe auf den Turm, um einen grandiosen Ausblick über Stadt, Insel und Meer zu genießen, oder unten bleiben, um den beschaulich romantischen Kreuzgang aufzusuchen. In der Nähe der Kirche können einige Adelspaläste besucht werden. Auffallend der typisch spanische Kolonialstil der *Casa de Colón* gegenüber dem Chor von Santa Ana. Das Gebäude, in dem die ersten Gouverneure der Insel residierten und in dem sich Kolumbus mehrmals als Gast aufgehalten haben soll, wurde gleich nach der Gründung der Stadt erbaut. Die Portalrahmung, die über den ersten Stock hinausgreift, ist üppig und erinnert an romanischen Bauschmuck, so wie er an entsprechenden abendländischen Kirchen angetroffen wird. Mehrmals übereck geführte Zierleisten sind mit Figuren, Pflanzen und Tieren versehen: Gelängte Löwenleiber, sprießende Knospen, symmetrische Blätterstrukturen, kleine geschwungene Menschenleiber und zusammengekauerte Tiere oder Monstren, die als Konsolen dienen, sorgen für ein phantasiereiches Spiel, das in einem krassen Gegensatz zu den glatten, weiß getünchten Wandflächen steht. Den holzgeschnitzten Balkon- und Fensterformen werden wir jenseits des Atlantiks in der Neuen Welt wiederbegegnen. Bemerkenswert ein typisch kanarischer Balkon aus Pinienholz im Innenhof. Die Brüstung ist äußerst diffizil gestaltet. Die Dichte des Ornamentwerks erinnert ein wenig an die wuchernd-lebhaften Formen der Portal- und Fensterverzierungen.

Von den Innenräumen waren wir etwas enttäuscht, denn uns ist schnell klar geworden, daß dieses Haus nach dem großen Entdecker und Seemann nur deswegen benannt wurde, weil er hier im Jahre 1492 einige Nächte vor seiner großen Fahrt verbracht hatte. Von einem Kolumbus-Museum kann also keine Rede sein. Nur die wenigsten museal etwas unbeholfen arrangierten Gegenstände erzählen etwas über seine Person und seine Unternehmungen. Den Erläuterungen sollte man ebenfalls etwas skeptisch gegenüberstehen. Ist es wirklich wahr, wie behauptet wird, daß der Aufenthalt auf den Kanarischen Inseln seine ›Amerikafahrt‹ erst möglich gemacht hat? Das Kolumbus-Haus, das sei abschließend bemerkt, erweist sich als Gouverneurspalast.

Viel Zeit bleibt nicht mehr auf Gran Canaria, und wir sind nach unseren Streifzügen durch Las Palmas nicht mehr sicher, ob wir den Aufenthalt richtig genutzt haben.

Viel hat die Stadt eigentlich nicht geboten. Auch die Altstadt, La Vegueta, hat uns ein wenig enttäuscht, gerade dann, wenn sie mit ähnlichen mediterranen Altstädten verglichen wird. Wäre ein Ausflug ins Landesinnere lohnender gewesen? Für unsere Passagiere wurde der Ausflug zum

Cruz de Tejeda besonders empfohlen. Hier, vor einem steinernen Christus am Kreuz in 1450 Meter Höhe, soll ein unvergleichlicher Ausblick auf die vielfältige Insellandschaft möglich sein. Noch interessanter die Fahrt selbst. Nach jeder Kurve, und deren gibt es unzählige, eine Überraschung: ein verträumtes Dorf, Pinienwälder, Bananenplantagen oder der Einblick in eine tiefe, schwindelerregende Schlucht. Viele Passagiere haben diesen Ausflug unternommen und waren begeistert. Nun, heroische Landschaften werden wir sicherlich noch erleben, sagten wir uns und waren nicht traurig, auf die von Gran Canaria verzichtet zu haben. Die Fahrt nach Maspalomas, jenem mondänen Badeort mit wüstengleichen Stranddünen im Süden der Insel, wollten wir bewußt nicht unternehmen. Hotelpaläste am Meer? Nein, dann doch lieber eine kurze Autobusfahrt hinauf nach Telde, der zweitgrößten Stadt der Insel.

Der Altar von Telde

Telde wird immer im Zusammenhang mit dem großartigen flämischen Schnitzaltar aus dem Spätmittelalter genannt. Wir mußten schmunzeln, daß uns wieder ein Stück europäische Kultur, fast schon heimische Kultur, angezogen hat. Im Verlauf der Reise über die Weltmeere sollten wir dann immer wieder bemerken, daß wir Europa eigentlich nie verlassen hatten ...

Das Überraschende am Altar, der im Chor von San Juan steht, ist seine Frische. Ja, er wirkt so, als ob er in den letzten Tagen vollendet worden wäre. Vielleicht halten sich die flämischen Schnitzer noch irgendwo in der Nähe in einer Bodega auf und feiern ihr Meisterwerk. Uns fallen die niederrheinischen Altäre von Kalkar oder Xanten ein, deren Stil ähnlich ist. Aber ihre Figuren wirken alt und abgenutzt, während diejenigen von Telde eben jugendlich erscheinen. Das Meisterwerk einer gerade abgeschlossenen Restaurierung also? Nein, ein Padre belehrte uns, daß für den ungewöhnlich guten Erhaltungszustand das günstige Inselklima verantwortlich sei. »So«, fuhr er fort, »müssen Sie sich alle

Altäre, die im Spätmittelalter geschnitzt wurden, vorstellen.« Und dann mit einem verschmitzten Lachen: »Leider ist nur einer von ihnen nach Gran Canaria gelangt.« In sechs vergoldeten Tafeln berichtet der Altar vom Leben, vom Tod und von der Apotheose Mariens. Viel Volk ist zu sehen. Die flachen Figurenräume sind ausgefüllt. Dicht an dicht stehen Männer und Frauen teilweise in vornehmer Kleidung und bedrängen sich manchmal sogar schon in ihren Bewegungen und hoheitsvollen Gesten.

Merkwürdig, wir stehen vor diesem Altar, der uns doch so vertraut sein sollte, und betrachten ihn wie einen kulturellen Fremdkörper im Rahmen unserer Reise. Die Karibik, Azteken-Pyramiden und Südsee-Atolle erwarten uns. Darauf hat sich unsere Erwartung gerichtet, da ist kein Platz mehr für ›niederrheinische Spätgotik‹ – schon gar nicht auf Gran Canaria, diesem traditionellen Sprungbrett für die Neue Welt.

Auf der Fahrt hinunter nach Las Palmas, zum Hafen und zur Pier, an der das Schiff festgemacht hat, zählen wir noch einmal unsere Erlebnisse auf und kommen zu dem Schluß, daß der Drachenbaum uns am meisten beeindruckt hat. Las Palmas, Gran Canaria – abschließend haben wir das Gefühl, daß wir dieser Insel nicht gerecht geworden sind. Das liegt sicherlich nicht am kurzen Aufenthalt, wohl aber daran, daß wir insgeheim mit den Gedanken schon jenseits des Atlantiks waren.

2

NOVA ATLANTIS

»Schwimmen wir bereits über den goldenen Zinnen des versunkenen Kontinents Atlantis, oder haben wir schon die Roßbreiten erreicht?« Wir schauen den älteren Herrn, der uns mit dieser Frage eigentlich nur »Guten Morgen« sagen wollte, überrascht an. Er winkt gleich darauf ab und schüttelt den Kopf. »Das Wasser sieht überall gleich aus. Es hat die Farbe des Himmels – ob in der Ostsee oder im Pazifik. Sie werden schon sehen, wenn der Himmel vor Tahiti genauso verhangen ist wie hier ...«

Er lacht und wir schmunzeln. Manchmal ist es nicht einfach, die Gedankensprünge einiger Passagiere nachzuvollziehen. Aber wir glauben schon zu wissen, was für ein Anliegen ihn zu uns an die Reling geführt hat: ein wenig Unterhaltung nach dem Frühstück. Warum auch nicht. Wir lassen uns auf ein Gespräch ein und erfahren von einem kleinen Dorf im Sauerland, das durch einen geplanten Stausee bedroht ist. »Die wollen das Dorf einfach vollaufen lassen, so daß nur die Kirchturmspitze zu sehen ist.«

Deswegen wohl seine ›Atlantis-Assoziation‹. Wir hören noch viel von seinen Enkelkindern, die schon längst das Dorf verlassen haben. Auch Ältere halten es dort nicht mehr aus und sind müde, gegen den geplanten Staudamm zu kämpfen.

Schweigend schauen wir über die Reling ins Meer. Wie schnell doch die Erinnerungen an zu Hause wach werden. Vielleicht ist es tatsächlich so: In dem Maße, in dem wir uns von der Heimat entfernen, rückt sie immer näher, viel näher, als sie es zu Hause jemals vermochte. Angesichts der Atlantik-Wellen mag sich das Zuhause sogar noch verklären, es wird mit einem goldenen Schein versehen. Unser Gesprächspartner macht sich langsam wieder auf den Weg. Er fragt noch nach dem Deck und der Bar, wo Otto auf der elektrischen Orgel zum zweiten Frühstück aufspielen wird, winkt uns zu und schlendert langsam nach achtern.

Da soll ein Dorf im Sauerland einfach in einem Stausee verschwinden. Uns fallen Rungholt und Vineta ein. Seefahrer sollen ja die Glocken der Kirchen gehört haben, wenn sie über die bewegte Wasseroberfläche der Stadt gesegelt sind.

Nein, hier sind nur Schiffsgeräusche zu hören; und außerdem, die Gebirgszüge, die sich weit unter uns entlangziehen, haben sicherlich schon längst jene Dörfer und Städte verloren, von denen es heißt, sie haben einst das wundersame Atlantis geschmückt.

Die eintönige Wasseroberfläche wird langsam interessant für uns: Und wenn es Atlantis tatsächlich gegeben hätte? Jetzt würden wir es überfahren. Immerhin haben wir schon längst die Roßbreiten passiert und befinden uns zwei Tage nach Ablegen von Las Palmas mitten im Atlantik, Kurs Karibik.

Nun erst fällt uns auf, daß die Roßbreiten etwas mit Atlantis zu tun haben könnten, und die Kanarischen Inseln ebenfalls. Eins nach dem anderen: Südlich und nördlich des Äquators, also oberhalb und unterhalb der Zone, in der die Passatwinde wehen, kommt es zu einer Art Luftstau, zu einer sehr windarmen Zone also. Das ist genau zwischen 30° und 35° nördlicher wie südlicher Breite. Vielen Segelschiffen, die in eine solche Flaute geraten waren und dort längere Zeit als vorgesehen verbringen mußten, ging langsam das Trinkwasser aus. Auch die Essensvorräte wurden rationiert, so daß sich die Seeleute entschließen mußten, die mitgeführten Rösser notzuschlachten – daher der Name.

Da die Kanarischen Inseln nun direkt unterhalb der Roßbreiten liegen, könnte es doch sein, daß vielen Seeleuten diese Eilande wie eine Verheißung erschienen sind – nicht nur wegen des immerwährenden frühlingshaften Wetters. Vielleicht wurden sie auch deswegen ›Inseln der Glückseligkeit‹ oder ›Inseln der Seligen‹ getauft. Die sogenannte ›Durststrecke‹ nördlich der Kanarischen Inseln könnte also viel zum Zauber dieser Inseln beigetragen haben – und das, so lange es Seefahrer und Segelschiffe gegeben hat. Im vorigen Kapitel haben wir ja erfahren, daß diese Inseln in der Antike schon mit dem Paradiesischen verbunden wurden. Plutarch, der griechische Philosoph und Historiker aus dem 1. Jahrhundert, hat in seiner ›Moralia‹ von einer zauberhaften Insel namens Ogygia geschrieben, die jenseits der Säulen des Herkules, also im Atlantischen Ozean, liegen. Hier, so Plutarch, herrschten paradiesische Zustände. Ogygia – waren damit die Kanarischen Inseln gemeint? Vielleicht sogar Atlantis, jene versunkene Welt, die auf antiken Landkarten als ›wahrer Kontinent‹ verzeichnet war? Die Vorstellung von ›Inseln der Seligen‹ im Atlantik tauchte schon lange vor Plutarch bei Homer auf. Im 11. Gesang der ›Odyssee‹ hat der Held das Meer jenseits der Säulen des Herkules erreicht:

»Da befinden sich Volk und Stadt der kimmerischen Männer,
Eingehüllt in Wolke und Dunst, und es blicket da niemals
Helios nieder auf sie, der leuchtende mit seinen Strahlen,
Weder wenn aufwärts er zum gestirnten Himmel emporsteigt,
Noch wenn er wieder zur Erde herab vom Himmel sich wendet.«

Eine schauerliche Szenerie, die nichts Paradiesisches an sich hat. Nun muß eine Paradies-Vorstellung nicht unbedingt mit dem Idyllischen verbunden sein. Das Jenseits ist das Reich der Toten, Licht und Luft sind überflüssig. Deswegen, so eine antike Grundweisheit, soll sich der Mensch auf Erden sein Paradies einrichten. Erst sehr viel später wurde das Jenseits verbrämt – beispielsweise bei Plutarch. Der Ort jedoch stand fest, jene Inseln im Atlantik, die nun rasch in ein diesseitiges Arkadien umgewandelt wurden.

Seit der Antike also wird vermutet, daß die Kanarischen Inseln Reste des sagenhaften Atlantis seien – vorausgesetzt natürlich, daß Atlantis mit dem Ogygia Plutarchs oder mit einem anderen elysischen Eiland identisch ist. Aber eben diese Voraussetzung stimmte für einige antike Philosophen, Dichter und Historiker nicht. Einer von ihnen war Platon, der in seinem Dialog ›Timaios‹ von einem Staat im Atlantischen Meer erzählt, von Atlantis. Die Atlanter, so Platon, bestürmten die Länder des Mittelmeers, um sie zu unterjochen. Allein die Athener schlugen sie zurück. Später versank der Staat durch Erdbeben und Überschwemmungen im Meer. In einem anderen Dialog, im ›Kritias‹, beschreibt Platon die Stadtanlage von Atlantis: Da ist von einer goldenen Mauer und von Tempeln, die mit Silberplatten bedeckt sind, die Rede. Immer wieder Gold, Silber und Elfenbein und viele prächtige Kunstwerke, die das Stadtbild schmücken. Eine in der Tat ›himmlische Stadt‹, die Platon hier entworfen hat. Es ist anzunehmen, daß die Schilderung des ›Himmlischen Jerusalems‹ in der Offenbarung Johannis sich an diesem Stadtbild orientiert haben dürfte. Der Sehnsucht des Menschen nach einem schöneren Leben wird demnach in einer Utopie, in einer Stadt- und Staatsutopie entsprochen. Denn unmittelbar vor seiner ›Atlantis-Erörterung‹ setzt Platon sich intensiv mit den Möglichkeiten, einen vollendeten Staat zu bilden, auseinander. Und um seiner politischen Theorie in der ›Politeia‹ Nachdruck zu verleihen, um zu beweisen, daß ein solcher Staat tatsächlich möglich ist, entfaltet er sein ›Atlantis-Panorama‹. Einer möglichen Kritik kommt er zuvor, indem er einen über jeden Verdacht erhabenen Gewährsmann anführt, den weisen Solon aus Athen. Einem Bericht dieses großen griechischen Staatsmanns aus dem 7. Jahrhundert v. Chr. zufolge haben ägyptische Priester von einem Krieg zwischen ihrem Volk und einem, das jenseits der Säulen des Herkules beheimatet war, erzählt.

Vielleicht handelt es sich hier um die Kriegszüge Thutmosis III. gegen 1475 v. Chr. In einer Stele von Karnak preist eine Siegeshymne den Pharao als den Herrscher über die ganze Welt. Aber das sind Spekulationen, die uns nicht weiterbringen. Was heißt ›weiterbringen?‹ Sind wir nicht schon am Ziel? Das Rätsel von Atlantis ist doch gar keines. Platons theoretische Erörterungen über einen idealen Staat werden legitimiert mit einem paradiesischen Ort, dessen Existenz zwar behauptet, aber historisch nur ganz vage bewiesen wird. Damit hätte Platon das Ziel erreicht, die Menschen für ein ideales Staatswesen zu motivieren.

Was ist aus Atlantis geworden? Das, was aus allen Träumen wird: Sie müssen der Realität weichen, in der bislang noch kein Paradies gefunden wurde. Traum- oder Trugbilder versinken unter den Wellen des Alltagslebens. Das Mögliche wird vom Notwendigen verdrängt. Ein Utopia hat in der Gegenwart keinen Platz. Platons ›Atlantis‹ wurde als etwas ›Wirkliches‹ beschworen und mußte daher wieder verschwinden; Katastrophen haben es zerstört. Auch dafür liefert Platon die Begründung nach: Die Atlanter sind sündig geworden und haben den Zorn der Götter heraufbeschworen. Diese verheerten das Land durch eine Flut. Der römische Universalgelehrte Plinius aus dem 1. Jahrhundert spinnt übrigens diesen Gedanken weiter. Er vermutete einen Kontinent an der Stelle, wo heute der Atlantische Ozean liegt – »wenn wir Platon Glauben schenken«.

Die Umstände solcher Flutkatastrophen sind uns aus dem Alten Testament bekannt: Die Menschen haben gesündigt und sie werden von Gott bestraft. Abgesehen vom babylonischen Gilgameschepos, das ja als mögliche Quelle für den biblischen Sintflutmythos angesehen wird, sind Flutsagen über den gesamten Erdball verbreitet. Immer wieder und überall in grauer Vorzeit ist eine utopische Insel hinweggeschwemmt worden. Wir sind uns gar nicht sicher, ob immer ein Grund für eine solche Bestrafung der Menschen vorgelegen hat. Nicht nur für ihre Güte oder ihren Zorn sind die Götter bekannt – auch für ihre Willkür.

Oft waren es ja Seefahrer und Entdecker, die Kunde von einer entlegenen Welt, die vorher nicht bekannt gewesen war, in die Heimat gebracht haben. Da war dann von paradiesischen Inseln in der Südsee die Rede, auf denen die Menschen noch im Naturzustand leben sollten, glücklich und ohne Neid auf die Nachbarn. Nach der Atlantiküberquerung des Kolumbus und den anschließenden Entdeckerfahrten des 16. Jahrhunderts, die einen weltweiten Kolonialismus ausgelöst hatten, entstand in Europa eine neue literarische Gattung, die Utopie. Ihr Begründer war der englische Jurist und Staatsmann Thomas Morus. Mit 37 Jahren ist er 1515 als Mitglied einer englischen Handelsdelegation nach Antwerpen gereist. Dort soll er einen gerade von einer Weltreise heimkehrenden Seemann befragt haben. Offensichtlich hat dieser von einer zauberhaften Insel in der Karibik oder der Südsee erzählt, auf der die Menschen zufrieden zusammenlebten. Thomas Morus hat diese Insel »Utopia« genannt;

und so lautet auch der Titel seines im folgenden Jahr erschienenen Buches. Morus beschreibt einen Idealstaat nach dem Vorbild Platons und gleichzeitig – um das Fiktive zurückzudrängen – nach dem Bericht eines Weltreisenden. Vielleicht gaben dessen Erzählungen über das Leben der »Wilden« ja tatsächlich so etwas wie die Basis eines sozial-politischen Modells für Morus' ›Utopia‹ ab, nachzuweisen ist es allerdings nicht. ›Aufbruch zu neuen Ufern‹, diese Metapher für Neuanfang, Hoffnung, Sehnsucht oder fernes Glück, erscheint uns jetzt angesichts des Horizonts verständlich: Eine Seefahrt wird immer von der Hoffnung begleitet, die Küste zu erreichen. Angesichts der Leere und Stille des Ozeans füllen sich die Gedanken mit bunten hoffnungsfrohen Bildern an. Eine gesteigerte Erwartung knüpft sich an das ferne Ufer. Und was für eine Überraschung, wenn das neue Land alle Erwartungen übertrifft. Verständlich, daß die Inseln der Neuen Welt oder der Südsee als utopische Modelle benutzt wurden.

Für Francis Bacon ist ›Nova Atlantis‹ – so der Titel seiner Schrift aus dem Jahre 1638 – eine Insel in der Südsee. Seine Erzählung beginnt mit der Schilderung einer entbehrungsreichen Überquerung des Pazifiks von Peru nach Japan. Von der »gewaltigsten Wasserwüste« ist die Rede und davon, daß die Lebensmittel zur Neige gehen und der nahe Tod erwartet wird. Und dann, nachdem eine dichte Wolke am Horizont Land verheißen hatte, »... landeten wir in einem sicheren Hafen, dem Hafen einer zwar nicht großen, aber schön angelegten Stadt, die von der Seeseite einen prächtigen Anblick bot«. Dann beginnt die ausführliche Beschreibung dieses Idealstaates ...

Wir überlegen, ob es in der Weltgeschichte nicht doch schon zu einer bestimmten Zeit ein Paradies auf Erden gegeben hat. Sicherlich – kurzfristig und für wenige Menschen schon. Wenn Antoine Watteau, der französische Rokokomaler, seine Pilgerfahrt ›Einschiffung nach Cythera‹ gedanklich als Seefahrt ins Paradies konzipiert hat, so schildert er doch in allen Einzelheiten den frohgesinnten Alltag des französischen Hoflebens. Kostbar gekleidete Pärchen tummeln sich in und vor den Büschen. Die Welt ist voller Lustbarkeit. Die fröhlichen Paare gehen im königlichen oder fürstlichen Park einher. Weiter unten, in einem Wolkenmeer, ragt ein Schiffsmast auf, geschmückt mit bunten Wimpeln und umflogen von pausbäckigen Eroten. Stolz besteigen die Vornehmen das Schiff. Sie werden entrückt nach Cythera, der Insel der Venus.

Abgesehen von dieser phantastischen Schiffsreise, die ja angesichts des realen Treibens im Park überflüssig wirkt, hat Watteau die Scheinwirklichkeit des Hoflebens in Frankreich dargestellt. Cythera war gegenwärtig – aber wie gesagt, nur kurzfristig und für einen sehr kleinen erlesenen Kreis, der wenig später, als die Guillotinen in Paris aufgestellt wurden, bitter für sein Willkür-Paradies bezahlen mußte.

Also hat es niemals ein Paradies auf Erden gegeben – denn dann hätten alle Menschen daran teilhaben müssen. Die Guillotinen wären überflüssig gewesen. Atlantis bleibt versunken, und wir schwimmen über ein verlorenes Paradies hinweg. Aber ist es wirklich verloren, nur weil es versunken ist? Vielleicht wartet es auf uns, eben weil es noch nicht existiert hat. Der Horizont rundum, durch nichts verstellt, läßt Hoffnungsgedanken zu.

Atlantis, der rästelhafte versunkene Kontinent, mußte auch oft als Erklärungsmodell für ungeklärte kulturelle Phänomene herhalten. Immer wieder ist darüber gestritten worden, ob die mexikanischen Pyramiden nicht von den älteren aus Ägypten abstammen könnten. Um die Hypothese einer solchen Kulturbrücke zu belegen, haben die Gelehrten Atlantis aus dem Meer aufsteigen lassen: Die Atlanter unterhielten sowohl mit Amerika als auch mit Europa und Afrika Handelsbeziehungen. Eine abenteuerliche Hypothese, die nicht nur über alte Kulturen aufklären, sondern gleichzeitig auch die Existenz von Atlantis beweisen sollte. Es ließe sich eine einfache Gegenhypothese aufstellen: Wenn die Menschen überall auf der Erde Götter verehren und das in bestimmten Ritualen wie beispielsweise Gebeten oder Prozessionen artikulieren, warum sollen dann nicht auch ihre sakralen Monumente ähnlich sein. Hinzu kommt, daß sich die mexikanische Pyramide in ihrer religiösen Funktion von der ägyptischen unterscheidet. Letztere war nichts anderes als ein riesiges Grabmonument. Die Pyramiden von Teotihuacán aber waren monumentale Unterbauten für Tempelanlagen. Eine allen Menschen dieser Erde gleiche Glaubensstruktur darf wohl auf eine mehr oder weniger einheitliche Struktur der Rituale und deren Bedeutungsträger, wie zum Beispiel Bild oder Architektur, verweisen. Eine Kulturbrücke ›Atlantis‹ wäre demnach überflüssig.

Am Abend treffen wir wieder den älteren Herrn von heute Vormittag. Er schlendert über das Deck und nickt uns freundlich zu. »Ein schöner Abend und schon so warm.«

Er bleibt stehen und berichtet kurz von den Erlebnissen des Tages, wobei er sich über die maßlosen Eßgewohnheiten mancher Mitpassagiere wundert. Und überhaupt: Viel zu viele Programmpunkte. Da kommt doch keiner zur Besinnung. Erst Schach, dann Kaffeestunde, dann Shuffleboard und Tanzstunde, Pantomimenunterricht und Zeichenstunde, schließlich Abendbrot und Tanzen, Show und Kino. Am Ende das Mitternachtbuffet, und dann ist ja bald wieder Morgenkaffee, Gymnastik, Joggen und Frühstück.

»Wissen die eigentlich alle, daß wir gerade über Atlantis fahren?«

3

KLEIN HOLLAND IN DER KARIBIK

Die Kleinen Antillen

Wir haben während der Atlantiküberquerung nun seit sieben Tagen kein Land mehr gesehen. Ist es darum verwunderlich, daß wir bis Mitternacht aufbleiben, um beim Erreichen der ›Westindischen‹ Inseln wenigstens eine Ahnung der Küstenlichter zu erhaschen? Möglich wäre es, denn wir fahren etwa zwei Seemeilen unter Land: Ein Leuchtfeuer müßten wir also sehen können; und tatsächlich, an der Steuerbord-Seite machen wir Lichter der ersten Antilleninsel St. Lucia aus. Dagegen bleibt das backbord gelegene St. Vincent im Dunkeln verborgen. Unser durch die Erdkrümmung allzu schnell begrenzter Horizont läßt keinen Blickkontakt mit der zwanzig Kilometer entfernt gelegenen Nachbarinsel zu.

Ankunft auf den Antillen

Die Vorstellung, daß wir mit dieser Passage durch die südlichen Kleinen Antillen das Karibische Meer erreicht haben, wirkt fast beruhigend. Wir sind nun nicht mehr dem schier unendlichen Ozean ausgesetzt, sondern durch den schützenden Inselgürtel in das ›Amerikanische Mittelmeer‹ geschlüpft. In nördlicher und westlicher Richtung gruppieren sich die Kleinen und die Großen Antillen, im Süden und Westen die Festlandsküsten von Süd- und Mittelamerika. Die Gefühle des Geborgenseins sind vielleicht nur eine Wunschprojektion, denn bis auf die eine oder andere Schiffsbegegnung wird sich die Kreuzfahrt durch das Westindien des Kolumbus nicht wesentlich von den vorhergehenden Seetagen unterscheiden. Zu groß sind die Entfernungen von Insel zu Insel. Und außerdem: die Wassertiefe mißt bis zu sechstausend Meter. Schauerliche Tiefen.

Dennoch fühlen wir uns wohl. Tropische Wärme, 24 °C im Januar. Wir kältegewöhnten Westeuropäer genießen den lauen Südwestwind. Gerade die südlichen Kleinen Antillen, die ›Windward-Inseln‹, sind durch die Passatwinde klimabegünstigt. Sie kennen im Gegensatz zu den ›Leeward-Inseln‹, den nördlichen Kleinen Antillen, deren östliche und nordöstliche Winde nicht. Die Eilande des nach Osten ausgreifenden Inselbogens werden ›Inseln über dem Wind‹ genannt.

Gemeinsam ist beiden Inselgruppen allerdings der ausschließlich vulkanische Ursprung – im Gegensatz zum kristallinen Gestein der Großen Antillen im Nordwesten. Der Charakter der Vulkaninseln wird als malerisch, reizvoll und, mit wenigen Ausnahmen, als noch abgelegen geschildert. Schade, die nächtliche Vorbeifahrt läßt für uns nicht einmal den Blick auf ein Wahrzeichen der südlichen Karibik, die zwei achthundert Meter aufragenden Vulkankegel der Insel St. Lucia zu. Erst übermorgen werden wir das erste amerikanische Land sehen: Curaçao.

GOLDEN TRADE
PANAMA
PENHA & SONS

BAÑISTA
estimado HUESPED
USE LA DUCHA AUXILIAR
ANTES d'VOLVER
A SU HABITACION
GRACIAS

Curaçao

Frühmorgens stehen wir auf dem Peildeck. Wir haben uns von Südosten der Insel genähert und ankern vor der Hafeneinfahrt der Hauptstadt Willemstad. Westlich von uns, hinter dem Horizont, liegt Aruba, östlich Bonaire, die Nachbarinseln, die zusammen mit Curaçao die ABC-Inseln bilden. Die Inselgruppe ist der venezuelanischen Küste vorgelagert. Diese Inseln werden nach spanischem und niederländischem Sprachgebrauch ›Inseln unter dem Wind‹ genannt. Ihrer Geschichte nach tragen sie den Namen Niederländische Antillen. Heute sind sie Überseeprovinz des Königreichs der Niederlande mit innerer Selbstverwaltung.

Wir haben noch keine Einfahrt und somit Zeit, Charakteristisches in der Silhouette der Insel zu entdecken. Der erste Eindruck jedoch entspricht kaum den Vorstellungen einer touristischen Attraktion. Vor allem linker Hand der Hafeneinfahrt ziehen sich bis ins Inselinnere Industrieanlagen. Es sind hauptsächlich Erdölraffinerien, die sich durch ihre hohen Schornsteine und Abfackelungsanlagen verraten.

Noch ist die Einfahrt nach Willemstad geschlossen. Es ist die 1888 gebaute ›Königin Emmabrug‹, eine Pontonbrücke, die wie der Riesenarm eines Verkehrspolizisten den Schiffen Fahrt oder Stop signalisiert und Fußgängern den Wechsel von einem Ufer zum anderen ermöglicht. Im Hintergrund eine weitere Brücke. Mit ihren etwa dreißig Metern Höhe ist sie sogar für Ozeanriesen passierbar. Sie verbindet markant die beiden Ortsteile Willemstads, Otrobanda und Punda, miteinander.

Die Durchfahrt zum Liegeplatz setzt widersprüchliche Gefühle frei. Zunächst gleiten wir an der ›Postkarte‹ Curaçaos vorbei, der rechter Hand gelegenen berühmten holländischen Zeile mit ihren fünfzehn oder sechzehn Häusern. Dunkelrot, rostrot und zinnoberrot die Dächer. Fassaden leuchten in der Morgensonne hellgelb, orange und manche sogar türkis und bläulich auf. Zuckerbäckerfarben – aber das liegt wohl an dem intensiven Licht. Volutenverzierte Dachgauben, flache Fensterrahmungen und Barockgiebel erinnern ebenso wie die hochgiebeligen schmucklosen Fassaden, die in Schornsteinen enden, an vergleichbare Häuserfassaden in Delft oder Brügge. Wohltuend sind die Neubauten diesem Gebäudestil angepaßt. Vor den Häusern verläuft eine Straße, dann folgt die ›Gracht‹, die Hafenzufahrt, durch die sich unser Dampfer langsam schiebt. Merkwürdig, wie wir mit einem Ozeanriesen in eine holländische Kleinstadt einfahren und dabei den Einwohnern in ihre Giebelfenster schauen können. Spielzeughäuser. Die Fassade spiegelt eine bunte Idylle wider. Doch diese Idylle trügt, wie wir an Land bald sehen werden. Wir gleiten weiter in Richtung Liegeplatz und das heißt in den Hafen Schottegat. Das große Schiff wird mit dem Bug zur Ausfahrt festmachen und muß daher wenden. Wir ziehen eine ausgedehnte Schleife durch das Petrolgebiet, durch die Industriearme des Hafens. Wo wir hinschauen, sehen wir Raffinerien, die Luft riecht nach Öl, und das Wasser um uns herum ist nicht mehr so einladend wie in der offenen Karibik.

Seit sich 1915 die Royal Dutch Shell Company hier niedergelassen hat, gilt Curaçao als Dependance modernster industrieller Entwicklung. Es mag zutreffen, daß sich dadurch die wirtschaftliche und soziale Lage der Menschen auf Curaçao verbessert hat. Sicherlich ist es richtig, daß durch die Shell einige tausend Arbeitsplätze geschaffen wurden. Auf jeden Fall aber profitieren die Ölmagnaten davon, daß die Wirtschaft der Insel, wie auch die der Nachbarinsel Aruba, vollkommen im Dienste der Erdölindustrie steht. So macht das venezuelanische Erdöl 80-90 Prozent der Einfuhren beider Inseln aus. Es wird hier umgeschlagen oder verarbeitet, so daß sogar 95-98 Prozent der Ausfuhren der Inseln Erdölprodukte sind.

Und noch ein paar Superlative: Pro Tag werden um die 200000 Tonnen Rohöl an Land gepumpt. Somit können auch moderne Supertanker mit über 500000 Tonnen in kürzester Zeit entladen werden. Nicht ohne Grund suchte sich die Royal Dutch Shell vor allem Curaçao für ihren Überfluß aus. Sie machte sich die geographischen Besonderheiten der Insel zunutze: Selbst noch bis kurz vor der Küste hat das Meer eine beträchtliche Tiefe, so daß eben auch der Welt größte Tanker hier, in Bullen Bay, anlegen können. Hinzu kommt das günstige Klima, durch das der Hafen an jedem Tag im Jahr angelaufen werden kann. Daher bringt es Curaçao auf die stattliche Zahl von etwa zehntausend Schiffen pro Jahr.

Ein wenig Inselgeschichte

Die Dutch Shell war nun nicht die erste Gesellschaft, die der von den Spaniern so genannten ›isla inutil‹, der ›unnützen Insel‹, merkantiles Treiben bescherte. Curaçao hat – wie leider auch die übrige Karibik – eine Geschichte, die nicht von Einheimischen, sondern von Kolonialmächten geprägt ist. 1506 rotteten die edelmetallsüchtigen spanischen Helden des Kolumbus die eingeborenen Arawaks und Kariben bis auf eine Handvoll Überlebender aus und zogen danach wieder ab. Circa 130 Jahre später kamen neue Kolonialherren, die Niederländer, auf die Insel. Diese waren wenigstens in einem Punkte segensreicher als ihre Vorgänger: Sie ließen sich 1634 als Händler auf Curaçao nieder, schonten die Einheimischen und pflegten von hier aus ihre Handelsinteressen mit dem amerikanischen Kontinent. In der ersten Hälfte des 17. Jahrhunderts, zur Zeit des Gouverneurs der Westindischen Compagnie, Peter Stuyvesant, von künftigem New Yorker Ruhm, war die holländische Handelsflotte mit fünfzehntausend von zwanzigtausend Schiffen auf den Meeren die größte der Welt. Und nicht nur die größte, sondern auch die schnellste. Die sprichwörtlich ›fliegenden Holländer‹ waren in diesem Punkt in Zollstreitigkeiten mit den Franzosen stets siegreich. Diese Streitigkeiten gab es wegen der niedrigen holländischen Zölle, die unter anderem bewirkten, daß niederländische Händler in Amsterdam und in der Karibik erfolgreicher waren als ihre französischen Konkurrenten. Aber nicht nur die Niederlande und Frankreich stritten sich im 16. und 17. Jahrhundert. An der unrühmlichen Geschichte der Kolonialmächte waren noch weitere europäische Nationen beteiligt: Ende des 16. Jahrhunderts wurde die Herrschaft über den karibischen Raum zur entscheidenden Machtfrage europäischer Politik: Frankreich, Holland und

Großbritannien machten Spanien den Raum streitig. Die spanische Herrschaft zeigte offene Schwachpunkte, welche die anderen Mächte für ihre expansionistischen Interessen auszunutzen wußten. Das iberische Reich wurde zum Beispiel ausschließlich vom Zentrum Spaniens her ausgebaut und strategisch geführt. Spanien war damit kaum in der Lage, politische Schachzüge zu entwerfen, die sich auf ein offenes maritimes Operationsfeld stützten. Die Spanier waren also nicht fähig, taktisch sinnvoll von einer schwimmenden Zentrale aus vorzugehen. Der zweite Schwachpunkt war sicherlich die Konzentration auf den Ausbau der Armada, schwerbewaffneter Schiffe geringer Manövrierfähigkeit, der sich nur mit einer rigorosen Ausbeutung menschlicher und ökologischer Ressourcen bewerkstelligen ließ. Damit waren die entscheidenden Kräfte gebunden. England paralysierte die spanische Vormacht schließlich durch die Vernichtung dieser großen Flotte vor der britischen Küste. Großbritannien baute fortan seine wirtschaftliche Position im karibischen Raum energisch aus. Ende des ersten Drittels des 17. Jahrhunderts wurde die Karibik gewissermaßen das transatlantische, das nach Amerika verlagerte europäische Mittelmeer.

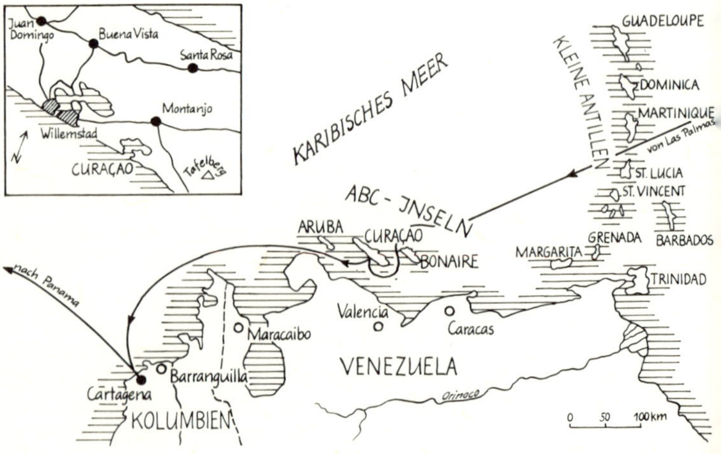

Curaçao, ein Malta der Karibik? Wir verfolgen den Gedanken nicht weiter, erinnern uns nur, daß diese beiden ›Mittelmeere‹ immer wieder umkämpft waren. Während wir an den riesigen silbrig aufblitzenden Tanks vorbeidriften – im Hintergrund die kaum bewaldeten, ockerfarbenen Hügel der Insel –, berührt es uns seltsam, daß die europäische Geschichte hier in der Karibik, in Curaçao, dieser verhältnismäßig abseits gelegenen Insel, kaleidoskopartig aufleuchtet.

Der Ölhafen ist sehr groß, und die Wendemanöver dauern an; setzen wir darum unsere geschichtlichen Betrachtungen noch ein wenig fort.

Nicht nur die europäischen Großmächte setzten ihre politischen und damit auch wirtschaftlichen Interessen in diesem Raum durch. In der ersten Hälfte des 17. Jahrhunderts bildete sich ein fast anarchistischer Gegenstaat in der Karibik. Die ›Hermandad‹, die ›Brüder der Küste‹, entwickelten von der Insel Tortuga aus ihren Freibeuterstaat. Sie gaben sich Statuten, mit denen sie ihr oberstes Ziel, die ökonomische Organisation des Raumes, erreichten. So erkannten sie, im Gegensatz zu den europäischen Kolonialmächten, keine göttlich sanktionierte Autorität an und unterwarfen sich keiner Befehlshierarchie. Es gab keine nationalen oder religiösen Unterschiede in ihrem Herrschaftsbereich – das übrigens zu einer Zeit, in der die nationale Zerstrittenheit in Europa einen Höhepunkt erreicht hatte. Es gab bei den ›vrij buitern‹ weder ein Privateigentum an Land noch Besitz an Waren. Die jeweilige Führung übernahm ein abwählbarer Gouverneur, Admiral oder Kapitän.

Das Erstaunliche ist, daß der Freibeuterstaat von 1620 bis 1690 als Selbstverwaltungsgebilde eine beachtliche wirtschaftliche Bedeutung erlangte, ohne dabei staatsrechtlich oder auch nur territorial verankert zu sein. Diese politische, besser wohl: wirtschaftliche Einheit der Karibik endete zu Beginn des 18. Jahrhunderts im Netz der europäischen Nationalstaaten. Erst im 19. Jahrhundert bildeten sich wieder große ökonomische und politische Machtbereiche heraus. Einerseits der englischsprachige Raum, mit den Regionen, die dem Empire zugehörig waren, und andererseits der ehe-

mals spanisch beherrschte Teil, jetzt unter nordamerikanischem Einfluß.

Zwar erlitt die gesamte Wirtschaft der Karibik zu Beginn des 19. Jahrhunderts einen empfindlichen Schlag durch das sich durchsetzende Verbot des Sklavenhandels, doch die wirtschaftlichen Großmächte wußten sich zu helfen, indem sie Lohnarbeitskräfte aus Indien, Malaysia und Afrika importierten. Der nordamerikanische Einfluß weitete sich zusehends aus. Auf den Großen Antillen beispielsweise sicherten sie sich schon sehr bald militärische Interventionsrechte.

Das 20. Jahrhundert brachte den Inseln weitgehende politische Unabhängigkeit, die wirtschaftlichen Verflechtungen jedoch halten sie weiter in Abhängigkeit. Das älteste Beispiel im landwirtschaftlichen Sektor ist die United Fruit Company, eine nordamerikanische Handelsgesellschaft, der es gelang, in bestimmten Bereichen auch die letzten selbständigen Pächter zu modernen Lohnsklaven zu machen. Auf anderen Inseln haben heute andere Industrie- und Handelsriesen die Stelle der früheren Kolonialmächte eingenommen.

Das Problematische an diesen Handelskontakten ist ihre Ausschließlichkeit. Das heißt: Es gibt kaum innerkaribische Handelsbeziehungen, die der Situation der Inseln auf lange Sicht sicherlich dienlicher wären. Integrationsversuche, die 1968 sogar bis zu einer karibischen Freihandelszone führten, gibt es zwar, sie umfassen aber nur wenige Staaten des amerikanischen Mittelmeers. Erschwerend kommt hinzu, daß einige Territorien noch europäischen Staaten assoziiert sind und damit von deren Wirtschaftsgefüge bis hin zur Europäischen Gemeinschaft abhängen.

Diese politischen und wirtschaftlichen Abhängigkeiten sind also kaum dazu dienlich, die karibischen Staaten ihre eigene Identität finden zu lassen. Eine Identität, die sicherlich zur Lösung ihrer wirtschaftlichen und sozialen Spannungen notwendig wäre.

Willemstad

Die Fahrt durch den Naturhafen von Willemstad läßt durch die allseits zu beobachtende Betriebsamkeit nun kaum den Schluß auf solche Spannungen zu. Es entsteht eher der Eindruck einer ökonomischen Blüte, die allerdings – wie wir schon gesehen haben – weniger den Einheimischen zugute kommt.

Inzwischen hat das Schiff seinen Liegeplatz erreicht. Der Bug weist in Richtung Ausfahrt, Richtung Willemstad, von dem uns nur die ›Königin Julianabrug‹ trennt. Durch die Brücke hindurch sehen wir vom Peildeck aus die berühmte Häuserzeile. Unser Landgang soll zunächst einer wichtigen Mission dienen. Globo, unser Pantomime an Bord, hat Probleme mit dem Einrad. Ein Achsenbruch droht seine Auftrittsmöglichkeiten erheblich einzuschränken – eine betrübliche Perspektive für unseren Künstler. Wir sind aber guten Mutes, schließlich landen wir an einem Departement der eifrigen Fahrradnation Holland. Wir klettern die Gangway herunter, Globo trägt sein Einrad – ein recht widersinniger Anblick. Wir haben ein Stück durch Otrobandas Vorstadtstraßen zu gehen, vorbei an einem rostigen Tanker aus Panama, einem der so bezeichneten modernen Piratenschiffe, deren Seetüchtigkeit oft ebenso ungewiß sein soll wie die ihrer Kapitäne.

Bald sind wir in Höhe des berühmten Stadtbildes, dazwischen liegt allerdings die St. Ana Baai. Unser Ziel ist zunächst die große Einkaufsstraße, die *Heerenstraat,* die diesseits des Wassers liegt. Wir laufen inzwischen den De Rouvilleweg entlang und kommen bald zur Plaza Brion. Parallel zur Straße verläuft momentan die ›Königin Emmabrug‹, die gerade aufgeriegelt ist. Bald kommen wir in einen Strudel von dunkelhäutigen Menschen, die alle auf den Übergang nach Punda, der gegenüberliegenden Seite, warten. Wir fragen nun einfach nach einem Radgeschäft. Auf Englisch werden wir auch recht gut verstanden und in die Hauptstraße verwiesen, die im rechten Winkel vom Platz abgeht, etwas entfernt vom Denkmal des berühmten Gouverneurs Peter Stuyvesant. Bald sehen wir uns in einem geschäftigen Viertel, in dem einheimische dunkle Marktfrauen ihren Fisch neben seriös aussehenden Banken verkaufen. Anscheinend sind wir hier in einem Teil der Stadt, der von Touristen wenig beachtet wird und der daher um so besser das Alltagstreiben Curaçaos zeigt. Hier finden wir auch unseren Händler, der neben pflegeleichten und sehr farbenfrohen Textilien, Porzellan und Haushaltswaren unter anderem Radzubehör verkauft. Doch das Passende ist wohl nicht dabei, so daß es eine größere Reparatur zu werden scheint. Daraufhin bespricht er mit seinem Gehilfen ausführlich die Details. Wir stehen etwas ratlos daneben, vor allem, weil wir kaum ein Wort verstehen. Sie beraten in Papiamento, einem Sprachgemisch aus Portugiesisch, Spanisch, Holländisch und Englisch. So ist es auch nicht verwunderlich, daß zwar bekannte Brokken für uns herausfallen, der Zusammenhang jedoch nicht deutlich wird. Schließlich bitten sie uns um einige Stunden Geduld. Wir werden uns wohl erst heute abend vom Ergebnis überraschen lassen können.

Mit diesem Hoffnungsschimmer und einigen Antillengulden begeben wir uns wieder in Richtung ›Emmabrug‹, um uns ins touristische Getümmel Willemstads zu stürzen. An der Brücke müssen wir warten; sie wird in einem etwa einstündigen Rhythmus auf- und zugeschwenkt. Um uns herum hauptsächlich dunkelhäutige, schlanke Menschen, nach europäischer Mode gekleidet, stolz und verschlossen. Und wieder hören wir Papiamento. Diese Mischung ist ein beredtes Zeugnis für die Geschichte der Menschen auf der Insel.

Den ersten Einwohnern, den Arawak-Indianern, gesellte sich vor der europäischen Invasion der Stamm der Karibhu'nes, der Kariben, hinzu. Sie kamen friedlich miteinander aus.

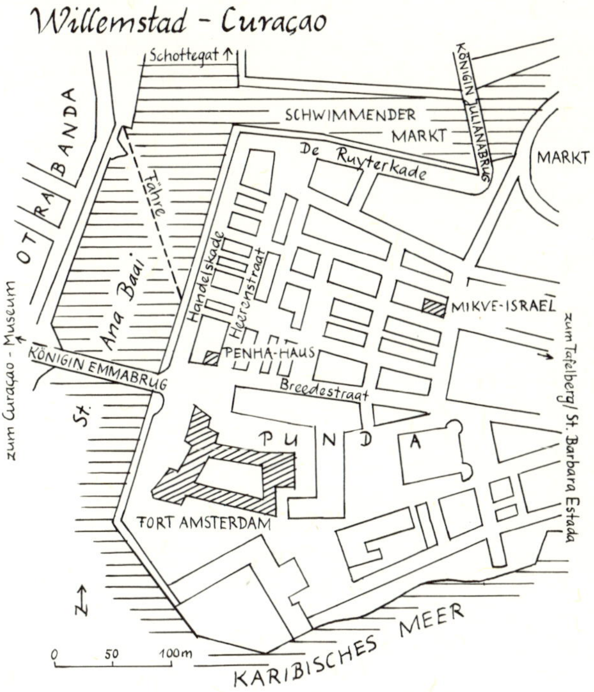

Kolumbus hatte die Kariben später auch an anderen Orten in der Karibik angetroffen und sie – spanisch verfremdet – »Caribales« genannt. Diese Einwohner hatten verschiedene für die Fremden unverständliche Rituale. So verspeisten sie unter anderem gefangene oder gefallene Feinde, um deren Kraft und Mut auf sich übergehen zu lassen. Der europäische Unverstand deutete dies als mutwillige Menschenfresserei. Aus ›Caribales‹ wurden ›Kannibalen‹. Kolumbus bezeichnete diese Stämme später auch als fromm und fügsam und hielt sie für die Sklaverei geeignet. Auf Curaçao fielen sie der europäischen Willkür auf andere Weise zum Opfer, sie wurden fast gänzlich ausgerottet. Einer Willkür, die im gesamten karibischen Raum im ersten kolonialistischen Jahrhundert zehn Millionen Menschen das Leben gekostet hat. Im 17. Jahrhundert gelangte dann die niederländische Sprache durch die ›Fliegenden Holländer‹ auf die Insel. Jüdisch-portugiesische Handelsleute färbten die Sprache der Insel ebenso ein wie Engländer, die im 19. Jahrhundert für knapp zehn Jahre das Sagen auf Curaçao hatten. Soweit das Sprachgemisch. Aber woher kommen die dunklen Menschen? Bis ins 19. Jahrhundert blühte, wie gesagt, in der Karibik der Sklavenhandel. Die Beschaffung der Menschen geschah über den berüchtigten Dreieckshandel. In diesem Mehrkontinent-System lieferte Europa im Tausch Gewehre und Branntwein, Westafrika die Sklaven, die dann wiederum in Westindien gegen Zucker, Rum und Melasse eingetauscht wurden. Als dann Mitte des 19. Jahrhunderts die Sklaverei zum Leidwesen der Kolonialhändler abgeschafft wurde, importierten sie weiterhin aus Afrika, auch aus den Ostindischen Kolonien, Menschen, die als billige Arbeitskräfte eingesetzt wurden. Die ›schwarzen Kariben‹ sind somit eine seit über vier Jahrhunderten gewachsene Rasse, deren Entwicklung auf die politischen und wirtschaftlichen Interessen der Kolonialmächte zurückzuführen ist.

Inzwischen hat der kleine Motor am anderen Ende der Brücke den Übergang, der wie ein riesiger Hebel funktioniert, herumgefahren und die Verbindung nach *Punda* geschlossen. Wir gehen rechts neben der ›Kulisse‹ an Land und stehen vor dem prachtvollsten Haus der Zeile, dem *Penha-Haus* von 1708. Die zweistöckige, mit einem Volutengiebel verzierte Fassade ist ockerfarben. Die weißen, flach vorgeblendeten Pilaster sowie schmale Lisenen und Arkadenverzierungen lassen dieses Gebäude wie ein holländisches Patrizierhaus erscheinen. Das exquisite Geschäft im Untergeschoß befindet sich seit Generationen in den Händen einer jüdisch-portugiesischen Familie, die wie viele andere im 17. Jahrhundert vor der Inquisition hierher geflohen ist. Die jüdische Händlertradition ist somit auf Curaçao sehr alt. Nahe Willemstad liegt der älteste jüdische Friedhof Amerikas. In Willemstad steht auch die älteste Synagoge (1732) der westlichen Halbkugel. Wir schlendern an den Häusern entlang und stoßen auf den sehenswerten *Schwimmenden Markt.* Die Schiffe und Boote, vor denen kleine Stände aufgebaut sind, können wir fast nicht sehen. Ihre farbigen Segel sind zu Sonnendächern geworden. Endlich ist der fast überall in Willemstad durchdringende Ölgeruch verdrängt worden von den Düften verschiedener hier feilgebotener Obst- und Gemüsesorten. Endlich auch riecht es nach ›Meer‹, die Fischstände sprechen nicht nur die Augen an. Wir decken uns hier mit Vitaminen ein; die Einheimischen kaufen neben Obst auch Gemüse und Fisch. Das Fleisch gibt es ein paar Meter weiter im ›mercado‹, einem modernen Betonkreisel. In seinem Rundgang eingelassen sind die kleinen Geschäfte; ein starker Blutgeruch schlägt uns entgegen. Rasch gehen wir weiter und schlendern nun in das Geschäftsviertel hinein. Wir befinden uns jetzt hinter der ›Kulisse‹. Die Händlerstadt macht hier ihrem Namen alle Ehre. Wir finden ein reiches Angebot an amerikanischen und europäischen Waren, deren zweifelhafte Qualität und deren Preis allerdings die Ehre wieder minimiert. In einer Fußgängerzone, neben dem Unabhängigkeitsdenkmal von 1954, trinken wir einen Kaffee. Der Kellner, den durchflutenden Touristenstrom gewöhnt, ist wortkarg; die fliegenden Händler dagegen zeigen sich ungeheuer eloquent. Wir gehen weiter durch die gesichtslose Straße und kommen schließlich am Penha-Haus wieder an die St. Ana Baai. Am Quai verspeisen wir unser Obst und überlegen – etwas enttäuscht vom bisher Erlebten –, was wir uns noch ansehen könnten. Linker Hand befindet sich das *Fort Amsterdam* aus dem 17. Jahrhundert, das wäre noch lohnend. Vielleicht auch das *Curaçao-Museum* mit kolonialen Kunstgegenständen? Dazu müßten wir aber wieder nach Otrobanda hinüber. Das kulturhistorische Hebräische Museum läge da näher, ebenso die *Synagoge Mikve Israel Emmanuel,* beides im Zentrum von Punda. Langsam bedauern wir etwas, daß wir an dem Ausflug der Passagiere auf den östlichen Teil der Insel nicht teilgenommen haben. Wir wären über die Funktion und Arbeitsweise einer Entsalzungsanlage informiert worden und hätten in einem alten Kolonialhaus den einheimischen Likör ›Curaçao‹ probieren können. Vom Tafelberg an der St. Barbara Estada hätten wir aus zweihundert Meter Höhe einen guten Blick über die Küste gehabt. Auch die Landschaftsfahrt durch Kunuku wäre eine angenehme Abwechslung gewesen. Zeit für Willemstad hätten wir noch ausreichend gehabt.

Aber da ist ja Globo wieder. Er hat uns während des Rundgangs verlassen, um sein Einrad abzuholen. Die Reparatur ist offensichtlich gelungen. Er kommt uns glücklich entgegengeradelt – gefolgt von einer Schar lärmender Kinder. Er verschwindet bald zwischen den Häusern und taucht erst wieder auf, als wir schon in Richtung Schiff unterwegs sind. Er hat uns eine Entdeckung mitzuteilen. Nicht sehr verwöhnt von der Stadt, freuen wir uns auf diese Überraschung zum Schluß. Mit Globo auf dem Einrad, den Kindern, die im Gegensatz zu vielen Erwachsenen ein dankbares Publikum abgeben, und den erstaunten Blicken vieler Touristen laufen wir die Quaistraße zurück. Die Häuser verbreiten bald wieder Hafenatmosphäre, sie sind weniger freundlich und gepflegt als die in Punda. Globo hält vor einer Kneipe. Sie sieht unscheinbar aus. Zwei Glastüren stehen einladend offen. Wir hören angeregte Stimmen und Musik. Vielleicht gelingt es uns hier, Kontakt zu den Einheimischen zu finden, Kontakt, der im Geschäftsviertel von den Händlern und Verkäuferinnen nicht zugelassen wird. Wir, das merkwürdige Dreiergespann, treten ein und setzen uns an einen der Resopaltische. Das Bier, scheint das einzig Holländische zu sein. Grelles, sehr ungemütliches Neonlicht, eine rotbesamtete Wirtin und undeutlich artikulierende Männer – es liegt wohl nicht nur am Papiamento: Wir sind in einer echten Hemingway-Kneipe. Die anfängliche Zurückhaltung schlägt um in große Herzlichkeit, als Globo auf Bitten hin einige Kunststücke auf seinem Einrad vorführt. Unser subkultureller Künstler scheint in seinem Element. Mit fast kindlicher Freude sehen die Gäste ihm zu und rücken näher. Die Verständigung ist mit Englisch, Französisch und einigen Gesten gut möglich. Wir werden zu weiteren Bieren eingeladen und erzählen, daß wir auf einem Schiff arbeiten. Was wir arbeiten ist nicht interessant.

Aber wir sind akzeptiert. Die Männer wollen ebenfalls von ihrer Arbeit erzählen und übertönen sich gegenseitig. Der Lärmpegel steigt schnell. Inzwischen hat die Frau die Musikbox wieder eingeschaltet und wiegt sich zum Reggae. Zwei, drei Männer tanzen sofort mit. Reggae, für uns ein fremdartiger Rhythmus, einer unter vielen exotischen. Für die Menschen der Karibik jedoch, die Nachkommen der Sklaven, hat diese Musik eine politische und kulturelle Bedeutung. In den dreißiger Jahren aus Jamaika kommend, wurde der Rhythmus durch die Rastafari, eine Befreiungsbewegung, zur Erkennungsmelodie. Sie kämpft politisch offen für eine afrikanisch geprägte Identität in der Karibik und wehrt sich gegen die Bevormundung der ehemaligen und modernen Kolonialmächte. Ob die Bedeutung und die Geschichte des Reggae unseren Gastgebern bewußt ist, ist nicht so eindeutig zu klären. Deutlich wird jedoch, daß diese Klänge sie fast schon zum Tanzen zwingen, Klänge, deren Rhythmus für Europäer schwer zu erfühlen ist.

Draußen sehen wir Passagiere, müde von den touristischen Anstrengungen, vorbeigehen. Niemand verirrt sich hier herein. Schade – denn hier hat sich das Fassadenhafte ein wenig gelockert. Wir müssen gehen und werden unsere Kneipe bei der nächtlichen Ausfahrt als kleinen Lichtpunkt noch einmal sehen.

4

AN DER SKLAVENMAUER VON CARTAGENA

Kolumbianisches Zwischenspiel

Nach einem Seetag wachen wir frühmorgens im Hafen von Cartagena auf. Heute gilt es, die einheimischen Guides mit unseren Sprachkenntnissen zu unterstützen: Wir sollen während einer Stadtführung dolmetschen. Cartagena zählt zu den wichtigsten Hafenstädten Kolumbiens. Am Quai erwarten uns viele kleine bunte Busse. Sie sind mit Holzsitzen ausgestattet und dem Klima angemessen luftig offen. Also wahrlich keine Luxusbusse. Ein Passagier, unter der morgendlichen Hitze leidend, macht seinem Ärger Luft: »Mit solchen Bussen? Das wird eine schöne Fahrt, könnte eigentlich gleich hierbleiben!« Nun, diese Sorge teilen die anderen Passagiere nicht und können die Fahrt daher sicher besser genießen. Und wir ringen mit der Sprache: Juan, unser spanischer Stadtführer, spricht zwar Englisch, doch ist dies kaum für uns verständlich, wir halten es eher für Spanisch. Wir verständigen uns durch Zeichen und Gesten und übernehmen dann bald die Führung selbst.

Rundfahrt

Diese beginnt mit einer Fahrt durch die spanische Altstadt, deren intensive Besichtigung allerdings erst später auf dem Programm steht. Zunächst geht es nach *La Popa,* dem 170 Meter hohen Berg östlich des Altstadtrings. Die erste Station verspricht einen schönen Blick über die Stadt und auf den Hafen. Fast ebenso interessant sind die Händler, die alle Ankommenden sofort umlagern. Sie verkaufen Handgefertigtes wie Pullover, Ponchos, Blusen und auch die berühmten Panama-Hüte. Vorsicht, letztere können auch aus Kunststoff sein! Zwei Dollar wären dann für diese vermeintlichen Strohhüte zu viel.

Plötzlich steht ein Indio mit einem merkwürdigen Tier auf dem Arm vor uns. Ein Stofftier? Doch dann bewegt es sich, wie im Traum. Die langen grauen Arme und Beine wollen nicht zu dem kleinen Kopf passen. Ein Faultier. In der Tat wird ein echtes Faultier zum Kauf angeboten, halb so groß wie wir, wenn es sich auf seine Hinterpfoten stellt. Ein Faultier als Souvenir – wir können es fast nicht glauben.

Wir steigen die letzten paar Meter hinauf, um zum Klosterbereich zu gelangen. Die Kirche ist der *Virgen de la Candelaria,* der Jungfrau des Lichtes, Maria, geweiht. Ihr werden wundertätige Werke zugeschrieben, die von leidenden Menschen insbesondere am 2. Februar, an Maria Lichtmeß, erbeten werden. Der Altar der Kirche erstrahlt in glänzendem Blattgold, als wolle er den Mythos der Wundertätigkeit durch seinen Glanz unterstützen. Die Erfolgsquote, mindestens die der geschürten Hoffnungen, läßt sich links des Altars ablesen. Hier finden wir Dankesbezeugungen verschiedenster Art. Der gesamte Altarraum wirkt überlastet, ein typisches Beispiel des churrigueresken Stils, einer lateinamerikanischen Variante des spanischen Barocks, der wir später, vor allem in Mexiko-Stadt, wiederbegegnen werden. Dort werden wir dann noch genauer diesen exotischen Barockstil betrachten und erklären. Beim Verlassen der Kirche stehen wir im pflanzengrünen Kreuzgang, dessen reich geschmückte Holzbalken in den oberen Geschossen der Klostergebäude besonders sehenswert sind.

Der Kontrast zu dieser sicher nicht sehr aufwendigen Kirche fällt uns bei der Abfahrt in Richtung Altstadt ins Auge: Hier, in den Außenbezirken, ziehen sich die Armenviertel an Berghängen und Straßen entlang. Uns blicken Menschen hinterher, die sicherlich weniger besitzen als wir im Moment mit uns herumtragen. Das nehmen wir hin und bemerken mit Erschrecken, daß wir diese Tatsache mit in unsere exotische Erlebnissammlung aufnehmen ...

Wir erreichen mit dem Bus unter der Führung unseres bemühten, aber nach wie vor unverständlichen Guide das nächste Ziel. Vor uns liegt ein wichtiges Zeugnis europäischen Festungsbaus und damit auch abendländischer Machtpolitik: Das *Castillo de San Filipe de Barajas*. Also wieder Europa, obwohl wir doch schon wochenlang unterwegs sind.

Die Spanier hatten sich wegen der günstigen strategischen Lage der Stadt seit längerem in Cartagena festgesetzt und begannen ab 1657 mit dem Bau dieses mächtigen Bollwerks. Eine solche militärische Absicherung war für sie notwendig geworden, seit die bekannten ›vrij buiter‹ in den zwanziger Jahren jenes Jahrhunderts den karibischen Raum unsicher machten. Die Freibeuter hatten zwar eine dominierende Position im amerikanischen Mittelmeerraum, die spanische Feste Cartagena aber konnten sie nicht bezwingen. Der Bau wurde einige Jahrzehnte lang betrieben und kostete erhebliche Geldmittel. Die Kolonialherren waren auch hier einfallsreich und holten sich die notwendigen Subventionen durch Steuern, die als Sonderabgaben auch auf Lebensmittel des täglichen Bedarfs gelegt wurden. Damit lösten sie natürlich auch erhebliche soziale Unzufriedenheit aus. Dennoch: Die Festung wurde weiter ausgebaut, was sich auch als notwendig erwies, denn sie wurde 1741 erneut angegriffen, diesmal von den Engländern, doch scheiterte Admiral Vernon ebenfalls an dem unüberwindbaren Bauwerk.

Wir klettern wieder aus dem Bus – ein Unterfangen, das mit zunehmender Hitze immer beschwerlicher wird. (Soll es nicht doch ein Panama-Hut sein? Doch der kostet immer noch zwei Dollar.) Unser Besucherstrom schlängelt sich nun entlang der vielen Ringmauern mit ihren Zinnen, Bastionen und Schießscharten, die oftmals einen schönen Blick auf die Stadt gewähren. Die Kühle des Festungslabyrinths ist angenehm. Jedoch angesichts der Geschichte dieser kriegerischen Stätte kommt Wohlbefinden nicht auf. Aber so ist es wohl: Erlebnisreich sind die Stätten der Armut und des Krieges doch immer wieder. Im Gänsemarsch geht es durch die Gänge – unvermutet werden wir durch einen Souvenirladen aus unseren Geschichtsbetrachtungen gerissen. Endlich gibt es Postkarten. Doch unserem Bordcholeriker, jenem, der das Scheitern des Ausflugs vorausgesagt hatte, wird auch dieses Vergnügen verleidet: Es gibt hier keine Briefmarken. In Deutschland wäre doch alles besser organisiert ...

Wir gelangen in die Altstadt zurück und fahren scheinbar durch Altspanien, weniger durch einen kolumbianischen Ort. Links und rechts der schmalen, für den Bus fast zu engen Straßen sehen wir malerische, prachtvolle, aber auch bescheidene Häuser im Kolonialstil. Auf ihren Balkonen bunte Gewächse, und besonders hervorzuheben die reich verzierten Balustraden. Auch an den Gesimsen sehen wir diese Ornamentmuster. Unten, im Sockelgeschoß niedrige Kolonnaden, die für kühlen Schatten sorgen. Im Halbdunkel versteckt winzige Geschäfte. Ein Großteil der Architektur stammt aus dem späten 17., vor allem aber dem 18. und 19. Jahrhundert. Sie spiegelt die jeweils zeitgenössische Kultur des Mutterlandes wider. Einerseits ist sie geprägt vom Nachklang barocker Elemente, andererseits zeigt sie aber auch die strengen Formen des Klassizismus. Dennoch ist die Formensprache vereinfacht: Vielleicht ein Indiz für die weite Entfernung vom europäischen Vorbild. Zudem wurde bei der Planung auf strenge Funktionalität der Bauten geachtet, manche Verzierungen also unterdrückt, ebenfalls ein Merkmal des kolonialen Stils.

Schon im 16. Jahrhundert wurde die dominierende *Kathedrale* an der *Plaza Bolivar* erbaut. Sie ist eine der ältesten Kirchen Lateinamerikas. Der Admiral der englischen Königin, Sir Francis Drake (der seinen Adelstitel für Mord- und Totschlag erhalten hat), ließ sie wenig später, 1586, zerstören. Dieses Schicksal widerfuhr ihr im Laufe der folgenden Jahrzehnte noch häufiger durch Piraten.

Die Fassade der Kathedrale wird von verschiedenen Heiligenfiguren geschmückt, von denen St. Peter mit dem Schlüssel die bedeutendste ist. Die Vorderansicht und das Innere der Kirche zeigen wieder den überschwenglichen churrigueresken Stil. Insbesondere der vergoldete Hochaltar mit seiner reichen Ornamentik übertrifft das europäische Barock noch um ein Vielfaches. Auf diesen Altar – so berichtet die Legende – hatten es früher die Piraten abgesehen. Die Priester aber zeigten sich erfindungsreich, sie übermalten den Altar und verbargen so den Reichtum.

Petrus Claver und die Sklaven

Auch die nächste Station erinnert an einen Geistlichen, dessen christliche Großtaten ihn sogar 1888 zum Heiligen werden ließen: *San Pedro Claver.* Nach ihm wurden Kirche und Kloster benannt, wovor wir jetzt stehen. Die Fassade wirkt eher nüchtern und schmucklos. Wir sind noch stark an Renaissanceformen erinnert. Sie wird flankiert von zwei Glockentürmen und bekrönt durch ein Uhrenhäuschen mit schön geschwungenen Voluten. Doch das Eigentliche ist links neben der Kirche zu sehen: die *Sklavenmauer von Cartagena.* Sie wurde im 17. Jahrhundert zum Symbol der Wohltätigkeit des Jesuitenpaters, der 42 Jahre lang hier wirkte.

Petrus Claver, der 1580 in Verdú, Katalonien, als Sohn einer adeligen Familie geboren wurde und am 8. September 1654 in Cartagena starb, besuchte in seiner Heimat zunächst das Jesuitenkolleg in Gerona. 1605-1608 studierte er auf Mallorca Philosophie und setzte sich schon zu dieser Zeit mit Problemen der Negermission auseinander. 1610 hatte er in Barcelona bereits zwei Jahre Theologie studiert, als er auf eigenen Wunsch nach Südamerika ins heutige Kolumbien ging. 1616 empfing er in Cartagena, wo er bereits seit vier Jahren wirkte, die Priesterweihe. In den folgenden vier Jahrzehnten widmete er sich der Betreuung und Seelsorge der hier in Cartagena ankommenden Negersklaven. Dabei versah er sie nicht nur mit geistlichen Worten, sondern auch mit Lebensmitteln und Medikamenten. Er nahm den für ihn ohnehin aussichtslosen Kampf gegen den Menschenhandel nicht auf, sondern suchte das Los der Sklaven zu mildern und sie dann zu taufen. Nach eigenen Angaben hat er etwa dreihunderttausend Schwarze zum Christentum bekehrt. Der ›Apostel von Cartagena‹, wie er wegen dieser und anderer sozialer Taten auch genannt wurde, ist 1888 von Papst Leo XIII. heiliggesprochen und acht Jahre später zum Patron der Negermission ernannt worden.

Negersklaven in Südamerika? Also gibt es auch in Kolumbien eine unrühmliche Kolonialgeschichte? In der Tat. Aber um diese zu erklären, bedarf es eines längeren Exkurses. Die Geschichte der Sklaverei beginnt in Kolumbien – wie in der

Karibik – mit den Spaniern. Sie dezimierten zu Beginn des 16. Jahrhunderts sowohl die einheimischen Indianer als auch deren Reichtümer und stießen dann weiter ins Landesinnere vor. Sie waren auf der Suche nach sagenhaftem Gold, dem Schatz von El Dorado, dem vergoldeten Mann. Nach einer Sage soll El Dorado, der Herrscher von Guatavita, seine untreue Lieblingsfrau mit öffentlicher Schande gestraft haben. Daraufhin suchte sie mit ihrem Kind den Tod in den Fluten des Sees von Guatavita. Bald aber beklagte er den Verlust. Alle Beschwörungen des Herrschers halfen nichts, die geliebten Menschen blieben tot. Der See wurde nun zum heiligen Ort. Der Fürst pilgerte einige Male im Jahr dorthin, opferte und wehklagte. Das Opfer bestand jedes Mal aus einer Barke voll Gold und Edelsteinen, sowie der Goldbemalung seines Körpers, die er auf der Mitte des Sees abwaschen ließ. Der sagenhafte Goldschatz wurde bis heute nicht gefunden und wird wohl noch weiter in den Tiefen des Sees der kolumbianischen Anden ruhen. Dafür richteten die Spanier im andinen Hochland eine Institution ein, die sie auf andere Art vergoldete: die ›Encomiendas‹, eine Art Feudalsystem. Nachdem Karl v. im Jahre 1528 die Sklaverei zunächst untersagt hatte, wurden die spanischen Kolonialisten auf andere Weise fündig. Sie entwickelten ein Agrarsystem, bei dem eine Gruppe von Eingeborenen einem spanischen Encomendero zugewiesen wurde. Meist handelte es sich um Stammesgemeinschaften, deren funktionierendes Sozialgefüge sich die Feudalherren zunutze machten. Dem Dorfverband wurden Tribute auferlegt, die sehr hoch waren und den Einheimischen selbst kaum Mittel zum Leben ließen. Als Gegenleistung trug der Herr Sorge für die religiöse Unterweisung der Schutzbefohlenen. Im 16. und 17. Jahrhundert gab es eine Variante der indirekten Sklavenhaltung, die sogenannte Mita. Es handelte sich hier um eine bezahlte Zwangsarbeit in der Landwirtschaft und in den Bergwerken. Die Abgaben teilten sich Krone und Kirche, eben die Kirche, von der auch Petrus Claver seinen Lebensunterhalt bezog, die Kirche, die ihn für die Taufe der Sklaven heiligsprach. Diese Täuflinge wurden dann in die Zwangsarbeit getrieben.

Nun wird auch deutlich, warum die Spanier auf Negersklaven angewiesen waren. Ihre Art, in Kolumbien Landwirtschaft zu betreiben, führte bald zum Aussterben der einheimischen Indios, deren Lebensgrundlage mit der Zeit zerstört wurde. Die Zahl der billigen Arbeitskräfte drohte zu sinken. So kam es, daß, wie in der Karibik, Sklaven aus Afrika herbeigeschafft wurden. Cartagena nahm nun als Sklavenumschlagplatz einen unrühmlichen Platz in der Geschichte ein. Jedes zweite Schiff brachte eine neue Ladung, die dann entweder in Kolumbien blieb oder über den gesamten karibischen Raum verteilt wurde. In Choco, einem südwestlichen Distrikt, ist übrigens die Bevölkerung noch heute überwiegend schwarz. Vor der Verteilung taufte sie der ›Sklave der Sklaven‹, wie sich Petrus Claver selbst nannte. Damit wurden ihre Seelen für den europäischen Himmel der Weißen vorbereitet, bevor sie mit Billigung der Kirche zunächst in die Hölle der Kolonialherren geschickt wurden.

Wir gehen hinein ins Kloster, eine Treppe hinauf und finden hier die Zelle des Heiligen – heute ein musealer Raum. Aus dem Fenster schauend, soll er den einlaufenden Sklavenschiffen entgegengesehen haben. Wieder im Erdgeschoß angekommen, biegen wir links in den Hof des Kreuzganges ein, der übervoll ist mit seltenen Pflanzen, die wuchern und ranken. Der Kreuzgang selbst ist sehr hoch, fast schachtartig durch die zweistöckigen Gebäude, die ihn rings umlaufen. Die Wände zeigen – von naiver Hand in unserem Jahrhundert gemalt – die Geschichte des hl. Petrus Claver.

Inzwischen ist es später Vormittag, und die Sonne zielt erbarmungslos auf unsere Köpfe. Aber es gibt ja zum Glück die schützenden Panama-Hüte. Dieses Mal muß es sein – egal, was sie kosten. Drei Dollar! und kein Handeln mehr möglich.

Simon Bolivar

Wir kommen zurück auf die *Plaza Bolivar,* die wir beim Besichtigen der Kathedrale schon gestreift haben. Jetzt, auf dem Rückweg haben wir endlich Zeit, uns ein wenig auf dem parkähnlichen Platz zu erholen. Siesta. Wir sind die einzigen Menschen hier. Nun haben wir Muße, die Gebäude zu betrachten und sie auf ihre geschichtliche Bedeutung zu befragen: Hier steht das Rathaus und der Palacio de la Inquisición, dort das Regierungsgebäude des Distrikts Bolivar und ein Denkmal des Befreiers, der dem Departement wie auch dem Platz seinen Namen gab: Simon Bolivar.

Zwei Jahre vor der Geburt Bolivars 1783 kam es in Kolumbien zu starken sozialen Spannungen, die in der Revolution der ›Comuneros‹ endeten. Anfangs hatten sich in diesem Kampf alle Klassen gegen die spanische Krone zusammengeschlossen: Handwerker, Kleinhändler, Bergarbeiter, Landsklaven, aber auch die reiche einheimische Oberschicht, die Kreolen. Sie alle begehrten gegen das harte Steuersystem auf. Doch die Mischung war höchst explosiv, zu gegensätzlich waren die Interessen. Die Kreolen hatten sich im letzten Moment doch wieder auf die Seite der Spanier geschlagen, aus Angst, im Zuge einer gelungenen Revolution enteignet zu werden. Statt dessen wollten sie lieber wieder hohe Steuern zahlen. So wurde der Aufstand blutig niedergeschlagen, und die sozialen Spannungen schwelten weiter.

1803 kam es durch die europäische Entwicklung doch zum Bruch des spanisch-kreolischen Bündnisses. In diesem Jahr zwang Napoleon die Bourbonen in Spanien zum Thronverzicht. Die Kreolen, erschrocken über die neuen gefährlichen Ideen der Französischen Revolution, entschieden sich gegen eine Koalition mit Napoleon und dem spanischen Mutterland und forderten die politische und wirtschaftliche Unabhängigkeit. Viele dachten weiterhin spanisch, und so kam es bald zu einem Kuriosum: Der frühere (spanische) Vizekönig Amar y Borbon wurde als Präsident in Kolumbien eingesetzt. Politische Flügelkämpfe endeten schließlich in einer pro-spanischen Militärherrschaft, die sich zum Terrorregime gegen die kreolische Elite ausweitete.

Genau in dieser politischen Situation trat Simon Bolivar auf den Plan. Als Abkömmling einer wohlhabenden kreolischen Familie konnte er in jungen Jahren nach Europa und Nordamerika reisen. Von dort kam er mit neuen sozialen

Ideen zurück in seine Heimat. Er kämpfte mit seinen Gefolgsleuten nicht nur in Kolumbien, sondern auch in Venezuela, Bolivien, Ecuador und Peru. Simon Bolivar – der Befreier der Andenländer. Doch als wessen Befreier gilt er? Bolivars Ziel war es, die kreolische Minderheit mit den Volksmassen zu verbinden und mit diesem Bündnis die spanische Vorherrschaft abzuschütteln. 1819 gewannen sie eine Entscheidungsschlacht gegen den spanischen Vizekönig in Kolumbien, eine Schlacht, an der auch Freiwillige aus England, Irland und Deutschland, die sogenannte Britische Legion, beteiligt waren. Im selben Jahr wurde die Republik Kolumbien gegründet und Bolivar als Präsident eingesetzt. Seine napoleonisch-demokratischen Ideen allerdings stießen bald auf den Widerstand der kreolischen Führungsschicht. So plante er beispielsweise, eine ›Grande Armée‹ aufzustellen, in der alle sozialen Schichten die verschiedenen militärischen Ränge erreichen konnten. Eine wahrlich demokratische Idee. Die Gründe des Unmuts sind deutlich: Ein Berufsheer europäischen Zuschnitts schien sozial gefährlich. Der Unmut wuchs, da die wohlhabenden Kreolen die neuen egalitären Ideen insgesamt als gefahrbringend für ihr feudales Hazienda-System ansahen. Bolivar griff daraufhin zu autoritären Mitteln und herrschte als Diktator mit Hilfe seines Heeres. Der Konflikt eskalierte jedoch weiter und führte 1828 schließlich zum Sturz Bolivars. Dieser starb zwei Jahre später in Santa Marta.

Wenn wir ein Fazit des berühmten Befreiungskampfes ziehen wollen, so scheint es fraglich, ob er diesen Namen auch verdient. Denn: Die Nachkommen der Encomenderos, der wirtschaftlichen Elite unter damals spanischer Herrschaft, hatten nun endgültig auch die politische Macht Kolumbiens inne. Die kreolischen Grundbesitzer trieben ihr koloniales Unwesen nun im Namen der eigenen Republik.

Die Regierungsgebäude, vor denen wir jetzt stehen, geben in diesem Zusammenhang Anlaß zu fragen, wie es heute um die Selbständigkeit des Landes bestellt ist. Präsident Belisario Betancur Cuartas regiert das Land seit 1982 in militär-diktatorischer Form. Kolumbien ist stark auslandsabhängig und von großen sozialen Spannungen im Inneren geschüttelt. Der bekannte Schriftsteller Gabriel Garcia Marquez, der 1982 den Nobelpreis für Literatur erhielt, kämpft mit seiner politischen und literarischen Tätigkeit gegen diese Politik. Er schildert in einer Weise, die sehr betroffen macht, die sozialen Nöte seiner Landsleute und der Menschen in ganz Südamerika. Beispielhaft dafür ist sein Roman ›Hundert Jahre Einsamkeit‹.

Es fällt schwer, von diesen Gedanken zur nächsten Station überzuleiten: Shopping ist angesagt. Ehe wir uns versehen, sind wir aus der Altstadt mit ihren Ringmauern und Bastionen heraus und befinden uns nun in einer Vorstadtgegend. Die Straße ist immer noch menschenleer, mit Ausnahme der Arkaden, aus denen verkaufseifrige Menschen hervorkommen. Sie halten uns sehr farbenfrohe Dinge aus ihren Geschäften entgegen: Ponchos, Jacken, Decken, Kleider, auch kleine farbige Stoffbilder, deren Motive sicher seit Jahrhunderten unverändert geblieben sind. Wir entdecken stilisierte Menschen- und Tierdarstellungen und sind fast sicher, eine Inspirationsquelle der avantgardistischen Malerei der ›Jungen Wilden‹ entdeckt zu haben. In diesen Kunstkreisen war und ist die Volkskunst Südamerikas immer sehr populär gewesen.

Die Rundfahrt geht weiter und wird anstrengender. Wir verweigern ein zweites Shopping – sehr zum Ärger der Guides, die sicherlich gut daran verdient hätten. Zum Schluß soll uns noch ein Einblick in die Volkskultur zuteil werden: Wir besuchen eine Folkloreveranstaltung. Mit wenig Aufwand und viel gutem Willen werden uns Lieder und Tänze Kolumbiens gezeigt. Kolumbiens? Wir sehen dunkelhäutige Menschen, deren Vorfahren eher in Afrika zu suchen sind. Sie tanzen in spanischen Kostümen zu europäisch klingenden Rhythmen. Die Frage ist also auch hier berechtigt: Welche Identität haben diese Menschen? Eine spanische oder neuerdings auch US-amerikanische?

Auf der Rückfahrt zum Schiff werden wir voller Stolz auf die Handelskontakte zu den USA hingewiesen. Die rekonstruierte Kogge, in der heute eine amerikanische Restaurantkette eine unterkühlte Gemütlichkeit verbreitet, zeugt wohl auch davon.

Auf dem Rückweg zum Schiff halten wir noch kurz an einem merkwürdigen Denkmal, an den ›Alten Schuhen‹. Wir sehen zwei überdimensional große Schnürstiefel, in Bronze gegossen. Ausgetreten und müde von den Strapazen liegt der rechte der beiden auf der Seite. Wir lassen uns erzählen, daß sie zu Ehren von Luis Carlos López 1950 angefertigt wurden. Dieser vielbeachtete Dichter der Stadt hat in einem seiner Werke Cartagena liebevoll mit einem alten ausgetretenen Paar Schuhen verglichen.

Wir sind zurück im Hafen. Zehn Minuten zu früh. Natürlich ein Stein des Anstoßes für unseren Bordcholeriker – schließlich sind ja vier volle Stunden bezahlt! Von dieser Beschwerde, die wir an die Guides weitergeben sollen, sind wir peinlich berührt. Aber glücklicherweise gibt es ja die Verständigungsprobleme.

5

WASSERSTRASSE ZWISCHEN DEN WELTMEEREN

Der Panamakanal

Backbord liegen Colón, die Freihandelszone, und Cristóbal, ein kleiner Ort in der Kanalzone von Panama. Noch ist das Kanaldelta aber zu breit, als daß wir Einzelheiten am Ufer unterscheiden könnten. Die matt-grüne Dschungelbarriere wird unterbrochen von weißen und bunten Flecken, der Hafensilhouette von Colón, die in der Ferne im lastenden Dunst verschwindet. Für diese frühen Morgenstunden ist die feuchte Hitze schon ungewöhnlich groß. Wir werden zusammen mit unserem weißen Schwesterschiff, der ›Lermontov‹, die 57,4 km lange Kanalfahrt unternehmen. Das Schiff kann – termingemäß – sofort einfahren und muß nicht, wie wir es zum Beispiel später im Suezkanal erleben werden, auf das Ende des entgegenkommenden Konvois warten. Der Panamakanal ist im Gegenverkehr schiffbar, was ihn für die amerikanischen Betreiber wirtschaftlich lukrativer macht, als es der ägyptische Einbahnverkehr ist.

Auf dem Peildeck sind die neuen Videokameras neben bescheidenen Fotoapparaten und Filmgeräten aufgebaut. Die Durchfahrt, die bis zum Nachmittag dauert, verspricht landschaftlich reizvoll, von den technischen Details beeindrukkend und durch die militärische Brisanz des Gebietes auch spannend zu werden.

Wir legen nun in Nord-Süd-Richtung die ersten zehn Kilometer bis zum Gatun-Damm zurück. Wir befinden uns noch auf Meeresniveau. Den Aufstieg zum gestauten Gatun-See wird uns nach diesem ersten Teilstück die gleichnamige Schleuse ermöglichen, eine von insgesamt drei im gesamten Kanalbereich. Vom Atlantik zum Pazifik haben wir durch die geologischen Bedingungen des Landes 26 Meter Höhenunterschied zu bewältigen. Für die Durchfahrt eines Schiffes werden dabei circa 196 Millionen Liter Wasser benötigt, die durch umliegende Flüsse und Wasserstraßen herangeführt werden.

Steuerbord und backbord begleiten uns immer noch sauber gerodete Landstreifen. Gepflegte Wiesen wechseln mit kultivierten Baumreihen ab. Wir trauen unseren Augen nicht. Es ist so, als ob wir durch einen botanischen Garten fahren. Durch die exotische Kulisse dringen hin und wieder schrille Vogelschreie. Über den fernen Baumreihen steigen manchmal Vogelschwärme auf, um gleich darauf wieder im Dickicht zu verschwinden.

Der gerodete Kanalstreifen mit seinem hellen Grün setzt sich eine Etage höher im unergründlichen Dunkelgrün des Urwaldes fort. Das Dickicht ist zumindest für unsere Blicke wirklich unergründlich. Die dunklen Baumkronen breiten sich schützend über Flora und Fauna darunter aus.

Doch was hat es mit den parkähnlichen Anlagen auf sich? Dienen sie etwa nur dem Betreiben der Schleusen? Das wäre wohl etwas zu aufwendig. Nein, der gepflegte Streifen ist ein Teil der US-amerikanischen Kanalzone, deren Souveränität seit 1977 an den Staat Panama übergegangen ist. Das Entscheidende allerdings ist geblieben, die Lizenz zum Betreiben des Kanals und – was wohl noch wichtiger ist – die militärische Präsenz der USA in der Kanalzone. Diese wird mit dem Schutz und der Sicherheit der Wasserstraßen gerechtfertigt. Doch wie sieht dieser Schutz aus? Hoch oben sehen wir kurz vor der Schleuse einen Hubschrauber, aus dessen Bauch drei, vier, fünf Fallschirmspringer herausfallen. Ihr grüner Schirm öffnet sich bald, und sie segeln auf den dunkelgrünen Baumteppich herunter. Amerikanische Soldaten. Diese werden übrigens von den Passagieren und von den sowjetischen Offizieren eilig fotografiert. Machen sie hier Übungen? Die Kanalzone scheint so friedlich und läßt kaum andere Gedanken zu. Dennoch ist es wohl wahr, daß in den unergründlichen Urwäldern ein Dutzend Militärbasen der US-Streitkräfte stationiert sind. Fünfzehntausend Mann einer Elitetruppe sollen unter dem Kommando von zwölf Generälen hier den Krieg proben. Zu Zeiten des Viet-

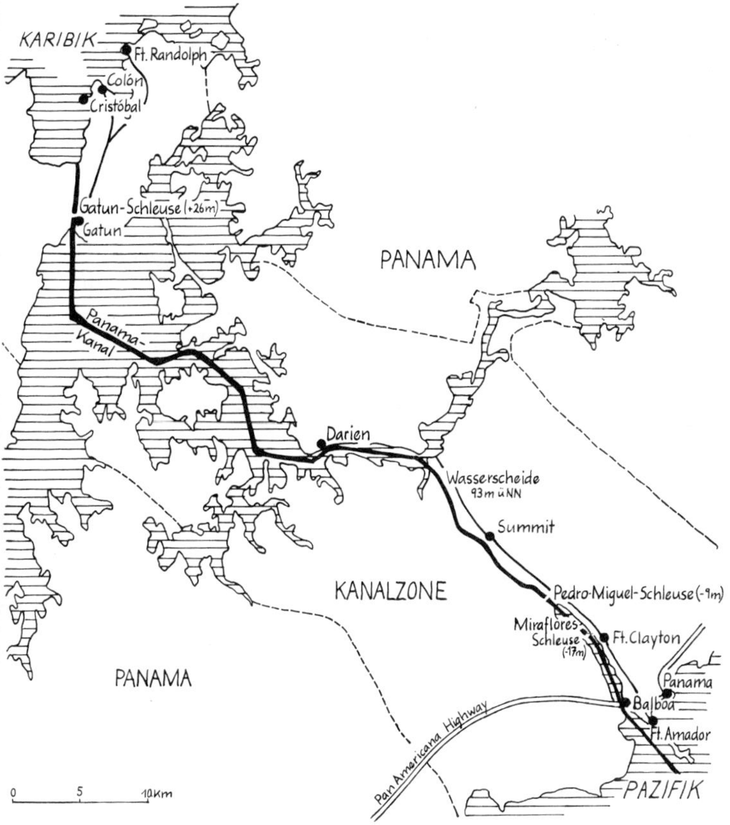

namkrieges wurden in diesem Gebiet asiatische Dorfattrappen zu Übungszwecken errichtet, an denen heute zwar nicht mehr der Ernstfall, aber doch noch militärische Strategien geprobt werden. Und welche Aufgaben haben die zwölftausend CIA-Agenten? Für eine Bewachung des Kanals wohl ein bißchen aufwendig. Das gilt auch für die Atomsprengköpfe der B-52 Bomber, von denen ein amerikanischer Offizier meinte: »Wenn der ganze Mist, den wir hier in der Kanalzone eingelagert haben, in die Luft fliegen sollte, bleibt vom Panamakanal und halb Mittelamerika nicht mehr viel übrig, dann fließen die beiden Ozeane ineinander.«

Wir kommen zur *Gatun-Schleuse*. Auf zwei Trassen links und rechts der Schleusenarme ziehen zwei elektrische Lokomotiven das 20000 BRT-Schiff in das erste Becken hinein und später durch die schweren Tore wieder hinaus. Die Stahlseile sind zum Zerreißen straff gespannt. Unser Kapitän steht steuerbord mit dem Lotsen. Beide tragen Schirmmützen, der Amerikaner eine rote, der Russe eine blaue – welch aparte Variante. Das Becken füllt sich langsam, sehr langsam mit Wasser. Ein merkwürdiges Gefühl, denn wir erheben uns sachte über unser Schwesterschiff, das hinter uns herfährt. Im Nachbarbecken ein Tanker, der von der pazifischen Ozeanseite kommt. Auch er ist eines der 15000 Schiffe, die pro Jahr durch den Kanal fahren und dazu beitragen, daß Waren im Wert von acht Prozent des gesamten Seehandels diese Wasserstraße passieren. Die Passagegebühr wird nach dem Wert der Fracht, nicht etwa nach Gewicht berechnet. (Was wir wohl demnach bezahlen mußten?) Im Laufe eines Jahres kommen dabei stattliche Summen zusammen. So streichen die Betreiber des Kanals, die Panama Canal Company, eine amerikanische Firma, jährlich etwa hundert Millionen Dollar ein. Allerdings gehen hiervon nur etwa zehn Millionen an den Staat Panama als Pachtgebühren weiter, so daß die Frage berechtigt ist, warum sich das mittelamerikanische Land dieses unvorteilhafte Geschäft bieten läßt. Hinzu kommt ja noch, daß die Betriebskosten, wie zum Beispiel die Wasserzufuhr, zu Lasten Panamas gehen. Diese Frage läßt sich nur mit den historischen Hintergründen des Kanals beantworten. Schon 1903, ein Jahr vor Baubeginn und elf Jahre vor der Fertigstellung des Kanals, wurde ein ›Dreiecksvertrag‹ zwischen den USA, deren Panama Canal Company und dem Staat Panama abgeschlossen. Darin versicherte die USA, für Neutralität, Schutz und Sicherheit der Kanalzone aufzukommen. In Anbetracht dieser Tatsache bleibt es natürlich unklar, was es mit der Neutralität Panamas auf sich hat.

Inzwischen haben wir den *Gatun-See* schon fast durchfahren und halten auf den kanalartigen Abschnitt der Wasserstraße zu. Das Ufer rückt nun näher. Bislang haben uns zahlreiche Inseln begleitet, die sich links und rechts zwischen Ufer und Fahrrinne gruppieren. Kleine Inseln, wohl mit sumpfigem Grund und einer Vielzahl kleiner Lebewesen. Wir können uns vorstellen, daß sich insbesondere tropische Insekten wie Moskitos hier sehr wohl fühlen. Und in der Tat, ihre Anwesenheit – und Jagdgier – verrät, daß sie hier heimisch sind. Ihr Anblick läßt uns endlich einsehen, warum wir uns seit Wochen gegen ihre Stiche wappnen, warum wir unseren Kreislauf durch die starken Mittel so belasten, Rückenschmerzen erdulden und Übelkeit ertragen. Es muß einmal gesagt werden: Leidend sind wir alle an den Tagen der Malariaprophylaxe. Differenzen gibt es jedoch um die Art der Vorsorge: Soll es ›Fansidar‹ oder ›Resochin‹ sein, ein oder zweimal die Woche verabreicht – oder gar beides in Kombination? Die Gemüter sind bei diesem Stichwort immer wieder neu zu erhitzen. Ebenso kontinuierlich werden allwöchentlich die Leidenssymptome wieder mit Inbrunst vorgetragen und von den mitleidigen oder schadenfrohen Reisegenossen entsprechend bedacht.

Panama Railroad

Vor uns liegt schon die schmale Kanalrinne. Da läßt das linke Ufer kurz vor Verlassen des Gatun-Sees einen Blick auf Eisenbahnschienen zu, Schienen, die wir auch später noch öfter backbord sehen können. Eine Bahnlinie? Wäre es nicht die Panama Railroad mit ihrer Geschichte, wäre sie vielleicht kaum erwähnenswert. Doch hier haben wir es mit einer Bahnlinie zu tun, der nachgesagt wird, daß unter jeder Schwelle ein toter Arbeiter liegt. Wie kam es dazu?

Als die Trasse 1850 als Vorläuferin des Kanals gebaut wurde, war die wirtschaftliche Bedeutung Panamas schon seit über einem Jahrhundert stark gesunken. Die Schiffsroute um das Kap Hoorn war für Handelsleute kostengünstiger als der Weg über die Landenge Panamas. Diese Route, für Mensch und Tier lebensgefährlich, wurde von den Kolonialherren daher nur allzugern umgangen. Dennoch spielten Handelsinteresse und Goldfieber zusammen, als es Mitte des 19. Jahrhunderts zu Überlegungen kam, sich die neue Technik auch hier zunutze zu machen. Und so begannen nordamerikanische Unternehmer mit dem Eisenbahnbau, nachdem sie der französischen Eignergesellschaft die Baurechte abgehandelt hatten. Panama, das seit 1821 von Spanien unabhängig geworden war und sich Kolumbien angeschlossen hatte, konnte weder Einfluß noch Anteile an diesem Geschäft geltend machen. Das amerikanische Repräsentantenhaus nahm dagegen um so mehr Rechte in Anspruch und subventionierte den Plan kräftig mit Steuergeldern. Der Hauptgrund der Unterstützung war natürlich die Sicherung der strategisch höchst wichtigen Landenge zwischen Nord- und Südamerika.

Die Durchführung des Plans war unter den gegebenen klimatischen und technischen Bedingungen äußerst mühsam. Der Publizist Schubert zitiert zeitgenössische Berichte: »Auf der Insel Manzanilla, wo heute an der Mündung des Panamakanals die Stadt Colón steht, begann der Bau. Eine Insel konnte man es damals nur nennen, weil das Land fester als der dahinterliegende Schlamm war. Die Ingenieure berichteten: ›Es war ein jungfräuliches Sumpfland, dicht bewachsen mit den gekrümmten Stämmen der Mangroven. Dazwischen rankten sich gewaltige Schlinggewächse, Dornsträucher, die selbst den dort hausenden wilden Tieren den Zutritt verwehrten. In dem schwarzen, schmierigen Schlamm wimmelte es von Alligatoren und anderen Reptilien, die Luft war mit todbringenden Dünsten sowie Schwärmen von Sandfliegen und Moskitos erfüllt. Weiter landeinwärts stieß man auf einen tiefen Morast, mit dichtestem Dschungel bedeckt und malariageschwängert. Es wimmelte von allen möglichen Bestien, gefährlichen Reptilien und giftigen Insekten, wie sie nur in den Tropen vorkommen ...‹ Im zweiten Jahr stieg die Zahl der Arbeiter zuweilen bis auf tausend; wenigstens einmal aber verringerte sie sich infolge Krankheit oder Desertion so sehr, daß die Arbeiten beinahe eingestellt werden mußten. Es ist jedem überlassen, entweder die Ausdauer der Unternehmer zu bewundern oder sich über ihre Herzlosigkeit zu erregen: aber zu jener Zeit galt das Leben eines Arbeiters wenig, wenn Profite in Sicht waren.«

Kanalpläne

Jedoch ist auch die Durchquerung der Landenge per Eisenbahn stets ein mühsames Unterfangen gewesen, so daß Pläne für eine Wasserstraße immer wieder aufgekommen sind. Es war allerdings nicht nur der Gedanke, den Reisenden die Mühsal zu verringern, der diese Pläne entstehen ließ. Vielmehr würde natürlich eine Wasserstraße die wirtschaftlichen und strategischen Vorrechte auf der Landenge noch besser sichern helfen. Um diese Vorrechte nun begannen sich drei Kolonialmächte zu streiten: Die USA, denen auf diplomatischer Ebene allerdings ein vertragliches Hindernis mit Großbritannien im Wege stand, England, das zwar Anspruch auf den alleinigen Bau hatte, jedoch keine finanziellen Mittel dafür aufbringen konnte, und Frankreich, das schon im 18. Jahrhundert Interesse und Pläne für einen Kanalbau gezeigt hatte. So wagte Napoleon Garella 1843 wohl einen der abenteuerlichsten Pläne vorzustellen: Einen Kanal mit 34 Schleusen und einem Tunnel!

Erste Baupläne und Gedanken zur finanziellen und diplomatischen Durchführung legte dann ab 1871 Ferdinand de Lesseps vor. Der Planer und Konstrukteur des Suezkanals wollte mit diesem neuen Projekt seinen Ruhm und Reichtum noch vermehren. Seine Hauptaufgabe bestand zunächst in der Sicherung der Bauerlaubnis und der Finanzierung des Projekts, beides Aufgaben, die er mit Geschick und an Illegalität grenzende Methoden meisterhaft löste. Er kaufte zunächst die Anteile einer schon existierenden Kanalbaugesellschaft auf und überzeugte französische Kleinaktionäre von der Sicherheit seines Vorhabens. Er reiste weiterhin demonstrativ mit einigen seiner Kinder nach Panama, um dem europäischen Umfeld die Angst vor den vermuteten Seuchen und Infektionskrankheiten zu nehmen.

Geschickt gelang ihm so die Finanzierung der ersten Planungsphase. Die diplomatischen Hürden wußte er auch zu nehmen: Indem er den USA die geforderte Souveränität über die Kanalzone überlassen wollte, nahm er sich das Recht, nun auch amerikanische Geldgeber zu suchen. Er fand sie. Zwei amerikanische Bankhäuser übernahmen es, Staatsanleihen zu vermitteln ... und dabei nebenbei zehn Millionen Dollar zu kassieren. Parallel dazu gelang der erste Versuch, im Kongreß die Unterstützung für einen Alternativ-Kanal in Nicaragua zu vereiteln. Keine Frage, daß diese diplomatischen Bemühungen über den Kopf des Staates Panama gegangen sind.

20
160
280

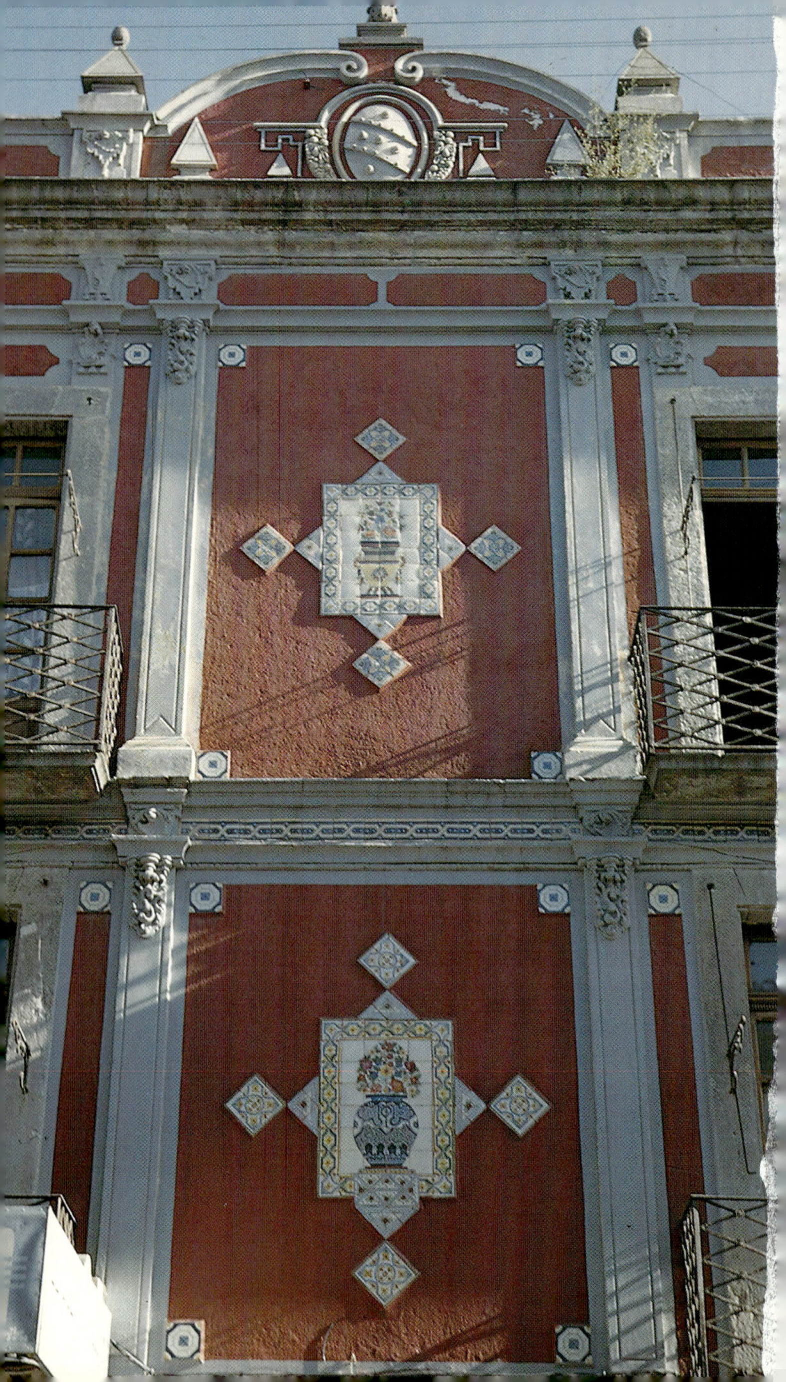

Der Bahnlinie entlang begann das Unternehmen mit einem fast hundert Meter breiten Rodungsstreifen. Die geologische Bodenbeschaffenheit und die klimatischen Bedingungen erschwerten das Vorankommen der Arbeiten. Weder war es möglich, steile Uferwände – wie zum Beispiel bei dem Kanal von Korinth – zu schaffen, noch konnte die Rinne so einfach ausgehoben werden, wie es beim sandigen und flachen Umland des Suezkanals möglich war. Die Probleme weiteten sich aus. So mußte durch die Geologie das Verhältnis zwischen Böschungsbereich und Fahrrinne auf ein Verhältnis von 4:1 ausgeweitet werden. Ungefähre Schätzungen ergaben dabei einen Streifen von 108 Metern Tiefe und fast einem Kilometer Breite. Hinzu kamen Schwierigkeiten mit dem Hochwasser der Flüsse, die durch den Kanalbau durchtrennt werden mußten, und die Überwindung von insgesamt 26 Meter Höhenunterschied.

Schon die Schwierigkeiten des Eisenbahnbaus zeigten die Bedrohungen für die Menschenleben, die den Bau bewerkstelligen sollten. Auch bei diesem neuen Projekt mußten Tausende von Arbeitern ihr Leben lassen.

Die Sonne hat den Zenit schon fast erreicht. Die Hitze, gepaart mit der drückenden Luftfeuchtigkeit, ist unerträglich geworden. Nur noch wenige Passagiere stehen oben auf dem Peildeck. In einzelnen Buchten wuchert das Dickicht in das Wasser hinein. Steile Felswände begleiten unsere Fahrt. Ganze Hügel und Hügelgruppen mußten von den Arbeitern durchstochen werden. Und dann entdecken wir endlich, was wir schon seit einiger Zeit suchen. Einen kleinen bescheidenen Steinblock, auf dem zwei Männer in Arbeitshaltung dargestellt sind. Wir müssen schon sehr achtgeben, um dieses Denkmal, das den Bauarbeitern des Panamakanals gewidmet ist, nicht zu übersehen.

Ende 1886 steckte der Bau und damit sein Planer schließlich in so großen Schwierigkeiten, daß Lesseps sich dringend wieder auf Suche nach Geldgebern machen mußte. Ähnlich wie beim Bau des Suezkanals versprach eine Lotterie Abhilfe. Doch der Losverkauf schlug fehl. Es wurde nicht einmal die Hälfte der notwendigen Summe eingetrieben. War es Desinteresse der ›kleinen Leute‹ oder Manipulation? In jedem Fall mußte die Gesellschaft 1889 Konkurs anmelden. Damit verloren alle Kleinaktionäre ihr Kapital in einer Gesamthöhe von 1,5 Milliarden Francs. Diese Liquidation entschleierte bald auch den Mythos vom mutigen Abenteurer, hervorragenden Techniker und geschickten Diplomaten Lesseps: Es kommen umfangreiche Bestechungsaffären an den Tag, an denen sogar zwei Ministerpräsidenten beteiligt gewesen sein sollen. Lesseps – dieser hervorragende Techniker – ein Pirat der Moderne?

Die USA greifen zu

Doch mit der Episode Lesseps ist die Geschichte des Kanalbaus nicht abgeschlossen, steckte das Projekt doch im wahrsten Sinne des Wortes im Sumpf fest. Kurzerhand übernahm nun ein amerikanisches Unternehmen die Fortführung. Ähnlich wie Lesseps ging die spätere Panama Canal Company zur Sicherung der Finanzen einen diplomatischen Weg, einen Weg allerdings, der ihr wohl nicht zu Unrecht den Namen eines ›Panama-Syndikats‹ eingebracht hat. Die absonderliche Briefmarken-Episode, die der schon zitierte Schubert anführt, ist ein sprechendes Beispiel dafür: Im US-Parlament sollte eine Entscheidung herbeigeführt werden, welcher der Kanalpläne zu unterstützen wäre, der panamesische oder (noch einmal) der nicaraguanische. Für beide Pläne fanden sich Befürworter. Da gab ein Naturereignis und eine Manipulation den Ausschlag für Panama. 1902 brach auf Martinique ein Vulkan aus. Gleichzeitig wurde im Parlament die Gefahr von Vulkantätigkeiten in Nicaragua diskutiert. Gegner dieses Projektes nutzten die Gunst der Stunde und ließen im Senat eine nicaraguanische Briefmarke verteilen, auf der ein rauchender Vulkan zu sehen war. Gleichzeitig wurde die Meldung verbreitet, in Nicaragua sei ein Vulkan ausgebrochen. Was auch immer den Ausschlag gegeben haben mag: Der Senat entschied sich für Panama. Im Jahre 1903 betrieben die USA den Abfall der Provinz Panama von

Kolumbien. Der nun ›selbständige‹ Staat Panama verpachtete die für den Bau des Kanals notwendige Zone an die USA. Die endgültige Planung und Durchführung des Projektes wurde dem Oberst George Washington Goethals übertragen, der sich stark auf die Entwürfe Lesseps aus den achtziger Jahren des vorangegangenen Jahrhunderts stützte. Nach zehnjähriger Arbeit war der Kanal im August 1914 betriebsbereit.

Die schmale Kanalstrecke mit ihren steilen, oft karg bewachsenen Felshängen, aber auch dichten Urwaldsäumen hat sich etwas geweitet: Wir gleiten bald darauf in die zweite *Schleuse Pedro Miguel.* Sie bringt uns dem Pazifikniveau einige Meter näher. Hier läuft das Schauspiel nun umgekehrt ab. Das weiße Schwesterschiff hinter uns wächst und wächst und scheint bald doppelt so groß wie wir. Eine Wippe mit Ozeanriesen – was für ein ›Kinderspiel‹ mit großen Dampfern. Wenig später geht es in die *Doppelschleuse von Miraflores.* Dasselbe Schauspiel wiederholt sich. Wir haben die Kanaldurchfahrt damit fast geschafft, befinden uns aber noch immer in der amerikanischen Kanalzone. Wir fahren mit halber Kraft dem Kanaldelta und damit dem Pazifik entgegen und haben damit eine der touristischen, vor allem aber wirtschaftlichen und politischen Weltstraßen durchfahren. Hier, an ihrem Ende, wird sie gekreuzt von einer ›Traumstraße der Welt‹. Es handelt sich um den Pan American Highway, der sich schon von weitem durch eine markante Brückenkonstruktion angekündigt hat. Die ›Panamericana‹ hält direkt auf Balboa und Panamá zu – von Alaska kommend und weiter viele tausend Meilen den südamerikanischen Kontinent durchziehend. Auf der Backbord-Seite kommen jetzt die Städte Balboa und Panamá in Sicht.

Ausfahrt in den Stillen Ozean

Balboa – der Ort, an dem der erste Europäer mit seinen 250 Männern im Jahre 1513 die Ostseite des Pazifiks erblickt haben soll. Wieder sind es die Spanier gewesen, die als erste in diesem Gebiet auf Goldsuche waren. Vasco Núñez de

Balboa sollte es nicht finden, jedoch sein Gegenspieler Pizarro. Dieser ließ den relativ friedlichen Entdecker wegen angeblichen Verrats später hinrichten und machte sich dann selbst auf den Weg in das Reich der Inkas, nach Peru. Doch bleiben wir bei Panama. Haben wir mit diesen spanischen Machenschaften schon die ersten Pirateriein in Panama, so nimmt dieses Treiben ein Jahrhundert später noch umfassendere Züge an. Der dichte Urwald ist ein geeigneter Tummelplatz für europäische Piraten und Freibeuter, denen sich von Zeit zu Zeit auch entlaufene Sklaven angeschlossen haben. Sie überfielen Karawanen, kaperten Schiffe und führten Guerillakämpfe gegen hier ansässige Spanier. Die Engländer Francis Drake und Henry Morgan, die von ihrer Königin hernach dafür geadelt wurden, machten sich dabei den größten Namen. So wurde die Stadt Panamá 1671 fast völlig zerstört und ausgerottet. Sechzig Jahre später trug Admiral Vernon seinen Teil zur Zerstörung spanischer Ansiedlungen bei. Schließlich verhalf die neue Handelsroute um Kap Hoorn dazu, das spanische Handelsmonopol in diesem Gebiet zu brechen. Zudem erheben sich Kaufleute, Grundbesitzer und mit Bolivar auch die Landarbeiter gegen die Kolonialmacht, deren erfolgreiches Ende am 28. 11. 1821 die Unabhängigkeit Panamas und sein Anschluß an Kolumbien ist.

Über die Piraterie der spanischen Kolonialisten und der nordamerikanischen Unternehmer haben wir bereits gelesen: Doch Piraten auch heute? Vielleicht. Die Piraterie läuft heute unsichtbarer, subtiler. So ist zum Beispiel die Freihandelszone von Colón für europäische Firmen aus steuerlichen Gründen ein sehr anziehender Ort. Und welches Etikett trägt Amerikas Schutzpakt mit dem unabhängigen Panama?

Bald verlassen wir das Delta des Kanals. Welch ein Gegensatz zwischen den kleinen Hütten an der Backbord-Seite und der Stadtsilhouette von Panamá City. Sie taucht jetzt linker Hand auf und zieht sich ein Stück der Pazifikküste entlang. Die Stadt wirkt mit ihren Wolkenkratzern wie eine ferne Science-Fiction-Stadt. Es scheint, als gehöre sie nicht zu dem Urwaldland, durch welches der Schienen- und Wasserweg so mühsam gebahnt werden mußte.

6

FREIZEITARCHITEKTUR ZWISCHEN BAROCKKIRCHEN UND PYRAMIDEN

Mexiko

Acapulco

»Acapulco-Bay, das ist der beste und schönste Naturhafen der Welt und bestimmt der beliebteste an der Pazifikküste. War das schön ... diese blaue, klare Bucht, umrahmt von einem weißen Sandstrand, dahinter unzählige Palmen, unterbrochen nur von einer etwa fünfzig Meter langen Holzbrücke, die als Steg für die Landungsboote der Ausflugsdampfer diente. Auf dieser Brücke trafen sich auch die jungen Leute von Acapulco. Einige zum Angeln ihrer Mahlzeiten, andere zum Angeln ihrer Liebschaften.«

Teddy Staufer – emigrierter Musiker – hat sich in den späten fünfziger Jahren so über die noch unberührte Bucht dieser Stadt geäußert. Was er sagt, klingt heute schon fast zynisch – angesichts der Silhouette. Was sich uns beim Aufwachen in der Bucht von Acapulco darbietet, ist eine gigantische Hochhauskette, deren Einzelglieder architektonisch eine gewisse Faszination ausstrahlen. Doch hat sie überhaupt nichts mehr mit dem romantischen kleinen Fischerdorf gemein. Allenfalls gestern nacht, als wir in die Bucht eingelaufen sind, konnten wir den Eindruck einer Idylle bekommen. Langsam, ganz langsam lotsten kleine Boote unser Schiff in das Lichtermeer. Bald waren wir vollkommen von Lichtpunkten umgeben. Backbord konnten wir einigen Häusern sogar in die Räume sehen. Hier scheinen sich die Leute nicht eifersüchtig vor den Blicken der Nachbarn schützen zu müssen. Selbst das monumentale Strandpanorama sieht zur Nacht gedämpft romantisch aus. Und dann dort drüben, die kleinen Lichtpunkte, die sich am Berghang entlangziehen.

Wie schön und friedlich wirken sie. Wir halten sie für die heimelige Illumination von hanggelegenen Traumvillen.

Am Morgen nun zeigt sich das ganze monumentale Ausmaß der grausamen Betonierung. Seit den vierziger Jahren, seit Teddy Staufer also diesen Ort populär gemacht hat, wurde damit begonnen, und seit dieser Zeit zementiert das Weltmarktkapital die kleine Bucht zu. Die oberen Zehntausend haben sich wohl zurückgezogen aus Acapulco, die ›Szene‹ ist mittlerweile schon zu populär geworden. Das Image eines Jet-Set-Treffpunkts aber ist geblieben, wenn auch vielleicht nur noch der zweiten Garnitur.

Flug über Mexiko

Doch wir belassen es zunächst bei diesem Eindruck. Es ist mittlerweile sieben Uhr morgens, und wir wollen auf eigene Faust nach Mexiko-Stadt fliegen, um einen Tag die so widersprüchliche Metropole zu genießen. Zu fünft machen wir uns auf den Weg zum Flughafen; uns angeschlossen haben sich Jutta und Harald, das Tanzpaar aus München, und wieder einmal Globo. Bei ihm hatte es einiger Überredungskünste bedurft, denn er war sich nicht sicher, ob die Investition der Flugkosten gerechtfertigt wäre. Mexiko-Stadt sei doch auch nur eine der vielen modernen Weltstädte. Durch frühere Besuche denken wir anders und können ihn schließlich überzeugen. Spannend wird es nun am Flughafen, denn wir haben keine Plätze reservieren lassen. Am Wochenende könnte es mit dem Rückflug problematischer werden, da es die reichen Mexikaner häufig in den prominenten Badeort zieht. Dennoch: Wir haben Glück. Wenig später sind wir schon in der Luft und unterwegs auf unserem 35-Minutenflug in die Hauptstadt.

Vom Flugzeug aus haben wir Gelegenheit, die Vielfalt der Geographie und Geologie mit ihrer unterschiedlichen Vegetation zu beobachten. Zunächst geht es über den Küstenstreifen und den zentralamerikanischen Kordillerenabschnitt mit der Sierra Madre del Sur. Wir halten dann auf das mexikanische Hochland zu. Der Rundblick zeigt wenig Anbauflächen mit Nutzpflanzen. Das ist auch nicht erstaunlich, da nur 15 Prozent des Landes für landwirtschaftlichen Anbau geeignet sind und nur knapp 10 Prozent für Viehzucht verwendet werden. Allerdings ist die Vielfalt der angebauten Pflanzen erstaunlich. Wir finden als Grundnahrungsmittel Mais, Kürbisse und Bohnen, aber auch vorwiegend exportbestimmte Güter wie Kaffee, Zitrusfrüchte, Bananen und Vanille. Archäologische Funde bestätigen übrigens den Ackerbau schon für circa zwölftausend Jahre. Damals wurde hauptsächlich Mais angebaut.

Inzwischen sind wir über dem Gebiet des Rio de las Balsas, der das mexikanische Hochland von der Stadt Puebla, auf 2140 Meter Höhe, bis hin zum Pazifik durchschneidet. Hier sehen wir noch einmal weite Anbauflächen, bevor wir über das steppen- und waldreiche Hochland kommen, auf dem auch die Hauptstadt liegt. Fast zwei Drittel des zwei Millionen Quadratkilometer großen Landes sind gebirgig. Die Sierra Madre Occidental auf der pazifischen und die Sierra Madre Oriental auf der atlantischen Seite formieren sich zum ausgedehnten Hochland von 300 000 Quadratkilometer

Fläche. Südlich von Mexiko-Stadt befinden sich die bekannten Schneevulkane, von denen der Popocatépetl mit seinen 5452 Meter zwar nicht der höchste, wohl aber der markanteste ist. Der mexikanische Landtrichter zwischen Atlantik und Pazifik verengt sich im Südwesten zur Landenge von Tehuantepec, der mit 200 Kilometer schmalsten Stelle Mexikos. Sie ist gleichzeitig die Nahtstelle zwischen Nord- und Mittelamerika. Im Gegensatz zur tropischen, sich nördlich anschließenden Halbinsel Yukatan mit ihren vielen interessanten Maya-Stätten bietet sich die pazifische Seite des Isthmus nicht zum Verweilen an. Fremde waren hier immer unerwünscht. In der Industriestadt Salina Cruz sollen schon einige Touristen in bedrohliche Situationen geraten sein.

Wir fliegen immer noch über dem riesigen Hochplateau mit Kurs auf die Metropole. Eichen- und Tannen-, auch

Kiefernwälder überziehen mit ihrem staubigen Grün die Landschaft unter uns. Die Vegetation ist nicht überall so üppig. Im Nordwesten des Landes, im trockenen Hochland, gedeihen eher Kakteen in der Steppe.

Wir sind nun gespannt, ob wir steuerbord bald den Popocatépetl und den Iztaccíhuatl sehen werden. In der Tat nimmt der Baumbestand bald ab; ein Zeichen dafür, daß die Berge langsam über 3900 Meter ansteigen. Und schließlich entdekken wir sie, die schneebedeckten Vulkane. Wie überdimensionale Pyramiden ragen sie in den Himmel. Sie stehen frei. Die angrenzenden Berge: verschwindend klein.

Nun sind wir sehr schnell an der Peripherie der Hauptstadt, die in 2240 Meter Höhe im Hochland von Anahuac liegt. Die Siebzehn-Millionen-Stadt kündigt sich mit einer zunehmenden Dunstwolke an. Von nun an ist es aus mit der unberührten Natur. Anfangs sporadisch, dann flächendekkend zeigen sich die ersten Vorstadthäuser, nein besser: Hütten. Bei näherem Hinsehen wird deutlich, daß riesige Flächen mit ›vecindades‹, mit ausgedehnten Armenvierteln, überzogen sind. Die Slums sind ein Spiegel der sozialen Situation Mexikos und eine Folge der wirtschaftlichen Entwicklung. Die aussichtslose Lage auf dem Lande trieb viele Menschen mit kleinen Hoffnungsschimmern in die Stadt. Doch die Hoffnungen der meisten auf Arbeit erfüllte sich nicht. Die Elendsviertel sind ein sprechendes Bild der traurigen Situation. Auch hier steht die internationale Wettbewerbsfähigkeit im Vordergrund. Auch hier wird die personalintensive Arbeit, die wenige, die es überhaupt gibt, an Maschinen abgegeben. Die Folge ist jene unübersehbare soziale Problematik, für die sich bei den derzeitigen politischen und wirtschaftlichen Strategien keine Alternativen abzeichnen. Sehr eindrucksvoll wird übrigens diese Situation in Oscar Lewes' ›Die Kinder von Sanahez‹, der Autobiographie einer Familie in mexikanischen ›favelas‹, den Armenvierteln, geschildert.

Die Häuser werden höher und stabiler; der Autoverkehr dichter, ebenso die dunkle Abgaswolke über der Stadt. Die beiden tiefsten Straßenschluchten der Metropole kommen ins Blickfeld: Der Paseo de la Reforma und die Avenida

Insurgentes, die Allee der Rebellen. Sie kreuzen sich drei Kilometer vom Zócalo, dem Zentrum der Stadt. Hier an dieser Stelle, von oben nur zu erahnen, steht das Monumento a Cuauhtémoc, das Denkmal für den letzten Aztekenkaiser. Vielleicht gerade beim Blick aus dem Flugzeug kommt die Assoziation, daß dieses Denkmal dort im Verkehrs- und Geschäftsgewühle ebenso verloren an die untergegangene Kultur erinnert, wie Cuauhtémoc selbst vergeblich für sie gegen die Spanier gekämpft hat. Wem kommt beim Anblick der gigantischen Geschäftshäuser und der schier unüberwindlichen Autorennstrecken der kleine tapfere Indio in den Sinn, der mit seinem Resthäuflein versucht hat, die Hauptstadt Tenochtitlán zu retten? Wer erinnert sich angesichts des dort unten wuchernden Häusermeers an den 13. August 1521, an dem das unbeschreibliche Blutbad mit der Gefangennahme und späteren Hinrichtung Cuauhtémocs ein Ende nahm? Aus den Berichten des Feldherrn Cortés an seinen Kaiser Karl v. entnehmen wir die Schilderung eines der letzten Kampftage: »An diesem Tage wurden durch uns und unsere Indianer über 40000 Temixtitaner niedergemacht oder gefangengenommen. Das Heulen, Weinen, Schreien und Wehklagen der Weiber und Kinder hätte selbst ein Herz von Stein erweichen und rühren müssen. Es war schwer für uns, unsere Indianer in ihrer Wut und ihrem Grimm davon zurückzuhalten, daß sie nicht alles niedermetzelten, was ihnen vor die Augen kam. Es gibt aber in der ganzen Welt kein Volk, das grausamer und unmenschlicher wäre als die Indianer gegen ihre Feinde.« Welch eine Anmaßung, während der Ausrottung einer blühenden Kultur eine solche Kritik zu üben!

Das Denkmal des Cuauhtémoc wird östlich vom Monumento a la Independencia, dem Unabhängigkeitsdenkmal, und dem Monument für Kolumbus auf der anderen Seite flankiert. So stehen die historischen Pfeiler der mexikanischen Gechichte aufgereiht nebeneinander – einträchtig, ohne den Widerspruch dieses indianisch-spanischen Nebeneinanders preiszugeben.

Nach einer Landeschleife über der Stadt setzen wir schließlich auf. Mit dem Taxi beginnt nun eine fast endlose Fahrt auf zwei- bis dreispurigen Straßen in Richtung Zentrum. Die Auspuffgase von Bussen verdunkeln zeitweilig die Vorderscheibe. Die Kraftproben und Überholmanöver zwischen den einheimischen VW-Käfern und dem Schwerlastverkehr wären ja ganz unterhaltend, wenn uns nicht der tödliche Verkehrsunfall einer jungen Bekannten vor wenigen Jahren noch gut in Erinnerung wäre. Erschreckende und traurige Gedanken während der Fahrt durch den breiten Gürtel der grauen Vorstädte – auch das ist Mexico-Stadt.

Zu Recht fragt auch Globo, was an dieser Stadt, durch deren trostlose Straßenfluchten wir nun schon über eine halbe Stunde fahren, so faszinierend sein soll. Bisher habe er nur eine lebensbedrohende Dunstwolke, Slums und ein Verkehrschaos erlebt. Die Antwort fällt im Augenblick tatsächlich schwer. Vielleicht ist sie nur über den Einblick in Zusammenhänge möglich, die den zähen Kampf um die ›Mexikanisierung‹, die Suche des Landes nach einer eigenen Identität, offenlegen. Vielleicht ist sie nur in vielen kleinen Mosaiksteinchen zu finden.

Ohne Zweifel ist der ›Mexikanisierungsprozeß‹ ein wichtiger Ansatz für die Entwicklung des Landes. Mexiko verfolgt seit dreißig Jahren eine konsequent nationalistisch orientierte Politik. So darf der Anteil des Auslandskapitals an den einzelnen Industrien nie mehr als 49 Prozent betragen, also nie die Majorität erhalten. Gleichzeitig wird die Nationalisierung der lebenswichtigen Erdöl- und Energiewirtschaft angestrebt. Zudem bekommen die Firmen die Auflage, soweit es geht nur inländische Rohstoffe und Teilprodukte zu verarbeiten. Das inländische Kapital wird besonders gefördert. Doch was nützt das den Slumbewohnern? Der Abstand zwischen Arm und Reich wird dadurch auch nicht geringer. Schließlich ist es für die Menschen der ›vecindades‹ egal, ob sie unter in- oder ausländischem Kapital verhungern.

Der Versuch, das Arbeitskräfteproblem zu lösen, ist kaum gelungen. Es gab Bemühungen, die industriellen Ballungsräume zu entflechten. Aber auch der Versuch, eine sogenannte Modernisierungsbresche durch das Land zu schlagen, das heißt Industrieansiedlungen von Veracruz über Puebla nach Salina Cruz zu fördern, löst das Problem nicht. Erschwerend kommt hinzu, daß das Hinterland in traditionellen Wirtschaftsstrukturen verharrt: Mexiko ist trotz der Industrialisierung ein Agrarland geblieben. Der wirtschaftliche Kernraum des Landes zieht sich von Ost nach West, von Veracruz bis Guadalajara am Pazifik.

Stadtwanderung

Inzwischen haben wir das Zentrum erreicht. Das Taxi kreuzt die im Osten noch junge Paseo de la Reforma und hält auf der Avenida San Juan de Letrán. Wir steigen seitlich des *Palacio de Bellas Artes,* dem Palast der Schönen Künste, aus. Dieses repräsentative Gebäude aus weißem Carrara-Marmor wurde in den Jahren 1910 bis 1934 unter der Leitung des italienischen Baumeisters Adam Boari errichtet. Mittlerweile sinken die schweren Baumassen langsam in den sumpfigen Boden. Teilweise für den Betrachter sichtbar, hat sich das monumentale Gebäude schon vier Meter in den Untergrund gebohrt. Die ehrgeizigen Entwässerungsprojekte des Deutschen Heinrich Martin aus dem 17. Jahrhundert legten den Grundstein (oder eben nicht) für diese heutigen Probleme. Er ließ den Texcoco-See, auf dem die Stadt errichtet wurde, trockenlegen. Das zur Stabilisierung notwendige Grundwasser wurde abgezogen. Zwar leidet die Stadt heute nicht mehr unter Überschwemmungsproblemen, dafür sinken aber einige der Bauten nach venezianischer Art ab.

Die Fresken im Treppenhaus des Gebäudes sind bemerkenswert. Die zum Teil sehr zeitkritischen Wandmalereien aus diesem Jahrhundert wurden von den vier bekanntesten Künstlern Mexikos angefertigt, den Muralisten José Clemente Orozco, Diego Rivera, David Alfaro Siqueiros und Rufino Tamayo. Nur den beständigeren Touristen zeigen sich die eindrucksvolleren Erlebnisse im Palast der Schönen

Künste. Zu empfehlen ist auf jeden Fall ein Besuch des ›Ballet Folklórico de México‹. Die Tänze und Klänge sind zwar touristisch orientiert, vermitteln aber dennoch einen Einblick in das Kaleidoskop der mexikanischen Kultur. Die Aufführung ist vielleicht wieder ein Mosaiksteinchen zur Antwort auf die Frage: »Was ist eigentlich mexikanisch?« Vielleicht folgendes: Das Produkt der spanisch-katholischen Überformung der indianischen Kultur, das heute dem modernen, sogenannten internationalen Stil angepaßt und dann ›mexikanisch‹ genannt wird?

Ein fast lebensgefährlicher Spurt zur gegenüberliegenden Seite der Avenida lohnt sich. Dort nämlich befindet sich die Hauptpost. Die *Central de Correos* in spanischem Neorenaissancestil (1907) erbaut, ist ebenfalls ein Werk von Adam Boari. Ein Gang durch die Schalterhallen versetzt uns ein Jahrhundert zurück – eine Museums-Post in Aktion.

Wir bleiben auf dieser Straßenseite und biegen bei der nächsten Querstraße links ab. Etwas zurückversetzt finden wir das wohl schönste Kolonialhaus der Stadt, die *Casa de los Azulejos* von 1596. Dieses sogenannte Kachelhaus ist

vollständig mit blau-weiß-gelben Plättchen belegt. Die Kacheln stammen aus der dafür berühmten Stadt Puebla, 130 Kilometer südwestlich von Mexiko-Stadt. Hier, im märchenhaften Inneren des Hauses, einen Tee zu trinken, ist ein wichtiges mexikanisches Erlebnis. Diese Aussage kann Globo überhaupt nicht teilen. Denn Teetrinken in einem alten Kolonialhaus könnten wir ja schließlich auch in einer x-beliebigen spanischen Stadt des 16. Jahrhunderts. Wir sehen das immer noch anders, aber vielleicht kristallisiert sich ›das Typische‹ beim weiteren Rundgang heraus.

Nahe dem Kachelhaus befindet sich das Symbol des lateinamerikanischen Selbstbewußtseins: der *Torre Latino-Americano*. Mit seinen 43 Stockwerken ist er das höchste Bauwerk Mittel- und Südamerikas. Es lohnt sich, in den 42. Stock hinaufzufahren. Vor allem der abendliche Rundblick über das schier unendliche Lichtermeer der gigantischen Stadt ist sehr eindrucksvoll. Diejenigen, die nicht schwindelfrei sind, vergessen vor Begeisterung, daß der Turm stets um einige Zentimeter schwankt.

Der Torre entläßt uns wieder in das mittägliche Verkehrsgewühl. Wir haben nun die Wahl, auf der Avenida Juárez nach links zu gehen und einen etwa sechs Kilometer langen Spaziergang auf der Reforma zu unternehmen. Wir kämen so zum Chapultepec-Park. Hier befindet sich eines der berühmtesten Museen der Welt: Das Anthropologische Museum Mexiko. Wir entscheiden uns aber zunächst für den Weg rechter Hand, den Gang zum *Zócalo*. Ein solcher Hauptplatz befindet sich – mehr oder weniger groß – in jedem mexikanischen Ort. In Mexiko-Stadt trägt er übrigens den stolzen Namen Plaza de la Constitución, Verfassungs-Platz. Wir nehmen nun unseren Weg nicht über die abgasträchtige Hauptachse, die Avenida Juárez oder die südlich davon parallel laufende Straße des 16. September. Wir entscheiden uns vielmehr für eine der nächstfolgenden kleineren Straßen. Dies, nicht nur um unsere Lungen zu schonen, sondern um kleine Alltagsschätze zu entdecken. (Wir werden Globo doch wohl noch überzeugen können!) Wir durchstreifen ein Viertel voller Geschäftigkeit, voller kleiner

Läden und Kneipen. In bunter Reihe wechseln auch Bars mit Taco-Ständen ab. In unserem ›Kulturstreß‹ haben wir gerade noch Zeit, diese kleinen Köstlichkeiten, die mit Fleisch, Käse, Ei und Chili gefüllten Maisfladen, zu probieren. Ihre Schärfe zwingt uns dann, nebenan einen Jugo de naranja, einen frisch gepreßten Apfelsinensaft zu trinken. Wir trauen unseren Augen nicht: fünf, sechs oder sieben Orangen werden für ein Glas ausgedrückt. Der Preis: ein paar Pfennige.

Unser Weg führt uns weiter vorbei an eindrucksvollen und merkwürdigen Hotels, die ihre Nachtgäste mit zerborstenen Fensterscheiben nicht eben einladend begrüßen. Aber was macht das schon. Der Straßenlärm dringt auch durch intakte Scheiben. Übrigens: Ein Blick in die kleinen unscheinbaren Hotels lohnt sich. Sie haben oft wunderschöne Innenhöfe und in der Regel noch alte Holzfahrstühle.

Bald biegen wir linker Hand ab und stehen an der Nordwestecke des Zócalo. »Dort fanden wir eine unerwartet große Menge Menschen, zahlreiche Verkaufsstände und eine ausgezeichnete Ordnungspolizei ... Da gab es Gold- und Silberarbeiten, Juwelen, Stoffe aller Art, Federn, Baumwolle und Sklaven ... Da gab es Sisalstoffe, Seile und Strickschuhe. Dort wurden gekochte süße Yucawurzeln und andere aus dieser Pflanze gewonnenen Produkte angeboten. Es gab rohe und gegerbte Häute von Tigern, Löwen, Schakalen, Fischottern, Rotwild, wilden Katzen und anderen Raubtieren. Wir fanden auch Stände, an denen Bohnen, Salbei und vielerlei andere Gemüse und Gewürze verkauft wurden. Es gab einen besonderen Geflügel- und Wildbretmarkt, einen für die Kuchenbäcker und einen für die Wursthändler. In den Ständen der Töpfer fanden wir von großen irdenen Gefäßen bis zum kleinsten Nachttopf alles. Wir gingen an Verkäufern von Honig, Honigkuchen und anderen Leckereien vorbei, an Möbel-, Holz- und Kohlehändlern. Ganze Kähne mit menschlichen Fäkalien lagen am Ufer. Die Mexikaner brauchten sie zum Gerben. Ich finde kein Ende mit dieser Aufzählung, und doch habe ich das Papier, die Röhren mit dem flüssigen Eukalyptusöl und mit dem Tabak, die wohlriechenden Salben und die Hallen mit den Sämereien noch gar nicht genannt, ganz zu schwiegen von den Heilkräutern ...

Wir wollten aber den großen Cue [Haupttempel der Stadt Tenochtitlán] besteigen. Als wir auf dem Weg dorthin an den Vorhöfen des Marktes vorbeikamen, sahen wir noch Kaufleute, welche die Goldkörner aus den Bergwerken verkauften. Sie schütteten ihre wertvolle Ware in große Gänseknochen, deren Wände sie so lange bearbeiteten, bis das Gold durchschien. Je nach der Länge und Dicke dieser Röhren konnte man dafür soundso viele Packen Zeug oder Kakaobohnen oder Sklaven oder andere Waren eintauschen.«

Mexiko-Stadt im 20. Jahrhundert? Nein, Tenochtitlán im 16. Jahrhundert. Diese Schilderungen des Hauptmanns Bernal Diaz beschreiben einen Weg, den die Spanier im November 1519 auf eben diesem Boden, auf dem wir jetzt stehen, gegangen sind. Eine Woche nach dem Einmarsch der Spanier nach Tenochtitlán, der alten Hauptstadt des Aztekenreiches, erkundeten sie ihr neues Terrain. Am 8. November war die kleine spanische Armee mit etwa tausend tlaxcaltekischen Indios zur Unterstützung am Texcoco-See angekommen. Sie wurden vom Großkönig Moctezuma freundlich, ja unterwürfig aufgenommen. Die Spanier wußten noch nicht, daß die Azteken in ihnen die Abgesandten ihres ehemaligen Fürsten und späteren Gottes Quetzalcóatl sahen. Dieser soll zu seinen irdischen Zeiten ein Strafgericht angedroht haben. Um die Bedrohung zu mildern, bot Moctezuma dem Spanier Cortés sein Reich an. Die Spanier waren erstaunt über diese Gastfreundschaft und über die Möglichkeit, das neue Territorium kampflos für ihren Kaiser zu gewinnen. Sie waren fasziniert von dem neuen Land und der Stadt, die sie bald ausführlich besichtigten. Lassen wir noch einmal die zeitgenössischen Berichte zu Wort kommen:

»Vom Markt aus kamen wir bald in die großen Höfe, die den Haupttempel der Hauptstadt Mexiko umgaben. ... Dieser Teufelstempel beherrschte wirklich die ganze Gegend. Wir sahen die drei Dammstraßen, die nach Mexiko führten: die von Iztapalpa, über die wir eingezogen waren, die von Tacuba, über die wir acht Monate später unter großen Verlusten fliehen mußten, und die von Tepeaquilla. Wir sahen die große Wasserleitung, die von Chapultepec kommt und die ganze Stadt mit süßem Wasser versorgt, und die langen hölzernen Brücken, von denen die Dammstraßen unterbrochen waren, um die Verbindung zwischen den vielen Teilen des Sees zu ermöglichen. Auf dem See wimmelte es von Fahrzeugen, die Waren und Lebensmittel aller Art geladen hatten. Wir stellten einwandfrei fest, daß man Mexiko nur über die Zugbrücken oder in Kähnen erreichen konnte. Aus allen Orten ragten weiße Opfertempel wie Burgen über die Häuser mit ihren Söllern, über kleinere kapellenartige Bauten und über die Befestigungstürme hinaus. Es war ein einmaliger Blick.«

Ein einmaliger Anblick auch, was wir nun sehen. Uns gegenüber steht die wuchtige Kathedrale, genau an der

Stelle, an der jener Tempel stand, von dem die Spanier hinabblickten. Es gibt ihn seit der blinden Zerstörungswut der Konquistadoren nicht mehr.

Bis zum Frühjahr 1520 wurde das Aztekenreich noch durch die Indios verwaltet. Bis zu diesem Zeitpunkt vertrug sich die spanische Oberhoheit noch mit der indianischen Kultur- und Lebensweise. Während einer kurzen Abwesenheit des Cortés jedoch kam es zu einem Aufstand der Azteken gegen die Spanier. Diese verfolgten mit der Zeit eine Strategie der Unterdrückung, vor allem natürlich angestachelt durch die Gedanken der katholischen Inquisition in Europa. Alles nicht-christliche Ideengut sollte vernichtet werden. Im Zeichen des Kreuzes und mit Zustimmung des Kaisers geschah daher eine grausame Menschen- und Kulturvernichtung. Damit war natürlich bei den Azteken der Mythos von den scheinbar wiedergekehrten Göttern ausgelöscht. Am 30. Juni 1520 kam es zur ›noche triste‹, der grauenvollen Nacht, der Entscheidungsschlacht. Die Spanier sind in der Stadt eingeschlossen worden, nachdem die Indios sämtliche Verbindungen zum Festland gekappt hatten. Die traurige Geschichte des Niedergangs des Aztekenreiches wurde mit einem konzentrischen Angriff von Cortés und seinen Truppen am 20. Mai 1521 besiegelt. Die verzweifelten noch Überlebenden wehrten sich mit allen Mitteln: Zweihunderttausend kämpften um ihr Leben. Sogar kampferprobten Spaniern grauste es angesichts der Verzweiflung der Einwohner: »Ich hielt mich für einen guten Soldaten und stand auch in dem Ruf, einer zu sein.... Aber wenn ich mit ansehen mußte, wie meine Kameraden geopfert, ihre noch schlagenden Herzen herausgeschnitten, ihre Arme und Beine vom Rumpf getrennt wurden, dann ergriff mich wahrlich die Furcht, auch mir könnte dies eines Tages zustoßen. Sie hatten mich schon zweimal gefangen. Aber es hat Gott gefallen, mich entkommen zu lassen; ... seitdem fürchte ich den Tod jedoch mehr denn je. Vor jeder Schlacht erfaßte mich eine Art Grauen ...«

Nun beginnt eine über dreihundertjährige Geschichte spanischer Herrschaft.

Wir befinden uns also im Zentrum des alten Tenochtitláns. Einige traurige Überreste sind inzwischen wieder freigelegt. So beispielsweise rechts neben der Kathedrale, die den Zócalo im Norden begrenzt. Wir sehen uns einem spanischen Zentrum gegenüber, das östlich vom Nationalpalast und im Süden vom Rathaus flankiert wird. Die rege Markttätigkeit der alten Stadt ist seit langem einem lebensgefährlichen Verkehrsgewühl gewichen. Wir schlagen uns durch und gelangen zum *Nationalpalast*. 1529 hat Cortés ihn auf den Trümmern des ›Neuen Palastes‹ von Moctezuma erbauen lassen.

Vor dem Besuch des Gebäudes empfiehlt sich ein kurzer Abstieg in die Metro-Katakomben, deren Zugang sich direkt vor dem Palast befindet. Hier ist ein gut erläutertes Modell, eine Rekonstruktion des alten Tenochtitlán zu sehen. Der Nationalpalast selbst bietet zwei Besonderheiten. Zum einen hängt hier die ›Freiheitsglocke‹. Sie befindet sich über dem Balkon in der Mitte des Gebäudes und wird an jedem 16. September vom Präsidenten der Republik geläutet. (Das historische Ereignis ist als beliebter Straßenname übrigens in vielen mexikanischen Orten festgehalten.) Mit dem Läuten wird die Erinnerung an Pater Hidalgo Costilla wachgehalten, den Streiter für die Unabhängigkeit Mexikos von den Spaniern. Am 16. September 1810 läutete er die Glocke und rief die berühmten Worte: »Es lebe Mexiko. Es lebe die Virgen von Guadalupe. Tod den Gachupines (den Spaniern)!« Die Jungfrau von Guadalupe, die angerufen wird, ist Maria, die 1531 einem Eingeborenen erschienen sein soll. Die Legende besagt, daß danach die Mehrzahl der Indios zum katholischen Glauben übergetreten sei. Die fromme Verbrämung einer grausamen Christianisierung? Doch hat die Anrufung der Jungfrau den Streitern für die Unabhängigkeit nicht geholfen. Die schwach bewaffnete Schar des Pater Hidalgo kam im anschließenden Aufstand um.

Daß Pater Hidalgo als Nationalheld verehrt wird, ist nun offenbar. Bemerkenswert aber ist, daß der Präsident der Republik alljährlich an den Aufstand der Landbevölkerung von 1810 erinnert, aber des Volkes Hoffnung auf Gerechtigkeit nicht erfüllt. Zeitgenössische Unterstützung findet es dagegen im bekannten Freskenmaler Diego Rivera (1886-1957). Seine sozialkritischen Wandmalereien finden wir nicht nur hier im Nationalpalast, sondern auch in anderen wichtigen Gebäuden der Stadt. So zum Beispiel im Erziehungsministerium, im gegenüberliegenden Staatlichen Gymnasium, im Wasserreservoir des Chapultepec-Parks und im Hotel ›Del Prado‹ in der Avenida Juárez. Im Nationalpalast ist die Geschichte Mexikos vom Aztekenreich und von Alltagsszenen auch anderer Indiostämme des Landes, über die lange spanische Zeit, bis zur Geschichte der Arbeiter- und Landbevölkerung im 19. und 20. Jahrhundert dargestellt. Wir nehmen uns beim Rundgang Zeit, die überdimensionalen Fresken eingehend zu betrachten. Beeindruckend sind nicht nur die großen Bilder über dem Hauptaufgang, auch die kleineren an den Wänden des ersten Stocks lohnen ein längeres Verweilen. Wir stehen vor vielen farbigen Mosaiksteinchen der mexikanischen Geschichte, die um der nationalen Identitätsfindung willen gemalt wurden. Zum ersten Mal zeigt Globo Erstaunen, er ist von der Darstellung der Historie in diesen Bildern beeindruckt. Das Volk erlebt darin seine eigene Geschichte. Eine kleine Metro-Beobachtung bekräftigt dies. Die U-Bahn-Stationen haben neben ihrer Bezeichnung in Buchstaben auch bildhafte Kennzeichnungen. So zeigt die Station des Chapultepec-Parks, dem Heuschreckenpark, das Symbol dieser Tiere. Die Haltestelle ›Cuauhtémoc‹ veranschaulicht in stilisierter Form den Indiohäuptling. Diese Bildsymbolik hilft den Analphabeten, sich in der Riesenstadt Mexiko zurechtzufinden.

Das Rathaus neben dem Nationalpalast, ein Kolonialgebäude aus dem 18. Jahrhundert mit einem Archiv- und Dokumentenschatz, vernachlässigen wir in unserem Besichtigungsplan. Wir wenden uns gleich der gegenüberliegenden *Kathedrale* zu. Ihr Bau wurde 1513 auf Befehl Philipps II. begonnen. Die dreischiffige Basilika aus grauem Sandstein und weißem Marmor ist wie viele der lateinamerikanischen Kirchen im churrigueresken Stil errichtet. Ebenso überladen wie die Außenfassade wirkt auch die Innengestaltung mit einer Vielzahl von Kapellen und kleinen Kostbarkeiten. José Churriguera, ein Bildhauer und Architekt aus Madrid (1655-1723), hat eine besondere Variante des ohnehin schon reich ornamentierten spanischen Barock entwickelt. Sein Stil war vorbildlich für die Kirchenbaukunst in Mexiko. Für Unerschütterliche wartet ein Gang in die Katakomben unter der Kathedrale. Hier befindet sich ein recht merkwürdiger Friedhof. Ein Gewirr von Gängen entfaltet sich mit Nischen und numerierten Kästchen, in denen eine Vielzahl von Gebeinen ruhen.

Station der grünen Heuschrecke

Wieder ans Tageslicht zurückgekehrt, atmet unsere kleine Gruppe auf. Sowohl der Weihrauchduft in der Kathedrale als auch die Friedhofsruhe legten sich aufs Gemüt. So freuen wir uns auf die nächste Station, den *Chapultepec-Park,* den wir mit der Metro bei der Station der grünen Heuschrecke erreichen. Hier lag die Sommerresidenz des Moctezuma. Schade, daß es nicht Sonntag ist. Am Wochenende wimmelt es im Park, treffen sich die mexikanischen Familien mit ihren in bunten Kleidchen herumhüpfenden Kindern. Für Jung und Alt gibt es Attraktionen. Da ist der Luftballonverkäufer und die Händlerin mit allerlei gläsernen Dingen, wie Perlenketten, Tierformen und dergleichen mehr. Da werden Tacos verkauft und dort steht ein Weissager mit seinem gelben Kanarienvogel. Er bietet die Zukunft feil, die auf kleinen Zetteln steht und vom Vögelchen gezogen wird.

Unsere Zeit wird knapp, und wir können daher nicht allzu lange im Park verweilen, obgleich die einzelnen Bauten schon eine größere Würdigung verdienten. So das Chapultepec-Schloß, das 1783 erbaut und achtzig Jahre später von dem Kaiserpaar Maximilian von Österreich und seiner Frau Charlotte von Belgien für ihre Zwecke umgestaltet worden ist. Oder das Museo de Historia Natural für naturgeschichtlich Interessierte. Auch die Galeria de Historia würde uns zu einem Besuch einladen. Sie erzählt multimedial, und somit auch für Analphabeten verständlich, die Geschichte Mexikos seit dem Unabhängigkeitskampf von 1810. Insbesondere die neuere Revolutionsgeschichte ist in Einzelheiten dargestellt. Diese beginnt schon Mitte des 19. Jahrhunderts mit dem Bürgerkrieg der Landarbeiter gegen den katholischen Klerus und die europäischen Mächte. Von diesem bekam Erzherzog Maximilian, der jüngere Bruder Kaiser Franz Josefs, 1864 die mexikanische Kaiserkrone übertragen. Maximilian verlor den Kampf gegen den inzwischen zum Präsidenten gewählten Anführer des Volkes, den Indio Benito Juárez. Er verlor auch die Unterstützung des Klerus und der Großgrundbesitzer und wurde 1867 mit zweien seiner Generäle erschossen. Manets Gemälde dieser Szene dürfte selbst Kindern schon aus dem Geschichtsbuch bekannt sein.

Bis 1872 ist der ›Schöpfer der mexikanischen Nation‹, wie Juárez genannt wird, Präsident der Republik. Sein ehemaliger Kampfgefährte und Gesinnungsgenosse Porfirio Díaz wird sein Nachfolger. Seine Ideale wandeln sich jedoch, und er reißt als Diktator schließlich die Macht an sich. 1909 tritt der später berühmt gewordene Sozialrevolutionär Emiliano Zapata auf den Plan. Er kämpft für die enteignete und entrechtete Landbevölkerung. Die Präsidentenwahl 1910 wird zum Angelpunkt des Ringens. Flügelkämpfe im Lager des Diktators ermutigen andererseits das Volk unter Zapata, sich zu erheben. Keine Seite trägt einen Sieg davon. Zapata zieht sich daraufhin in den Süden des Landes zurück und beginnt dort mit dem Aufbau einer Agrarrepublik nach seinen Vorstellungen. Carranza, damaliger Präsident und Reaktionär, läßt ihn bald darauf in einen Hinterhalt locken und ermorden. Die Revolution schwelt bis zur Amtszeit des Präsidenten Lázaro Cárdenas 1934 bis 1940. Durch ihn wird die geforderte Landreform erst durchgesetzt. Die Frage bleibt, inwieweit diese Ziele im heutigen Staat verwirklicht wurden.

Das Anthropologische Museum

Nun aber gelangen wir zum Anthropologischen Museum. Es hat in seiner Konzeption nichts mit dem althergebrachten

Musentempel gemein. Es ist in der Tat eines der besten volks- und völkerkundlichen Häuser der Welt. Auch hier oder vielleicht gerade hier begegnet uns die mexikanische Suche nach der eigenen Identität. So richtet sich der Aufbau weniger an Fachleute oder Touristen, sondern vor allem an die mexikanische Bevölkerung.

Im Innenhof fällt unser Blick zuerst auf das große Wasserbecken, über das sich – scheinbar schwebend – die Überdachung spannt. Getragen wird die Konstruktion von einer elf Meter hohen Säule, die zudem als Wasserspiel fungiert. Neben dem ästhetischen Genuß vermittelt dieses Schaustück symbolisch den beständigen Kreislauf des Lebens.

Doch beginnen wir mit dem Rundgang. Mit unserer knapp bemessenen Zeit kommen wir in Interessenskonflikte. Das Erdgeschoß mit den Funden aus präcortesischer Zeit lockt natürlich den Kunsthistoriker und Archäologen. Das Obergeschoß wiederum bietet einen breiten Einblick in die Volkskultur der heute lebenden Indiostämme. Das zieht natürlich besonders die Sozialwissenschaftlerin an.

Wir beginnen sinnvollerweise im *Teotihuacán-Saal,* im rechten Seitenflügel des Gebäudes. Die Ausgrabungen stammen vom gleichnamigen Ort, der von Azteken ›Ort der Götter‹ genannt wurde. Für sie wie für uns war unbekannt, wer die gigantischen Bauwerke, die Sonnenpyramide mit 222 m x 225 m Grundfläche und die etwas kleinere Mondpyramide mit 120 m x 150 m Grundriß errichtet hat. Die Vermutungen umfassen eine große Zeitspanne von 100 Jahren vor Christus bis 700 nach unserer Zeitrechnung als Entstehungsdaten. Die Anlage ist beeindruckend. Die beiden Pyramiden sind durch die ›Straße der Toten‹ verbunden, ein Name, der der schnurgeraden Trasse auch erst von Nachfolgegenerationen gegeben wurde. Ein herausragendes Bauwerk ist auch die sogenannte Zitadelle, ein überdimensional großes Areal mit Tempelbauten und Pyramiden. Zwischen Sonnen- und Mondpyramide liegen die ornamentgeschmückten Priesterwohnungen, die in jüngster Zeit rekonstruiert wurden. Zahlreiche Fotos im Teotihuacán-Saal zeigen jene Ausgrabungsstellen. Ein archäologisches Prunkstück des Ortes aber ist der Tempel der ›Gefiederten Schlange‹. Die Fassade des Gebäudes ist in der früheren Farbigkeit rekonstruiert. Quetzalcóatl ist somit hier prächtiger zu bewundern als in der sandsteingrauen Eintönigkeit des Fundortes. Quetzal-Cóatl, das bedeutet Vogel-Schlange, also die Verbindung von Luft und Erde, von Himmel und Land. Offensichtlich war Quetzalcóatl so etwas wie ein Priesterkönig, der dem Volk eine neue Religion gebracht und später eine Apotheose erfahren hat. Viel mehr ist über diesen mächtigsten Gott der mexikanischen Mythologie auch nicht auszusagen. Vermutlich wirkte er als ›Mensch-Gott‹ um die Zeit Christi. Manche glauben in ihm auch Christus selbst erkannt zu haben, der über Atlantis seinen Weg nach Mexiko gefunden hat. Vielleicht wird diese Vermutung durch den Geburtsmythos erhärtet. Diesem zufolge soll die Mutter Cóatlicue, übersetzt: ›Die mit dem Schlangenrock‹ auf dem Schlangenhügel einen Daunenball empfangen haben. Sie wurde schwanger und gebar Quetzalcóatl. Wie dem auch sei – über die Atlantis-Spekulationen haben wir uns ja schon ausgelassen. Quetzalcóatl, der Offenbarungsgott der Mexikaner, war ein gütiger Gott, der, obwohl immer wieder von Dämonen bedrängt, Menschenopfer verabscheute. Seine Aufgabe bestand darin, Himmel und Erde zusammenzuführen, das heißt, den göttlichen Segen den Menschen zugute kommen zu lassen. Die Erde wurde fruchtbar und brachte Mais hervor, auch heute noch das Hauptnahrungsmittel der Mexikaner.

Wir gelangen nun in den *Mexiko-Saal* an der Schmalseite des Gebäudes. Er zeigt die Kultur der Azteken. Wir begegnen hier wieder Modellen von Tenochtitlán und können eine Fülle von Kultgeräten bewundern. Besonders beeindrukkend ist der fünfhundert Jahre alte Sonnenstein; wahrscheinlich handelt es sich um einen Aztekenkalender. Er wiegt 24 Tonnen und mißt im Durchmesser vier Meter.

Ob wir wollen oder nicht, wir müssen unseren Weg fortsetzen und gelangen in den linken Seitenflügel, in den *Oaxaca-Saal*. Hier sehen wir vor allem Götterfiguren und die berühmten Graburnen vom Monte Albán. Diese Ausgrabungsstätte liegt etwa 500 Kilometer südlich von Mexiko-Stadt. Der Ort gilt als die Siedlungsstätte einer der frühesten Kulturen in Mexiko. Die Zapoteken sollen schon 900 Jahre vor Christus den Berg abgeflacht und bewohnbar gemacht haben. Ab unserem 10. Jahrhundert wurde der Berg für die Mixteken zur Nekropole. Sie haben hier ihre vornehmen Toten bestattet. Die heutigen Indiokinder bieten maßstabsgerechte handgroße Nachbildungen der verzierten Urnen aus schnell gebranntem Ton an. Ein kurzer Blick in den *Saal der Mayas,* von denen übrigens heute noch Nachkommen leben. Insbesondere finden wir hier Gegenstände aus den Siedlungsgebieten Yukatans.

Doch wir ziehen es vor, die Kultur der Mayas an der Lebensweise ihrer Nachkommen zu betrachten. Hier im Obergeschoß finden wir – didaktisch und ästhetisch hervorragend aufbereitet – lauter kleine Kulturinseln aller noch lebender Indiostämme des Landes. Wir können das Alltagsleben der Bewohner des Nordens bis hin zu denen des südlichen Hochlands und Yukatans studieren. Uns scheinen die Kulturen der yukatekischen Indios und die der Chiapas die eindrucksvollsten zu sein: Wahrscheinlich liegt das am Farben- und Formenreichtum ihrer Kulturgegenstände.

Faszinierend ist die Lebendigkeit der Arrangements der Kulturinseln. Sie rührt ohne Zweifel daher, daß alle Indiostämme ihre Bereiche selbständig, nur unter Anleitung von Museumsfachleuten, zusammengetragen und aufgebaut haben. So sind die ausgestellten Gegenstände auch für Fremde einsichtig in ihren Gebrauchszusammenhang gebracht. Voller Eifer und Stolz haben die Indios diese Aufgabe gelöst. Nicht zuletzt bekamen sie dadurch das Gefühl, als präsentationswürdige Menschengruppe anerkannt zu sein, ein Gefühl, das sie während der langen Kolonialgeschichte kaum empfunden haben dürften.

Allerdings ist auch Skepsis angebracht bei einer solchen Interpretation. Kann eine derartige Kulturintegration nicht auch massive soziale Ungerechtigkeiten verdecken? Und eine weitere Frage: Warum klafft die soziale Schere in Mexiko immer noch so weit auseinander?

Zum Schluß machen wir noch einen kurzen Abstecher in die *Katakomben*. Sie sind sehr stilvoll gestaltet. Wir finden hier eine Nachbildung der Grabkammer aus dem ›Tempel der Inschriften‹ in Palenque. Diese Maya-Kultstätte liegt im Urwald, genau dort, wo das Hochland der Chiapas abfällt zum tropischen Yukatan. Übrigens: Es gibt in Mexiko etwa elfhundert Fundstätten, von denen die meisten allerdings noch nicht ausgegraben sind.

Wir treten den Rückweg an. Mit Rücksicht auf unsere müden Beine nehmen wir die Untergrundbahn zum Alameda-Park. Schade, die Reforma entlang zum Zócalo zu laufen, vorbei am einsamen Cuauhtémoc inmitten der Wolkenkratzer, wäre eindrucksvoll gewesen. Wir stehen auf der Avenida Juárez. Gegenüber dem Alameda-Park fällt ein kleines Kolonialhaus zwischen den gesichtslosen Großbauten auf: Es beherbergt ein *Museum für Volkskunst und Kunsthandwerk*. Ausgestellt und, im Unterschied zu herkömmlichen Museen, zum Verkauf angeboten sind hier schöne und edle Stücke der heutigen Volkskunst. Die erlesenen Dinge sind aus dem ganzen Land zusammengetragen und werden hier unter staatlicher Obhut verkauft. Alle Arten von Spielzeug aus Pappmaché, Blech, Holz oder Stoff begeistern nicht nur Kinder. Faszinierend sind die Pappmasken, die im Gegensatz zu den schönen Tonwaren keine Transportprobleme aufwerfen. Und dann natürlich die Webwaren und Stickereien! Auch der wunderbare Silberschmuck aus Taxco ist hier zu finden – günstiger übrigens als in der berühmten Silberstadt, 160 Kilometer südwestlich von Mexiko-Stadt.

Wir verlassen nun das Museum, beladen mit vielen Papptüten, und begeben uns in die gegenüberliegende ›Lunge‹ des Zentrums, den *Alameda-Park*. Rechter Hand der uns schon bekannte Palacio de Bellas Artes. Unser großer Stadtbummel endet also am Ausgangspunkt. Im Alameda-Park, der Richtstätte der Inquisition, geht es heute weniger grauenvoll zu als im 16. Jahrhundert. Sogar das Gegenteil ist der Fall, denn heute werden hier die zwischenmenschlichen Beziehungen geradezu gepflegt. Es ist nicht nur ein Treffpunkt junger Paare. Erfrischungsstände mit Diskussionsrunden, Bänke und Spielecken bieten jeder Altersstufe Entspannung und Kommunikationsmöglichkeiten, die auch genutzt werden.

Abendlicher Ausklang

Nun, da den Kunst- und Kulturverpflichtungen Genüge getan ist, können wir an unser leibliches Wohl denken. Es ist gegen sieben Uhr abends, damit haben wir noch zwei Stunden Zeit, bis wir zum Flughafen zurückfahren müssen. In jener Kneipe, die wir heute vormittag gegenüber der Casa de los Azulejos entdeckt haben, werden wir unseren Bummel beginnen. Das Lokal stammt offensichtlich noch aus dem 19. Jahrhundert. Die dunkle Holzverkleidung, die alten Glasscheiben und das blinkende Messing fallen wohltuend aus dem vorwiegend von Neon geprägten Kneipenbild der Stadt heraus. Drinnen sehen wir ausschließlich Männer, die uns freundlich begrüßen. Es versteht sich, daß wir uns nicht von der Zeremonie des Tequila-Trinkens an der Theke ausschließen. Der Handrücken wird zwischen Daumen und Zeigefinger mit Zitronensaft eingerieben und anschließend mit Salz bestreut. Dann ein Biß in die Zitronenscheibe, den Handrücken abgeleckt und schnell den Agavenschnaps ausgetrunken. Nach mehrmaligem Wiederholen der Zeremonie beginnt nun auch Globo die schwierige Stadt zu mögen. Der Aperitif wirkt offensichtlich – und das nicht nur gegen unser Frösteln. Hier in 2240 Meter Höhe kann es im Januar ganz empfindlich kalt sein.

Wir haben nun noch einen Programmpunkt, die *Plaza Garibaldi*. Dieser Platz liegt unweit der Hauptpost. Er verspricht sowohl kulinarischen als auch einen musikalischen Genuß. Hier versammeln sich allabendlich die ›echten‹ Mexikaner in silberbeschlagenem schwarzen Kostüm und mit den berühmten mexikanischen Riesenhüten. Die kleinen Gruppen der ›Mariachis‹ spielen für Fremde und Einheimische bekannte Ständchen, die sie sich wünschen und natürlich anschließend bezahlen. Merkwürdig vertraute Klänge deutscher Volksweisen klingen an unser Ohr. Sogar in der Musik begegnet uns wieder Europa.

Was sich uns aber bald als Anblick bietet, ist enttäuschend. Wir haben den Platz romantisch beleuchtet und voll mit Mariachis in Erinnerung. Wir finden den ›Garibaldi‹ voller kleiner Stände mit kulinarischen Genüssen. Es sind offensichtlich jene kleinen Familienbetriebe, die früher neben dem Platz in der großen Markthalle untergebracht waren. Nun haben sie einen neuen Standort, aber damit wurden die Mariachis weitgehend vertrieben. Diese säumen nun in sehr beschränkter Anzahl den Platz und wirken als Randerscheinung ein wenig traurig. Schade. Die handgroßen Rindfleischfladen, kurz auf dem Grill angebraten, schmecken unvergleichlich gut. Auch die Bohnensuppe, die wir unbedingt probieren sollen, findet unsere Zustimmung. Das Geld, das wir den Köchinnen überreichen, wird sofort an den Mann im Hintergrund weitergegeben. Der observierende ›Macho‹ steht immer dabei.

Der Durst bleibt nicht aus. Für die notwendigen Biere müssen wir in eine der nahen Kneipen gehen, auf dem Markt darf kein Alkohol ausgeschenkt werden. Wieder haben wir Glück. Wir finden eine kleine Pinte, die vom Tourismus noch unberührt scheint. Wer von ihnen würde sich auch in ein Lokal verirren, vor dessen Theke noch eine funktionstüchtige Spuckrinne prangt. Aber auch das ist mexikanisch. Unsere Gespräche kreisen jetzt um dieses Thema: Was ist denn nun ›mexikanisch‹? Jeder und jede von uns hat die eigenen kleinen Erlebnisse während des Tages gesammelt. Facettenteilchen, die das Mosaik ständig vervollständigen. Es gibt für diese Stadt keine Stereotypen wie für andere Metropolen: Vielleicht macht das das Spezifische von Mexiko-Stadt aus.

Von der Rückfahrt zum Flughafen wissen wir verständlicherweise nicht mehr viel. Wir erreichen das Flugzeug pünktlich und landen eine Dreiviertelstunde später in Acapulco.

Nochmals Acapulco

Am nächsten Morgen sind wir unschlüssig. Ein wenig müde und nicht gerade entscheidungsfreudig überlegen wir, ob wir an einem Ausflug nach Taxco, der Silberstadt, teilnehmen oder in Acapulco bleiben sollen. Wir entschließen uns für Acapulco, während viele Passagiere zu den Ausflugsbussen eilen. Aber dennoch, einige Anmerkerungen zu *Taxco:* Die Stadt ist schon seit Cortés durch seine Silberminen bekannt geworden. Anfang des 18. Jahrhunderts wurde das Metall aber erst systematisch abgebaut. Für die Ausbeutung von Minen und Indios stifteten die dankbaren Europäer später die rosafarbene Barockkirche am Zócalo. Der Silberrausch hat zumindest für uns heutige Touristen einiges Positive hinterlassen. So wird der Aufstieg auf einen der 50 Meter hohen Türme der Basilika mit einem schönen Rundblick belohnt. Nicht zuletzt ist die farbige, kachelbedeckte Kuppel der Kirche von hier aus am besten zu bewundern. Der Innenraum der Kirche bietet wieder den schon gewohnten Anblick des churrigueresken Stils. Wohl nur eine indirekte Folge des Silberbooms ist der Aufenthalt Alexander von Humboldts 1803 in der aufblühenden Kolonialstadt. Das Haus aus dem 18. Jahrhundert mit seiner maurischen Fassade wurde wenig später dann auch ›Casa Humboldt‹ getauft. Sonntags ist Markt in Taxco. Doch wie gesagt: Die Stadt lohnt einen Ausflug, die Silbergeschäfte allerdings nicht. –

Etwas leidend beginnen wir unseren Weg um die berühmte Bucht von Acapulco. Sie ist das einzige, was sich zu dieser Tageszeit an Attraktionen in dem Badeort bietet.

Die berühmten Felsenspringer, die ihr Leben für fünfzehn Dollar Lohn allabendlich riskieren, werden wir nicht sehen. Das ist vielleicht auch nicht so erstrebenswert. Denn ist es wirklich so belustigend zu sehen, wie diese Männer von einem 38 Meter hohen Felsen in eine nur fünf Meter breite Felsenbucht springen? Sicherlich, aufregend ist diese Show schon. Aber schämen wir uns nicht ein wenig dieser Sensationsgier?

Die Hitze ist am späten Vormittag schon sehr drückend; unsere Köpfe auch. Wir laufen benommen die Calle Costera entlang, die Hauptader, an der alle monströsen Hotels und Apartmenthäuser liegen. Öde, trostlos und viel zu lang scheint uns die Avenida. Von weitem wirkt die gigantische Freizeitarchitektur sehr uniform. Eine kleine Entdeckungsfreude erwartet uns allerdings: Bei näherem Hinsehen kristallisieren sich einigermaßen interessante Baukonstruktionen heraus. Wir sehen, daß das ›El Presidente‹, das ›Hilton‹, das ›Holiday Inn‹ oder auch das ›Malibu‹ sich im einen oder anderen Detail unterscheiden. Dennoch: Vielleicht sind wir nicht ›in‹, aber wir könnten uns hier nicht wohlfühlen. Eigener Strand hin – gekühlter Swimmingpool her. Auch der kurze Strandgang, der sich allerdings eher zum Slalom um die brutzelnden Hotelgäste gestaltet, stimmt uns da nicht versöhnlicher.

Zurück an Bord, werden wir darüber von Christa und Lisa, unseren Reiseleiterinnen, aufgeklärt. Sie beschreiben uns die Schönheiten des ›Hotel Princess‹, der wohl teuersten Herberge der Welt. Einige James-Bond-Filme sind hier gedreht worden. Das ›Princess‹ kann es sich leisten, seine Freizeitanlagen auch dem Durchgangspublikum zu öffnen, einem Publikum, das angesichts der Übernachtungskosten dieses Hotels schlaflose Nächte hätte. Das lockte auch unseren ansonsten nicht so lebensfrohen Pfarrer und seine noch weniger heitere Gattin an. Eigentlich können sie glücklich sein, die Pfarrersleute. Offensichtlich ist es ihnen gelungen, ihren sozialen Anspruch von der Wirklichkeit zu trennen: Die ›favelas‹, die Slums am Berg, die wir hier bei unserer nächtlichen Einfahrt irrtümlich für Traumvillen hielten, säumten den Weg zum umschwärmten Hotel. »Schrecklich«, ist dazu der einzige Kommentar des geistlichen Herrn. Sicherlich ist auch diese Episode eine Folge der verwirrenden mexikanischen Widersprüche, deren wir so viele erlebt haben. ...

Übrigens: Es gibt auch das andere Acapulco, mit seinen kleinen Plätzen, den bunten Ständen, den Nischen der Handwerker und den neuen Errungenschaften in pflegeleichtem Plastik. Unscheinbare Alltagsdinge. Aber auch das ist sehenswert, das kleine, sicher nicht romantische Dorf mit seinem unsensationellen Alltag.

7

EUROPA IN DER SÜDSEE

Nuku Hiva, Tahiti, Rarotonga

Äquatortaufe

Der Kontrast ist immer sehr groß: Eben noch die Augen voller Landschaft und bald darauf das Meer. Gerade noch hatten wir festen Boden unter den Füßen, jetzt verspüren wir das sanfte Wiegen des Schiffes in der Pazifikdünung. Viele Tage werden wir kein Land sehen. Unser Ziel, die südliche Erdhalbkugel. Dort werden wir die Marquesas, Tahiti, Rarotonga und nach weiteren langen Seetagen Neuseeland anlaufen. Aber vorher, für viele Passagiere eine der Hauptattraktionen dieser Reise, der Äquator und die damit verbundene Taufe. Das ist eine wünschenswerte Unterbrechung im alltäglichen Show-, Kino- oder Tanzprogramm.

An Deck prüfen wir um die Mittagszeit mit Hilfe des Sonnenstandes unseren Standort. In der Tat, wir werfen keinen Schatten mehr. Der Äquator muß ganz nah sein. In der Nacht werden wir ihn überfahren, und am nächsten Tag wird Neptun erscheinen. Natürlich ist die Rede von einem silbernen Band, das im Wasser glitzert, von einer kleinen ›Wasseranhöhe‹ mitten im Meer oder einer unscheinbaren Meeresfurche – »Haben Sie heute nacht den Ruck bemerkt?«

Neptun, in der Gestalt unseres grün geschminkten Kreuzfahrtdirektors Bob, hat sich mit seinen Seeteufeln und den Nixen auf dem Achterdeck niedergelassen. Ein Tusch, und die Namen der Täuflinge werden verlesen. Einige Unwillige werden von den Teufeln zusammengetrieben. Dann geht es hinüber zum Swimmingpool. Die übliche Prozedur läuft ab: Einseifen, Wein und Schnaps, ein Schubs und das Wasser spritzt auf. Sensationell ist diese Taufe nicht. Vielleicht haben die Matrosen ihr Taufamt schon auf anderen Schiffen, auf

Frachtern oder Tankern versehen und lächeln insgeheim über unsere Äquatortaufe. Sie müssen mit diesen Täuflingen selbstverständlich schonender umgehen als mit ihren Arbeitskollegen. Manche Reedereien sollen diese Prozedur auf Frachtschiffen verboten haben, da schon schlimme Unfälle vorgekommen sind.

Plötzlich am Becken ein Aufschrei. Eine ältere Frau, die sich freiwillig sanft ins Wasser stoßen ließ, taucht nicht mehr auf. Sofort springen einige Teufel nach, und die im Pool herumschwimmenden Täuflinge tauchen ab. Schnell ist die Dame wieder an der Wasseroberfläche. Alles klatscht und johlt. Es wird weiter getauft. Neptun hat sein Opfer verschmäht. Zum Trost erhält er vom Kapitän ein Fäßchen Rum. Ein Tusch, und durch die Bordlautsprecher tönt die Aufforderung, sich in der Bar zu treffen, um die frisch erstandenen Urkunden bei flotter Tanzmusik zu feiern.

Inseln der Südsee

Das Meer ist ruhig, und die Sonne scheint. Hochsommer im Februar. Dieses Wetter ist uns schon so vertraut geworden – wir können uns einen deutschen Winter kaum noch vorstellen. Und das, was wir schon vor der Reise befürchtet hatten, trifft nicht ein: Wir vermissen diesen Winter gar nicht. Wir sind keine Winterfeinde. Ganz im Gegenteil: Jede Jahreszeit und ihr Wechsel wird von uns aufmerksam erwartet. Einen Frühling empfinden wir erst dann als schön, wenn der Winter streng und ungemütlich war. Aber nun sind wir aus dieser Jahreszeit in den Hochsommer geraten – und das schon seit einigen Wochen. Der ewige Sommer und die Wärme sind wohl doch bekömmlicher für die Menschen als ein rauhes Klima. Deswegen die Sucht nach dem Süden. Deswegen vielleicht auch die Suche nach Utopia in der Südsee.

Der südliche Pazifik ist viele Jahrhunderte eine Region der Entdecker gewesen: Magellan (1521), Bougainville (1768), Cook (1770), oder Tasman (1640) haben dieses riesige Gebiet erforscht und kartographiert. Entdeckt aber haben sie es eigentlich nicht. Es ist ein Trugschluß, von ihnen als Entdekker zu sprechen. Ein Irrtum, der übrigens auf unsere europäische Arroganz schließen läßt. Nicht sie waren die Entdecker der Südseeinseln, sondern jene, die sie auf den Inseln angetroffen hatten. Die Vorfahren der Einwohner Polynesiens sollen dieses riesige Inselreich, das von den Hawaii-Inseln im Norden bis nach Neuseeland im Süden reicht, in der Jüngeren Steinzeit mit Auslegerbooten von Asien aus besiedelt haben. Wahrscheinlich stammten einige von den sogenannten Proto-Malayen ab, andere von Pygmäen, deren Bräuche beispielsweise auf den Marquesas oder auf Neuseeland rekonstruiert werden konnten. Nach der Zeitenwende sollen die ersten Menschen bis in das Herz Polynesiens, zu den heute sogenannten Gesellschafts-Inseln, vorgedrungen sein. Um 500 haben sie ein bedeutendes Kultzentrum auf Raiatea, einer der Nachbarinseln von Tahiti, errichtet. Die Tempelreste sind heute noch nahe Opoa zu sehen.

Drei Tage haben wir kein Land gesehen. Uns kommt es viel länger vor. Merkwürdig, während der Atlantiküberquerung vergingen die Tage wie im Fluge. Aber jetzt, hier im Pazifik, scheint sich die Zeit zu dehnen. Hängt das mit einer gesteigerten Erwartung zusammen? Wahrscheinlich, denn die Südsee ist für uns bedeutungsvoller, verheißungsvoller als die Karibik. Wir glauben auch, daß die Stimmung an Bord eine andere geworden ist. Eine gespannte Erwartung ist zu verspüren: Die Trauminseln der Südsee – für viele der Höhepunkt der Reise.

Was mögen erst die vielen mutigen Seefahrer in ihren Auslegerbooten verspürt haben, als sie sich vor vielen Jahrhunderten auf die Suche nach einer neuen Heimat gemacht haben. Über Tausende von Seemeilen sind sie in ihren winzigen Booten ostwärts gefahren. Die Sonne, der Mond und die Sterne, günstige Winde und Meeresströmungen mögen ihnen bei ihrer Suche geholfen haben, vielleicht auch manchmal Zugvögel, deren Flugrichtung sie eingeschlagen haben, in der Hoffnung, auch bald Land zu sichten.

Wurde Polynesien tatsächlich vom Westen her besiedelt? Das hätte einen zusätzlichen schweren Kampf gegen Wind und Wellen bedeutet, da der südliche Äquatorialstrom von

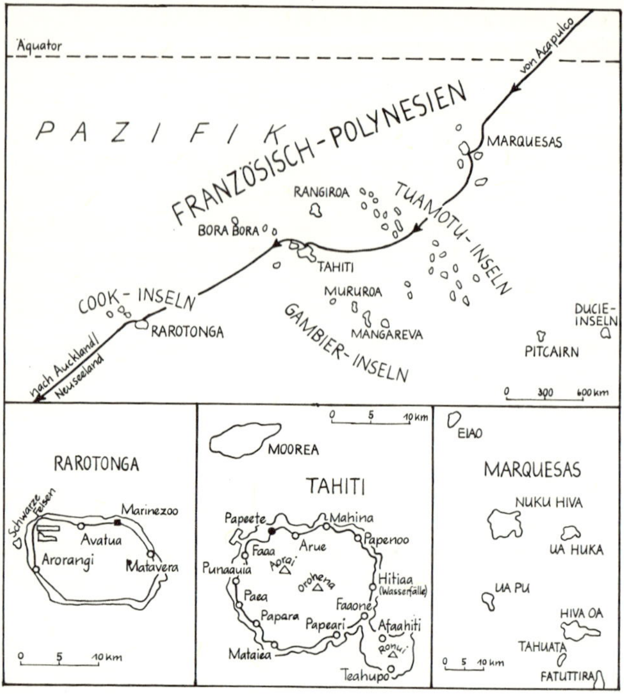

Ost nach West verläuft. Thor Heyerdahl hat auf diesen Widerspruch hingewiesen und die Hypothese aufgestellt, daß die Ureinwohner Polynesiens mit dem Kalifornischen Strom von Nordamerika südwärts über Hawaii oder von Südamerika im Peruanischen Strom und anschließend im Äquatorstrom in die Südsee gelangt sind. Heyerdahls Kon-Tiki-Unternehmen sollte diese Hypothese beweisen. In 101 Tagen segelte und driftete er zusammen mit Eric de Bisschop von Callao in Peru zu den Tuamotu-Inseln. Stammen die Polynesier von den peruanischen Inkas ab? In der Tat sind große Ähnlichkeiten im Körperbau zwischen Inka-Stämmen und Polynesiern festzustellen. Und dann tauchen alte Ortsnamen der Inkas auf polynesischen Inseln wieder auf, wie zum Beispiel ›Alao‹ oder ›Apia‹, was auf die Inka-Namen ›Aplao‹

und ›Capia‹ zurückgehen soll. Übrigens widersprechen diese Überlegungen keinesfalls der asiatischen Herkunft der Polynesier. Es herrscht Einigkeit darüber, daß die Ureinwohner Nord- und Südamerikas Asiaten waren, die über die Beringstraße und die Alëuten auf den neuen Kontinent gewandert sind.

Die Polynesier blieben nicht sehr lange allein. Sie bekamen schon, bald nachdem sie ihre Kultur entfaltet hatten, Besuch von Handel treibenden Chinesen. Schon in frühchristlicher Zeit kreuzten diese mit ihren Dschunken im Indischen Ozean, zwischen den Inseln des Malaiischen Archipels und in der Südsee. Überliefert sind die Expeditionen des Admirals Cheng Ho, der im Auftrag des Kaisers Yongle (1403-1424) in der Südsee Handelsniederlassungen gründen sollte. Übrigens benutzten die Chinesen Seekarten, die damals diejenigen der Europäer bei weitem übertrafen. Viele der Karten waren schon mit Kompaßzahlen versehen, zu einer Zeit, als in Europa der Kompaß noch unbekannt war. Dieser wurde vermutlich schon im frühen 12. Jahrhundert in China erfunden. Er gelangte über die Araber dann im 13. Jahrhundert nach Europa und wurde erstmals von italienischen Seefahrern benutzt. Was für ein Trugschluß also anzunehmen, die Europäer wären die Entdecker der Südsee gewesen. Sie waren nicht einmal die zweiten, das waren die Chinesen. Als dritte sind sie gekommen, in der Meinung, die ersten zu sein. Aber welche Umstände, welche Gründe konnten sie veranlaßt haben zu glauben, sie seien die Entdecker? Sie haben doch Menschen auf den Inseln angetroffen. Sie sahen also, daß sie nicht die ersten waren. Aber vielleicht haben sie diese Menschen nicht als solche anerkannt. Für sie waren es Wilde, menschenähnliche Tiere oder tierähnliche Menschen. Als Wilde wurden sie behandelt, mißhandelt und zu Tausenden umgebracht. Die moralische Legitimation erhielten die ›Entdecker‹ von der Kirche. Diese hat im 16. Jahrhundert, nachdem Indianer und Südseeinsulaner als Souvenir auf den europäischen Kontinent geschafft worden waren, die Menschen in zwei Kategorien eingeteilt, in Menschen und Wilde, die ›auch‹ Menschen waren – schließlich konnten Tiere ja nicht missioniert werden. Im 17. Jahrhundert, genau im Jahre 1655, wurde in Amsterdam das Werk eines französischen Kalvinisten namens Isaac de la Peyrère veröffentlicht, das nur die Weißen als ›echte Menschen‹ gelten lassen wollte. Denn schließlich können von Adam und Eva weder Schwarze noch Rote abstammen. Diese gehörten, so der Kalvinist, den ›Präadamiten‹ an, menschenähnlichen Wesen, die am fünften Schöpfungstage zusammen mit den Tieren erschaffen worden sind.

Um noch einmal auf die ›Entdecker‹ zurückzukommen: Eigentlich muß man sich die Frage stellen, ob die Besucher oder die Besuchten eine ›Entdeckung‹ gemacht haben. Diese Überlegung mag vielleicht den ironisch-geistvollen Aphoristiker Georg Christoph Lichtenberg veranlaßt haben zu sagen: »Der Amerikaner, der den Kolumbus zuerst entdeckte, machte eine böse Entdeckung.«

Vasco Núñez de Balboa (1475-1517), einer der ersten spanischen Kolonisten in der Neuen Welt, war der erste Europäer, der sich von Kolumbien auf den Weg nach Westen machte. Auf dem Isthmus von Panama gründete er die Kolonie Darién. Und er zog weiter, um, wie er hoffte, einen Weg nach Indien zu finden. Zusammen mit 250 Spaniern und über 800 Indianersklaven schlug er sich durch den tropischen Urwald. Am 25. September 1513 erblickte Balboa den Horizont einer scheinbar endlosen Wasserfläche, den Pazifik. Sechs Jahre später startete der Portugiese Ferdinand Magellan im Auftrag der spanischen Krone mit fünf kleinen Schiffen, um das neu entdeckte Meer zu erforschen. Ferner war er beauftragt, den legendären Südkontinent, ›Terra australis incógnita‹, zu finden. Schon die antiken Philosophen und Historiker rätselten um einen Kontinent auf der südlichen Halbkugel, der als Schwerpunkt zu den Landmassen der nördlichen Halbkugel notwendig sein müsse. Der griechische Historiker Theopompos, der im 4. Jahrhundert v. Chr. lebte, beschrieb dieses imaginäre Land als ein sehr fruchtbares mit großen starken Tieren und Menschen.

Ein Jahr dauerte es, bis Magellan Feuerland erreichte. Der Italiener Pigafetta führte Tagebuch. Er schilderte die dramatische Durchfahrt zwischen dem Festland des Kontinents und den südlichen anschließenden Inseln. Schließlich segelten sie ins offene Meer hinaus, ein zu diesem Zeitpunkt friedvolles Meer. Magellan taufte es ›Mar Pacifico‹.

Friedvoll auch jetzt. Es herrscht nahezu Windstille. Morgen früh werden wir die Marquesas erreichen. Magellan hatte diese Inselgruppe nur knapp verfehlt. Er segelte durch das Tuamotu-Archipel und steuerte wohl auch die eine oder andere Koralleninsel an, in der vergeblichen Hoffnung, Süßwasser zu finden. Statt dessen nur Seevögel und Eier.

Die Essensrationen wurden reduziert. »Es gab nur alten Schiffszwieback und gelbes stinkendes Wasser«, notierte Pigafetta. Viele Seeleute starben, die meisten an Skorbut. Von 265 Männern, mit denen Magellan auf Weltreise gegangen war, erreichten fünfzehn den Heimathafen Sevilla. Magellan selbst sah seine Heimat nie wieder. Er wurde während einer kriegerischen Auseinandersetzung auf den Philippinen von Insulanern auf Mactan, einer Nachbarinsel von Cebu, getötet.

Alten Schiffszwieback hat es bei uns natürlich nie gegeben, aber wir wissen nicht, ob ein Serbischer Bohneneintopf wenige Stunden vor den Marquesas eine diesen Breiten angemessene Mittagsmahlzeit ist. Auf einen frisch ausgepreßten Fruchtsaft haben wir während der gesamten Reise vergebens gewartet. Obst und Gemüse gab es spärlich und selten. Nein, die Mahlzeiten waren nie auf das Klima und die Region abgestimmt gewesen. Aber an Skorbut ist niemand erkrankt. Verglichen mit den Lebensverhältnissen an Bord der damaligen Forscherschiffe führen wir ein Luxusleben. Auch können wir immer sicher sein, fast auf die vorgesehene Stunde genau den nächsten Hafen zu erreichen. Aber wir leben im 20. Jahrhundert, und die Maßstäbe, das muß nicht betont werden, haben sich verschoben.

Die Marquesas – Nuku Hiva

Die Morgendämmerung hat sich schon verflüchtigt. Wolkenschwaden ganz in der Nähe des Schiffes. Wir blinzeln durch unser Kabinenfenster hinaus auf das Meer. Die grauen

Schwaden werden durch Grüntöne unterbrochen. Wir können Bergformationen ausmachen. Ein Küstenstreifen ganz nahe. Und dann merken wir, daß die Schiffsgeräusche erstorben sind. Wir liegen vor Reede, nur ein, zwei Seemeilen von der Küste entfernt. Wir haben die Marquesas erreicht, *Nuku Hiva*. Rasch kleiden wir uns an und springen an Deck. Unser erster Eindruck ist etwas verwirrend. Wir denken beide an eine Norwegische Fjordlandschaft. Wahrscheinlich irritieren uns die weißlich-grauen Regenwolken, in die das Küstenland fast vollständig eingehüllt ist. Ein warmer Nieselregen geht auf uns herab. Hin und wieder lichten sich die Wolken. Dann zeigen sich für kurze Zeit bunt angestrichene Holzhäuser und zwischen Palmen ein Kirchturm. Nein, so haben wir uns eine Südseeinsel nicht vorgestellt.

Eine Barkasse tuckert vom Bootssteg zu uns hinüber. Wenn die Palmen nicht wären – wir würden an unserer Fjordlandschaft festhalten. Die Barkasse hat längsseits beigedreht. Zwei französisch uniformierte Amtspersonen besteigen unser Schiff. Es werden die Zollformalitäten abgewikkelt. Visa sind nicht erforderlich, da wir uns in französischen Gewässern befinden, genauer, in Französisch-Polynesien. So genannt seit 1957. Davor, seit der Mitte des 19. Jahrhunderts, war Ost-Polynesien, und dazu gehören die Marquesas, die Tuamotus, die Gambiers, die Austral- und die Gesellschafts-Inseln, französische Kolonie.

Ein Tender bringt uns an Land. Nach sechs Tagen wieder fester Boden unter den Füßen. Die Luft ist warm und feucht. Langsam verziehen sich auch die Wolken, und Nuku Hiva gibt sich uns langsam zu erkennen. Uns bleibt nichts anderes übrig, als den einzigen Sandweg einzuschlagen. Er führt an der Küste entlang. Und so machen wir uns in einer weit auseinandergezogenen Passagierschlange auf den Weg. Mittlerweile sind fast alle der 450 Südseehungrigen von den Tendern an Land gebracht worden.

An einem ›Supermarkt‹, dem größten Gebäude des Ortes, zweigt ein kleiner Weg ins Inselinnere ab. Wir schlagen ihn ein und sind plötzlich allein. Hinter Palmen und Bananenstauden entdecken wir vereinzelte Wohnhäuser. Es sind bunte Holzhäuschen, so wie wir sie schon von Bord gesehen haben, mit einer kleinen Veranda und viel Wäsche, die lustig im Wind flattert. Eine Schar Kinder kommt herangesprungen. Manche sind hellhäutig und blond, andere negroid, aber irgendwie auch europäisch. Die ›reinen Polynesier‹ suchen wir vergeblich. Ein polynesisch-europäisches Mischvölkchen, das uns einige Schritte mit großen neugierigen Augen begleitet. Ein paar französische Brocken werden zu uns hinübergeworfen. Dann ein helles Lachen, und die muntere Schar verschwindet in einem Seitenpfad.

Auf den Marquesas leben heute etwa sechstausend Einwohner. Eine erschreckend geringe Zahl, wenn wir bedenken, daß zu Beginn des vorigen Jahrhunderts die Inseln fünfzigtausend Menschen zählten. Es war die europäische Geißel, die das Inselvolk so drastisch dezimiert hat: Sklavenhandel, Alkohol, Opium und – leider muß es gesagt werden – die christliche Missionierung. Von den Tuamotus, auf denen unter dem Zeichen des Kreuzes fürchterliche Ausrottungskampagnen gestartet wurden, wird noch die Rede sein. Es ist schwer, sich von diesen Geschichten zu befreien und leichten Fußes über diese Insel zu spazieren, gehören wir selbst doch einer Zivilisation an, die unbarmherzig die Südseekultur zerstört hat. Als Álvaro Mendaña de Neira am 21. Juli 1595 die Marquesas entdeckt hatte – er nannte das Archipel übrigens nach der Frau des spanischen Vizekönigs von Peru: Marquesa Garcia Hurtado de Mendoza –, ließ er als ›Vorsichtsmaßnahme‹ über hundert Eingeborene erschießen. Drei Männer erhängte er zur ›ständigen Warnung‹.

Der Weg führt steil hinauf in den Urwald. Die Wolken haben sich mittlerweile fast vollständig verflüchtigt. Nun wird es heiß. Wir spüren das tropische Klima immer stärker und schwitzen. Der erdige Duft, der uns schon die ganze Zeit begleitet hat, nimmt eine süßliche Färbung an. Das mag unter anderem auch an den unzähligen Blüten liegen, die überall zu sehen sind. Nach einigen Windungen erreichen wir eine kleine Hochfläche, die uns einen einzigartigen Ausblick über die Insel und die Bucht hinüber zur fernen Nachbarinsel Ua Pu erlaubt. Wie eine überdimensional hohe Kirchturmspitze ragt das Inselgebirge in die Höhe. Die Nachbarberge sind teilweise noch von Wolken bedeckt. Am Uferrand unter uns säumen Palmen den Strand. Ganze Palmenhaine ziehen sich die Anhöhen hinauf. Nahe am Ufer zahlreiche Segelschiffe, die möglicherweise eine lange Pazifiküberquerung hinter sich haben. Die Marquesas sind ein beliebtes Ziel für Weltreisende unter weißem Segel.

Und noch weiter hinauf führt unser Weg. Bald stehen wir unterhalb eines steilen Felsens und bewundern die tropische Vegetation, die leuchtend grün in die Felsfurchen vorgedrungen ist. Der Palmenhain unter uns sieht nun aus wie ein zart gewobener Teppich, der in den unterschiedlichsten Grüntönen schimmert. Wir erklimmen eine kleine Anhöhe und lassen uns nieder. Ja, jetzt sind wir in der Südsee. Unsere von vielen Postkarten, Reiseprospekten und Bildbänden aufgebaute Erwartung ist verflogen. Langsam weicht nun auch unsere anfängliche Enttäuschung. Wir werden den ›europäischen Faktor‹ mit berücksichtigen müssen. Hier auf den Marquesas sind nur die Palmen, die Bananenplantagen und die bizarre Bergwelt exotisch. Die Kultur ist europäisch, die Bungalows, der Supermarkt und die Kirche. Und die Menschen? Ihr Typus ist indifferent – auch wenn in vielen Fällen das Polynesische dominiert, so bemerken wir doch sowohl den angelsächsischen als auch den romanischen Einschlag. Unsere Feststellungen decken sich ziemlich genau mit denjenigen, die Paul Gauguin, der große französische Maler, vor fast hundert Jahren gemacht hat. Auch er war von der Südsee enttäuscht. Er mußte tief in die Wildnis vordringen, um das Gesuchte zu finden. Schließlich zog er von Tahiti auf die Marquesas und starb kurze Zeit später. Seine letzten Jahre verbrachte er in ständigen Querelen mit den Missionaren. Sie verabscheuten ihn und seine Lebensweise, dessen Ziel es war, nicht mit dem christlichen Gott, sondern mit der Natur eins zu werden. Deswegen liebten ihn die Einheimischen und haßten ihn die Kolonialherren. Er wurde mit Prozessen überzogen, weil er sich gegen die koloniale Willkür der Franzosen auflehnte und immer wieder Partei für die Eingeborenen bezog. Er lebte, wie gesagt, nicht lange auf Hiva Oa; nur zwanzig Monate. Krank und von der willkürlichen Kolonialjustiz zermürbt, starb er. Als sein Tod auf der Insel bekannt wurde, riefen die Eingeborenen: »Gauguin ist tot, wir sind verloren.«

Wir sehen Paul Gauguin nicht als einen Helden der Südsee an, obwohl er ein besseres Ende verdient hätte. Um seine umstrittene Lebensweise zu erzählen, werden wir seine Spuren in Tahiti wieder aufnehmen.

Am Nachmittag sind alle Passagiere an Bord zurückgekehrt. Der letzte Tender liegt längsseits und wird von den Matrosen klargemacht. Stahlseile ziehen das Boot an Deck. Langsam setzt sich das Schiff in Bewegung. Keine Abschiedsszene drüben an Land – nur ein paar Kinder stehen an der Pier – reglos.

Kurs Tahiti

Wir nehmen Kurs auf die Tuamotus, um am übernächsten Tag Tahiti zu erreichen. Die Berge von Nuku Hiva werden kleiner. Wolken sind wieder aufgekommen, Abendwolken. Ua Pu liegt backbord. Mächtig ragt der einsame Bergkegel in die Höhe. Ein Wolkenring, der mit den umliegenden Wolkenfeldern an einigen Stellen verschmolzen ist, hat sich um die Spitze gelegt. Bläulich-grau schimmert der Berg herüber und grau-weiß die Wolken. Ua Pu versinkt in ein fast dunkles, düsteres Violett. Und als die Sonne – wie üblich in Äquatornähe – rasch hinter dem Horizont versinkt, wechselt die Farbe des Meeres, dessen Oberfläche nun wie eine silbrig zitternde Masse erscheint. Dann wird es dunkel und die Lichter auf dem Achterdeck tauchen die Passagiere in einen fahlen gelblichen Schein. Das hat Signal-Wirkung: Nun kommt Bewegung in die Menge. Langsam lösen sich kleinere Gruppen von der Reling und begeben sich unter Deck. Nur noch wenige bleiben zurück und starren auf das Meer. Wir bleiben noch lange an Deck und sprechen kaum miteinander.

»Die See ist blank wie ein Kinderpopo« – so heißt es in der Seemannssprache. Der nächste Morgen überrascht uns mit einem strahlend blauen Himmel. In der Nacht haben wir die Tuamotus passiert. Jetzt erscheint der Horizont wie mit dem Zirkel gezogen – von keiner Insel unterbrochen. Wir fahren durch die Südsee und haben geglaubt, stündlich eine kleine Insel zu sichten, ein Atoll, weiße Sandstrände. Nichts dergleichen. Die Inseln liegen viel zu weit auseinander, als daß sie in Sichtweite gelangen könnten. Morgen früh gleich nach Sonnenaufgang wird Tahiti erscheinen, und dann werden noch viele Stunden vergehen, bis wir Papeete, die Hauptstadt, erreicht haben. Der Pazifik ist eine unendliche Wasserwüste, von den Poeten besungen und von Seemännern in früheren Zeiten verflucht. Schon ein geringer Navigationsfehler konnte zu einer Katastrophe führen. Die Insel blieb hinter dem Horizont verschwunden, und auf dem Schoner gingen die Wasserrationen zur Neige. Und dann diese Einsamkeit auf dem Meer. Auch heute noch. Manchmal glauben wir, daß wir die einzigen sind, die den Pazifik überqueren. Das ist natürlich ein Trugschluß. Viele Schiffe fahren eine ähnliche Route – vielleicht nur einen Katzensprung von 14 Seemeilen von uns entfernt. Aber das genügt. Sie fahren für uns hinter dem Horizont. In Hafennähe werden dann die Masten der Tanker oder Containerschiffe wieder auszumachen sein.

Lange stehen wir heute an Deck und suchen den Horizont mit dem Fernrohr ab. Nichts zu sehen. Absolut nichts.

Wir schauen auf eine überdimensional dunkelblaue Wand, in der es hin und wieder grell zuckt. Ein Gewitter über Tahiti. Der Himmel über uns ist strahlend blau. Wie mit dem Lineal gezogen erscheint die Gewitterfront vor uns. Es ist früh am Morgen. Die berühmteste Insel der Südsee kündigt sich pathetisch an. Wir kommen nicht los von diesem Augenblick, weil wir mit und ohne Fernrohr versuchen, die Inselkonturen in der tiefblauen Wand zu erkennen. Plötzlich ein Dröhnen vor uns. Es wird rasch lauter. Dann können wir in der Ferne einen silbrigen Punkt in der Luft erkennen. Der Punkt wächst zu einem waagerechten Balken heran, und dann ist der Marineflieger mit ohrenbetäubendem Getöse über uns und hinter uns. Er beschreibt eine Schleife, nähert sich ein weiteres Mal, donnert über das Peildeck hinweg und verschwindet wieder in der blauen Wand. Immer noch nichts zu sehen. Doch da. Die fast rechteckige Wetterfläche wird von einer Diagonalen durchzogen. Der untere Teil ist etwas dunkler. Er wird von einer silbrigen Linie, die kaum zu sehen, eher zu ahnen ist, begrenzt. Das könnte die Brandung der weit vor der Insel gelagerten Korallenbänke sein. Die dunkle Fläche wird plastisch. Wir erkennen Höhenzüge, und bald steht in der Gewitterzone vor uns ein dunkelblauer Kegel.

Jetzt geht alles sehr schnell. Ohne daß wir es bemerkt haben, hat das Schiff die ersten Wolken der Wetterwand erreicht, und es prasselt in dicken, dichten Tropfen auf uns herab. Wir machen gar keinen Versuch, uns vor dem tropischen Regenguß zu schützen. Wir sind schon vollständig durchnäßt. Dann wieder blauer Himmel über uns und bald darauf ein erneuter Regenguß. So nähern wir uns Tahiti.

Im Laufe des Vormittags verziehen sich langsam die Wolken. Nur die Zentralberge von Tahiti, die bis zu einer Höhe von über 2000 Meter steigen, sind von Wolkenbergen eingehüllt. Wir dürfen ja nicht vergessen, daß wir die Südsee während der Regenzeit, die von Oktober bis März dauert, aufsuchen. Aber was heißt Regenzeit. Die kurzen intensiven Schauer sind erfrischend. Dazwischen scheint die Sonne und trocknet schnell den nassen Boden.

Wir sind schon so dicht an die Insel herangekommen, daß wir in die tiefen Bergschluchten schauen können. Bizarre Felsformationen sind zu erkennen und ein dampfender Urwald, dessen Grüntöne sich im Grau der Regenwolken verflüchtigen.

Um uns herum wird es lebhafter. Fischkutter sind zu sehen und auch größere Frachter, die gleich uns dem Hafen von *Papeete* zustreben. Die Öltanks des Industriegebietes kommen in Sicht. Kräne ragen auf und die Masten von Fracht- und Tankschiffen. Bald breitet sich auch das Stadtbild vor uns aus. Weiße Flachdachhäuser ziehen sich die Berghänge hinauf. Schon passieren wir die Hafeneinfahrt. Sie scheint gerade so breit zu sein, um unser Schiff hindurchfahren zu lassen. Wo werden wir festmachen? Wahrscheinlich neben den großen Öltanks. Dort breiten sich verhältnismäßig große Hafenbecken aus. Nein, die ›Pushkin‹ läßt sich von zwei Schleppern ganz langsam in die Stadt hineinziehen.

Wir halten geradewegs auf die Uferpromenade zu. Wir schauen auf die Dächer der Stadt und wundern uns, daß ein so großes Schiff an einer so kleinen Pier festmachen kann. Vom Bug wäre es nur ein Katzensprung ins nächste Wohnzimmer. Unter uns Autos, Fahrräder und viele Menschen, die sich mittlerweile am Anlegeplatz versammelt haben, um dem Anlegemanöver gespannt zuzuschauen. Erste Rufe fliegen hin und her. Der Kapitän winkt hinunter. Sein Gruß wird beantwortet. Dann stehen die Maschinen still. Das Schiff liegt fest. Die Gangway wird herangeschleppt.

Papeete – Inselrundfahrt

Wenn die vielen Chinesen und Polynesier nicht wären, würden wir uns in einer Kleinstadt an der Côte d'Azur wähnen. Straßencafés, Bistros, Palmen und Segelboote, deren Stahlseile an die metallenen Masten schlagen. Wir schlendern über den Boulevard Pomaré, kaufen Briefmarken in der Post und halten nach malerischen und exotischen Ansichtskarten Ausschau. Von diesen gibt es natürlich eine reichhaltige Auswahl. Hübsche Polynesierinnen am Strand mit Auslegerboot und untergehender Sonne. Hoch aufspritzende Gischt und im Hintergrund die faszinierende Gebirgskulisse von Moorea, der Nachbarinsel von Tahiti. Und dann bleiben wir erschrocken stehen. Inmitten dieses bunten Reigens fröhlicher Postkarten das Motiv einer Atombombenexplosion. Palmen knicken ab und wirbeln durch die Luft – der Atompilz steigt in die Höhe, dahinter, blutrot, die Horizontlinie.

Globo und das Tanzpaar Harald und Jutta stehen hinter uns. Globos Gesicht ist schweißüberströmt. Kein Wunder, der Arme kann sich nur mit Krücken fortbewegen, seitdem ihn ein Gipsbein am Gehen hindert. Das ist in der Hitze natürlich besonders anstrengend. Bei einer gewagten Tanzfigur hat sich unser Pantomime die Kniescheibe ausgerenkt. Aber dennoch wollen wir ihn mit auf die verabredete Inseltour nehmen.

Tahiti besitzt eine Hauptstraße, die um die gesamte Insel führt. Zwei weitere Straßen erschließen dann noch die Küstenregionen der östlich anschließenden Halbinsel. Uns genügt die Hauptinsel für den heutigen Tag. Es sind rund achtzig Kilometer, die wir mit dem gemieteten Kleinbus zu bewältigen haben. Unser erstes Ziel ist *Arue*. Dort steht das Grabmal des letzten Königs von Tahiti, Pomaré v. Ein unglücklicher Herrscher, der dem Alkohol verfallen war. Er trank sich buchstäblich zu Tode. Das war im Jahr 1891. Die Spitze des Monuments krönt eine Urne, die eine große Ähnlichkeit mit einer Likörflasche hat – einer Flasche Benediktiner-Likörs, seinem Lieblingsgetränk.

Oberhalb des berühmten Point Vénus führt die Straße an einem Hotel vorbei. Von hier aus ein pathetischer Blick hinüber zur Nachbarinsel Moorea. Jenseits der küstennahen Korallenbänke, die durch weiße Schaumstreifen angedeutet werden, kreuzen Segelschiffe. Sanft wiegen die Palmen ihre großen Blätter im Wind. Ja, das ist eine Südseeperspektive, so wie wir sie uns immer erhofft hatten.

Wir fahren hinunter durch das Dorf Mahina zum *Point Vénus*. Hier soll James Cook am 3. Juni 1769 beobachtet haben, wie die Venus die Sonnenscheibe durchmißt. Das jedenfalls war der offizielle Auftrag, den Cook von der Royal Society erhalten hatte. Inoffiziell hieß es, daß er jenes legendäre Südland ›Terra australis‹ suchen sollte. Später hat Cook Tahiti und die umliegenden Inseln zu Ehren der Royal Society ›Gesellschafts-Inseln‹ getauft.

Aber nicht nur an James Cook werden wir hier erinnert, sondern auch an den Engländer Wallis, der als erster Europäer die Insel betreten hatte – zwei Jahre vor Cook. Ein Jahr nach Wallis gelangte der Franzose Bougainville nach Tahiti. Obwohl er um die sogenannten Besitzrechte der Engländer wußte, erklärte er die Insel zum französischen Territorium. Dreißig Jahre später, 1797, gelangten englische Missionare auf die Insel. Es waren Protestanten, denen es sehr schnell gelungen ist, die Einwohner für den neuen Glauben zu gewinnen. Die radikale religiöse Umschulung war so erfolgreich, daß französische Missionare, die 1838 die Einwohner Tahitis zum ›rechten christlichen Glauben‹ führen wollten, von den Einwohnern verjagt wurden. Das erzürnte die französische Marine so sehr, daß sie Tahiti kurz entschlossen besetzte. Die Insel mußte sich 1842 dem französischen ›Protektorat‹ unterwerfen. 1880 wurde Tahiti französische Kolonie und 1958 zusammen mit Ost-Polynesien als ›Polynésie Française‹ in ein Überseeterritorium Frankreichs umgewandelt. Der Gouverneur wird in Paris ernannt. Die dreißig Mitglieder der territorialen Volksvertretung werden allerdings am Ort gewählt. Das hat aber nicht viel zu sagen, da die innen- wie außenpolitischen Richtlinien von Paris bestimmt werden.

Die ›europäischen Entdecker‹ haben Polynesien in die Unmündigkeit getrieben. An diesem Zustand hat sich bis heute nichts geändert. Unter den Entdeckern war James Cook vielleicht noch der menschenfreundlichste. Aus seinen Tagebuchaufzeichnungen geht hervor, daß er über den Kulturkontakt nachgedacht und keinesfalls die weiße Rasse als die überlegene dargestellt hat. Cook notiert: »... wir verderben die Moral derer, die sich bereits für das Laster empfänglich zeigen, noch mehr und führen bei ihnen [den Insulanern] neue Bedürfnisse und vielleicht auch Krankheiten ein, welche bloß die glückliche Ruhe stören, welcher sie und ihre Vorfahren sich erfreuten. Sollte jemand die Wahrheit dieser Behauptung bestreiten, möge er doch sagen, was die Eingeborenen auf dem amerikanischen Kontinent damit gewonnen haben, daß sie mit den Europäern in Handelsbeziehungen getreten sind.« Wie wahr. Engländer und Franzosen stritten ja zu dieser Zeit heftig, wer für die Einführung der Geschlechtskrankheiten in der Südsee verantwortlich gewesen ist. Was für ein müßiger Streit. Fest steht, daß die Geißel des Weißen Mannes, die Schwindsucht, heute TBC genannt, Tausende von Insulanern hinweggerafft hatte. Nicht umsonst trug ein Tahitianisches Königsgeschlecht den Namen ›Pomaré‹, was so viel wie ›Nachthusten‹ bedeutet (›po‹ – Nacht; ›mare‹ – Husten).

So nimmt es auch nicht wunder, daß ein Mitreisender Cooks folgende Forderung in sein Tagebuch geschrieben hat: »Es ist wirklich im Ernste zu wünschen, daß der Umgang der Europäer mit den Einwohnern der Südsee-Inseln abgebrochen werden möge, ehe die verderbten Sitten der zivilisierten Völker diese unschuldigen Leute anstecken können, die hier in ihrer Unwissenheit und Einfalt so glücklich leben.«

Der Deutsche Georg Forster, der zusammen mit seinem Vater als Naturkundler für diese Weltreise Cooks angeheuert worden war, hat diese Zeilen geschrieben. Aus ihnen spricht ein hohes Maß an ethischer Verantwortung gegenüber dem fremden Volk. Doch konnte Forster das Gegenteil seiner Forderungen nicht verhindern. Die Südsee wurde von Europäern verdorben. Zu fragen wäre sogar, ob er nicht indirekt dazu beigetragen hatte, indem er half, die Südsee wissenschaftlich zu erforschen. Denn die Forschungsergebnisse bildeten die Grundlagen für die spätere Kolonialisierung. Forsters Einschätzung des Südseevolkes ist aber auch noch vor einem anderen Hintergrund zu beleuchten, den wir schon kurz angedeutet hatten. Die Südsee wurde als ›paradis terrestre‹ hochstilisiert und ihre Bewohner als ›edel‹ vorgestellt. Der Edle Wilde wurde zu einem ethischen Motiv der europäischen Aufklärung. Er war es, an dem die Menschen ihre Menschlichkeit überprüfen sollten. Sie sind – nach den Worten der Aufklärer – kläglich gescheitert. Der Edle Wilde wurde ästhetisch ausgebeutet, indem er auf den Theater- und Operettenbühnen des 18. Jahrhunderts seine exotische Rolle spielte. Ludwig Tiecks ›Alla-Moddin‹ von 1797 stellt ein solches ›Indianer-Stück‹ dar, in dem mit romantisch-verbrämter Sprache das heroische Ideal des in Knechtschaft gehaltenen Wilden verkündet wird – eine Art Fidelio der Südsee.

13 PAPUA-NEUGUINEA Festschmuck

14 NEUSEELAND Eine Idylle … aber unweit der moderne Campus für über 10000 Studenten

15 PAPUA-NEUGUINEA Festschmuck

UNIVERSITY
OF
AUCKLAND

Cook, Forster und der Edle Wilde. Wenn auch das Motiv des Exotischen in der heutigen Literatur und Kunst keine allzu große Rolle mehr spielt, so ist es doch *das* Leitmotiv im Tourismus: »Lassen Sie sich verzaubern ...« Tahiti, für Europäer, heute immer noch ein entlegenes Utopia – zumindest für die Urlaubszeit. Und der Tourismus verändert die Insel weiterhin. Cook und die Folgen. Wir selbst sind an diesem Prozeß beteiligt. Wir sind – ein etwas unbequemer Gedanke – die Erben Cooks. Unsere Kulturkritik muß uns mit einbeziehen.

Etwas ratlos stehen wir am Point Vénus und lassen unsere Blicke über die Korallenriffe hinüber nach Moorea schweifen. Gerade passiert ein Segelboot den Gischtstreifen, um ein von Palmen umsäumtes Küstendorf zu erreichen. Dort dümpeln weitere Boote. Die Masten schwanken hin und her. Einige Kinder laufen schreiend über die Bootsstege. Die Holzhäuser stehen auf Pfählen, wohl um Ungeziefer und unbequeme Nager oder Schlangen fernzuhalten. Der Palmenhain verbirgt noch weitere Häuschen, bunt angemalte Holzhütten, denn immer wieder erscheint ein Farbtupfer inmitten des wogenden Grüns der Palmenblätter.

Globo hat sich auf dem Schwimmer eines Auslegerbootes, das halb im Wasser, halb auf dem Strand liegt, niedergelassen. Er trinkt aus einer Cola-Dose. Harald und Jutta haben sich in den Schatten einer Palme gesetzt. Globo hebt die Cola-Dose hoch und deutet auf einen Kiosk, der sich neben dem ›Museum der Entdecker‹ befindet. Es ist Mittagszeit und das Museum ist geschlossen. Wir verzichten gerne auf diesen Besuch. Statt dessen kaufen wir uns ebenfalls erfrischende Getränke und setzen uns zu Globo in den Sand.

Später fahren wir weiter Richtung Süden. Nur noch selten begegnen uns Autos. Wir passieren Papenoo, Tiarei und Mahaena. Die Küstenstraße ist einzigartig. Nach jeder Biegung eine neue Aussicht, ein unerwarteter Blick in eine stille Bucht mit überhängigen Palmen und steilen Klippen. Draußen auf dem Meer, umgeben von weißer Gischt der Pazifikwellen, einige Korallenbänke, auf denen Palmen wachsen. Manchmal führt die Straße von der Küste weg in das Landesinnere. Dann ist es so, als ob wir in einen grünen Tunnel tauchen würden. Die Bäume wachsen hoch über unseren Köpfen zusammen. Und dann die Tunnelausfahrt: Geblendet vom grellen Licht müssen wir die Augen zusammenkneifen. Vor uns wieder das tiefblaue Meer. In *Hitiaa* verlassen wir die Küstenstraße und folgen einem Sandweg, der uns in eine tiefe Schlucht führt. Wir wollen den *Fatautia-Wasserfall* aufsuchen. Auf einem Parkplatz inmitten des Dschungels verlassen wir das Auto. Wir müssen Globo helfen, den unwegsamen Pfad zu bewältigen. Manchmal heben wir ihn, manchmal stützen wir ihn. Es geht ganz gut. Das Rauschen wird stärker. Hoch oben scheint sich das bislang dichte Laubwerk zu lichten. Unsere kleine Expedition ist am Ziel. Aus mindestens sechzig Meter Höhe fällt das breite Band sprudelnden Wassers herab und prasselt in einen türkisfarbenen See. Immer wieder steigen kleinere Regenbögen von der aufgepeitschten Wasseroberfläche auf. Wir legen schnell unsere Kleider ab und springen in den Teich. Nur wenige Meter trennen uns vom weiß glitzernden Vorhang. Schon sind wir mitten im Wasserfall. Ohrenbetäubendes Getöse. Wir stoßen uns von der unmittelbar dahinterliegenden Felswand ab und hechten nach vorn. Globo sitzt etwas mürrisch auf einem Felsstein. Er hat die undankbare Aufgabe, Fotos von diesem Schauspiel zu machen. Lachend verlassen wir den kleinen See. Unsere Schultern sind krebsrot. Nachdem wir uns getrocknet und wieder angekleidet haben, machen wir uns auf den Weg zurück zu unserem Auto.

In *Faaone* eine seltsame Entdeckung: Etwas von der Straße zurückversetzt steht eine Miniaturausgabe von ›Notre-Dame de Paris‹. Die Türme sind in einer Art Neo-Gotik stilisiert, und die Westportale weisen lediglich ornamentale Verzierungen auf. Aber der Typus stimmt: Die stumpf endenden Westtürme, die Andeutung der Königsgalerie und die drei Westportale. Die Kirche muß gegen Ende des letzten Jahrhunderts erbaut worden sein – in spürbarer Erinnerung an die Mutterkirche. Schlagartig sind wir wieder nach Europa zurückgeworfen worden.

Auch das *Gauguin-Museum in Papeari* erinnert an europäische Architektur, diesmal an avantgardistische. Die im Museum ausgestellten Objekte und Bilder künden von einem Aussteiger, der in Tahiti sicherlich nicht eine neue Heimat gefunden hat. Übrigens sind hier keine Originale des Meisters zu sehen, lediglich einige Holzdruckstöcke sowie viele Reproduktionen und Kopien seiner Werke. Was für eine Tragödie. Gauguin, der damals auf Tahiti wegen seiner Gemälde verhöhnt wurde: »Gauguin? Ein Narr. Der malt rosa Pferde!« Solche Kommentare waren noch zu Lebzeiten des Malers auf Tahiti zu hören. Er erhielt lediglich ein paar Francs für seine Werke. Heute müßten die Kunsthändler schon viele hunderttausend, vielleicht sogar einige Millionen Francs bezahlen, um an einen ›Gauguin‹ zu kommen.

Gauguin, der 1891 nach Tahiti reiste, hatte alle Brücken hinter sich abgebrochen. Eine Frau und fünf Kinder blieben in Frankreich zurück. Aber das erhoffte Paradies erwies sich als trügerisch. Welche Enttäuschung für den Maler, als er seine ersten Stunden in Papeete verbrachte, einem heruntergekommenen Klein-Paris, wie er die Hauptstadt Tahitis nannte. In seinem Buch ›Noa-Noa‹ schildert er sein Leben auf der Insel, teilweise in einem verklärenden Ton, teilweise nüchtern und drastisch. Glücklich und heimisch ist Gauguin in der Südsee nie geworden; vielleicht nur in der kurzen Zeit, als er mit der dreizehnjährigen Téhoura, seiner ›Kindfrau‹, zusammenlebte. In seinen Bildern beschwor er ein Paradies, an dem er nicht teilhaben konnte: ›Nave nave mahana‹. In diesem großartigen Gemälde, das heute im Museum der Schönen Künste in Lyon hängt, versammeln sich die tahitianischen Frauen. Mitten in ihrer Alltagsarbeit halten sie inne. Einige blicken aus dem Bilde, stumm und ernst, aber voller Grazie und Schönheit. Nave nave mahana, das heißt: Ein Tag voller Glück – etwas, wovon Gauguin eben nur träumen konnte. Oft fehlte ihm das Nötigste zum Leben. Eine schlimme Syphilis, die er sich während eines kurzen Europa-Aufenthalts geholt hatte, entstellte seinen Körper. Seine tahitianische Frau floh aus der gemeinsamen Hütte. Oft dachte er an Selbstmord, doch wollte er sein Ende dann doch der Natur überlassen, wie er sagte. Er verabschiedete sich von Tahiti und setzte über zu den Marquesas. Sein Grab kann heute noch auf Hiva Oa aufgesucht werden.

Hier, zwischen Papeari und Mataiea hielt sich Gauguin einige Zeit auf. Manche Bucht mit flachen Holzhütten und schlanken Palmen erinnert an Landschaftsszenen seiner Bilder.

Es war sicherlich nicht nur die Landschaftsszenerie und die Menschen, die Paul Gauguin hier fasziniert haben, sondern auch die Kunst- und Kultgegenstände der Insulaner. In einigen seiner Gemälde tauchen stilisierte Maskenmotive und exotische Ornamentmuster auf. Was Gauguin besonders beeindruckt haben mußte, war die Vereinfachung der Formen. Fast schon ›kubistisch‹ – ein für Gauguin unbekannter Begriff – erscheinen Masken, Figuren oder andere Kultgegenstände. Gauguin hat diese ›Abstraktionen‹ bewundert und den dadurch vermittelten tiefen Symbolgehalt offensichtlich erkannt. Er ließ sich jedenfalls auf die Zeichensprache der Südsee-Insulaner ein und versuchte selbst eine Vorstellung von den ›letzten Dingen‹ zu vermitteln. Viele seiner Bilder haben mythische Aussagekraft und stellen die Frage nach dem Wesen des menschlichen Lebens.

Die Kunst und Kultur der Südsee-Insulaner hat dann kurze Zeit später bezeichnenderweise den europäischen Kubismus und Expressionismus nachhaltig beeinflußt. Picasso oder Pechstein, um nur zwei Künstler zu nennen, haben sich auf den sogenannten ›Primitivismus‹ – und damit ist die Reduktion auf die einfache Grundform nach dem Vorbild der Exoten gemeint – eingelassen. Viele Porträts von Picasso sind an afrikanischen oder pazifischen Masken orientiert. Die strengen Kompositionsregeln der Kubisten und die spontane Emotionsniederschrift der Expressionisten mögen zu einem nicht unbeträchtlichen Teil von der Kunst der Südsee-Insulaner inspiriert worden sein.

Langsam geht unsere Fahrt zu Ende. Nach dem Notre-Dame-Erlebnis von Faaone achten wir jetzt besonders auf die Dorfkirchen. Es handelt sich fast immer um Miniaturausgaben französischer Kirchentypen – mal im neo-gotischen, mal im neo-klassizistischen Stil. Das Pariser Pantheon mußte genauso oft als Inspirationsquelle herhalten wie Notre-Dame. Dies ist vorwiegend bei katholischen Kirchen der Fall. Die vielen protestantischen sehen schlicht und nüchtern aus. Ein kleiner spitzer Kirchturm und dahinter das schmucklose Kirchenschiff. Englischer Kolonialstil.

Notre-Dame de Paris ist auf einigen Inseln von ›Französisch-Übersee‹ zu finden. So auf einer Anhöhe von Nouméa, Neukaledonien – zehn Tage später werden wir vor ihrem Portal stehen – und auf Mangaréva, einer Insel südöstlich des Tuamotu-Archipels. Notre-Dame de Mangaréva ist eine der abenteuerlichsten und zugleich traurigsten Kirchenbauten. Wir selbst haben die Insel nicht aufgesucht. Das wäre uns kaum gelungen, da Fremde nur äußerst ungern auf dieser Insel gesehen sind. Warum? Das erzählt Hans Otto Meissner in einem spannenden Bericht. Ihm ist es nur unter den größten Schwierigkeiten gelungen, die Insel zu besuchen. Den Grund hat er schon nach den ersten Stunden erfahren. Die meisten Hunde der Insel haben ihr Fell verloren, und das Federvieh läuft ebenfalls nackt herum. Meissner hat herausbekommen, daß die Tiere radioaktiv verseucht sind. Radioaktiv verseucht sind auch viele Frauen, die eine Fehlgeburt nach der anderen bekommen. Natürlich handelt es sich um die französischen Atombombenversuche im Mururoa-Atoll. Die Insel wird langsam entvölkert. Die Tiere sterben, und die Menschen wandern aus.

Was hat das mit Notre-Dame zu tun? Direkt eigentlich nichts, aber indirekt vielleicht sehr viel. Meissner erzählt, daß ein französischer Missionar, Pater Laval, gegen Mitte des 19. Jahrhunderts diese ›französische Kathedrale‹ erbauen ließ. Der katholische Priester muß von einer wahren Bauwut besessen gewesen sein. Unter seiner Aufsicht entstanden Paläste, Pavillons, Landhäuser, ein Nonnenkloster und ein

Mädchenpensionat sowie viele Straßen. Die Einwohner, an solche für sie überflüssige Arbeit nicht gewöhnt, verloren ihre Fröhlichkeit, sie fanden sich in der neuen aufgezwungenen Kultur nicht zurecht. Ihr eigenes uraltes kulturelles Leben durften sie nicht mehr führen. Die Einwohnerzahlen gingen drastisch zurück. Als eine Kommission, auf diese unglaublichen Zustände aufmerksam geworden, den Pater nach den ungeheuer hohen Sterbeziffern fragte, soll dieser lapidar geantwortet haben: »Wie schön für diese einfältigen Menschen – desto eher kommen sie in Gottes Arme.«

Das Sterben auf Mangaréva hat demnach Tradition, wenn auch die Ursachen verschiedene sind. Allerdings, so verschieden sind sie gar nicht: Die Arroganz der Europäer ist in der Südsee in Barbarei ausgeartet – ob damals unter dem Zeichen des Kreuzes oder heute mittels des Atomblitzes.

Der Kreis schließt sich. Mangaréva ist ein fürchterliches Beispiel für die unmenschlichen Auswüchse der europäischen Zivilisation. Tahiti könnte das nächste Beispiel werden. Darauf werden wir aufmerksam, als wir vor einem Obststand in Papeete stehen, um uns mit frischen Früchten zu versorgen. Eine ältere Französin tritt rasch auf uns zu und schüttelt den Kopf. Wir sollten lieber auf das Obst verzichten, denn viele Früchte seien von ›winzigen Tierchen‹ verseucht. Wir lachen sie an, unwissend darüber, was sie uns mitteilen will, und fragen, um was für Tierchen es sich denn handele. Um dieselben, die mittlerweile auch schon in vielen Meeresfischen Schaden anrichten. Ob denn diese ›Tierchen‹ unsichtbar seien, erkundigen wir uns. Sie nickt mit dem Kopf. Es werden immer mehr Fischkonserven von Frankreich eingeflogen, und das Obst soll auf besonderen Plantagen angebaut werden, erfahren wir. Nach Fehlgeburten erkundigen wir uns nicht.

Rarotonga

Kräftige Windböen und Regenschauer. Wir liegen vor Rarotonga. Wie ein Gespenst erhebt sich die Insel aus dem Meer. Wolkenfetzen ziehen an dicht bewaldeten Berghängen

vorbei und fliehen über das Meer. Die ›Pushkin‹ zieht mehrere Schleifen dicht unter Land, um die bewegte See zu glätten, zumindest in Schiffsnähe, und das Austendern zu erleichtern. Der Ponton ist schon an der Bordwand festgemacht worden. Viele Passagiere verzichten auf dieses etwas waghalsige Unternehmen. Oft ist nur ein Sprung auf den Ponton möglich. Auch wenn sich viele Matrosenhände hilfreich den älteren und betagten Herrschaften entgegenstrekken, kommt es immer wieder zu Stockungen. Vom Ponton auf die Barkassen zu steigen ist dann noch problematischer, weil die kleinen Boote aufsteigen und jäh wieder niedertauchen. Schließlich sind alle Ausflügler und Ausflüglerinnen in den Tenderschiffen verstaut, und wir steuern Avarua, der Hauptstadt der Insel, entgegen. Zwei Wracks flankieren die Einfahrt in den Hafen – eine nicht gerade verheißungsvolle Begrüßung. Und von Hafen kann eigentlich auch nicht die Rede sein. Zwei, drei Gebäude säumen ein Hafenbecken, in dem ein halb zerfallener Kahn liegt, der offensichtlich abgewrackt wird. Im vom Regen aufgeweichten Boden stehen die Guides vor vielen Mini-Transportern und erwarten uns mit geflochtenen Blumenkränzen. Schnell besteigen die Passagiere die Kleinbusse und lassen sich auf den Holzbänken nieder. Fensterscheiben gibt es nur für den Fahrer, und so regnet es mal auf der einen, mal auf der anderen Seite in den Bus hinein. Wir haben uns von den Guides sagen lassen, daß es über Rarotonga nur ganz selten für längere Zeit einen strahlend blauen Himmel gibt. Die meiste Zeit hängen Regenwolken über der Insel.

Auffallend ist der Linksverkehr. Hier waren es also Engländer, die diese Inselgruppe für sich in Anspruch genommen haben. Rarotonga, was übrigens ›südwärts‹ heißt, gehört zum Cook-Archipel. Beim Anblick dieser Inseln soll der Kapitän ausgerufen haben: »Diese kleinen Teile gehören gar nicht zur Erde, sie sind davon losgelöst.« Aus diesem Grunde, so möchten wir vermuten, wurden sie dann um so fester mit der britischen Krone verbunden. Seit 1965 sind die Cook-Inseln selbständig. Ihre Regierung, die Cook Island Party, ist der neuseeländischen Regierung eng verbunden.

Zu sehen gibt es in *Avarua* nicht viel. Die im englischen Kolonialstil erbauten bunten Häuschen nehmen sich zwischen den Palmen und vor der großartigen Pazifikkulisse freundlich aus. Interessant ist das Museum. Hier können ein altes Auslegerkanu und Geräte zum Fischfang besichtigt werden. Selbstverständlich fehlen auch alte Haushaltsgeräte der Eingeborenen nicht. Unweit vom Museum entfernt steht an derselben Straße die Christuskirche mit einer Holzempore. Sehenswerter sind die alten Grabsteine auf dem Friedhof. Gegenüber sind noch Reste der einstigen Häuptlingsresidenz zu sehen. Eine Besichtigung ist nur von außen möglich. Die Ruine ist für alle tabu.

Kurz bevor die Europäer, allen voran Kapitän Cook, die Insel erreicht hatten, herrschte auf Rarotonga der berühmte Makea Nui Ariki. Sein Machtbereich dehnte sich weit über die Nachbarinseln aus. Die trostlosen Ruinen erzählen nichts mehr von seinem Glanz und wohl auch Glück, das er und seine Untertanen genossen haben.

Vor einer wiegenden Palmenkulisse und dem aufgewühlten Meer gleiten also diese Ruinen an uns vorüber. Es bleiben kaum Eindrücke zurück. Am liebsten würden wir hier aussteigen und ein bißchen über das vergangene Reich der Insulaner und nicht über die exotische Insel Rarotonga nachdenken. Es müßte doch gelingen, den Palast im Geiste wieder aufzubauen, die mannigfaltig verzierten Türpfosten zu rekonstruieren, die in Schwarz und Ocker gehaltenen Masken mit Zickzack-Muster in den weiträumigen Hallen wieder aufzuhängen, Speere in die Halterungen zu stecken, mit Bast geflochtene Bodenmatten auszulegen ...

Die Asphaltstraße vor uns schlängelt sich an der verregneten Küstenszenerie entlang. Im Regen erscheinen die Farben frischer, und die Düfte des Landes entfalten sich. Aus einem satten glänzenden Grün, das mal ins Olive, mal ins Bläuliche verschwimmt, scheinen gleichzeitig kräftige erdige und zarte süßliche Gerüche zu strömen. Aber nur für kürzeste Zeit können wir diese Eindrücke empfangen, denn immer wieder schieben sich Abgasschwaden vorbeiflitzender oder überholender Autos zwischen uns und die Natur.

Mittlerweile haben wir eine kleine Bucht erreicht, eine Lagune, die vom offenen Meer durch einen weißen Kranz sich über den Korallenriffen brechender Wellen abgeriegelt wird. Eine kleine, dicht mit Palmen bewachsene Insel am Ende der Lagune sorgt für ein unverwechselbares Südseepanorama. Aber das wird kaum bemerkt, denn die Passagiere, es dürften weit über hundert sein, eilen dem Eingang eines Marine-Zoos entgegen. Es soll sich um die Attraktion

Rarotongas handeln. Seine kulturellen Aktivitäten sind schnell aufgezählt: Exotische Fische hinter Glas in kleinen engen Räumen, zwei Wasserschildkröten bei einer Schaufütterung und der ›König der Kokosnuß‹, ein älterer Polynesier, mit traditionellem Bastschurz, der ohne Hilfsmittel unermüdlich auf die Palmen klettert und mit Tarzan-Geschrei Kokosnüsse auf den Boden wirft. Die Passagiere johlen vor Vergnügen. Mehrere kritische Stimmen haben wir allerdings später im Bus vernommen: »Der Kokosnuß-Mensch war ja ganz witzig. Aber die kleinen Aquarien, nein das ist in einem Kaufhaus großzügiger angelegt.«

Mißstimmung im Bus. Das also ist Rarotonga: Kokosnüsse, kleine bunte Fische hinter Glas, und Regen, der nicht mehr aufhören will. Von der Landschaft ist ohnehin nichts zu sehen. Regen haben wir genug zu Hause. Das muß ja nicht in der Südsee sein.

Nun haben wir *Arorangi* erreicht. Die weiß und rostrot angemalten Holzhäuschen lassen die Szenerie wieder lebendig werden. Etwas trostlos war eben die Fahrt an der Küste. Auf der einen Seite das graue Meer mit dem wolkenverhangenen Himmel und auf der Landseite ein grau-grüner Teppich, der sich die Hänge hinauf in die Wolken zieht. Hier in Arorangi ist eigentlich nur die im englischen Kolonialstil erbaute Kirche von 1849 erwähnenswert. Ganz in der Nähe, vom dichten Gestrüpp des Dschungels überwuchert und kaum zugänglich, sollen noch einige Tempelreste der Ureinwohner zu finden sein.

Dann aber eine echte Sehenswürdigkeit. Einige der Passagiere, die eben noch matt in sich versunken waren, richten sich auf. Aus dem Meer vor uns steigt ein Felsen. Seine Farbe: Schwarz. Er soll zweieinhalb Millionen Jahre alt sein – das haben zumindest radiometrische Messungen ergeben. Dieser schwarze Felsen, der so einsam in der Lagune steht, sieht aus wie eine versteinerte Chimäre. Ein unergründliches Urwesen. Fasziniert betrachten wir dieses Ungetüm und können uns sehr gut vorstellen, daß es nicht allein unsere Phantasie herausgefordert hat. Für die Polynesier war dieser Felsen so etwas wie eine Himmelsrampe. Von hier aus, so glaubten sie, traten die Seelen der Toten die lange Reise ins legendäre ›Hawaiki‹ an. Hawaiki, davon wird noch ausführlicher die Rede sein, ist das Paradies der Polynesier gewesen.

Ausgeschlossen, gerade in diesem Augenblick in das Reich der polynesischen Mythen zu tauchen, denn schon naht die Himmelsrampe unserer Zivilisation, der Flughafen von Rarotonga – wahrlich kein Ort, der Paradiesisches verheißt. Aber dennoch ist in der jüngsten Mythenbildung der Südseevölker Hawaiki und der Düsenjet auf das merkwürdigste miteinander verknüpft. Doch auch davon später mehr.

Der Abschied von Rarotonga fällt uns nicht schwer. Gern verlassen wir die Insel, die wir nur für so kurze Zeit betreten durften. Wir haben Rarotonga nicht kennengelernt. Als verwirrte Touristen sind wir einige Stunden über die Oberfläche hinweggeeilt. Für den Marine-Zoo war Zeit, nicht aber für den Felsen. Der Palast nur eine Ruine und die Tempelreste nicht erreichbar, und dann noch der Regen. Wir sind als Touristen in einem starken Maße abhängig von unseren Erwartungen und Sehnsüchten. Hier auf Rarotonga ist uns das besonders schmerzlich bewußt geworden.

8

ATOLL UND KOKOSNUSS

Einer der Hauptexportartikel des pazifischen Raumes ist Kopra, das Nährfleisch der Kokosnuß. Kopra wird heute übrigens schon zu 30 Prozent von den Eingeborenen erzeugt. Neben diesem wirtschaftlichen Aspekt der Kokosnuß sollte auch der ästhetische erwähnt werden: die sanft im Wind sich wiegende Kokosnußpalme vor der faszinierenden Kulisse schaumbekrönter Südseewellen. Weißer Strand, leicht bekleidete lächelnde Insulanerinnen und im Hintergrund vor einem strahlend blauen Himmel ein Pfahlbau – das ist der Traum von der Südsee auf einen Bildbegriff gebracht. So und ähnlich werden die pazifischen Inseln heute in den europäischen Reisebüros gehandelt. Dieses Bild zählt also auch zum Bereich ›Export‹.

Atolle haben wir in der Südsee keine gesehen, jedenfalls nicht solche, die wir eben beschrieben haben. Palmen am Meer – das hat es genug gegeben, hin und wieder auch ein bißchen weißen Sand. Die auf vielen Reiseprospekten abgebildeten ringförmigen Inseln, die fast nur aus Sand und Palmen bestehen, blieben hinter dem Horizont verschwunden. Mag sein, daß wir das eine oder andere Atoll in der Nacht passiert haben, vielleicht als wir an Tuatmos vorbeigefahren sind. Ein genauer Blick auf die Karte verrät, warum es kaum möglich ist, während unserer Kreuzfahrt durch die Südsee in Sichtweite an einem Atoll vorbeizufahren. Die Inseln liegen so weit auseinander, daß wir sie eigens hätten ansteuern müssen. Und auch dann hätten wir nur ganz von fern einen Palmenkranz am Horizont entdecken können, denn ein näheres Heranfahren wäre wegen der Untiefen für einen verhältnismäßig großen Passagierdampfer gefährlich gewesen. So blieb uns also ein Hauptcharakteristikum der Südsee verborgen.

Atolle oder – so der andere Ausdruck – Lagunenriffe setzen sich hauptsächlich aus den Skeletten von Korallen zusammen. Oft bilden sich Korallenbänke in der Nähe von Vulkaninseln. Diese sinken im Laufe der Jahrtausende langsam ab. Der stetige Aufbau der Korallenkolonien hält manchmal mit dem Absinken der Inseln Schritt, und die Bänke werden durch Krustenbewegungen langsam über die Wasseroberfläche gedrückt. Die Meereswellen zerschlagen nun die obersten Schichten der Korallenbauten und zerreiben sie zu feinem weißem Sand. Dieser von Darwin so genannte Abbruchschutt trägt dazu bei, im Laufe von vielen hunderttausend Jahren den schmalen ringförmigen Landgürtel zu bilden. Sein Durchmesser beträgt fast nie mehr als einen Kilometer. Die Lagune, der vom Atoll eingeschlossene Meeresbereich also, ist dagegen unterschiedlich breit, je nachdem, welchen Umfang die abgesunkene Vulkaninsel hatte. Manche Lagunen sind so breit, daß das gegenüberliegende Ufer nicht mehr zu sehen ist.

Nun ist der Atollring nicht geschlosssen, sondern besteht aus vielen ›Bruchstücken‹. Manche liegen so weit auseinander, daß ein kleiner Frachter sie passieren könnte.

Die in ihrer geologischen Bildung am weitesten fortgeschrittenen Atolle sind an einem dichten Palmenwuchs zu erkennen. Es ist nachgewiesen worden, daß Kokosnüsse lange Zeit über das Meer treiben können, um dann, wenn sie irgendwo ›gestrandet‹ sind, Sprößlinge zu treiben. Die erst im Entstehen begriffenen Atolle werden von den Seefahrern gefürchtet. Die Korallenbänke haben gerade die Wasseroberfläche erreicht und sind damit den Blicken der Seeleute noch weitgehend entzogen. Wenn das Meer unruhig ist, brechen sich allerdings die Wellen über den Bänken, und ein weißes Schaumbad kündigt die Gefahr an. Genaue Seekarten und Radarortung haben heute diese Gefahren natürlich auf ein Minimum schrumpfen lassen.

Wenn wir eben noch bedauerten, kein Atoll gesichtet zu haben, dann ist das eigentlich unbegründet. Wir sind ja beim Anlaufen des Hafens von Papeete auf Tahiti gewissermaßen in einen Atollring eingedrungen. Auch vor Rarotonga haben wir Korallenriffe gesehen. Mag sein, daß Tahiti oder Rarotonga langsam im Meer versinken; irgendwann einmal, in fernster Zukunft, werden an dieser Stelle palmenbestandene Atolle zu sehen sein.

Die *Kokosnuß* ist schon seit vielen tausend Jahren bekannt. Von seinem Indienfeldzug soll Alexander der Große über die Kokospalme berichtet haben. Vermutlich wird die Palme in Indien seit etwa viertausend Jahren kultiviert. Jeder einzelne Bestandteil der Palme ist verwertbar. Die Blattfiedern werden als Flecht- und das Holz als Baumaterial verwendet. Das ist heute noch auf vielen Südsee-Inseln Tradition. Kokosmilch und Kokosfleisch, das schon erwähnte Kopra, haben wir auf Tahiti genossen. Vom Palmkohl, dem Kokosgemüse, haben wir auch gekostet. Es handelt sich hier um die Endknospen der Nuß. Nach dem ›Jaggery‹, dem Kokossirup, der aus dem Saft der Blüten gewonnen wird, haben wir vergeblich gesucht. Statt dessen haben wir in einem Lebensmittelgeschäft eine Flasche Palmwein entdeckt – das ist ein vergorener Jaggery. Der strenge Geruch hat uns aber von einer Kostprobe zurückgehalten.

Auf unserem Weg zum Wasserfall während unseres Tahiti-Aufenthaltes hatten wir uns unter eine Palme gestellt, um die Kokosnüsse zu zählen. Bis zu achtzehn Früchte konnten wir ausmachen. Ein gefährliches Unternehmen – nicht das Ersteigen der Palmen, wozu wir ohnehin nicht fähig gewesen wären –, sondern das sorglose Stehen unter einer Palme. Wehe, wenn unvermittelt eine Nuß lautlos sich vom Stengel löst. Wir haben uns sagen lassen, daß hin und wieder Touristen von herabfallenden Kokosnüssen schwer verletzt worden sind, nachdem sie sich unter eine Palme zur Ruhe gelegt hatten.

Wir kennen ja die Kokosnuß als eine unförmige braun behaarte Kugel. Dreimal so groß erschien sie uns jetzt mit der olivgrünen Fruchthülle unter den Palmenblättern. Als wir ein wenig zwischen den Palmen spazierengingen, entdeckten wir einige Nüsse auf dem Boden. Sie waren durch mehrere Wurzelstränge mehr oder weniger fest mit der feuchten Erde verbunden. Einige hatten schon Keimlinge getrieben, die frisch aus der Nuß in die Höhe ragten und sich nach etwa zwanzig Zentimentern in einen grasgrünen

Blätterwedel entfalteten. Leider konnten wir nicht in die Nuß hineinschauen, aber ein Biologiebuch belehrte uns später an Bord, daß der Keimling in diesem Fall wohl schon an die zehn Jahre in der Nuß gereift sein und die gesamte Innenschale ausgefüllt haben muß. So lebt die kleine Kokospalme, die ja auch bei uns in Europa angeboten wird, ganz aus der Kokosnuß – wenn auch nur für eine bestimmte Zeitdauer. Es reizte uns, ein solches Erinnerungsstück mit nach Hause zu bringen. Eine Kokosnuß mit Palme bedarf kaum der Pflege. Aber dann haben wir die Nüsse doch in ihrer Heimat gelassen und sind unbeschwert weitergezogen.

9

POLYNESISCHE MYSTERIEN

Am Anfang war das Nichts. Tatsächlich gar nichts und nicht ›etwas‹, beispielsweise das ›Urwasser‹, nach dem babylonischen Schöpfungsmythos, oder Elohim, der Himmel und Erde geschaffen hat, so der biblische Mythos, der aus der Jerusalemer Priestertradition des 5. Jahrhunderts v. Chr. hervorgegangen ist. Nein, der polynesische Schöpfungsmythos, der in geringen Abweichungen für die gesamte Südsee verbindlich ist, beginnt mit dem Nichts. Aber wie kann aus dem Nichts ›etwas‹ entstehen? Diese Frage mag an Aristoteles' ›unbewegten Beweger‹ erinnern. Die antiken Philosophen sinnierten auch darüber, auf welchem Wege ›Schöpfung‹ möglich ist. Wenn etwas entstehen soll, dann doch deswegen, weil vorher nichts dagewesen ist. Aber woraus soll ›etwas‹ entstehen? Möglicherweise aus Ruhe, die Bewegung erzeugt, und Bewegung ist Voraussetzung für Materie. Diese philosophischen Überlegungen mögen am ehesten den polynesischen Erschaffungsmythos erklären. Während jedoch die antiken Philosophen weitgehend abstrakt gedacht hatten, sind die polynesischen Mythen mit Bildern, mit bunten seelenvollen Bildern angefüllt: Nach der schauerlichen Leere des Nichts – unendliche Zeiten sind vergangen – blitzte zunächst die Möglichkeit auf, daß etwas entstehen könnte, ja müßte, da diese Leere – wie sollen wir sagen – es nicht mehr bei sich selbst ausgehalten hat. Aus dieser Möglichkeit entstand die Urnacht. Diese Urnacht wird nun angefüllt mit einem hoffnungsvollen Sehnen. Dieses Sehnen verdichtet sich zu Gedanken, die sich schließlich zur Tatkraft konzentrieren. Ein Lebenshauch streift durch den Kosmos und erhellt den dunklen Raum. An dieser Stelle beginnt übrigens auch die biblische Schöpfungsgeschichte: »Am Anfang schuf Gott Himmel und Erde … Und Gott sprach: Es werde Licht.« Die Polynesier, ganz im Gegensatz zu den Priestern des Heiligen Landes, haben in diesem Sinne keinen einzelnen Schöpfer präsentiert, sondern die Entstehung der Götter selbst geschildert. Nicht Himmel und Erde wurden erschaffen, sondern diese Urelemente selbst waren Götter, Rangi und Papa. In diesem Punkt weicht der Schöpfungsmythos in den einzelnen polynesischen Kulturen ein wenig ab: Auf Tahiti ist der Tangaroa-Kult entstanden. Tangaroa, auch Ta'aroa genannt, ist der Urgott, der sich aus sich selbst erschaffen hat. Er selbst war die Leere und Einsamkeit im endlosen Raum. Endlos war der Raum, aber dennoch begrenzt, und zwar von einer muschelartigen Hülle. Diese brach er auf und gestaltete aus der einen Muschelschale den Himmel und aus der anderen die Erdscheibe.

Bezeichnenderweise haben die Südseevölker ein anschauliches Bild für den Kosmos gewählt, die Muschel, deren äußere Schalen die Frucht bergen oder einen kostbaren Schatz, der lange reifen muß, die Perle. Auf einer Nachbarinsel von Tahiti, auf Borabora, eigentlich Porapora genannt, wurde dieser Mythos 1822 aufgezeichnet. Demzufolge wurde die Urmuschel als Ei beschrieben, »... das sich im unendlichen Raum bewegte, ohne Himmel, ohne Erde, ohne Meer, ohne Mond, ohne Sonne, ohne Sterne. Alles war in der Finsternis; es war eine dichte und dauernde Dunkelheit.«

Dieser Mythos zeigt erstaunliche Parallelen mit einem der ägyptischen Schöpfungsmythen auf. In der Kosmogonie von Hermopolis, einer Stadt in Oberägypten, soll die Erde aus einem kosmischen Ei entstanden sind. Dieses Ei barg den ägyptischen Urgott Re, den Gott des Lichts. Er brach die Schalen auf und schuf die Welt. In antiken Mythen wurde das Ei als Symbol für das Leben herausgestellt, und ähnlich – allegorisch verklärt – taucht es dann auch in der christlichen Religion auf. Auf manchen mittelalterlichen Mariendarstellungen und besonders auf solchen der Renaissance ist das Ei ein Zeichen für die Geburt des Weltherrschers und Erlösers. Es wäre reizvoll, den einzelnen Motivsträngen nachzugehen, in denen das Ei, das Weltei, in diesen Zusammenhängen auftaucht. Aber das würde zu weit führen. Interessant und erstaunlich zugleich, daß in einem polynesischen Schöpfungsmythos die Urmuschel als Ei beschrieben wird.

Uns ist während der Reise und während unserer Beschäftigung mit den unterschiedlichen Religionen immer wieder aufgefallen, was für verblüffende Parallelen zwischen den unterschiedlichsten Mythen auftauchen. Wir haben ja schon in Mexiko darauf hingewiesen.

Wie geht es nun mit der polynesischen Schöpfungsgeschichte weiter? Wir haben ja gesehen, daß sich verschiedene Stränge anbieten, Rangi und Papa und Tangaroa. Kehren wir zu Himmel und Erde zurück, zu Rangi und Papa. Das Götterpaar füllte eng umschlungen den Kosmos aus. Im Laufe unendlicher Zeiten gebaren sie Kinder. Diese konnten sich nicht bewegen, sahen weder Licht noch waren sie fähig, Luft zu atmen. Sie waren gleichsam zwischen den Leibern der Eltern eingeklemmt. Nur mühsam und wieder nach langen, langen Zeiten fanden die Kinder zueinander. Da saßen sie nun – Tumatauenga, der Gott des Krieges, Tane, der Gott der Bäume und Wälder, Tawhirimatea, der Windgott, Rongomatane, der Gott des Ackerbaus, Tangaroa, der Meeresgott und Haumiatiketike, der Gott der Beeren und Wurzeln. Sie beratschlagten, wie sie ihr Los ändern könnten und kamen zu keinem Schluß. Streit brach unter ihnen aus. Tumatauenga, ganz im Sinne seiner Berufung, rief zum Elternmord auf. Die anderen Götter widersprachen. Das würde ewigen Fluch für unser Geschlecht bedeuten, so argumentierten sie. Tawhirimatea, Gott der Winde, wollte alles beim alten belassen. In den Höhlungen unserer Elternleiber sind wir geborgen. Niemand würde uns etwas zuleide tun. Da klagten die anderen Götter wieder und riefen nur noch stärker nach Licht und Luft. Da erhob sich Rongomatane, der Gott des Ackerbaus, und stemmte seine Schultern mit ungeheurer Kraft gegen den Leib seines Vaters Rangi. Nichts rührte sich, nur der schwere Atem von Papa war zu vernehmen. Schnell halfen Tangaroa und Haumiatiketike, schließlich auch Tumatauenga. Die Leiber ließen sich jedoch nicht auseinanderpressen. Da kam Tane hinzu mit allen Vögeln, Insekten, Reptilien und Affen. Mit einer ungeheuren Wut drückte er die Beine gegen die Brust seines Vaters. Mit den Händen stützte er sich auf dem Leib seiner Mutter ab. Ein

Schrei durchbebte die Götterwelt, und langsam löste sich Rangi von Papa. Pfeifend zogen die Winde in den neu erschaffenen Raum, und Wasser überflutete weite Teile von Papa. Rangi und Papa waren getrennt. Sie würden niemals wieder zusammenkommen. Da weinte der Himmelsvater, und die Tränen benetzten die Oberfläche seiner Frau, so daß aus ihrem Leib viele Pflanzen zu sprießen anfingen.

Ein in der Tat märchenhafter Schöpfungsbericht, der in dieser Form – von uns frei nacherzählt – auch von den Maoris, den polynesischen Ureinwohnern Neuseelands, geschaffen wurde. Von diesem Volk werden wir aber noch Genaueres berichten, wenn wir Auckland angelaufen haben. Auffallend war, daß Tangaroa, der Meergott, einer von vielen Götterkindern gewesen ist. Auch war er nicht der wichtigste Gott, das war vielmehr Tane, der Landgott. Vielleicht ein Hinweis darauf, daß dieser Schöpfungsmythos auf einer größeren Insel, auf der die Urbarmachung des Landes eine große Rolle gespielt hat, entstanden ist. In einer anderen Variante lesen wir, daß es Tangaroa war, der den Himmel emporgehoben hat, um das Licht in die Welt scheinen zu lassen. Tangaroa formte die Erde und schuf Tiere, Pflanzen und das Wasser mit allen Fischen und Reptilien. Tangaroa hat sich demnach über Tane erhoben.

Der ältere Tane-Kult wurde von dem des Tangaroa abgelöst. Die ›neuen Priester‹ konnten offensichtlich sehr schnell eine neue Gemeinde hinter sich versammeln – doch das ist nicht kampflos abgelaufen. Es wird von grausamen Schlachten berichtet, die auf den Cook-Inseln stattgefunden hatten. Sie endeten oft damit, daß die Anhänger der jeweils feindlichen Priesterschaft vor die Wahl gestellt wurden, dem Kannibalenmahl zu dienen oder sofort auszuwandern. Auf manchen Inseln, wie zum Beispiel auf den Marquesas, hat sich der Tane-Kult gehalten. Der Schöpfungsmythos dieses Archipels beschreibt Tangaroa als den Gott der Dunkelheit und des Bösen schlechthin. Er wurde schließlich herabgewürdigt zu einem einfachen Gott der Fischer. Auf den Osterinseln soll er tatsächlich nur noch als Robbe verkörpert aufgetaucht sein.

Wieder zurück zur Schöpfungsgeschichte: Noch gibt es keine Menschen, nur Götter. Nachdem Tane seine Eltern Rangi und Papa, den Himmel und die Erde getrennt hatte, gestaltete er die Erde, versah sie mit einem bunten Kleid, ließ Blumen und Bäume wachsen, Vögel fliegen, Fische schwimmen und die Tiere des Landes zwischen den Bäumen einhergehen. Da blickte er auf und schaute in das Antlitz seines traurigen Vaters. Bleich und kahl, fast regungslos blickte dieser auf die Erde herab. Tane entschloß sich, durch den Kosmos zu reisen, um Schmuck für seinen Vater zu finden. Er begegnete der roten Sonne und heftete sie an das Gewand Rangis. Dann nahm er auch den silbernen Mond und schenkte ihn seinem Vater. Schließlich gelangte er an das Ende der Welt, wo sich der große Berg erhob. Dort lebten die Glänzenden und Strahlenden, die Kinder seines Bruders Uru. Von diesen durfte er einen ganzen Arm voll in seinen Korb legen. Diese verstreute er dann über das gesamte Gewand seines Vaters. Fünf von den Leuchtenden aber ordnete er in Form eines Kreuzes auf Rangis Brust. Noch heute können wir dieses Sternenbild sehen, das Kreuz des Südens. Nun war der Himmel geschmückt mit den Leuchtenden und Glänzenden, sowie mit dem Mond, aber nur dann, wenn sich die rote Sonne schlafen legte. Erst wenn sie aufwachte, durften die Geschwister ruhen.

Die Welt war erblüht und die Eltern mit den Kindern versöhnt. Aber etwas fehlte. Tane spürte, daß sein Werk erst dann vollendet wäre, wenn göttergleiche Wesen auf Papa leben würden. Sie sollten sich an den Tieren und Pflanzen erfreuen. So beugte sich Tane auf die Erde nieder und griff mit seinen Händen in den weichen roten Mutterboden und formte eine Gestalt, eine Frau, wohlgerundet und mit langem schwarzem Haar und Mandelaugen. Er nahm sie in seine Hände, um sie zu wärmen, um sie geschmeidig und beweglich zu machen. Schließlich blies er zart in ihr Gesicht, und sie schlug die Augen auf. Sie vermählte sich mit Tane. Viele Töchter wurden geboren. Zur gleichen Zeit erschuf auf eine ähnliche Weise Tumatauenga, der Gott des Krieges, einen Mann. Dieser wurde der Vater der Menschen, die bald die Erde bevölkerten. Auch hier sind wieder die Parallelen zum biblischen Schöpfungsmythos auffallend. Ein Kunstgebilde, dem Leben von einem Gott eingehaucht wird. Der Name ›Adam‹ (Hebr. ›admah‹ – Ackererde) verweist ja auf den Ursprung. Allerdings verweist der biblische Schöpfungsmythos eindeutig auf einen patriarchalischen Ursprung – Eva ist zweitrangig –, während in Polynesien offensichtlich das Matriarchat zugrunde lag.

Ob die biblischen Quellen in irgendeiner Weise die polynesischen Mythen beeinflußt haben könnten? Wahrscheinlich nicht. Aber warum sollen wir nicht einmal spekulieren. Um das Jahr 500 ist auf Raiatea, der Nachbarinsel Tahitis, ein bedeutendes Kultzentrum entstanden, wie wir schon erwähnt haben. Von hier und den Cook-Inseln aus sind dann ja auch Jahrhunderte später die Maoris nach Neuseeland gezogen. Das soll im 14. Jahrhundert gewesen sein. In der Zwischenzeit haben Handel treibende Chinesen die Südsee-Inseln aufgesucht – zu einer Zeit, in der sie auch Kontakt zu Europa gehabt haben dürften. Möglicherweise sind Spuren abendländischer Mythen auf diesem Wege zu den Südsee-Insulanern gelangt. Möglicherweise. Dagegen würde wieder die matriarchalische Variante sprechen, die ja zeitlich früher anzusetzen ist als das Patriarchat.

Rangi und Papa, Tane und Tangaroa, die Blumen und das Meer, die Fische, die Vögel und die Menschen – sie alle hatten ihre Heimat im legendären Hawaiki. Eine tahitische Urzeitdichtung besingt Tangaroa, den Schöpfer der Welt. Daraus einige Zeilen:

»Tangaroa ist das innerste Wesen der Dinge
Tangaroa ist der Keim
Tangaroa ist das Fundament
Tangaroa ist der Dauernde
Tangaroa ist weise.
Er schuf das Land Hawaiki,
Hawaiki, groß und tabuiert,
und machte es zur Schale Tangaroas.«

Hier wird auf die erwähnte ›Muschelgeburt‹ Tangaroas Bezug genommen. Das Land Hawaiki ist gleichzusetzen mit dem Urei, der Welt also. Tangaroa hat die Muschel gesprengt und damit die Welt, also Hawaiki erschaffen. Demnach ist Hawaiki das Paradies, Sitz der Götter und später der Menschen. Es wird aber unseres Wissens nirgends angedeutet, daß sich der Mensch um sein Paradies gebracht hat. Also kein Sündenfall. Auf der anderen Seite ist die Südsee aber auch nicht identisch mit Hawaiki. Dieses paradiesische Land ist die Urheimat allen Lebens, das, nachdem es seine Zeit auf der Erde verbracht hat, wieder dorthin zurückkehrt. Denn Hawaiki ist groß und tabuiert, wie es in dem Gedicht heißt. Das Tabu ist eines der wichtigen Bestandteile der frühen polynesischen Religion. Es kann mit ›Meidungsbann‹ wiedergegeben werden – ein polynesisches ›noli me tangere‹ also. Hawaiki ist demnach für die Welt der Lebenden nicht zugänglich. Tabus, die von Priestern verhängt werden und auf Gebote der Götter zurückgehen, zielen oft auf Bereiche der Enthaltsamkeit. Eine Woche vor einem Kriegszug beispielsweise dürfen die Männer ihren Frauen nicht mehr beiwohnen. Oder ein anderes Tabu: Um die Götter günstig zu stimmen, muß gefastet werden, übrigens vergleichbar mit ähnlichen christlichen oder mohammedanischen Vorschriften.

Die Tabuisierung hat sich im Laufe der Jahrhunderte in der Südsee immer weiter differenziert und ausgedehnt auf viele Bereiche des alltäglichen Lebens. So durfte sich ein ›Sterblicher‹ nicht einmal in der Nähe einer ›heiligen Person‹ aufhalten. Sollte ein Mensch tatsächlich einmal den Schatten eines ›Heiligen‹ berührt haben, so galt das schon als todeswürdiges Verbrechen. Die Tabuvorschriften waren so vielfältig, daß niemand so recht wußte, was zu tun und zu lassen war. Diese Verunsicherung gegenüber den Göttern, die ständige Furcht also, etwas falsch machen zu können, hat entscheidend dazu beigetragen, daß die Polynesier, nachdem die ersten europäischen Missionare auf den Inseln eingetroffen waren, scharenweise zum Christentum übergetreten sind. Für die Polynesier waren die Begriffe ›tabu‹ und ›heilig‹

identisch, jedoch die christliche Variante eines Tabus war sehr viel angenehmer als diejenigen der alten Götter. Daß die Polynesier für diese Lebenserleichterung, die das Christentum in diesem Sinne tatsächlich für sie dargestellt hat, einen sehr hohen Preis bezahlt haben, davon war ja schon die Rede. Übrigens wird heute noch in Polynesien vom ›Tabubuch‹ und vom ›Tabutag‹, also von der Bibel und vom Sonntag, gesprochen.

Kehren wir wieder zur alten polynesischen Religion zurück. Wenn ein Tabu überschritten wird, dann nimmt das Mana ab. ›Mana‹ könnte mit dem ›außergewöhnlich Wirksamen‹ umschrieben werden. Es ist so etwas wie ein ›heiliger Stoff‹ im Menschen. Krankheiten zeigen zum Beispiel die Verminderung des Manas und damit die Übertretung eines Tabus an. Aber das Mana steht noch in einem anderen Zusammenhang mit dem Tabu. Gerade weil die von den Göttern vermittelten vitalen Kräfte im Menschen zu- und abnehmen können, sind ja erst die Tabus eingerichtet worden. Da die ganze Welt, alle Pflanzen und Tiere von den Göttern geschaffen wurden, strahlt jeder Gegenstand und jedes Lebewesen auf der Erde ›Mana‹ aus. Aus diesem Grunde werden die Götter in jedem Haushaltsgerät, in jeder Pflanze oder in jedem Tier vermutet und – was die Kunst der Südsee in einer faszinierenden Weise offenbart – künstlerisch dargestellt. Da ist der Griff eines Fliegenwedels kunstvoll verziert. Ineinander verschlungene Ornamente umranken eine Maske mit spitzer Nase, spitzem Kinn und spitzen Wangen. Alles nimmt ›Göttergestalt‹ an – sogar stilisierte Pflanzen und Tiere an Türpfosten oder Kriegsgeräte sind mit Götterfratzen versehen. Die sogenannte polynesische Gebrauchskunst kann eben nur im Rahmen des Manas und des Tabus interpretiert werden. Eine mit einem Maskenornament verzierte Trinkschale ist eben nicht nur dekoriert. Das Ornament ist fast nicht einmal Symbol, sondern Indiz für die ›Manahaltigkeit‹ des Gefäßes. Und die Menschen, die aus dieser Schale trinken, löschten nicht nur ihren Durst, sondern glaubten gerade aus dieser Schale das göttliche Mana zu empfangen. So kam es also, daß die Polynesier sehr vielen Gottheiten ausgesetzt waren. Neben den Hauptgöttern gab es Dorf-, Familien- und Tätigkeitsgottheiten, die selbst wieder in Gegenständen, Tieren, Pflanzen und Menschenfiguren dargestellt wurden.

In der Frühzeit der Religion war die Verbundenheit mit den Gottheiten noch sehr viel enger. Es bedurfte daher weniger Tabus. Das Mana, so hieß es, war immer stark im Menschen. Aus diesem Grunde wurde auch nicht so sehr zwischen der realen und der irrealen Welt, zwischen dem Traum und der Wirklichkeit unterschieden. Die Traumwelt, die Welt der Götter, regelte das Leben auf der Erde. Im Traum hat der Mensch Zugang zu den Göttern. Der Schlaf wird als eine metaphorische Form des Todes angesehen. Aus diesem Grund dürfen Schlafende nicht plötzlich geweckt werden. Vielleicht ist die Seele gerade nicht im Körper, sondern ›aushäusig‹. Heute noch sind die Grenzen zwischen Traum und Wirklichkeit bei vielen Südsee-Insulanern verwischt. Ein ehemaliger Gouverneur von Papua berichtet einen unglaublichen Fall: Ein Eingeborener der Papuas erhob Anklage gegen einen Nachbarn. Dieser habe seine Tochter getötet und verzehrt. Das ›Beweisstück‹ stand neben ihm – seine Tochter. Als ihm gesagt wurde, das Mädchen lebe doch, erwiderte er: »Nein, sie ist getötet und verzehrt. Das habe ich im Traum gesehen. Das Mädchen neben mir ist nicht mehr meine lebendige Tochter, sondern nur noch ein lebendiger Leichnam.«

10

AOTEAROA
LAND DER WEISSEN WOLKEN

Neuseeland

Datumsgrenze

Fast vierzig Tage sind wir nun unterwegs um die Welt. Aber nicht jeder Tag hatte vierundzwanzig Stunden für uns. An zwölf Tagen wurde die Uhr um jeweils eine Stunde nachgestellt. Immer in der Nacht. Wir konnten also eine Stunde länger schlafen. Aber diese Annehmlichkeiten hatten ihren Preis: Das Zurückstellen der Uhren haben wir heute mit einem ganzen Tag bezahlt. Zwei Seetage vor Auckland auf Neuseeland überfahren wir die Datumsgrenze – westwärts. Der 13. Februar 1984 fehlt in unserem Leben. Wir haben auf ›Stundenkredit‹ gelebt, um während unserer Erdumrundung immer gegen Abend einen Sonnenuntergang genießen zu können. Nun sind die zwölf geschenkten Stunden getilgt und gleichzeitig wurden uns weitere zwölf Stunden genommen. Diese bekommen wir aber innerhalb der nächsten beiden Monate wieder, so daß wir im Mittelmeer, am Ende unserer Reise, über ein ausgeglichenes ›Stundenkonto‹ verfügen werden.

Fernes England

Eine steife Brise aus Südwest. Seit einigen Tagen ist es kühler geworden. Wir steuern einen europäischen Sommer an. Hier auf der Südhalbkugel nahe des 40. Breitengrades sind die klimatischen Verhältnisse ähnlich denen in Mitteleuropa – sie sind lediglich auf andere Monate verteilt. Einen Wonnemonat Mai gibt es auf Neuseeland nicht. Zu dieser Zeit herrscht schon der Winter mit Regen im Norden und Schnee im Süden. Einen warmen und sonnigen Süden, so wie wir

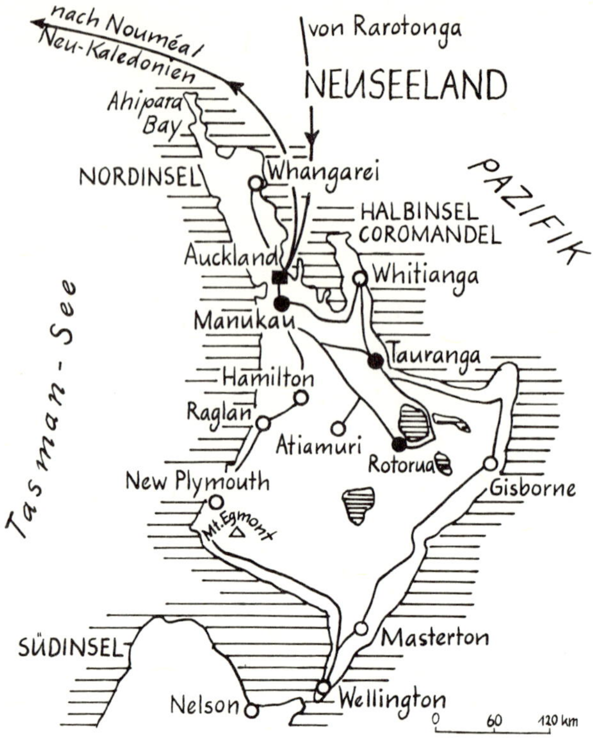

ihn von Europa gewöhnt sind, kennen die Neuseeländer ebenfalls nicht. Wohlige Wärme und pazifische Badefreuden – das assoziieren die Urlaubshungrigen mit der Nordinsel.

Der Himmel ist leicht bedeckt. Wir stehen vorne auf der Back und beobachten die kleinen, leicht gewellten Erhebungen am Horizont. Das müssen die Großen Barrier-Inseln sein, deren Felsen die Hauraki-Bay und damit den Hafen von Auckland bewachen. Rechter Hand, also steuerbord, tauchen Steilküsten und unbewaldete Hügel über der Horizontlinie auf. Wir kreuzen in einem Insel- und Halbinselrevier, das mit der Hafeneinfahrt von Southampton zu vergleichen ist. Nun haben zwar vorwiegend Engländer Neuseeland besiedelt und damit auch ihre Kultur eingebürgert. Aber die Landschaft? Haben sie auch diese ›englisch‹ gestaltet? Segelschiffe tauchen auf. Ihre weißen Segel, die manchmal grell in der Sonne aufleuchten, schieben sich eilig vor der matt-grünen Landkulisse vorbei. Die aufgerauhte Meeresoberfläche wirkt scheckig – mal grün, mal grau, mal blau. Diesen schnellen Wechsel der Farben verursachen tief hängende Wolken, die immer wieder Lücken lassen für die Sonnenstrahlen. Das ist in der Tat englisches Küstenwetter – nun würden nur noch weiße Kreidefelsen fehlen.

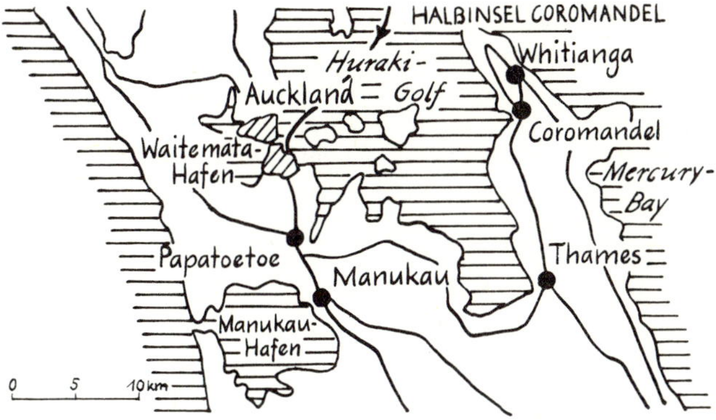

Natürlich haben die Engländer diese Landschaft nicht gemacht, aber sie haben sie gestaltet. Neuseeland, so der Plan der ersten englischen Siedler, sollte ein riesiger Landschaftsgarten werden. Es war Edward Gibbon Wakefield, der in den vierziger Jahren des 19. Jahrhunderts die ästhetische und soziale Ideologie für das neu entdeckte und für die Krone in Anspruch genommene Land vermittelt hatte. Menschen aller Gesellschaftsschichten sollten auf Neuseeland heimisch werden, und niemand, so versprach Wakefield, sollte Heimweh nach dem fernen Mutterland verspüren. Alles das, was in England so englisch, so liebens- und lebenswert war, werde auch auf Neuseeland die Menschen erfreuen. Es begann eine kuriose Kultivierung der Nord- und der Südinsel: Rotwild, Kaninchen, Hochlandschafe, Regenbogenforellen, Getreidesamen, Trabrennbahnen und Cricketschläger ... Die Natur reagierte gelassen. Da viele eingeführte Tiere wie Kaninchen oder Hirsche und Rehe keine natürlichen Feinde hatten, wuchs ihre Zahl ins Unermeßliche. Im Jahre 1902 sollen Jäger zweiundzwanzig Millionen Kaninchen geschossen haben, und das Rotwild konnte später erst durch Abschüsse von Hubschraubern auf ein erträgliches Maß reduziert werden. Ganze Landstriche wurden von den ersten Siedlern zu einer Weiden- und Wiesenlandschaft umgewandelt. Von den achthundert- bis tausendjährigen Kauribäumen, die das Landschaftsbild geprägt hatten, sind nur noch wenige Exemplare in Reservaten erhalten.

Englisch also auch das Bild der Landschaft, das mittlerweile schon den gesamten Horizont eingenommen hat. Wir können Dörfer und kleinere Städte ausmachen, die sich zwischen baum- und buschlosen Hügelkuppen ausbreiten. Und dann wieder das vertraute Bild: Stückgutfrachter, Containerschiffe und riesige Tanker liegen teilweise vor Reede oder schieben sich mit uns allmählich der Hafeneinfahrt von Auckland entgegen. Bojen blitzen auf. Sie markieren die Fahrrinne. Und bald entdecken wir auch den großen rot angestrichenen Leuchtturm, der auf einem steilen Felsen einer der Hafeneinfahrt vorgelagerten Insel steht. Der Schiffsverkehr nimmt zu, und zwischen Masten, Schornsteinen und Hügelkuppen wachsen in der Ferne die ersten Hochhäuser der Stadt empor. Der Kontrast ist typisch europäisch – nein, typisch englisch. Die zwischen Bäumen und Büschen dichtgedrängt stehenden Einfamilienhäuser – vorwiegend aus Holz gebaut – scheinen sich vor den Stahl- und Glasriesen der City zu ducken. Ein schmaler Strandstreifen mit bunt angemalten Badehäuschen schließt diese heimelige Vorstadtkolonie zur Seeseite ab. Segelschiffe dümpeln am Steg,und wir hoch oben auf unserem Passagierdampfer gleiten an dieser spielerischen Szenerie vorüber. Es geht alles sehr schnell. Schon verstellen Kräne, Lagerschuppen oder Schiffsleiber mit einem Wald von Masten den Blick auf die Großstadt. Hin und wieder können wir für kurze Augenblicke zwischen sperrigen Hafengebäuden die belebten breiten Straßen der City sehen. Autolärm, unterbrochen von indifferenten Hafengeräuschen und den Signalhörnern der Schlepper, die sich mittlerweile in der Nähe der ›Pushkin‹ eingefunden haben, organisieren sich zu einer Geräuschkulisse, die wir lange nicht mehr vernommen haben.

Der Schiffsleib vibriert. Seine Schrauben drehen sich in der entgegengesetzten Richtung. Die Schlepper – einer vorn, einer achtern – bugsieren den Dampfer in das Hafenbecken und an die Pier. Wir machen im Waitemata-Hafen von Auckland fest.

Auckland

Als Rudyard Kipling die Stadt gegen Ende des vorigen Jahrhunderts besucht hatte, war er begeistert von diesem, wie er sagte, »entlegenen und lieblichen Städtchen«. Davon kann heute natürlich keine Rede mehr sein. Auckland, die größte Stadt Neuseelands, zählt mittlerweile über 800000 Einwohner. Jeder vierte Neuseeländer hat in dieser pazifischen Handelsmetropole sein Domizil aufgeschlagen.

Die Stadt wurde nach dem Ersten Lord der Admiralität benannt, nach Lord Auckland. Er war aber nicht der Gründer der Stadt, sondern Captain William Hobson, der erste Gouverneur Neuseelands. Dieser handelte im Jahre 1840 den Maoris, den Ureinwohnern der Inseln, von denen noch die Rede sein wird, etwa zwölftausend Hektar ab. Er bezahlte lediglich ein ›Nasenwasser‹ von 55 Pfund Sterling. Als Zugabe erhielten die Maoris Tabak und Pfeifen, Haushaltsgeräte sowie Kleidung und Decken.

Neuseeland wurde erst im 19. Jahrhundert kolonialisiert, obwohl es schon zweihundert Jahre vorher vom ersten Europäer gesichtet wurde. Es war ein Holländer, Abel Janszoon Tasman, der im Jahr 1642 im Auftrag der Ostindien-Kompanie die Meere südlich von Australien erkunden sollte. Tasman notierte in sein Tagebuch: »Eine Reise zur Entdeckung des unbekannten Südlandes im Jahre des Herrn 1642«. Mit den Schiffen ›Heemskerck‹ und ›Zeehaen‹ segelten er und seine Mannschaft von Mauritius im Indischen Ozean vor Afrika los. Sie kamen rasch voran. Sein erster Landgang fand am 24. November statt. Er sichtete die felsige Küste des im 19. Jahrhundert nach ihm benannten Tasmanien. Wenige Wochen später kreuzten die Schiffe vor der Südinsel Neuseelands. Tasman war davon überzeugt, daß er endlich den legendären Südkontinent, ›Terra australis incógnita‹ gefunden habe. Doch konnte er nicht, so wie der Auftrag lautete, dieses Land für die ›Generalstaaten der Vereinigten Provinzen der Niederlande‹ in Besitz nehmen. Die Maoris verteidigten verbissen ihr Land. Überall wo die Holländer versuchten an Land zu kommen, wurden sie ins Meer zurückgeworfen. Es gelang ihnen nicht einmal, die Schiffe zu verproviantieren. So segelten sie wieder nordwestwärts über Tonga und Neuguinea nach Batavia. Tasman konnte also von dem neuen Kontinent, den er ›Nieuw Zeeland‹ getauft hatte, nicht viel berichten.

Es dauerte über hundert Jahre, bis wieder ein Europäer vor den Küsten dieses unbekannten Landes auftauchte. Es war James Cook, der zwischen 1769 und 1778 auf drei Seereisen die Nord- und die Südinsel, allerdings hauptsächlich von der Seeseite her, erkundete. Seine Aufgabe war es, die Küsten zu kartographieren. Während seiner Arbeit wurde ihm klar, daß es sich bei diesem Land nicht um den legendären Südkontinent handeln könne. Neuseeland, so fand Cook heraus, bestand aus zwei großen Inseln, die durch eine Wasserstraße voneinander getrennt waren. Diese wurde nach ihm ›Cook-Straße‹ benannt.

Vielleicht lag es am Auftreten der holländischen Seeleute, daß sie so unfreundlich von den Einwohnern empfangen wurden. Die Engländer machten da andere Erfahrungen: Es liegen Berichte und sogar Gemälde vor, nach denen Cook und die Seinen freundlich begrüßt und bewirtet worden sind. Freilich wußte Cook nicht, mit wem er es zu tun hatte. Daß es sich um Maoris handelte, denen er begegnete, war ihm klar. Er erkannte auch viele polynesische Sitten und

Gebräuche während des Zusammenseins mit ihnen wieder. Doch daß die Maori ursprünglich aus Polynesien stammten, war dem Forscher unbekannt.

Es ist eine Sage überliefert, nach der ein polynesischer Seefahrer namens Kupe von Tahiti oder Rarotonga als erster die lange Seereise in den Süden angetreten haben soll. Um 950 n. Chr. hat er Neuseeland erreicht. Tatsächlich soll es schon um das Jahr 1000 viele polynesische Siedler auf den beiden Inseln gegeben haben. Die Haupteinwanderungszeit aber war das 14. Jahrhundert. Nach Maori-Berichten sind unzählige Schiffe, wahrscheinlich von den Cook- oder Gesellschafts-Inseln, an den Küsten Neuseelands gelandet.

Möglicherweise ist Neuseeland von den europäischen Kolonialisierungswellen des 17. und 18. Jahrhunderts deswegen verschont geblieben, weil es am äußersten Rande einer entlegenen Welt, der Südsee, liegt. Die kriegerischen Maori, die entschieden und unerbittlich gegen alle Eindringlinge vorgingen, dürften ebenfalls ein Grund für die verhältnismäßig lange europäische Abstinenz auf Neuseeland sein.

Zu Beginn des 19. Jahrhunderts gingen die Kapitäne der Expeditions- und Handelsschiffe sorgfältiger und diplomatischer vor. Sie versuchten die Maoris als Partner zu gewinnen. Das gelang, zumal sich die Maoris als tüchtige Seeleute erwiesen. Um 1814 konnten die Wal- und Robbenfänger erste Stützpunkte auf den Inseln gründen. Es folgten englische Missionare, die sehr erfolgreich den Maoris die christliche Lehre vermittelten. Aber neben dem Kruzifix stand das Gewehr, und beides sorgte dafür, daß die britischen Handelsinteressen gewahrt blieben. 1839 wurde die New Zealand Company gegründet, und kurze Zeit später erklärten die Engländer das Land zur Kronkolonie. Im Vertrag von Waitangi mußten die Maoris Königin Victoria als ihr Oberhaupt anerkennen. Da sie sich weigerten, kam es zu langwierigen kriegerischen Auseinandersetzungen. Schließlich, nach dreißig Jahren, konnten die Maoris in das Taupo-See-Reservat südlich von Auckland abgedrängt werden.

Die Engländer haben das politische System der Maoris zerstört und damit auch weitgehend deren Kultur – worüber noch zu sprechen sein wird. Das Christentum konnte keinen Ersatz bieten. Dennoch versuchten die Maoris ein neues Selbstbewußtsein zu erlangen, um in ihrem eigenen Land wieder seßhaft zu werden. Schon um die Mitte des 19. Jahrhunderts kam es zu einer religiös-politischen Bewegung, die in merkwürdigen Bahnen und Äußerungen verlaufen ist: Die Maoris lehnten das von den Engländern vermittelte Christentum strikt ab, bezogen sich aber dennoch auf die Heilige Schrift, genauer, auf das Alte Testament. Sie glaubten, einer der verlorenen Stämme Israels zu sein und erkoren sich Neuseeland als das Gelobte Land. Ein neuer Lebensmut breitete sich unter ihnen aus, und die stark dezimierte Bevölkerung wuchs innerhalb eines halben Jahrhunderts um dreißig Prozent an. Im Jahre 1926 wurden 64 000 Maoris gezählt, heute sind es annähernd 280 000.

Stadterkundung

Auf unserem Erkundungsgang durch Auckland haben wir viele Maoris gesehen. Wir hatten zunächst Mühe, sie zu identifizieren, denn sie waren wie die ›europäischen Neuseeländer‹ gekleidet, also wie wir selbst. Auffallend war dann aber doch die etwas dunklere Hautfarbe, ein stämmiger Wuchs, breite aufgeworfene Lippen und pechschwarzes Haar. Heute leben ungefähr achtzig Prozent der Maoris in den Großstädten Neuseelands. Vor dem Zweiten Weltkrieg waren es weitaus weniger, da die meisten von ihnen in der Landwirtschaft tätig waren, vornehmlich im Molkereigewerbe.

Uns fällt auf, daß die Maoris bunte Farbtupfer inmitten der belebten Geschäftsstraßen Aucklands sind. Die Vorliebe für grelle und leuchtende Farben, die besonders in der Kleidung von Jugendlichen zur Geltung kommen, ist – nicht nur für die Maoris – ›in‹. In Neuseeland wird vom ›Maori-Look‹ gesprochen, einer modischen Tendenz, die sich übrigens international ausbreitet und auf anderen Kontinenten nicht unbedingt mit den Maoris in Zusammenhang gebracht wird.

Mit Verwunderung stellen wir fest, daß nicht nur die Maoris an diesem Tag für uns exotisch sind, sondern auch die Hochhäuser, die Autos, die Geschäfte und Schaufenster und fast jeder Mensch, der uns begegnet. Immer wieder zieht es uns in Kaufhäuser oder Passagen, ohne daß wir eigentlich wissen, wonach wir suchen. Wir spüren plötzlich die Abhängigkeit von unserer Sozialisation, von unserer europäischen Zivilisation. Die lange Abstinenz von unseren Alltagsgewohnheiten während der ›pazifischen Wochen‹ läßt Bedürfnisse wach werden, deren so dringliche Befriedigung uns niemals bewußt geworden ist.

Die Hauptgeschäftsstraße von Auckland heißt *Queen Street*. Sie könnte auch in London liegen, in Frankfurt oder in San Francisco. Der internationale Kulturstil einer Weltstadt – geprägt durch die Weltmarktzusammenhänge – zeigt sich in mehrspurigen Straßenschluchten, die fast unüberwindbar sind, in Kinos mit den entsprechenden Plakaten und Schrifttafeln, in Banken, Modegeschäften und einer quirligen Menschenmenge. Aber noch ein weiteres Indiz für den internationalen Stil einer Großstadt ist bemerkenswert: Das Ringen um die Erhaltung älterer Gebäude und das Bemühen, die neue Architektur freundlicher und nicht mehr so monumental und nüchtern aussehen zu lassen. In Auckland scheinen sich die Verantwortlichen in jüngster Zeit verstärkt um ein neues Gesicht ihrer Stadt zu bemühen. Das signalisieren viele alte Häuser aus dem 19. Jahrhundert, die im englischen Kolonialstil erbaut sind. Sie sind hübsch herausgeputzt. Die Konsolen, die ornamentierten Erkersäulchen und Dreiecksgiebel, der Zahnfries unter dem Gesims sowie die manchmal üppige Portalarchitektur – jedes Bauelement ist sorgfältig restauriert und, wo nötig, rekonstruiert worden. Dort, wo vor Jahren die Hochhäuser im Vormarsch waren, sind sie heute aufgehalten worden, beispielsweise durch ein kleines Bürgerhäuschen aus dem vergangenen Jahrhundert. Stolz und mit leuchtenden Farben präsentiert es sich inmitten von Glas und Beton, so als ob es keine Mühe hätte, diese City-Monster in die Schranken zu weisen.

Eine besondere Attraktion der Stadt ist zweifellos die *Parnell Road.* Nahe des Hauptbahnhofs, der übrigens fast verwaist ist, da immer mehr Strecken stillgelegt werden, zieht sie sich in einer eleganten Kurve und einer atemberaubenden Steigung hinauf zum *Auckland Domain,* dem ›Hyde Park‹ der Stadt mit Wanderwegen, Sportplätzen und einem Botanischen Garten. Oben auf der Höhe, die City-Hochhäuser sind schon in eine beträchtliche Entfernung gerückt, läßt sich ein herrlicher Rundblick auf die Stadt, die zahlreichen Buchten, Inseln und den Pazifik genießen. Die vor fünfundzwanzig Jahren erbaute *Harbour Bridge,* die den Waitemata-Hafen überspannt, ist sicherlich längst nicht so elegant wie die von San Francisco. Das Stahlskelett – typisch für den Brückenbau der ersten Hälfte unseres Jahrhunderts – lagert flach auf niedrigen Pfeilern. Große Schiffe unterqueren sie ohnehin nicht mehr, da der benachbarte größere Hafen Manukau an der tasmanischen Seite verschlammt ist.

Wir suchen ein Café in einem der vielen kleinen Holzhäuschen auf, die, etwas abseits der Straße, durch Holzbrücken und Stege miteinander verbunden sind. Kleine Innenhöfe sind ausgespart. Hier blüht und duftet es. Vögel zwitschern um uns herum in den Büschen, Bäumen und ganz nahe in den vielen Vogelkäfigen, die vor den Fenstern und Türen in der lauen Sommerluft hängen. Gedämpft und kaum noch hörbar der Großstadtlärm.

Alles wirkt ein wenig altertümlich. Viktorianisch. Es gibt Kuchen und Tee. Der Wirt, der uns sprechen gehört hat, begrüßt uns auf deutsch. Ja, er sei Deutscher; vor vielen Jahren schon ausgewandert. Er hat es niemals bereut. Ganz im Gegenteil, er sei froh, hier unten auf der Südhalbkugel in einer relativen Sicherheit zu sein. Mit bedauernden Blicken schaut er uns an und meint, daß wir doch angesichts der stündlichen atomaren Bedrohung ein angstvolles Leben führen müßten. Nein, Europa käme für ihn und seine Familie nicht mehr in Frage. »Dort stolpert man doch gewissermaßen über Atomraketen«, sagt er lachend. »Unser atomares Problem ist vergleichsweise harmlos, wenn auch schlimm genug«, fährt er fort. »Schauen Sie nur in die Zeitungen. Fast täglich wird von Initiativen gegen die französischen Atombombentests im Tuamotu-Atoll geschrieben! Wenn das so weitergeht«, schließt er achselzuckend ab, »wird es bald keine frischen Fische mehr auf Neuseeland geben.«

Maori-Kunst

Nicht weit von der Parnell Road entfernt im großen Auckland Domain steht ein palastartiges Gebäude, erbaut im klassizistischen Stil. Es ist uns schon während der Hafeneinfahrt aufgefallen, und wir glaubten, wegen der mächtigen Säulenfassade das Parlamentsgebäude zu sehen. In der Tat aber handelt es sich um das *War Memorial Museum,* das eine großartige Sammlung Südseekunst, vornehmlich Maori-Kunst enthält. Zunächst suchen wir den Maori-Saal auf. Unübersehbar das große Kanu, das mit unzähligen Spiralmotiven verziert ist. Spiralen, die sich zu monströsen Maskengestalten entwickeln, ziehen sich einmal um die Bordwand herum. Der Vordersteven mündet in einem vogelartigen Kopf, aus dem spitz eine Zunge herausragt. Die Spirale ist ein bevorzugtes Schmuckmotiv in der Maori-Kunst. Sie taucht nicht nur am Kanu oder am Paddel, sondern auch an Häuserbalken oder an Jagd- und Haushaltsgeräten auf. Hier im Maori-Saal können wir an vielen Beispielen diese Schmuckmotive studieren. Wir unterscheiden die Einzel- und Doppelspirale. Letztere, waagerecht aneinandergereiht, ergibt ein wellenförmiges Element. Sie dient häufig dem Abschluß eines Architektur- oder Schiffteils. Schmuckmotive sind häufig auch Bedeutungsträger. Aber wie ist die Spirale in der Maori-Kunst zu erklären? Auffallend ist, daß sich aus diesen Motiven Gestalten, meistens dämonische Fratzen oder chimärenhafte Wesen, entfalten. Es kommt zu einer Art Rhythmus: Spirale – Figur – Spirale. Diese rhythmische Gliederung ist häufig an den Außenpfosten sowie Türstützen von Maori-Holzhäusern zu finden. Also wäre eine apotropäische, eine Dämonen abwehrende Bedeutung zu vermuten. Diese Interpretation liegt nahe, da das schon erwähnte Kanu nach einem ähnlichen Prinzip gestaltet wurde. Die Spiralen an den Bordwänden laufen gewissermaßen auf das Vogelungeheuer am Bug zu. Dieses sollte sich den Feinden drohend entgegenstrecken. Die Drohgebärde wird noch unterstützt durch die spitz herausgestreckte Zunge. Sie ragt wie ein Reißzahn aus den breiten Fratzenmündern vieler Monsterfiguren heraus und ist wohl das bekannteste und bedeutendste Maori-Motiv. Es gibt viele Darstellungen von tanzenden Maori-Kriegern. Fast immer ist die Zunge zu sehen – drohend rot. Und die Gesichter der Krieger sind kunstvoll tätowiert – in Spiralenmustern natürlich. Die Spirale im Zusammenhang mit der ›Zungenfratze‹ hat mit ziemlicher Sicherheit die Bedeutung des Drohens, des Abwehrens. Ähnlich waren ja auch die Wikingerschiffe verziert. Deren Vordersteven mündeten ebenfalls in schrecklichen Dämonenköpfen. Und sind nicht auch Parallelen mit den romanischen Ornamentreliefs europäischer und kleinasiatischer Kirchen zu bemerken? Auch hier Dämonen, die Feinde des Christentums wie Hexen und Teufel abwehren sollten. Wenn auch die Maori ›Wikinger des Sonnenaufgangs‹ genannt wurden, so liegt zwischen ihrer Kunst und derjenigen der europäischen Romanik sicherlich keine kausale Beziehung vor. Wahrscheinlich verhält es sich mit diesem Phänomen ähnlich wie mit dem der altmexikanischen Kultur – darüber hatten wir schon gesprochen: Der Glaube an übernatürliche Kräfte mag eine Art Grundstruktur der Kunstausübung geliefert haben, die bei allen Kulturen mehr oder weniger gleich ist. Lediglich die Detailformulierung fällt immer wieder anders aus. ›Wikinger des Sonnenaufgangs‹ oder ›Südsee-Wikinger‹ – diese etwas zweifelhaften Bezeichnungen für die Maoris treffen allerdings einen er-

staunlichen Tatbestand. Wir wissen, daß die Maoris Tausende von Seemeilen durch den südlichen Pazifik gekreuzt sind, bis sie Aotearoa, das Land der langen weißen Wolken, erreicht haben. Aber wir haben uns nie so recht vorstellen können, wie ihre Schiffe beschaffen waren. Nun stehen wir vor einem solchen und können kaum glauben, mit welcher unglaublichen Disziplin die Einwanderer diese lange Seefahrt gemeistert haben. Das Kanu ist ungefähr fünfundzwanzig Meter lang. Bis zu hundert Maoris hatten Platz in diesem Boot – paarweise und dichtgedrängt. Es gibt sogar Kanus, die noch länger sind – fast um das doppelte. Es ist zu vermuten, daß die Maoris dreieckförmige Segel benutzt haben. Sie hingen, mit der Spitze nach unten, an einem Mast, der achtern aufgestellt war. Bei Windstille mußten sie zu den Paddeln greifen.

Vor Vitrinen können wir uns noch über die vielfältigen Ausdrucksformen der Maori-Kunst informieren. Ein winziges Steinfigürchen, das uns an ein embryonales Wesen erinnert, soll den Ahnvater der Maoris darstellen. Seine räderförmigen Augen sind mit winzigen roten runden Steinchen besetzt. Auf dem Rücken seiner vierfingerigen Hände scheint das Fleisch aufgebrochen zu sein. Spiralen kommen zum Vorschein. Die beiden Beine berühren sich fußlos gleich unterhalb des Beckens. Ein merkwürdiges Gebilde, ganz Symbol und sicherlich keine pathetische heldenhafte Gestalt, die uns im europäischen Kulturkreis eher begegnen würde.

Wenn wir die Maori-Kunst mit derjenigen der Südsee, beispielsweise Polynesiens, vergleichen, können wir kaum glauben, daß die neuseeländischen Ureinwohner aus Polynesien gekommen sind. In den benachbarten Räumen des Museums stehen viele Beispiele aus den Werkstätten der Südseevölker. Das Spiralmotiv suchen wir hier vergeblich. Die Formen enden nicht rund, wie bei den Maoris, sondern spitz. Das Fratzenhafte wirkt noch stilisierter und teilweise auch gröber. Die Maori-Kunst ist formal differenzierter und sublimer im Detail herausgearbeitet. Sehr wahrscheinlich haben die Maoris mit ihrer Kunstproduktion erst in Neuseeland begonnen und sind dort im Rahmen einer sozial und politisch homogen durchgestalteten Gesellschaftsform zu Ausdrucksweisen gelangt, die wir qualitativ höher einschätzen würden als die Kunstproduktion der übrigen Südseevölker. Ein für uns überraschendes und neuartiges Urteil, denn die Südseekunst ist uns eigentlich viel vertrauter, beispielsweise durch die europäischen Künstler wie Gauguin oder Nolde, die diese exotischen Formen studiert und umgesetzt haben. Darüber haben wir ja schon berichtet.

Maori-Dörfer und ein Geysir

Da die Maoris heute in Neuseeland zu Ansehen gekommen und sozial wie politisch integriert sind, stellt sich natürlich die Frage, was aus der Maori-Kunst geworden ist. Diese Frage ist schnell beantwortet. Maori-Kunst gibt es nicht mehr, es sei denn, wir wollen die mit Spiralornamenten und Zungenfratzen gestalteten Souvenir-Objekte als eine solche bezeichnen. Daß aus der traditionellen Kultur folkloristisches Klimbim geworden ist, zeigen die sogenannten Maori-Dörfer am eindringlichsten. Auf dem Weg nach Rotorua, dem Thermal-Wunderland mit Geysiren und brodelnden Schlammtümpeln, können zwei Maori-Dörfer besucht werden, *Whakarewarewa* und *Ohinemutu*. Die holzgeschnitzten Tore, Zäune und Häuser erfreuen sicherlich das Touristenherz – wenn auch nur ganz oberflächlich. Im Prospekt wird angekündigt, daß hier das typische Maori-Volksleben zu betrachten sei. Nein, das ist es wahrlich nicht. Die Folkloretänze leicht geschürzter Maori-Mädchen gleichen eher einem billigen Varieté, und die gerühmten Holzhäuser wirken wie eine grelle Kulisse.

Das Gebiet um *Rotorua* ist altes und neues Siedlungsland der Ureinwohner Neuseelands und damit eine touristische Attraktion. Mag sein, daß die Neuseeländer, die ›pakehas‹, wie sie abschätzig von den Maori genannt wurden, ihr schlechtes Gewissen gegenüber diesem einst verfolgten und grausam unterdrückten Volk abarbeiten wollen. Deswegen wohl die Rekonstruktion der Tradition – wenn auch hauptsächlich für den Tourismus.

Pohutu, Neuseelands größter *Geysir*, der über dreißig Meter in die Höhe zischt, scheint uns wesentlich interessanter als das benachbarte Maori-Dorf Whakarewarewa. Siedendheiß und weiß jagt die Dampfwolke in den Himmel. Urwüchsig und bizarr die Felsformationen und Schlammhügel im weiteren Umkreis. In der Nähe erhebt sich der dreihundert Meter hohe Ngongotaha. Der Ausblick ist wunderbar. Unter uns der Rotorua-See mit den angrenzenden Hügeln und ganz in der Ferne, eher erahnbar, der Pazifik. Hier ist es möglich, einen Eindruck von der Urwüchsigkeit des Landes zu erhalten.

Nun aber noch einiges zur Erforschung des Landes: Zweifach lauerte der ›neuseeländische Tod‹ auf die Eindringlinge. Einmal in Gestalt des unwegsamen Geländes und zum anderen in den kriegerischen Maoris, die sich nur widerwillig

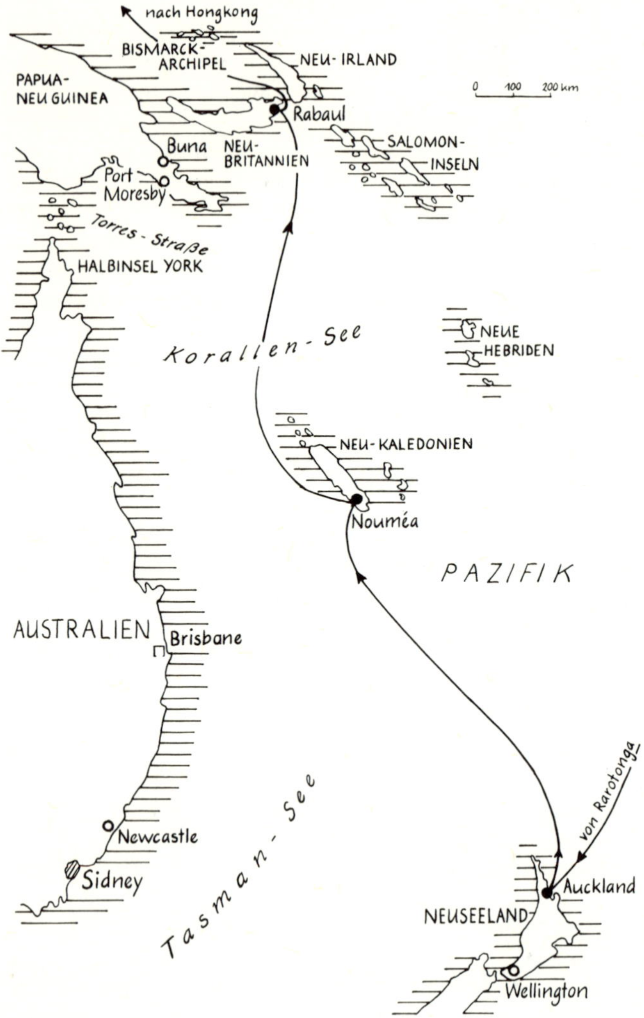
nach Hongkong
BISMARCK-
ARCHIPEL
NEU-IRLAND
PAPUA-
NEU GUINEA
0 100 200 km
Rabaul
Buna
NEU-
BRITANNIEN
SALOMON-
INSELN
Port
Moresby
Torres-Straße
HALBINSEL YORK
NEUE
HEBRIDEN
Korallen-See
NEU-KALEDONIEN
Nouméa
PAZIFIK
AUSTRALIEN
Brisbane
von Rarotonga
Tasman-See
Newcastle
Sidney
Auckland
NEUSEELAND
Wellington

mit den Fremden einlassen wollten. Der englische Missionar Samuel Marsden, gefürchteter Kaplan in der australischen Kolonie Neusüdwales, segelte zu Beginn des 19. Jahrhunderts von Sydney nach Neuseeland. Neben seiner Missionstätigkeit sollte er auch das Land erforschen. Er berichtete weniger von naturkundlichen Ergebnissen seiner Expedition, die ihn 600 Kilometer über die Nordinsel führte, als vielmehr über die fürchterlichen Maoris, die nach seinen Berichten offensichtlich ausschließlich damit beschäftigt waren, sich gegenseitig umzubringen und aufzufressen. Da er aber immer von ergebenen Maori-Häuptlingen begleitet wurde, fiel ihm sein Missionswerk nicht allzu schwer.

Die erste wissenschaftliche Erforschung des Landes hat der Deutsche Ernst Dieffenbach unternommen. Er, der Biologe, bestieg den Mount Egmont, einen 2518 Meter hohen Vulkan, der sich über der Cook-Straße im Südwesten der Nordinsel befindet. Schon wenige Jahre nach Dieffenbachs Erforschung der Nordinsel kamen gegen 1840 die ersten Siedler. Wellington wurde gegründet. Schon um 1850 war die Nordinsel den Europäern bestens bekannt. Den vielen Siedlern gelang es auch, sich mit den Maoris freundschaftlich zu arrangieren.

Schwieriger war es, die Südinsel zu erkunden. Die Maoris zeigten sich mißtrauisch, und es kam immer wieder zu Kämpfen, die zwischen 1845 und 1879 regelrecht zu blutigen Kriegen ausgeartet sind.

Die bedeutendste, aber zugleich auch tragischste Expedition der Südinsel war diejenige von Thomas Brunner. Zusammen mit zwei Maori-Führern und deren Frauen machte sich eine kleine Gruppe auf den Weg, um die ›Südalpen‹ zu überqueren. Ihr Ziel, eine weite, für das Auge unübersehbare Ebene – so die Beschreibung der Maoris. Zunächst kamen sie gut voran. Ohne größere Zwischenfälle erreichten sie den Buller River. Dann wurden sie durch anhaltende Regenfälle aufgehalten. Die Vorräte gingen zur Neige, so daß die mitgeführten Hunde geschlachtet werden mußten. Und dann verstauchte sich Brunner das Fußgelenk. Lange Wintermonate mußte er in seinem Zelt zubringen. Nun hatte er Zeit,

Skizzen und Karten anzufertigen sowie Reisenotizen zu machen. Eine linksseitige Lähmung folgte. Sie verschlimmerte sich im Laufe der Zeit. Fast blind stolperte er, gestützt von seinen Begleitern, in eine Höhle. Dort wollte er sich erholen. Doch das Schicksal wartete noch mit einem weiteren Schlag auf. Brunner berichtet: »Mein kleiner Korb, der zum Trocknen an der Höhlendecke hing, fiel während der Nacht ins Feuer und verbrannte. Ich verlor dadurch alle meine Zeichnungen, mehrere Vogelbälge, verschiedene Kuriositäten und Notizen.«

Insgesamt war die Expedition dennoch ein Erfolg. Die Westküste war erforscht, das fruchtbare Buller-Tal gefunden und der Lauf der beiden größten Flüsse der Südinsel, der Grey und Buller River, genau erkundet.

Viele Forschungsreisen fanden im Laufe des 19. Jahrhunderts statt. Mit den Forschern kamen die Landmesser und dann die neuen Besitzer. Sie mußten allerdings ihre Landnahme teuer erkaufen. Feindlich waren ihnen nicht nur die Maoris gesonnen, sondern auch die Natur. Lang anhaltende Regenfälle, eisige Kälte und fast überall reißende Flüsse, die nur mit äußerster Mühe und unter großen Gefahren überquert werden konnten. Immer wieder ertranken Expeditionsteilnehmer in den Flüssen, so daß dieser nasse Tod bald der Neuseeland-Tod genannt wurde.

Vielleicht war die von den Engländern so rigoros und unvergleichlich durchgeführte Kultivierung des Landes eine Reaktion auf diese widerspenstige Natur. Eine ›Wildnis Neuseeland‹ gibt es natürlich nicht mehr – höchstens letzte Reste davon in Naturparks. Fast hätten wir es vergessen, das kleine scheue Nachttier, das zur Gattung der Vögel gehört und fast nichts Vogelartiges mehr an sich hat. Sein Gefieder ist pelzähnlich und graubraun. Fliegen kann es nicht, denn es hat keine Flügel, nicht einmal einen Schwanz. Auffallend sein langer gebogener Schnabel. Obwohl sehr scheu, sind wir dem Tier in Neuseeland ständig begegnet: an öffentlichen Gebäuden, auf Bierdeckeln, als Schmuckstück und schließlich als Marke einer Schuhcreme. Gemeint ist der Kiwi, das Wappentier von Neuseeland.

11

DAS LAND DER KANAKEN

Neukaledonien

Unbekanntes Frankreich

Jetzt laufen wir im Hafen von *Nouméa*, der neukaledonischen Hauptstadt, ein. Wir wissen wenig über Neukaledonien, über diesen wohl unbekanntesten Teil Frankreichs, der 19000 Kilometer entfernt von der Hauptstadt Paris im Westpazifik liegt. Gerade ein paar statistische Angaben sind uns bekannt, so die Größe der Inselgruppe mit 19000 Quadratkilometern und die Ausmaße der Hauptinsel Grande Terre mit ihren 400 Kilometern Länge und 50 Kilometern Breite. Ein wenig Geschichte noch, und damit sind unsere Kenntnisse so gut wie erschöpft.

Doch das sollte sich bald ändern, als unsere resolute Guide Dalia, eine ungefähr fünfzigjährige Frau, im wahrsten Sinne des Wortes die Führung übernimmt. Am Ocean Terminal, zweihundert Meter vom Schiff entfernt, wartet sie schon, groß, üppig und weithin durch ihren großen Strohhut sichtbar. Sie wird ihn später zum Zusammenhalt der Gruppe energisch in der Luft schwenken. Sie trägt hohe Schuhe, auf denen sie während der zweistündigen Rundtour um Nouméa bewundernswert sicher dahingleitet. Sie macht großen Eindruck auf uns, mischt sich in ihr doch die seltene Kombination einer eleganten Französin mit den Eigenschaften eines unerbittlichen Feldwebels. Dalia ist in der Tat französischer Abstammung und spricht als Guide ein hervorragendes Englisch. Im großen modernen Rundfahrtbus hält sie nach jedem Satz inne und gebietet uns, den jeweiligen Gedanken zu übersetzen. So verleiht sie ihren Aussagen noch größeres Gewicht, als sie es durch ihre betonte Aussprache ohnehin haben.

Wir kreuzen ein, zwei Vorstadtstraßen und befinden uns bald im Zentrum von Nouméa, der 75 000 Einwohner zählenden Hauptstadt, die an der südlichen Westküste von Grande Terre liegt. Seit 1854 ist Nouméa, das zu Beginn der französischen Kolonialisierung Port de France genannt wurde, Verwaltungssitz für die Inselgruppe Neukaledonien.

Dalia zeigt auf den großen Platz, den Zentralplatz, auch Place des Cocotiers genannt, auf dem eine Vielzahl dunkelhäutiger Männer dem berühmten französischen Kugelspiel ›Pétanque‹ frönen. Sie spielen im Schatten der wunderschönen Bäume, deren Blüten sich leuchtend rot zwischen dem satten Grün der Blätter behaupten. Die Bevölkerung auf Neukaledonien sei sehr vielfältig, erläutert Dalia. Neben 50 000 Europäern, genauer Franzosen, leben hier 60 500 Melanesier. Sie nennt sie merkwürdigerweise erst an zweiter Stelle, obwohl sie doch in der Mehrzahl sind. Daneben gibt es Minderheiten wie Polynesier (17 500) und Menschen aus Algerien, Indochina und Indonesien (12 000). Neukaledonien ist ein Teil der Republik Frankreich. Die Neukaledonier sind also französische Bürger und Bürgerinnen – eine Aussage, auf die sie besonders stolz zu sein scheint. Geht es jenen Pétanque-Spielern und den Frauen, die träge danebensitzen und fast apathisch zusehen, ebenso? Wir könnten es fast glauben. Sie tragen französische Kleidung, vielleicht sollten wir sie besser als ›internationale‹ Kleidung beschreiben: Jeans und Cordhosen sind offensichtlich ebenso beliebt wie buntbedruckte Hemden und T-Shirts. Die traditionelle Kleidung, ›Manou‹, ist nicht mehr zu sehen. Wir erblicken im Vorbeifahren exklusive Geschäfte mit französischer Bekleidung. Daneben eine Wandparole: »Stop à l'humiliation des femmes.« Was soviel heißt wie »Schluß mit der Erniedrigung der Frauen«, neben dem Pariser Chic eine aparte Alltagsblüte. Dalia äußert sich dazu nicht. Sie weist weiter voller Stolz auch auf die weniger exklusiven Souvenirläden, die Bars und Hotels, die sich ebenfalls ganz ›à la française‹ geben. Auffällig häufig wird der Name der französischen Hauptstadt bemüht. Dalia nennt ihre Hauptstadt auch das ›Pazifik-

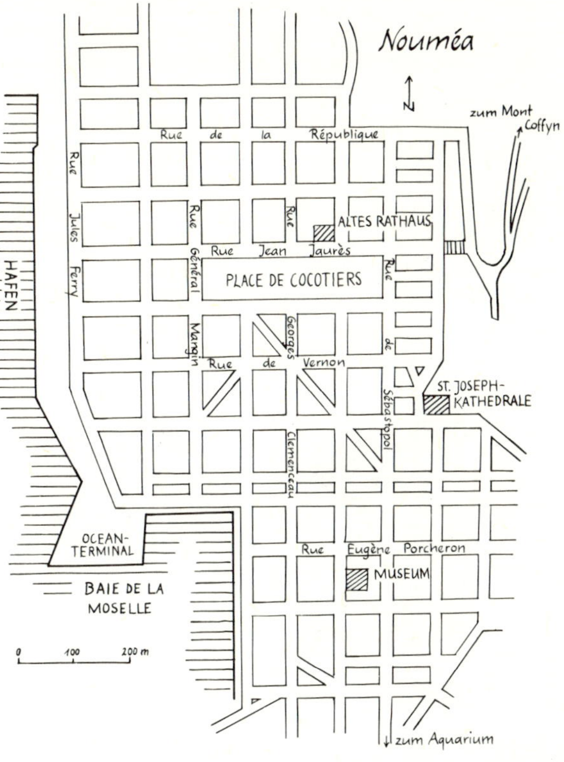

Paris‹. Ein wenig übertrieben, wie wir meinen. Einzig die *Place des Cocotiers* findet unsere Zustimmung. Der Platz ist das eigentliche Zentrum der wenig pulsierenden Stadt, die vielleicht am Sonntag besonders lethargisch und bedrückend wirkt. Hier sind wenigstens – wie wir später beim Spaziergang entdecken – noch Brunnen, Statuen und interessante alte Bäume zu entdecken. Dalia zeigt uns auch stolz das alte Rathaus, ein Stück französischer Kolonialgeschichte von 1880.

Die Fahrt geht nun entlang der Rue de Vernon zur *St.-Joseph-Kathedrale* aus dem 19. Jahrhundert. Die Kirche ist ein düsteres Bauwerk, an dem einzig die vielfarbigen Glasfenster faszinieren. Wir entdecken, wiederum später auf dem Spaziergang, einen kleinen Weg, der hinter der Kathedrale in Richtung Jugendherberge und Kulturzentrum hinauf auf einen Hügel führt. Von hier aus bietet sich eine wunderschöne Aussicht auf Nouméa bis hin zum Hafen, in dem unser Schiff liegt.

Das Museum von Nouméa bleibt uns leider verschlossen. Heute am Sonntag und am Montag ist es nicht geöffnet. Für Interessenten melanesischer Alltagskultur bietet sich hier eine reiche Informationsquelle. Neben Masken, Schnitzereien, Hausgeräten sind auch Häusermodelle und Kanus zu bewundern. Auch die bekannte Lapita-Keramik, die von der Ile des Pins, der Pinieninsel im Süden, stammt, ist hier zu sehen.

Jetzt geht es weiter auf den *Mont Coffyn,* der südöstlich von Nouméa liegt. Dalia schwärmt von dem wunderschönen Rundblick, den wir in der Tat von hier aus haben. Blaues Meer, weiße Strände und dunkle Wälder – das Klischee ist wieder einmal perfekte Realität. Von hier oben können wir auch das insgesamt 800 Kilometer lange ›barrier reef‹, das große Korallenriff, sehen. Es säumt Neukaledonien in seiner gesamten Ausdehnung. Die Badestrände, die das Riff damit schützend umgibt, gelten als die schönsten Lagunen der Welt. Neben den malerischen Blicken bietet sich ein Panoramablick über die Hauptstadt, sowie eine weite ungehinderte Sicht ins Inselinnere bis zu den durchschnittlich 1500 Meter hohen Bergen dar. Und noch einen Superlativ vergißt Dalia als gute Fremdenführerin nicht: Dort, achtzehn Kilometer südlich von unserem Standpunkt ist der Leuchtturm Amédé zu sehen. 1865 sind seine Einzelteile in Paris vorgefertigt worden. Ursprünglich für die Karibik gebaut, kam er durch eine Namensverwechslung hierher nach Neukaledonien. Er steht seitdem mit seinen 56 Metern Höhe hier, im Westpazifik, und ist noch immer der welthöchste Leuchtturm aus Metall.

Durch vornehme Wohngebiete, in denen merkwürdigerweise nur Europäer leben, gelangen wir an schöne Strände. Jede Familie hat hier ihr eigenes Boot oder Segelschiff, sagt Dalia, selbstzufrieden mit ihrem Land. Auch die Melanesier? wagen wir zu fragen. – Nein, selbstverständlich nur die französischstämmigen Familien.

Die Uferpromenade ist leider zum Teil durch Betonhotels verbaut. Auch der weltberühmte Urlaubsclub hat sich hier schon breit gemacht. Animation in allen Variationen …

Von hier aus unternimmt eine andere Gruppe von Passagieren eine längere Landschaftsfahrt. Entlang der Küstenstraße fahren sie zum *Mont Doré,* der ebenfalls einen wunderschönen Ausblick auf das Umland eröffnet. Die Hauptattraktion wartet am Ende der kleinen Rundfahrt auf uns: das *Aquarium,* das sich ebenfalls ›weltberühmt‹ nennen kann. Zwischen Baie des Citrons und Anse Vata, den schönsten Stränden Nouméas, liegt die 1956 erbaute moderne Anlage, die ständig mit frischem Meereswasser gespeist wird. Sie birgt sowohl ein Beobachtungszentrum als auch eine Fülle von interessanten Informationen für Laien. Da das Aquarium auf künstliches Licht verzichtet, um die Lebensbedingungen für die gezeigte Flora und Fauna so echt wie möglich zu halten, ist es ratsam, das Aquarium bei vollem Tageslicht zu besuchen. Jetzt am Nachmittag entfaltet sich die Vielfalt der

Farbenpracht von Pflanzen und Tieren, von Tiefseefischen und Seeschlangen und Meeresschnecken am prächtigsten.

Ein kleiner abgedunkelter, zylindrischer Raum beherbergt die Hauptattraktion: die fluoreszierenden Tiefseekorallen. Sie wurden erstmals in den Gewässern Nouméas entdeckt. Der Besuch des Aquariums – so müssen wir schließlich zugestehen – ist auch für Laien und jene, die kaum an der Unterwasserwelt interessiert sind, unbedingt beeindruckend.

Unsere zweistündige Besichtigungstour neigt sich dem Ende entgegen. Wir werden wieder zum Ocean Terminal befördert und sind am Nachmittag uns selbst überlassen. Im modernen Terminalgebäude, in dem marktschreierisch nur teure, touristisch aufbereitete Waren wie Schmuck, Kleider und Strohhüte angeboten werden, nehmen wir eine kleine Erfrischung. Offensichtlich vertragen einige der Passagiere das warme Klima mit durchschnittlich 35 bis 36 °C nicht. Liegt es vielleicht an der relativ hohen Luftfeuchtigkeit? Herrn Deister jedenfalls ist schwindelig und fast schwarz vor Augen. Da hilft nur eines: Wir flößen ihm einen doppelten Cognac ein, und siehe da, sein Kreislauf kommt sofort wieder ins Lot.

Durch Dalia wissen wir jetzt mehr über die so farbenfroh und prächtig geschilderte Insel. Hier leben die Menschen zwischen all den blühenden Pflanzen und exotischen Tieren in einem pazifischen Paradies – so jedenfalls ihre Schilderung. Die Insel lädt diesem Bild zufolge unbedingt zu längerem Verweilen ein. Wir sind nun gespannt auf unsere eigenen Entdeckungen und Beobachtungen.

Die Kehrseite

Die grauen Vorstadtstraßen der Hauptstadt sind nicht dazu angetan, das farbenfrohe Bild zu bestätigen. Doch bald erreichen wir die ersten Geschäfte mit Pariser Schuhmode und den erlesensten französischen Parfüms. All die klangvollen Namen, die wir aus Europa kennen, begegnen uns hier, im Westpazifik, wieder. Und nur einen Häuserblock weiter erreichen wir auch schon die *Place des Cocotiers*. Wir schlendern über den weitläufigen Platz. Er scheint nach drei Stunden noch unverändert. Allenfalls haben sich die Schatten der Pétanque-Spieler ein wenig verlängert. Die Gesichter der Spieler sind jetzt deutlicher zu sehen als vom Bus aus. Sie scheinen unbeteiligt, fast gelangweilt. Kein noch so treffender Schub der Kugel kann ihnen eine Spannung abringen. Die Frauen, die noch immer auf dem europäisch gepflegten Rasen im ›Schneidersitz‹ hocken, scheinen ebenfalls unverändert. Unbeteiligt starren sie in die Ferne, traurig wirken sie. An den französischen Autos mit dem französischen Kennzeichen NC lehnen junge Melanesier, skeptisch, grimmig und verschlossen. Sie schauen uns böse an. Auch sie wirken verloren, in eine Welt hineinversetzt, in die sie nicht gehören: in die europäische? Die Paris-Imitation im Pazifik wirkt auf uns langsam bedrückend.

Erst jetzt, beim Spaziergang, fallen uns die Wandparolen auf. Die Aufforderungen, kommunistisch zu wählen und die Republik ›Kanaky‹ zu fordern. »Marchoro – votons communiste – Indépendance – socialiste Kanake.« Diese und andere, oft fehlerhaft geschriebene Parolen sind zu lesen. ›Kanake‹ – ein für uns eher bösartiges Schimpfwort fremdländischen Menschen gegenüber. Doch dieses Wort stammt aus der polynesischen Sprache und heißt einfach ›Mensch‹. Wir reimen uns zusammen, was sich jedoch erst später durch genauere Informationen zu einem Bild ergänzt. Dalia hat uns ein werbetaktisch verbrämtes und stark beschönigendes Image der Insel dargeboten und jene Problembereiche, die sich in den düsteren Gesichtern der Melanesier und den Wandparolen spiegeln, ausgespart. Doch jetzt werden die Konflikte zwischen den französisch-stämmigen Einwohnern, die in der zahlenmäßigen Minderheit sind, und den als Minderheit traktierten Melanesiern deutlich. Wir haben zum Beispiel den Nickelanlagen am Hafen bei unserer Ankunft wenig Beachtung geschenkt. Auch als Dalia davon sprach, daß Neukaledonien der drittgrößte Nickelproduzent der Welt sei, die Weltmarktpreise aber momentan im Sinken seien, waren wir bereit, die französischen Unternehmer fast zu bedauern. Die dahinterstehende Geschichte und Problematik konnte uns nicht klar werden. Doch der private Rundgang öffnet da eher die Augen, wenn an den Wänden plötzlich die Drohung »Nieder mit dem Kolonialsystem« steht. Gegner der französischen Herrschaft und Angehörige der ›Sozialistischen Befreiungsfront der Kanaken‹ (Front de libération national kanake et socialiste, FLNKS) kämpfen für die Unabhängigkeit des Landes von Frankreich. Die Antwort ließ wohl nicht lange auf sich warten, sie steht direkt darunter: »Tod dem Land der Kanaken«, haben jene Fanatischen darunter geschrieben, die gegen die Unabhängigkeit sind.

Die Spannungen begannen 1981 zu eskalieren, als der Führer der Unabhängigkeitsbewegung ermordet wurde. Die Spirale der Brutalität und Gewalt fand damit bis heute kein Ende – im Gegenteil. Heute – das ist die Zeit nach unserer Weltreise: Im Dezember 1984 setzte die französische Regierung in Paris einen Sonderbeauftragten für das französische Überseegebiet ein. Schon zwei Wochen tobten die Aufstände, und das nicht mehr nur verbal, wie noch überwiegend zur Zeit unseres Aufenthalts in Nouméa.

Wir haben uns inzwischen auf der Place des Cocotiers, nahe dem alten kolonialen Rathaus, auf eine Bank gesetzt und beobachten die Menschen, die als einzige ein wenig Lebendigkeit in die sonntägliche Stimmung des Platzes bringen. Den Gesichtern nach zu urteilen, sind es ausschließlich Melanesier mit breiten Nasen und Backenknochen, wulstigen Lippen, üppigem Kraushaar und dunkler Haut. Sie sind die eigentlichen Einwohner der Insel und die gesellschaftlich und politisch Unterdrückten.

Neukaledonien wurde 1774, wie andere Inseln des Pazifiks auch (doch darüber haben wir schon ausführlich berichtet), von James Cook ›entdeckt‹. Da die Umgebung des Ankerplatzes Balade, an der Ostküste der Hauptinsel, ihn stark an das heimatliche Schottland (lat. ›Caledonia‹) erinnerte, gab er der Insel den Namen Neu-Caledonia. Die Briten zeigten jedoch wenig Interesse an diesem scheinbar nutzlosen Eiland.

Achtzehn Jahre später, 1792, ankerte Antoine Bruni d'Entrecasteaux an derselben Stelle und war damit der erste Franzose, der die Insel betrat. 1843 folgten katholische Mis-

sionare. Sie landeten ebenfalls in Balade. Erst neunundsiebzig Jahre nach Cook hißten die Franzosen die Trikolore über Neukaledonien. Der Grund der Annektion war zunächst nicht das reiche Nickelvorkommen. Die Tatsache, daß Frankreich dringend eine neue Strafkolonie benötigte, trieb die Franzosen zu diesem Schritt. In der bisherigen Kolonie Französisch-Guayana starben bislang zu viele Gefangene an den fremden Tropen-Krankheiten. Wenig später gewann die neue Strafkolonie nochmals an Bedeutung: Politische Gefangene, genauer: die Aktivisten der Pariser Kommune, die 1871 gegen die französische Regierung rebellierten, wurden hier festgesetzt. Dalia hat uns während unserer Besichtigungsfahrt noch etwas vorenthalten. Nahe Nouméa liegt ein fast 110 Jahre alter Friedhof, auf dem viele zugrundegegangene politische Häftlinge dieser Zeit begraben sind. Ein Gedenkstein hält die Erinnerung an die Opfer allerdings wach. Die politischen Gefangenen wurden damals in fünf Gruppen geteilt. Der Friedhof heißt im Volksmund daher auch ›La Sixième Commune‹, die Sechste Kommune.

Die Franzosen waren und sind auch heute keine guten Gäste auf Neukaledonien. Sie gaben im 19. Jahrhundert nicht eben einen guten Einstand, als sie 1878 die letzte verzweifelte

Gegenwehr der einheimischen Melanesier blutig niederschlugen. Auch jetzt, im 20. Jahrhundert, da sie die ökonomische Seite des Nickelvorkommens entdeckt haben, wohl ebenfalls nicht. Wir haben leider keine Gelegenheit, die immensen Landschaftszerstörungen um Thio, nahe der südlichen Ostküste, zu besichtigen. Vermutlich würde uns auch kein Touristenbus dorthin bringen. Der Anblick der zerklüfteten Berge, der zerstörten Landschaft ist in der Tat nicht für die touristische Werbung geeignet. Seit 104 Jahren sind die Nickelvorkommen systematisch ausgebeutet worden. Seit mehr als 104 Jahren wurden die einheimischen Menschen gesellschaftlich und politisch entrechtet und unterdrückt. Die Nickelvorkommen allerdings erbringen seit einiger Zeit nicht mehr die gewünschten Erträge auf dem Weltmarkt. Wie leicht ist es daher, ein solches Land in die Unabhängigkeit zu entlassen.

Wie trügerisch ist doch das Bild, das den flüchtig Vorbeireisenden vermittelt wird.

12

UTNAPUI UND TENATA

Papua-Neuguinea

Vor sehr langer Zeit lebten dort, wo heute der Hafen von Rabaul liegt, zwei gute Geister: Utnapui und Tenata. Sie konnten zaubern und sich verwandeln. Sie waren sehr darauf bedacht, daß es allen Lebewesen auf dem Lande, zu Wasser und in der Luft gut gehe. Auch mit den Menschen hatten sie sich angefreundet. Sie brachten ihnen nützliche Dinge und zeigten ihnen manches Geheimnis. Es waren gute Geister, diese Dukduks, wie sie auch genannt wurden.

Nun gibt es seit Menschengedenken in dieser Gegend Medizinmänner, weise Männer, die zaubern und heilen können. Aber weil sie irdische Menschen sind, ist auch ihre Kraft beschränkt. Und als nun diese Männer die Macht der beiden Geister sahen, wurden sie eifersüchtig auf die Dukduks und beschlossen, sie zu vertreiben. Sie brauten einen Zaubersaft, mit dem sie die beiden übergossen. Daraufhin gerieten die beiden Geister in Wut, zerstörten das Land und zogen sich in den tiefen See zurück.

Diese Geschichte wurde von Generation zu Generation weitererzählt. Eines Tages hörten davon zwei Kinder, die daran nicht glauben wollten. Sie warfen Steine in den See, um die Ruhe der dort hausenden Geister zu stören. Und tatsächlich, die Geister waren erzürnt über diese Störung. Sie ließen die Erde beben, die Vulkane ausbrechen und den See überschäumen. Sie verschafften sich einen Zugang zum Meer und lebten fortan dort draußen weit vor dem Land.

Mit diesem Ausbruch, so erzählen die Bewohner der Stadt, die Tolais, wurde der Hafen von Rabaul geschaffen. Auch heute noch fürchten sich die Einwohner vor dem Zorn der Dukduks. Sie haben Angst vor ihrer erneuten Rache, vor Erdbeben und Vulkanausbrüchen.

So also ist die schöngelegene Hafenstadt *Rabaul* auf der Halbinsel Gazelle entstanden. Am frühen Morgen gegen sieben Uhr sind wir in den Haupthafen der Insel Neubritannien eingelaufen. Neubritannien ist neben Neuirland, Manus und Bougainville eine der vier größten Inseln in der Korallensee, die zu Neuguinea, genauer Papua–Neuguinea gehören. Neben Rabaul sind zwei andere Hafenstädte reizvoll und werden daher häufiger angelaufen: *Port Moresby* im Süden der Insel Neuguinea. Sie ist die Hauptstadt des Staatsgebildes Papua–Neuguinea und mit 120 000 Einwohnern zugleich die größte Stadt der Inselgruppe. Auch *Madang* im Nordosten lädt zum Besuch ein. Diese Stadt ist mit 22 000 Einwohnern noch kleiner und verträumter als die Hauptstadt. Beide Orte liegen auf der Hauptinsel, der großen Insel Neuguinea, die mit ihren 800 000 Quadratkilometern nach Grönland die zweitgrößte der Welt ist. Die Hauptinsel ist allerdings politisch geteilt: Der westliche Bereich Irian Djaya ist Indonesisches Territorium.

Beeindruckend ist ein weiterer Superlativ: Achtzig Prozent der Landfläche der Südsee gehören zu Papua–Neuguinea. Wie der Name schon sagt, besteht das Land aus zwei Regionen, die allerdings ausschließlich kulturell bedingt sind. Papua, so wird der südliche Teil der Insel genannt, Neuguinea der nördliche. Alle drei Regionen (also auch Irian Djaya) liegen auf der Hauptinsel Neuguinea.

Die kulturellen Regionen Papua und Neuguinea sind geologisch sichtbar durch eine 2400 Kilometer lange Gebirgskette mit schneebedeckten Fünftausendern getrennt. So überdimensional wie die Gebirge auf der Hauptinsel, so gewaltig sind auch deren Höhlen. Doch die ›unterirdischen Everests‹, wie sie genannt werden, sind nicht für Touristen zugänglich. Auch die Flüsse sind riesig. Für länger Verweilende bieten sich dagegen die Niederungen des Sepik und des Fly zum Bleiben und Staunen an. Die beiden Ströme sind bis weit ins Landesinnere schiffbar.

Auf Neubritannien ist alles etwas kleiner, jedoch nicht minder reizvoll. Wir liegen nun an der Pier und werden wieder von bunten Bussen erwartet. Erstaunlich viel gibt es in der Umgebung Rabauls zu besichtigen, und so verspricht der heutige Ausflug einige spannende Erlebnisse. Im Nordwesten zum Beispiel breitet sich eine wunderschöne Landschaft aus, die durch einige informative Stationen bereichert wird. So liegt dort das große Observatorium, das Central Vulcanological Observatory, das die Erdbewegungen und

Vulkantätigkeiten der Region überwacht. Observationsobjekte sind unter anderem die vier Vulkane, die sich dort aneinanderreihen. So zunächst die sogenannte ›Nördliche Tochter‹ (532 m), daneben der Muttervulkan, der Mount Kombiu (664 m), die ›Südliche Tochter‹ (432 m) schließt sich an und wiederum neben ihr, direkt an der Hafenbucht von Rabaul, liegt der Matupit mit 232 Metern Höhe. Das Ziel des nordwestlichen Ausflugs ist Kap Tavui, an der Nordspitze der Halbinsel, wie der nordöstliche Inselteil Neubritanniens genannt wird. Kap Tavui war in der Zeit des Pazifikkrieges, im Zweiten Weltkrieg, ein wichtiger Marinestützpunkt der Japaner. Derartige Kriegsrelikte werden wir noch zur Genüge auf der Insel zu sehen bekommen. Eindrucksvoll ist die Rückfahrt dieses halbtägigen Ausflugs, die an der schönen Ostküste der Halbinsel entlang zurück nach Rabaul führt.

Wir allerdings haben uns für den Süden entschieden, nicht zuletzt weil uns dieser Ausflug einen ganzen Tag lang durch die überwältigende Urwaldlandschaft Neubritanniens führen wird. Die Busse sind auch hier wiederum klein und für europäische Verhältnisse etwas unbequem. Dennoch – es wird sicher ein schöner Tag. Der Busfahrer grinst uns mit seinen wenigen tiefroten Zähnen freundlich an. Auch er kaut also Betelnüsse, das ewig präsente Rauschmittel der Südsee. Ein wenig skeptisch beäugen wir daher auch seine Fahrkünste, er scheint aber noch nicht allzuweit entrückt zu sein.

Rabaul

Die Stadt Rabaul mit ihren immerhin 15000 Einwohnern wirkt menschenleer. Nur an wenigen Punkten, so zum Beispiel vor unserem Schiff oder auf dem Marktplatz, sehen wir reges Treiben. Merkwürdig, sowohl zwischen den gepflegten Häusern und Häuschen als auch in den Gärten und in den Seitenstraßen zeigt sich nicht viel Leben. Es ist doch schon neun Uhr?

Wir fahren mittlerweile aus der Stadt heraus. Im Moment geht es etwas langsamer voran, weil wir durch einen kleinen Pritschenwagen mit einem Sammelsurium von Möbeln aufgehalten werden. Offensichtlich zieht hier eine Familie um. Doch die Menschen zwischen ihren Möbeln scheinen sich gar nicht so auf das neue Heim zu freuen, sie sitzen relativ apathisch zwischen ihren Tischen und Stühlen. Die langsamen Kaubewegungen lassen auch hier wieder auf die Betelnüsse schließen. Wirken sie daher so bedrückt?

Wir können nun überholen und kommen auf der *Burma Road* zum Denkmal der Küstenwache bei Malmaluan, wo uns der Fahrer voller Stolz Relikte aus dem Pazifikkrieg zeigt, das Wrack eines japanischen Flugzeuges, Gewehre und Geschütze. Lieber sehen wir aber den schönen Blick auf die Hafenbucht von Rabaul, auf *Simpson Harbour* und die

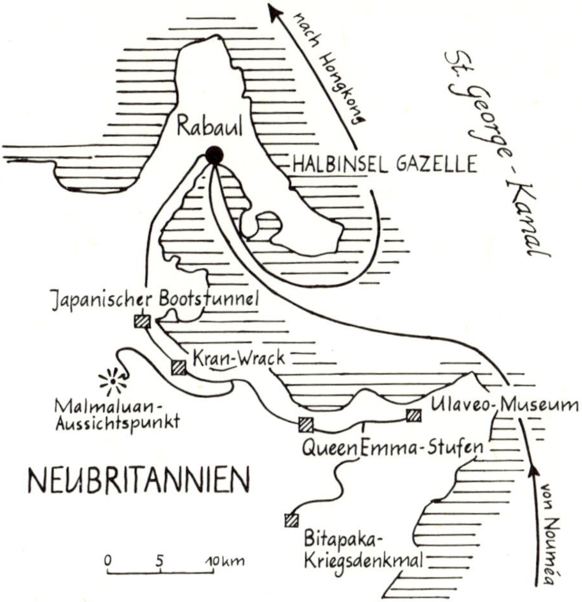

Blanche-Bucht, den wir nach ein paar Metern genießen können. Die Bucht wurde nicht, wie es sonst üblich ist, nach dem ersten Europäer, der diese Gegend besuchte, genannt. 1767 kam William Dampier schon in dieses Gebiet, aber erst Captain Simpson mit seinem Schiff ›Blanche‹ gab dann dem späteren Hafen von Rabaul seinen Namen. Von hier oben sehen wir nun einiges deutlicher. Wie groß muß doch die Wut der Dukduks gewesen sein, daß sie so ein großes Wasserbecken samt dem Durchbruch zum Meer hinterlassen haben. Vor unseren Füßen breitet sich ein riesiger wassergefüllter Krater aus, der in seinen Umrissen und in seiner Ausdehnung eben nur von einer Anhöhe aus ganz zu überblicken ist. Irgendwo am gegenüberliegenden Ufer können wir einen schwarzen Punkt ausmachen, unser Schiff. Vielleicht ist es bedauerlich, aber wir betrachten die Bucht als das, was sie ist, nämlich als großen Kratersee. Er ist das sichtbare Zeugnis eines jahrhundertealten Vulkanausbruchs. Auf der gegenüberliegenden Seite zeigen sich wiederum Vulkane, eben jene vier, die sich um Rabaul gruppieren. Gut sichtbar im Vordergrund fällt ein etwas kleinerer, gestutzter auf, der Matupit. Er brachte 1937 eine große Katastrophe über die Hauptstadt, denn bei seinem damaligen Ausbruch kamen fast fünfhundert Menschen ums Leben. Die Rache der Dukduks also nicht nur in grauer Vorzeit. Uns fährt ein kleiner Schauer über den Rücken, denn schließlich ist dieser furchtbare Ausbruch nicht einmal fünfzig Jahre her. Rechts neben ihm zeigt sich die ›Südliche Tochter‹, ein wenig im Hintergrund, doch höher als die drei anderen, dann der Muttervulkan. Links daneben die ›Nördliche Tochter‹. Ein wirklich schöner und beschaulicher Rundblick, der durch das viele Grün des Urwaldes und die leuchtend rot, gelb und weiße Blütenpracht unterstützt wird. Zwei Teilnehmer unserer Gruppe scheinen diesen Eindruck nicht zu genießen. Sie sind unruhig und wollen weiter. Der schon bekannte Bordcholeriker, dem der kleine Fußweg schon sehr beschwerlich war und dessen blaugeringeltes Kunststoff-T-Shirt durchgeschwitzt ist, drängt zu wichtigeren Punkten. Er will mehr Kriegsrelikte geboten bekommen. Schließlich tobte ja hier der heiße Pazifikkrieg, und er, der Stratege, ist ausschließlich daran interessiert, die Kampfhandlungen nachzuvollziehen, wie er der Gruppe laut und unwirsch mitteilt. Leider trifft er sich in diesem Punkt mit dem Fahrer, der auf jene Relikte noch besonders stolz zu sein scheint. Der kleine Vorfall ist vergessen, als wir auf der wunderschönen Küstenstraße nach *Kokopo,* etwa dreißig Kilometer von Rabaul entfernt, unterwegs sind.

Inselfahrt

Die Fahrt führt uns vorbei an einsamen Stränden mit sandigem oder felsigem Grund. Zwischendurch geht es landeinwärts direkt durch den Urwald. Wieder sind wir von den unterschiedlichen Grünzonen fasziniert. Die Fahrgeschwindigkeit hat sich in dem unwegsamen Gelände verringert.

Hin und wieder dringt der würzige Duft des Urwalds zu uns vor – eines teilweise gezähmten Urwalds. Neben kultivierten und wilden Kopra-, Kaffee- und Teepflanzen dominieren vor allem die großen Bananenstauden. Prächtige große Blätter, in denen die ungewohnt nach oben wachsenden Früchte fast verschwinden. Am Straßenrand stehen von Zeit zu Zeit Kinder, die uns ausgelassen und fröhlich zuwinken. Sie sind auffallend hellhäutig und haben ebenso ein fast rötlich schimmerndes Kraushaar. Das Aussehen der Kinder zeigt noch den großen polynesischen Einfluß in der ansonsten melanesischen Bevölkerung. Es sind Tolai-Kinder, deren Stämme die Halbinsel heute bevölkern. Ihre Urahnen haben einst die früheren Einwohner, die Bainings, ins Landesinnere verdrängt und sind hier selbst seßhaft geworden. Die übrige Bevölkerung ist recht vielfältig und unterschiedlich. Ihre Zahl wird auf etwa drei Millionen geschätzt, die sich wiederum aus einer Vielzahl ethnisch unterschiedlicher Gruppen zusammensetzt. In den Küstenregionen der Inseln finden wir eher längeres, relativ weiches helles Haar vor. Die Menschen dort sind auch relativ hellhäutig, teilweise mit einem hellolivfarbenen oder rötlichen Einschlag. Aber es gibt auch Ausnahmen. So sind die Einwohner Bougainvilles, der östlichen Nachbarinsel Neubritanniens, und die der nördlichen Salomonen sehr dunkel, ja fast schon schwarzhäutig. Im Hochland dagegen herrscht generell dunkle Haut vor, verbunden mit kurzem hartgekräuseltem Haar und sogar dunklen Bärten. Auch andere körperliche Merkmale variieren stark zwischen den einzelnen Stämmen Guineas. So sollen die Bergbewohner sehr kräftig sein und vor allem eine ausgeprägte Beinmuskulatur besitzen, ganz im Gegensatz zu den sogenannten Sumpfmenschen der Flußniederungen auf der Halbinsel. Diese können sich – eine ›Vorschrift‹ ihres Lebensraumes – besser mit ihren Kanus fortbewegen als zu Land mit ihren Beinen. Neben den unterschiedlichen Bemalungen, Tätowierungen, Jagdutensilien und Schmuckattributen sind es vor allem die vielfältigen Haartrachten, die als Unterscheidungsmerkmale der Stämme untereinander gelten. Auch der Entwicklungsstand der verschiedenen Dorfgemeinschaften ist recht unterschiedlich. Durch den Tourismus sind natürlich die Küstenregionen für europäische Verhältnisse besser entwickelt als die Stämme abgelegener Bergdörfer. So ist zum Beispiel erst 1963 ein Stamm im Hochland ›entdeckt‹ worden, der bis zu diesem Zeitpunkt noch Steinwerkzeuge verwendete …

Das für diese Stämme vielleicht gar nicht so erfreuliche Auftauchen von Europäern vermischt sich oft mit der Mythologie der Völker und zeitigt dann interessante Kuriositäten. So hielten die Melanesier die Niederländer für die Totengeister ihrer Ahnen, die eben aus dem Westen angekommen sind. Als die Weißen Ladung wie Kokosnüsse und andere Lebensmittel aufnahmen, glaubten die Einheimischen, ihre Ahnen brauchten die Nahrung für hungernde Tote. Andererseits brachten die Weißen ja auch ganze Schiffsladungen mit ›exotischen‹ Gütern nach Melanesien mit. Da die technischen und technologischen Hintergründe der Produktion dieser Güter für die Urbevölkerung völlig uneinsichtig waren, glaubten sie an Geschenke aus dem Reich ihrer toten Ahnen und hofften fortan darauf. Sie erwarteten, daß die Handelsschiffe und ab den dreißiger Jahren die Flugzeuge Feuerwaffen, Pferde, technisches Gerät und vieles andere mehr für sie mitbrächten. So kam es an einigen Orten dazu, daß die eigene Haus- und Feldarbeit völlig eingestellt wurde und die Menschen einzig von der Vorfreude auf die nahenden Geschenke lebten. Es wurden sogar Flugplätze gebaut und die Ahnen mit Flugzeugattrappen ehrenvoll erwartet. Natürlich war die Enttäuschung groß, als die Beschwörungsformeln nichts halfen.

Die mystische Vermischung der exotischen Wesen und ihrer Technik entstand an vielen Orten der Südsee, nicht nur in Melanesien. Dieser ›Cargo-Kult‹ bekam seinen Namen nach den erwarteten Geschenken, der Ladung (engl. ›cargo‹), die erhofft wurde. Einen kleinen Nachteil brachte der Kult für die Weißen mit. Ihnen wurde nämlich später unterstellt, sie hätten die jeweilige Ladung den Geisterahnen entwendet. Wie anders sollten sie auch in ihren Besitz gekommen sein. Wachsende Mißstimmung gegen die ›Diebe‹ war oft die Folge.

Exotisch ist auch der Alltag der Stämme. Einige sind sogar für Touristen erreichbar. Auch für Völkerkundler und Völkerkundlerinnen ist Neuguinea eine schier unerschöpfliche Forschungsquelle. Der darüber kursierende Witz spricht für sich: Eine Papua-Familie, so heißt es, bestehe aus elf Mitgliedern, den beiden Eltern, ihren sieben Kindern und zwei Ethnologen. Aber sie sind schon interessant, die Forschungsergebnisse. Bogner, der einige Zeit auf Neuguinea bei den Papuas gelebt hat, schildert seine Erlebnisse, indem er eine Papua-Frau erzählen läßt. Sie zeigt ihren Alltag, ihre mythische Welt, ihre gesamte Lebensgeschichte auf. Der Autor fragt zudem nach den Vorzügen unserer europäischen Zivilisation. Er sieht sich hier in Neuguinea viel menschlicheren Wesen gegenüber, als er es zuhause in der gepriesenen Zivilisation jemals erlebt hat.

Und in der Tat zeigen sich die Einheimischen hier freundlich und aufgeschlossen. Wir sind inzwischen in *Kokopo* angekommen und sehen uns beim Aussteigen umringt von einer Traube von Kindern. Sie wollen nicht betteln, wie wir es schon so oft auf der Reise erlebt haben. Haben sie es nicht nötig? Die Tolais auf Neubritannien haben den höchsten Lebensstandard des ganzen Inselstaates, der ohnehin in Papua–Neuguinea recht hoch ist. Auch das Bildungsniveau liegt hier über dem Landesdurchschnitt. Dies ist sicherlich eine Folge der aktiven katholischen Missionsstation in Vunapope, die wir auch noch besuchen werden.

Wir kommen fast nicht aus dem Bus, von überall stürmen die Kinder auf uns ein. Von überall auch Wortfetzen, die wir natürlich nicht verstehen. Welche der 750 verschiedenen Sprachen des Landes, die keine Dialekte sind, sprechen sie? Das Sprachengewirr ist ebenso vielfältig und bunt wie die fast unübersehbare Zahl von Stämmen selbst. Insbesondere die Sprachen auf der Insel Neuguinea, die miteinander oft nicht verwandt sind. Die Topographie des Landes ist dafür verantwortlich, daß sich einige Stammessprachen völlig unabhängig voneinander entwickelt haben. Auf der Insel Bougainville gibt es ein weiteres Kuriosum. Hier wird eine Sprache, genannt ›Rotokas‹, gesprochen. Mit elf Buchstaben hat sie das kürzeste Alphabet der Welt. Vielleicht werden wir auf Pidgin von den Kindern begrüßt, dem Neumelanesisch, das sich inzwischen als überregionale Sprache ausgebreitet hat. Eigentlich müßten wir aber dann ein paar Brokken verstehen, denn Pidgin ist zwar grammatikalisch melanesisch, hat aber sehr viele Vokabeln aus dem Englischen.

In Kokopo befinden wir uns nun in der ehemaligen Hauptstadt der deutschen Kolonie (1898-1910). Kokopo mußte später seine Bedeutung an Rabaul abgeben, da dort die Hafenbedingungen günstiger waren.

Neuguinea – eine ehemalige deutsche Kolonie. Der Stempel einer Kolonialzeit ist hier nicht sofort zu erkennen. Erstaunt stellen wir fest, daß uns zum ersten Mal seit Verlassen Gran Canarias selbstbewußte Einheimische begegnen, die lachen können und fröhlich sind. Sie scheinen weder völlig europäisiert, wie die Menschen in Papeete und Neuseeland, noch so apathisch und autoritätshörig wie die ›spanischen Christen‹ in Mexiko. Wir suchen den Grund weniger in der Tatsache, daß unsere Landsleute bessere ›Kolonialherren‹ waren, sondern eher in der Kürze der Kolonialzeit, die seitens der europäischen Mächte 1884 begann und 1919 endete.

Dagegen könnten die traditionellen Handelsbeziehungen der ›Niuginis‹ das Selbstbewußtsein stark geprägt haben. Schon vor etwa 2500 Jahren wurden diese Kontakte geknüpft. Damals waren Meeresfrüchte, Schmuck und Lebensmittel begehrte Tauschobjekte mit den Nachbarinseln. Die Einwohner Neuguineas können allerdings auf eine noch ältere Geschichte zurückblicken. Schon vor fünfzigtausend Jahren sollen Menschen auf Neuguinea gelebt haben. Die Bedingungen waren sehr karg, obwohl sich seit etwa achttausend Jahren eine beachtliche Agrarkultur entwickeln konnte. Das Leben wurde leichter, als im 16. Jahrhundert die Süßkartoffel als ein verläßliches Grundnahrungsmittel eingeführt und angebaut wurde. Die spürbare Folge war eine ungeheure Bevölkerungsentwicklung vor etwa vierhundert Jahren.

Die sonst im Sinne ihrer Ziele so erfolgreichen Kolonialisten aus Spanien und Portugal hatten es in Neuguinea schwer. Die Bewohner verstanden es, alle Europäer fernzuhalten. So ging lange Zeit unter den Seefahrern und Kaufleuten die Sage, auf Neuguinea lebe der leibhaftige Teufel im Bunde mit Kannibalen. Diese gab es ohne Zweifel tatsächlich. Weiße wurden allerdings nur zu Zeremoniezwecken gebraten und verspeist, und nicht aus purer Menschenfresse-

rei geschlachtet. Doch für die einzelnen Opfer machte das bei ihrem traurigen Ende wohl kaum einen Unterschied. So gaben die Spanier der Insel 1545 vorerst nur den Namen, ›Nueva Guinea‹, nach dem afrikanischen Guinea, und ließen die Einwohner aus eigenem Interesse unbehelligt. Das blieben sie bis 1828. In diesem Jahr machten die Niederlande ihren Anspruch – den sie nicht hatte – geltend. Sie wollten den westlichen Teil der Hauptinsel, das heutige Irian Djaya, als Kolonie und besetzten das Land. Ebenso freigiebig annektierte ein australischer Regierungsbeamter ein Jahr später den östlichen Teil für Großbritannien – in aller Verbundenheit mit der Queen und um Deutschland zuvorzukommen. Die britische Königin ihrerseits war über den Akt gar nicht so erfreut und distanzierte sich von diesem illegalen Schritt. Als sich das Deutsche Reich unter dem Eisernen Kanzler tatsächlich ambitioniert zeigte, den östlichen Teil Neuguineas zu übernehmen, erklärte das Empire wiederum ein Jahr später, 1883, den Südostteil der Insel zur Kolonie. Die Deutschen taten ein übriges, sie schickten 1884 Kriegsschiffe an die Nordküste des Ostteils. So befanden sich nun drei europäische Mächte auf Neuguinea: Der westliche Bereich war niederländisch, die östliche Hälfte teilten sich Großbritannien und Deutschland auf. Leider ist über die deutsche Kolonialzeit kaum Besseres zu berichten als beispielsweise über die spanische in Mittel- und Südamerika oder über die englische und französische in der Südsee. Die Zeit der deutschen Kolonialisten ging 1919 mit dem Versailler Vertrag zu Ende. Noch früher schlug die Stunde der britischen Kolonialherrschaft auf Neuguinea. Schon 1906, nachdem der britische Gouverneur seine eigene Unfähigkeit zugestanden hatte und sich erschoß, kam das Gebiet unter australische Verwaltung. Eine neue Fremdherrschaft, die zunächst nicht weniger rigoros als ihre Vorgängerinnen war. Vorerst, und das gilt bis zum sogenannten Pazifikkrieg, hatte Australien kein Interesse an den sozialen Bedingungen der Menschen auf Neuguinea. Die Insel hatte lediglich strategische Funktion als Pufferzone für Australien. Erst die spätere Förderung in politischer und sozialer Hinsicht konnte dann einen Teil der kolonialen Deformationen wieder aufheben.

Die Kinder, die uns immer noch umringen, wissen von all dem wahrscheinlich nichts. Bei unserem Rundgang durch das alte Städtchen ziehen wir den ganzen Schwarm hinter uns her. Unser Fahrer ist im Moment unauffindbar, und so geht unsere kleine Gruppe eigene Wege. Der schöne Park ist sehenswert. Sicher, doch angesichts der überwältigenden Urwaldbilder wirkt er eben doch künstlich. Die Treppe dort hinter dem Golfclub ist in ihrer Geschichte viel interessanter. Sie ist der einzige Überrest der *Villa der Emma Forsyth*. Diese Frau kam aus Samoa nach Neubritannien und verwaltete ab 1878 eigenhändig ihre Plantage. Sie soll dabei so gütig und sozial gewesen sein, daß sie schon zu Lebzeiten den Beinamen

›Königin Emma‹ erhielt. Ebenfalls mildtätig waren und sind die Männer und Frauen der nahen Missionsstation Vunapope. Ihr traditionelles Haus wurde schon um die Jahrhundertwende gegründet und hatte fortan die Aufgabe, den Tolais den christlichen Glauben zu vermitteln, sie aber auch mit Medikamenten, Lebensmitteln und nicht zuletzt auch Bildung zu versorgen. Für uns eilige Besucher strahlen die schön gepflegten Gärten eine wunderbare Ruhe aus. Auch der Strand unmittelbar vor den Anlagen ist traumhaft schön. Es lohnt sich, von hier in die Blanche Bay, die schon fast ins Meer übergeht, hinauszuschwimmen.

Unsere nächste Station dagegen macht betroffen. Wir besuchen ein Mahnmal des Pazifikkrieges, den *Soldatenfriedhof* der Alliierten. Auch hier empfangen uns eine wohltuende Stille und streng gepflegte Parkanlagen. Üppiger Baumwuchs, penibler englischer Rasen und farbige Pflanzen. Die Gräber sind sehr schlicht gehalten, jedes für sich fast unauffällig. Die weite Gleichförmigkeit, die Unzählbarkeit der Grabmäler jedoch ist bedrückend. Kriegsgräber in Melanesien – ein sichtbares Mahnmal des Zweiten Weltkriegs.

Nach dem Ende der deutschen Kolonialzeit 1919 wurde der Zugang zum Zentralpazifik für Japan frei. Japan suchte die Vorherrschaft in Asien und hier, im Westpazifik. Die konsequente Besetzungspolitik bewog die USA, Großbritannien und die Niederlande zu einer Ölsperre gegen Japan. Jedoch waren diese diplomatischen Schachzüge unfruchtbar. Japan rüstete für einen offenen Krieg. Der berüchtigte Angriff auf Pearl Harbour am 7. Dezember 1941 legte wichtige Aktionsradien der US-Marine lahm, und so konnte Japan den gesamten Seebereich von Hongkong über die Philippinen, Malaysia, Singapur bis zu den niederländisch-ostindischen Inseln besetzen. Aber der Verteidigungsring um Japan sollte noch enger gezogen werden. Im Zuge dieser Strategie landeten sie 1942 auch in Rabaul und befestigten die Stadt. Es folgten zwei unrühmliche Schlachten, die in der ›Korallensee‹ und jene von Midway, die dann die japanische Vorherrschaft im Pazifik brechen sollten. In den bitteren Jahren bis 1945 wurde Japan mehr und mehr geschwächt. Das grausame Ende mit dem Fall der Atombomben über Hiroshima und Nagasaki ist bekannt.

Während des Krieges ist die Halbinsel Gazelle durch Angriffe der Alliierten sehr in Mitleidenschaft gezogen worden. Rabaul war lange Zeit das Hauptquartier im Pazifik, Kap Tavui, an der Nordspitze, ein großer Marinestützpunkt. Um den Angriffen zu entgehen, bauten die Japaner unterirdische Festungen. Sie verschanzten sich in Tunneln, Höhlen und Bunkern, wie sie heute noch in der Umgebung von Rabaul zu sehen sind. Einer der sogenannten Kriegstunnel steht als ›Attraktion‹ auch noch auf unserem Programm.

Der Soldatenfriedhof hat uns sehr nachdenklich gemacht. So herrscht im Bus auch eine ganze Weile Schweigen. Offensichtlich geht es den meisten ähnlich. Wir befinden uns auf der Rückfahrt und werden in der Nähe von Kokopo plötzlich von unserem Fahrer nochmals zum Aussteigen gedrängt. Wir befinden uns mitten im Urwald, zwischen Bananenstauden und Kakaobäumen. Was sollen wir hier? Wir werden zu einem barackenähnlichen Bau geführt, vermutlich ein altes Fabrikgebäude. Wie wir aber erfahren, ist dies eine alte *Kopramühle*. Hier wurde Kokosöl hergestellt, das anschließend nach Australien exportiert wurde. Diese Mühle ist stillgelegt. Die Kopraernte wird heute nahe Rabaul verarbeitet und ausgeführt. Die Koprafabriken sind weitgehend noch in australischem Besitz, wie insgesamt der australische Kapitalanteil an Banken und Firmen fast 45 Prozent beträgt. Aber Papua–Neuguinea wäre nach der Argumentation der Geldgeber trotz seiner politischen Unabhängigkeit seit 1975 nicht allein lebensfähig. Die politische Entwicklung dagegen ist erstaunlich. Zwischen dem 1.und 2. Weltkrieg war die Kolonialmacht Australien wenig hilfsbereit, versuchte im Gegenteil die Eigenständigkeit Papua–Neuguineas zu unterbinden. Nach dem Pazifikkrieg allerdings änderte sich das. Neben wirtschaftlicher und politischer Entwicklungshilfe kam vor allem soziale Unterstützung zur Selbsthilfe ins Land – auch das natürlich nicht ganz ohne australischen Eigennutz. Ein wirtschaftlich gut entwickelter Handelspartner ist für die eigene Wirtschaft interessant. Zum anderen spielte natürlich immer die günstige Lage Neuguineas eine Rolle, die Australien als ›Puffer‹ dient. Papua–Neuguinea machte sich aber zunehmend von politischer und wirtschaftlicher Bevormundung unabhängig. So wurde 1980 gegen den amtierenden Ministerpräsidenten ein Mißtrauensvotum gestellt. Der Regierungswechsel vollzog sich ohne große Schwierigkeiten. Respektabel sind auch die außenpolitischen Strategien. Die Ziele richten sich gegen die französischen Atomversuche im Pazifik und plädieren für eine atomwaffenfreie Zone in diesem Raum. Wie es zu einer solchen relativen Reife eines Entwicklungslandes kommt, ist hier nicht umfassend zu beantworten. Ein wichtiger Faktor allerdings dürfte das Dezentralisierungsprogramm seit 1949 sein. Im Mittelpunkt steht hier die regionale Selbstverwaltung. Sie hat in dieser Form Ähnlichkeit mit dem alten melanesischen Verwaltungssystem. Die Kolonialzeit hat somit die traditionelle Verwurzelung in vielen Bereichen nicht zerstören können.

Dazu gehört ein anderer Bereich, der für uns weniger bewundernswert ist: die untergeordnete Rolle der Frauen. Sie haben die schwerste Arbeit im Haus und in den Ställen zu verrichten. Sie haben in eigenen Häusern zu wohnen, was in diesem Fall kein Privileg, sondern eine massive Diskriminierung ist. Außerdem werden sie noch als Zahlungsmittel verwendet wie die Schweine …

Nun also kommt nach einer ganzen Weile ein alter Mann auf uns zu. Der alte Tolai bittet uns in die Baracke. Und wieder stoßen wir auf Tradition und staunen. Wir befinden uns in einem halbdunklen Raum. Es riecht für unsere Nasen nicht eben gut, im Gegenteil, eher muffig. Unsere Augen haben sich mittlerweile an das schwache Licht gewöhnt und erkennen ein Sammelsurium mehr oder weniger alter Gegenstände. So finden wir behauene Steine mit Dukduk-Motiven in allen Größen. Sehr alt sollen sie sein, bedeutet uns der zahnlose Mann. Ob das stimmt, müssen wir dahingestellt sein lassen. Wir sehen eine bunte Mischung von toten Seetieren, die teilweise zu Schmuck verarbeitet sind. Eindrucksvoll ist tatsächlich die Vielfalt der Muscheln. Also sind wir in einem Volkskunstmuseum. In der Mitte des Raumes stehen wir vor Vitrinen mit allerlei medizinischem Geschirr. Wie paßt das nun zusammen? Auf kleinen vergilbten Zetteln entziffern wir die englische Beschriftung. Offensichtlich handelt es sich hier um Relikte aus dem Krieg, nämlich aus einer Lazarettstation. Nun fallen uns auch die anderen ›Funde‹ aus dieser Zeit auf, die der Aufzählung im einzelnen nicht lohnen. Warum nur diese stolze Präsentation der unseligen Kriegszeit? Wir verstehen das Pidgin des Alten nicht so gut, daß wir ihn fragen könnten.

Wir verlassen die Kuriositätensammlung und genießen nochmals die schöne Landschaftsfahrt an der Küste entlang. Wir sind auf der Rückfahrt nach Rabaul, wo wir im besten Hotel am Platz das Mittagessen einnehmen sollen. Da es schon 12.30 Uhr ist, müssen wir uns ein wenig beeilen, denn um 13.00 Uhr werden wir erwartet. Nach dem Essen stehen noch zwei Punkte auf dem Programm. Zum einen die berühmt-berüchtigten Kriegstunnel der Japaner, zum anderen ein Rundgang durch Rabaul, der einen schönen Marktbesuch verspricht. Unser Bus kommt zwar als letzter im Hotel an, dennoch gibt es noch eine Fülle guter Dinge zu essen. Wir finden eine reiche Auswahl leckerer Salate, Gemüse und Obstsorten, aber auch exotische Dinge, die wir nicht kennen. Wir schwelgen in der vitaminreichen, schmackhaften Kost, die wir auf dem Schiff so sehr vermissen.

Wir bedauern einzig, daß die geplante Folklore-Veranstaltung ausfallen mußte. Wir hätten gern zumindest die Imitation eines Singsings, eines der berühmten, bunten Feste der Niuginis gesehen. Im ganzen Land sind diese Feste verbreitet, zu jeder privaten oder öffentlichen Gelegenheit wird hier ein Singsing gefeiert.

Alligatoren-Versteck

Jedenfalls sind wir nun frisch gestärkt vom Mittagessen und können in die zweite, allerdings weniger umfangreiche Besichtigungsrunde einsteigen. Vom langen Fahren aber ein wenig müde, beschließt unsere kleine Gruppe, den Nachmittag lieber in Rabaul zu verbringen. Die Teilnehmer und

Teilnehmerinnen möchten auf dem Marktplatz dem bunten Treiben zusehen und vielleicht hier eine kleine Muschelkette oder dort eine geschnitzte Dukduk-Figur erstehen. Dafür wollen sie gern auf die düstere Kriegserinnerung im Japanischen Tunnel verzichten. Wir sind höchst einverstanden und freuen uns auf Rabaul, das zu einem Spaziergang einlädt.

Doch da haben wir uns gründlich verrechnet, und die Rechnung ohne unseren cholerischen Kriegsfan gemacht. Ohne eine Vorwarnung fährt er unvermutet los, was uns eigentlich einfiele, ihn um seinen Hauptgenuß bringen zu wollen. Und überhaupt, seit dem Panama-Referat mit unserer deutlichen Kritik an der atomaren Aufrüstung der USA wisse er ja schon, wo er uns einzuordnen habe. Er murmelt dann noch etwas von »Pazifisten« und »Sozialisten« und scheint mit seinem puterroten Gesicht einem Herzschlag nahe.

Schade, daß kritische Äußerungen oft so mißverstanden werden. Ist denn eine offene Beurteilung nicht möglich, ohne gleich ins andere Lager geschickt zu werden? Eine wenig erfreuliche Episode, die so gar nicht zu der schönen Umgebung paßt. Das Ende des Vorfalls ist dann eher komisch: Der Bus hat außer uns nur noch zwei Passagiere: Unseren Kriegsfan und seine Frau. Im Gegensatz zu ihrem Mann ist ihr der Zwischenfall offensichtlich peinlich. Er dagegen hockt neben dem Fahrer und kommt bald voll auf seine Kosten. Zunächst deutet der Fahrer auf die Bucht. Halb aus dem Wasser ragt dort das große düstere Wrack eines Schwimmkrans heraus. Er wurde von den Japanern im Zweiten Weltkrieg in Singapur gekapert und hierhergebracht. Seitdem liegt er hier sinn- und funktionslos herum. Endlich hält der Bus, und wir sind offensichtlich beim Tunnel angekommen. Ein paar Schritte müssen wir durch das Unterholz gehen, ein schmaler Pfad macht es uns aber einfach. Wir stehen am Eingang zum Tunnel. Unser Fahrer weiß, wo der Schalter für das schwache Neonlicht ist. Die Beleuchtung reicht aber nicht weit, danach wird es sehr dunkel; doch haben wir uns bald an die Dunkelheit gewöhnt. Wir steigen eine kleine Treppe hinauf und können nun die zerfallenden Wracks der vier großen Landungsboote ausmachen. Die Japaner haben diese Schiffe im Pazifikkrieg hier hereingezogen und versteckt gehalten. Grausig, der Tunnel, modrig und kalt. Wir gehen schnurstracks wieder hinaus. Was ist das nur für ein Mensch, dieser weißhaarige, aufbrausende Mann, der jetzt zum ersten Mal ein zufriedenes Gesicht macht?

Auf der Rückfahrt zum Schiff genießen wir nun zum vierten Mal den Anblick der Bucht. Aber es kann gar nicht oft genug sein, der friedliche Anblick auch der Vulkanformation im Hintergrund ist wunderschön.

Genau dieses Bild auf die mächtigen Berge prägt sich uns auch bei der Ausfahrt des Schiffes nochmals stark ein. Wir stehen an der Reling und sehen die Stadt kleiner und kleiner werden, gleiten an der Insel Matupit vorbei und sehen ihn, den gekappten Vulkan Matupit, noch einmal ganz aus der Nähe. Willimar, unser Cruise-Director-Assistent und ›Kapitän auf kleiner Fahrt‹, stellt sich nachdenklich neben uns. Er meint, da seien wir ja noch mal gut davongekommen. Bitte? Ja, ob wir denn nichts von der Katastrophenwarnung wüßten? Seit Auckland sei dem Kapitän bekannt, daß ein Seebeben erwartet wird, in dessen Folge das Vulkan-Observatorium einen erneuten Ausbruch des Matupit erwartet. Wir wären quasi auf eigene Gefahr in Rabaul eingelaufen, denn der Ausbruch würde für die Zeit von Dezember bis April prognostiziert, und jetzt hätten wir immerhin Ende Februar! Betretenes Schweigen. Jetzt wird uns einiges klar. Rabaul scheint nicht nur fast ausgestorben; die Stadt ist es. Die Einwohner sind schon teilweise evakuiert worden. Der Umzugswagen, der unsere Fahrt behinderte, brachte die Familie also nicht in ein freiwillig gewähltes neues Heim. Willimar fragt, ob wir nicht die Katastrophen-Richtlinien, jene kleinen farbigen Zettel an den Straßenecken gesehen haben. Darum auch ist die Folkloreveranstaltung ausgefallen. Wer von den Einwohnern hat in solcher Katastrophenstimmung auch Lust, ein Singsing zu veranstalten?

Die Rache der Dukduks – fast hätten wir sie erlebt.

13

VOR DER GROSSEN WENDE

Hongkong

Stürmische Fahrt

Seit drei Tagen stürmt es im Pazifik. Wind- und Wellenstärken um Neun werden gemessen. Zwischendurch prasseln Regenschauer auf das Deck. Tiefhängende Wolken treiben zerfetzt über die aufgewühlte See. Die Horizontlinie ist nicht auszumachen. Grau-schwarz das Meer und etwas heller der Himmel.

Die ›Pushkin‹ liegt gut im Wasser. Der Wind kommt von vorn aus nordwestlicher Richtung. Wir stehen oben auf dem Peildeck und können kaum die Augen offen halten, so stark blasen die Windböen uns ins Gesicht. Es war ein schweres Stück Arbeit, hierher zu gelangen. Der Sturm versuchte uns immer wieder zurückzudrängen. So stark, daß er uns umwerfen kann, ist er glücklicherweise noch nicht – aber er ist kurz davor.

Das Schiff hebt und senkt sich. Mal neigt es sich zur einen, mal zur anderen Seite. Wenn besonders hohe Brecher heranrollen, dann taucht das Vorschiff in ein Wellental, und kurz vor dem Anheben bricht sich die Welle am Vordersteven und überschwemmt das Deck. In langen weißen Fäden zieht die Gischt über die Planken, bricht sich an den Ankerhäuschen und den Pollern und verschwindet wieder im Meer.

Die frische Luft tut uns gut. Ein wenig bleich sehen wir aus. In der Kabine war es nicht mehr auszuhalten. Die Eingeweide rebellierten gegen die rasch wechselnden Schwerkraftverhältnisse. Ob liegend oder sitzend, wird der Körper mal leicht, wenn das Schiff scheinbar unter einem wegsackt, und dann wird er schwer und immer schwerer, wenn es sich wieder aufrichtet und nach oben strebt. Der Gleichgewichtssinn ist ebenfalls gestört, und das verursacht Übelkeit. Eine kurzfristige Besserung tritt immer nach ein oder zwei Wodka ein, denn dann sind die Sinne ein wenig benebelt und reagieren nur noch träge.

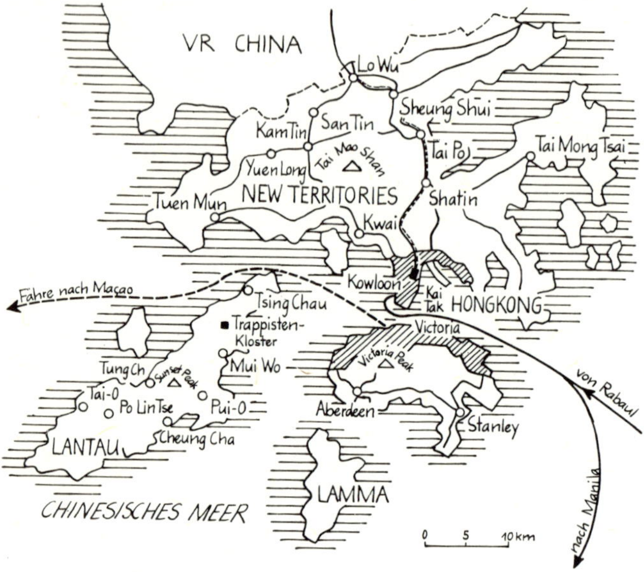

Hier oben läßt es sich aushalten. Es pfeift im Mast. Die Fahnen knattern. Der Schiffsleib vibriert. Wir beobachten jede Einzelheit. Das lenkt ab. Einige Passagiere haben sich, dick vermummt, ebenfalls auf den Weg nach oben gemacht. Wir nicken einander zu. An eine Unterhaltung ist nicht zu denken. Laut tost der Sturm, und jede Person ist mit sich selbst beschäftigt, versucht zumindest, den besten Modus zum Überstehen dieser Stunden herauszufinden. Wir müssen schmunzeln, denn es kommt zu eigenartigen Tanzeinlagen mancher Passagiere. Kurze seitliche Trippelschritte und der hastige Griff zur Reling. Aufatmendes Ausruhen. Dann in längeren Schritten dicht am Gestänge der Reling entlang, bis ein Hindernis den Weg versperrt. Hierauf eilige kurze

Schritte mit hervorgestreckten Armen, ein jähes Innehalten mit zurückgelehntem Körper und dem plötzlichen Zurückstellen eines Beins. Ein leichtes Schwanken mit Ausbalancieren der Arme, dann, ruckartig, wieder vorwärts mit weit vorgebeugtem Oberkörper ...

Uns ergeht es nicht anders, und wir wissen, daß wir jetzt, nachdem wir uns von der Reling gelöst haben, um unser Kabinendeck aufzusuchen, ebenfalls Grund zum Schmunzeln sind ... Das Knarren der Schotten und das Knistern in der Decke müssen wir nur noch heute Nacht aushalten. Dann irgendwann in den frühen Morgenstunden wird sich der Wellengang beruhigt haben, denn dann werden wir schon vor der Küste Chinas kreuzen, um zur Frühstückszeit an der Pier von Hongkong festzumachen. Wir nehmen noch einen kräftigen Gute-Nacht-Schluck an der leeren Bar und sinken schläfrig und ziemlich erschöpft ins Bett. Jeden Tag eine Stunde Seegang – das beste Fitness-Programm, denn jeder Muskel ist in einer ständigen Anspannung, um den Körper gerade zu halten.

Wellen wogen durch die Kabine und schwemmen kleine Dschunken vorbei. Darauf Chinesen, die vor einer Feuerstelle hocken und Teewasser kochen. Im Hintergrund Wolkenkratzer, die langsam von den Küsten die Berge hinaufmarschieren. Die Dschunken verflüchtigen sich. Nur noch vereinzelte Segel schweben über einer glitzernden Meeresoberfläche einem großen roten Sonnenball entgegen. Dieser vergrößert sich und wird rasch blasser. Nur noch bläuliche Schattenfarben und ein Klang, zu dem sich bald ein zweiter gesellt und dann ein dritter, und immer mehr. Nicht laut, sondern verhalten klingt die Musik – vielstimmig und dennoch eintönig, aber immer rund und sonor ...

Wir stehen am Kabinenfenster und schauen hinaus. Inmitten einer weißlich-grauen Dunstwolke schieben sich langsam riesige Schiffsleiber in unser Blickfeld. Nein, wir sind es, die sich den Schiffen nähern. Sie liegen vor Anker. Zwischen Schornsteinen und Masten erkennen wir in der Ferne die zarten Konturen von Bergformationen. Hellere Flecke scheinen Gebäude anzudeuten. Dann, ganz plötzlich, vor uns die hohe schwarze Bordwand eines Tankers. Nur ganz kurz währt dieser Bildwechsel, denn schon gleitet das Heck dieses Schiffes aus dem Fensterrahmen, und die alte Szenerie stellt sich wieder ein.

Hongkong Harbour

Hongkong Harbour. Schlepper ziehen uns an die Pier des Ocean Terminals von *Kowloon,* dem Festlands-Stadtteil der britischen Kronkolonie, die bekanntlich bald in den Besitz von Rotchina übergeht. Im Jahre 1898 pachtete die englische Krone die ›New Territories‹, das Hinterland von Hongkong, auf 99 Jahre. Diese sind 1997 abgelaufen. Und was dann? Dieses Fragezeichen ist heute überall in Hongkong zu verspüren. Aber alles der Reihe nach.

Die europäische Geschichte Hongkongs beginnt nicht erst im Jahre 1898, sondern schon ein halbes Jahrhundert früher. In der zweiten Hälfte des 18. Jahrhunderts gelang es den Engländern, Handelsstützpunkte in China zu gründen. Zu dieser Zeit herrschte der Kaiser Qianlong, der seinem Reich zur größten Ausdehnung in der Geschichte verholfen hatte. Ein wichtiges Geschäft mit den Chinesen war der illegale Opiumhandel, den die East India Company rücksichtslos durchführte. Die Auswirkungen waren fürchterlich, so daß die Chinesen energisch gegen die Händler vorgingen. Im Jahr 1839 vernichteten sie zwanzigtausend Kisten Opium im Wert von vier Millionen Pfund. Das löste den berühmten Opiumkrieg aus, der bis 1842 dauerte. Die Chinesen unterlagen und mußten im Vertrag von Nanking den Engländern neben anderen Zugeständnissen Hongkong abtreten. Ohne Hinterland konnte die große Stadt freilich nicht überleben, so daß es schließlich zu dem schon erwähnten Pachtvertrag gekommen ist. Wenig später, im Jahre 1912, wird die Kowloon-Kanton-Eisenbahnlinie eröffnet und damit China handelsmäßig immer enger an Großbritannien geknüpft. Wenn es auch in der Folgezeit zu einem Generalstreik gegen die britische Herrschaft gekommen ist (1925), so sorgte doch der chinesisch-japanische Krieg (1937) für eine politische

Annäherung. Das änderte sich nach dem Zweiten Weltkrieg. 1949 wurde in China die Volksrepublik ausgerufen. Unzählige Flüchtlingsströme gelangten nach Hongkong. Die Einwohnerzahl verdreifachte sich und stieg von 600 000 auf fast zwei Millionen an. Die Menschen mußten untergebracht werden. Natürlich fehlte es an Wohnungen, so daß innerhalb weniger Jahre riesige Slum-Gebiete entstanden. Da brach eine Katastrophe über die Stadt herein. Nein, es war keiner der gefürchteten Taifune, die schon oft ganze Stadtviertel verwüstet hatten, sondern ein Großbrand. Das Datum: der Heilige Abend 1953. Tausende von notdürftig zusammengezimmerten Holz- und Blechhütten wurden verwüstet. Mehr als 54 000 Menschen wurden obdachlos. Die Regierung sah sich gezwungen zu handeln. Eines der größten städtischen Wohnbauprogramme der Welt lief an. Die berühmten Wohnblocks ›Mark I‹ und ›Mark II‹ entstanden. Sie boten kaum hinreichende sanitäre Einrichtungen und entwickelten sich bald zu einem Zentrum der Unzufriedenheit und Kriminalität. Zehn Jahre später wurden die ›Mark-Typen‹ entscheidend verbessert. Nun hatte jede Wohnung eine Toilette und eine Küche. Doch der Wohnraum blieb nach wie vor sehr eng. Der persönliche Wohnraum lag bei zwei Quadratmetern. Eine zehnköpfige Familie mußte sich also auf zwei Räume mit insgesamt zwanzig Quadratmetern verteilen. Bis heute hat sich eigentlich nicht viel geändert. Der amtliche Lebensraum pro Person beträgt 3,3 Quadratmeter.

Auf Hongkong Island

Wir sind froh, wieder in einer Großstadt zu sein. Aber Hongkong ist keine Großstadt, sondern ein Vielfaches davon. Wir bewegen uns immer in unübersehbaren Menschenmengen. Kurz nachdem wir das Schiff verlassen und die Pier betreten haben, sind wir eingebunden in einen Menschenstrom, der uns aufsaugt und in eine bestimmte Richtung drängt. Wir geraten auf eine steile Rolltreppe, und plötzlich stehen wir auf der Straße. Die Richtung stimmt noch. Wir wollen nach Victoria auf Hongkong Island übersetzen und versuchen zu einem der in kürzesten Abständen verkehrenden ›Star Ferry Boats‹ zu gelangen. Da wir annehmen, daß die meisten Menschen dieselbe Absicht verfolgen, lassen wir uns treiben und erreichen tatsächlich die Pier, müssen vor einer Schranke warten und werden durch ein Hafengebäude geschleust. Unvermittelt stehen wir an der Reling des Fährschiffes, das sogleich ablegt, um die *Causeway Bay* zu überqueren.

Jetzt erst können wir das phantastische Panorama bewundern. Hoch ragen die Wolkenkratzer auf – so weit das Auge reicht. In der Ferne, im Stadtteil *Shau Kei Wan,* scheinen sich die Beton- und Glastürme zu bündeln. Sie wirken wie monströse Burgen. Highways führen in eleganten Kurven an ihnen vorbei, um irgendwo im Häusergewirr zu verschwinden.

Die Glasfronten von Victoria rücken schnell näher. Schon können wir einzelne Gebäude unterscheiden. Die eben noch so uniform wirkende Hochhauskulisse löst sich auf. Die Hotelbauten an der Wasserseite zeigen unterschiedliche und teilweise auch phantasiereiche Formen. Zurückversetzte und in Nischen aufgeteilte Dachpartien mit großen rundbogigen

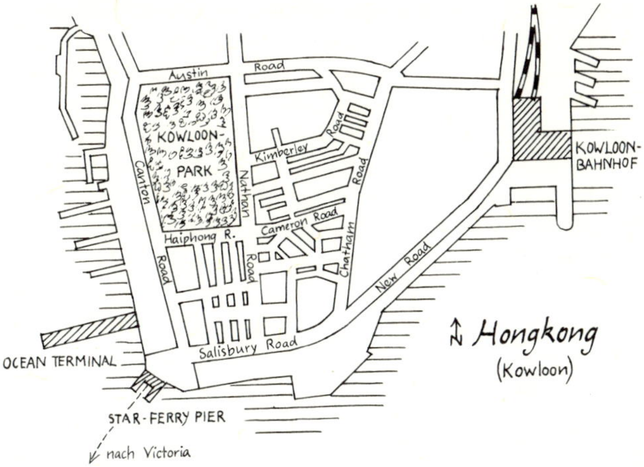

Fensteröffnungen oder konvex vor die Fassade gesetzte Trakte, die mit mansardenähnlichen Dächern abschließen, erstaunen uns ein wenig. Im Hintergrund schiebt sich jetzt ein wabenartiger runder Wohnturm vor, der sich in der oberen Partie sogar etwas verbreitert. Viele Bankgebäude verzichten sogar auf die obligatorisch durchgängige Fensterfassade und zeigen weite monochrome Wandflächen, die elegant durch waagrecht verlaufende rot angestrichene Träger gegliedert sind.

Über die Star Ferry Pier, dem ›Hauptbahnhof‹ Victorias, erreichen wir schnell den *Statue Square,* den Empfangssalon Hongkongs; so jedenfalls wird dieser Platz in der Reiseliteratur häufig genannt. Uns scheint diese Bezeichnung eine Übertreibung, denn dieser Platz ist umgeben von Baustellen, die zu einer schauerlichen Lärmkulisse beitragen. Und eine Baustelle war dieser Platz schon immer. Im Jahre 1966 standen hier Hochhäuser, teilweise noch im Art-Deco-Stil erbaut. Sie wurden gnadenlos abgerissen, um dieses mit spärlichem Grün versehene Rechteck zu schaffen. Einzige Zeugin der ›Altstadt‹ ist die Hongkong- und Shanghai-Bank. Sie wurde im Jahre 1935 im eben genannten Stil errichtet. Was für ein Formenreichtum angesichts der glatten und glänzenden Wolkenkratzer in der Nähe! Der Art-Deco-Stil verstand sich als eine ›kühlere‹ Variante des Jugendstils. Deren sanft geschwungene Ornamente sind begradigt und zugespitzt. Aber immerhin, ornamentale Verzierungen sind noch sichtbar. Manche Hauspartien enden in phantasiereich ausgestalteten Figuren oder Masken. Ja, die Hongkong- und Shanghai-Bank ist eines der letzten Zeugnisse, die über das ›alte‹ Hongkong, über die viktorianische Kronkolonie erzählen können …

Wir marschieren die *Des Voeux Road* entlang. Menschen, Menschen, Menschen und Schaufenster und ein unendlicher Verkehr, der sich durch diese Straßenschlucht wälzt. Chinesen und Europäer, Rikschas, wenn auch nur vereinzelt, und Taxis, glänzende Bankgebäude, deren Eingangshallen vornehm ausgestaltet sind, und in den Seitengassen Verkaufsstände. Eine Schnürsenkelverkäuferin vor einem luxuriösen Fotogeschäft. Ein pompöses Restaurant neben einem Eßstand, an dem ›Chicken rice‹ verkauft wird. Chinesische Schriftzeichen, rot, schwarz und blau auf langen Tafeln, die sich neben der nüchternen lateinischen Schrift wie Kunstwerke ausnehmen. Ein europäisch-chinesisches Kunstwerk, dieses Hongkong. Und wir, etwas atemlos, wissen nicht so recht, welchen Weg wir einschlagen sollen oder können. Von einem Menschenstrom drängen wir uns in einen anderen. Die nächste Seitengasse, die steil Richtung *Victoria Peak* hinaufführt, ist mit zahllosen Ständen vollgestellt. Wir lassen uns die Treppen hinaufschieben und atmen zunächst auf. Den Abgasschwaden sind wir entronnen, und langsam, ganz langsam können wir die Düfte, die würzigen Düfte Chinas aufnehmen. Mal süßlich, mal streng weht es uns an. Manchmal glauben wir sogar einzelne undefinierbare und unbekannte Speisen zu schmecken. Unser Appetit wird, wie nirgendwo sonst auf dieser Reise, angeregt, so daß wir uns kurzentschlossen zu einigen Chinesen an einen der niedrigen runden Tische setzen. Erstaunt schauen diese uns an. Sie schieben gerade flink und geschickt Reis und Fleischbrocken in ihre Münder. Dann lachen sie und fordern uns mit Gesten auf, an den Stand zu gehen, um unsere Mahlzeit zu bestellen. Aus den zahlreichen Töpfen dampft es köstlich, doch wir können uns nicht entscheiden. Schließlich bringen wir »Chicken rice« hervor. Beim ersten Mal sollten wir ja nicht gleich experimentieren ...

Und das einfachste erweist sich als das beste Mahl. Ein Genuß für Gaumen und Nase. Seit langer Zeit haben wir das Gefühl, nicht allzuviel essen zu müssen, um satt zu werden. Die Chinesen an unserem Tisch bemerken unsere Freude und Zufriedenheit und muntern uns zu weiteren Leckereien auf. Der eine deutet auf ein braunes geleeartiges Stück Fleisch – ist es wirklich Fleisch? Und der andere weist mit seinen Stäbchen auf ein Bündel grüner Fasern hin – eine Art von Gemüse. Wir schütteln mit dem Kopf und streichen unsere Bäuche. Die Chinesen nicken und lachen, als wir aufstehen und ihnen zuwinken.

Wir spazieren durch das Gassengewirr – treppauf, treppab. Immer wieder zieht es uns in kleine Läden, in denen wir die bunten Packungen bewundern, die die Gewürze, Nudeln oder andere uns unbekannte Lebensmittel umhüllen. In einem kleinen unscheinbaren Supermarkt kaufen wir

Streichhölzer, Bleistifte, Radiergummis, Schreibhefte für Pfennigbeträge. Exotische Mitbringsel. Wir entdecken die ästhetische Wirkung von Alltagsgegenständen wieder. Ob Chinesen in Deutschland ähnliche ›Souvenirs‹ einkaufen würden? Wahrscheinlich nicht. In der Welt dominiert die europäische Kultur, besonders diejenige des Alltags. Der Rest der Welt ist exotisch – wohl deswegen faszinieren uns chinesische Bleistifte ... Die *Wing Sing Street* soll eine der ganz typischen Straßen von Hongkong sein. Nun sind wir gegenüber dem ›Typischen‹ während unserer Reise skeptisch geworden. Meistens hat sich dahinter eine touristische Attraktion verborgen, die nur noch Schaustellung ist und sich schon weitgehend vom natürlichen Lebensraum des jeweiligen Gebietes isoliert hat. Die Wing Sing Street ist eine dunkle schmutzige Gasse, die von der Queen's Road abgeht, etwa in Höhe der Macao Ferry Wharf, der An- und Ablegestelle der Macao-Fähren. In weiten Hallen stapeln sich Eierkisten und -körbe. Hin und wieder tuckert ein Kleintransporter heran, der neue Eierkisten bringt oder welche abholt. Die Eier sind als solche zunächst gar nicht zu erkennen, da sie tiefschwarz aussehen. Eine Schlammschicht umhüllt diese von Chinesen als Delikatessen geschätzten ›Faulen Eier‹. Die berühmten ›hundred years old eggs‹ sind in der Regel weniger als ein Jahr alt. Sie werden mit Arsenik präpariert, in eine Schlammtunke getaucht und vergraben. Bald erhalten sie den typisch fauligen Geschmack.

舫鮮海寶珍
JUMBO FLOATING RESTAURANT

大中
有限公司
陳洪記
酒莊
CHAN HONG KEE
中西美酒
啤酒汽水
大力士商標為記
CHAN HONG
成合
SENG HUP
(GROCERY SHOP)
大中
有限公司

Attraktiv ist diese von den Chinesen auch Eierstraße genannte Wing Sing Street nicht, auch nicht typisch, was immer darunter zu verstehen ist. Sie ist echt, weil sie im Rahmen des chinesischen Alltags funktioniert. Touristen waren nicht zu sehen, und da die Straße so schmutzig ist, von wenigen Passanten betreten. Die Wing Sing Street, ein fast erholsamer Ort inmitten der hektischen Metropole.

In Hongkong, so unser Eindruck, wird schneller gelebt. Die Menschen schlendern nicht, sie eilen zielbewußt durch die Straßen. Die Kaufhandlungen wickeln sich fast hastig ab. Unentschlossene Käufer und Käuferinnen sind nicht gern gesehen. Schnelle Entschlußkraft ist nicht nur gefragt, sondern gefordert. Unwillig reagieren viele Verkäufer auf unser Abwägen bei der Wahl eines einfachen Taschenrechners. Und überall, wo wir hinsehen, sind flinke Hände bei der Arbeit. Irgend etwas wird immer getan. Da werden gerade Möbel aus einem Lastwagen in ein Geschäft getragen. Bei einigen Sesseln hängt der Lederbezug lose herab. Die schadhaften Stellen werden sofort geflickt – ohne Umstände, auf der Straße. Wir haben den Eindruck, daß sich das Entladen kaum verzögert hat.

Von den sogenannten ›typischen Straßen‹ wären noch die *Kwong Yuen Street* und die *Hillier Street* zu erwähnen. Sie liegen beide in der Nähe der Wing Sing Street. In der zuerst genannten Straße ist das rege Treiben von vielen hundert Chinesen und Chinesinnen vor ihren Nähmaschinen zu beobachten, und in der Hillier Street, der ›Schlangenstraße‹, gibt es Schlangengift und Schlangenfleisch zu kaufen. Von hier gelangen wir über die *Ladder Street,* einer steil in die Höhe führenden Treppenstraße mit zahlreichen Antiquitäten-Geschäften und Handwerksläden, auf die breite *Hollywood Road.* An der Ecke steht der älteste Tempel Hongkongs, der *Man-Mo-Tempel.* Uns fallen zwei Sänften auf, die sogenannten ›Geistersänften‹, die mit zierlichen Holzschnitzereien versehen sind. In ihnen sollen die guten Geister bei festlichen Anlässen herumgetragen werden. Wir glauben, diese Geister in Form dichter Rauchschwaden zu sehen und zu riechen. Sie benebeln mit ihrem süßlich-strengen

Duft die Sinne ein wenig und stimmen unsere Gemüter heiter ...

Bei einem Besuch Hongkongs darf eine Fahrt hinauf auf den *Victoria Peak* natürlich nicht fehlen. Vor dem Hongkong Hilton, das am Ende der Queen's Road steht, weisen uns Schilder den Weg zur Station der Peak Tramway. Es handelt sich hier um eine Seilzugbahn, deren Gründung auf das

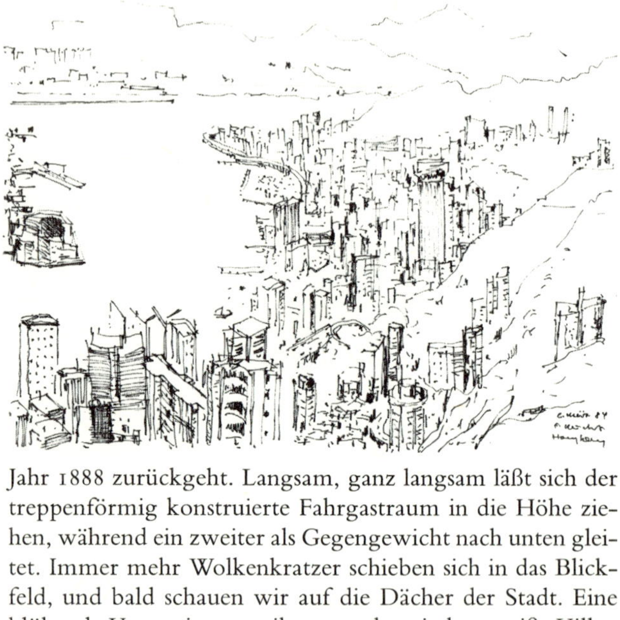

Jahr 1888 zurückgeht. Langsam, ganz langsam läßt sich der treppenförmig konstruierte Fahrgastraum in die Höhe ziehen, während ein zweiter als Gegengewicht nach unten gleitet. Immer mehr Wolkenkratzer schieben sich in das Blickfeld, und bald schauen wir auf die Dächer der Stadt. Eine blühende Vegetation umgibt uns – dazwischen weiße Villen mit den bekannten Säulenportiken aus dem 19. Jahrhundert. Schließlich erklimmen wir die Gipfelstation. Damit haben wir zwar noch nicht den 550 Meter hohen Gipfel erreicht, befinden uns aber knapp unter ihm. Die Lugard- und Harlech Road führen um den Gipfel herum, so daß an verschiedenen Stellen abwechslungsreiche Ausblicke möglich sind. Auf diese Weise können die Panoramen, die das gesamte Territorium der Kronkolonie umgreifen, nacheinander genossen werden.

Wir begnügen uns mit dem »Schönsten Ausblick der Welt auf eine Stadt«, wie das Hongkong-Panorama in der Reiseliteratur oft gerühmt wird. In der Tat ist der Ausblick überwältigend. Wie Stäbe ragen die Hochhäuser aus dem Dächergewirr niedriger Gebäude empor. Die in Abschnitten erkennbaren Highways winden sich zwischen ihnen hindurch, verschwinden in einem Tunnel, erheben sich auf Stelzen, um Täler oder Straßenzüge zu überqueren, und verzweigen sich schließlich, um sich in einem Kreisel aufzulösen. Der Großstadtlärm dringt verhalten zu uns herauf. Akzentuiert wird diese gedämpfte Lärmkulisse durch das tiefe Tönen einer Schiffssirene oder durch das Aufheulen der Düsenjets, die in regelmäßigen Abständen Kai Tak, den Flughafen von Hongkong, anfliegen. Wir können genau beobachten, wie die in der Sonne silbrig aufglänzenden Leiber der Jumbos einschweben. Kurz vor den Dächern von Kowloon beschreiben sie eine enge Kurve und sacken gefährlich nahe auf die Stadt herab, um gleich darauf die Piste, die weit in die Causeway Bay ragt, anzusteuern. Schon setzen sie auf und jagen dem offenen Meer entgegen. Einige hundert Meter vor dem Ende der Piste kommen sie zum Stehen, wenden und rollen langsam auf die Flughafengebäude zu. Kai Tak soll ja zu den schwierigsten Flughäfen der Welt zählen – nicht nur wegen der beengten Start- und Landeverhältnisse, sondern auch wegen plötzlich hereinbrechender Monsun-Schauer und einer zeitweise dichten Smog-Wolke über der Stadt.

Heute ist der Himmel blankgeputzt. Wie herausgemeißelt erscheinen die Konturen der fernen Inselberge. Und die Masten der vor Reede liegenden Schiffe zittern im Sonnenlicht. Tanker und Containerschiffe bestimmen die Szenerie, kaum noch Stückgutfrachter. Die klassische Silhouette des Frachtschiffes mit Aufbauten achtern und mittschiffs sowie den Ladekrähnen und Masten verschwindet langsam von den Weltmeeren. Die ›Schuhkartons‹, die kaum noch etwas Schiffsmäßiges an sich haben, beginnen zu dominieren. Die Aufbauten gehen manchmal nahtlos in eine aufgestapelte Container-Kette über, die bis zum Bug reicht. ›Schuhkarton mit Bugspitze und Schornstein‹, wäre noch ergänzend hinzuzufügen.

Langsam senkt sich die Sonne. Die Schatten werden rasch länger, und über die Täler der New Territories senkt sich ein violetter Schleier. Die Nachmittagssonne taucht die Landschaft und die Stadt in ein sanftes Licht. Von hier oben wirkt Hongkong fast schon idyllisch. Das Meer, die Wolkenkratzer, die fernen Berge und die unzähligen Inseln, die startenden und landenden Maschinen, die vielen, vielen Schiffe in der Causeway Bay – all das organisiert sich zu einem Schauspiel, das in verhaltenen Tönen vorgetragen wird. Das Typische an Hongkong – vielleicht dieses.

Aberdeen gibt es nicht mehr

Am Abend wollen wir Aberdeen besuchen. Viel haben wir schon über diese Heimat der Tankas, der Wasserchinesen, gehört und gelesen. Idyllisch, typisch, einzigartig ... so die üblichen Charakterisierungen. Tausende von Chinesen sollen auf den Dschunken leben – manche von ihnen haben bis zu ihrem Tode keinen Fuß an Land gesetzt. Diese schwimmende Stadt, in einer kleinen Bucht gelegen, umgeben von steilen Gestaden, liegt nur wenige Kilometer südlich von Victoria. Wir freuen uns schon auf die Busfahrt, werden wir doch ein Stück Insellandschaft sehen können. Aber die Hochhausketten reißen nicht ab. Immer noch der Highway, der auf hohen Säulen weite Buchten überquert. Und dann heißt es auf einmal ›Aberdeen‹. Wir sind angekommen. Erstaunt steigen wir aus und sind davon überzeugt, daß wir Victoria noch gar nicht verlassen haben, obwohl wir schon über eine halbe Stunde mit dem Bus gefahren sind.

Aberdeen und Victoria sind zusammengewachsen. Kein Stück Landschaft mehr dazwischen! Wir stehen in einer Straßenschlucht und fragen uns, wo wir das anmutige Fischerdorf finden können. Ratlos und enttäuscht gehen wir hinunter zum Meer, doch was wir zunächst sehen, sind nicht die Dschunken, sondern eine Betonwüste von mehr als zwanzigstöckigen Wohnblocks. Wa Fu Estate heißt diese

Massensiedlung, die innerhalb von drei Jahren erbaut wurde und heute ungefähr 54000 Chinesen Lebensraum bietet.

Es ist dunkel geworden. Abertausende von Lichtern blitzen auf, vor uns, über uns und hinter uns. Etwas verloren, grenzenlos enttäuscht und fröstelnd stehen wir am Wasser inmitten einer schauerlichen Trabantenstadt. Ein Licht schwimmt auf uns zu, und dann hören wir das regelmäßige Tuckern eines Bootsmotors. Aus der Dunkelheit schält sich eine Dschunke, sie hält auf uns zu und macht in unmittelbarer Nähe an der Pier fest. Weiter links entdecken wir dann weitere Dschunken. Aber der Weg dorthin ist versperrt. Wir marschieren wieder in die Stadt, um von einer anderen Seite erneut an die Bucht zu gelangen. Verschiedene Versuche mißlingen. Immer werden wir von einem Bauzaun aufgehalten. Und dann entdecken wir die für uns fürchterliche Wahrheit: Die Bucht wird zugeschüttet – zumindest teilweise in verschiedenen Etappen. Die restlichen Dschunken – die meisten sind schon verschwunden – dümpeln im öligen Wasser. Einzig die beiden Schiffsrestaurants ›Jumbo‹ und ›Sea Palace‹ sind mit Lichtgirlanden geschmückt. Sie erscheinen uns wie ein verzweifelter Versuch, die Romantik des alten chinesischen Fischerdorfes heraufzubeschwören. Eine riesige Brücke überquert die Hafeneinfahrt – die Schnellverbindung mit Wa Fu Estate.

Aberdeen gibt es also nicht mehr, die Großstadt hat es geschluckt. Uns wundert nur, daß in Reiseführern, die im Jahr unseres Hongkong-Aufenthaltes erschienen sind, von diesen radikalen Veränderungen noch nichts zu lesen ist.

Still fahren wir wieder nach Victoria zurück. Hongkong erscheint uns plötzlich zwiespältig und gibt Anlaß zu quälenden Spekulationen und Visionen: Das Neckartal bei Tübingen wird zugeschüttet und eingeebnet, um Platz für einen mehrspurigen Autobahnzubringer und ein riesiges Universitäts-Kongreßzentrum zu schaffen. Zu Füßen des Wurmlinger Kapellenberges, den einst Uhland so warm besungen, entsteht ein Landeplatz für Hubschrauber ... Bahnt sich bei uns nicht auch schon an, was in Hongkong offensichtlich eine Selbstverständlichkeit ist?

Da wir auf einen Aufenthalt im ›Sea Palace‹ von Aberdeen verzichtet haben, stellt sich uns jetzt die Frage, wo wir unser Abendbrot einnehmen sollen. Konsequent wäre eigentlich ein Besuch von McDonald's – aber auch selbstquälerisch. Die Kunst des Touristen besteht wohl heutzutage darin, Inseln zu finden …

In Victoria, nahe der Hafenpier, machen wir uns auf die Suche. Lange laufen wir an Baustellen vorbei, bis uns einige Querstraßen, die hell erleuchtet sind, verheißungsvoll erscheinen. Und dann stehen wir vor einem chinesischen Restaurant. Zugegeben, es wirkt etwas heruntergekommen und nicht gerade gemütlich. Aber es ist bevölkert, und die Düfte, die der Küche entströmen, lassen das Beste vermuten. Wir betreten den in helles Licht getauchten Raum und nehmen, von den Gästen aufmerksam beobachtet, an einem kleinen Tisch Platz. Der Ober und die Gäste haben sehr schnell gemerkt, daß sie uns bei der Wahl der Speisen behilflich sein müssen. Große Schwierigkeiten tun sich allerdings nicht auf, da die Küche in den Gastraum gewissermaßen eingebaut ist und wir von Topf zu Topf gehen, um uns ganz von unserer Nase und unserem Augenschein leiten zu lassen. Schließlich gesellt sich ein junger Mann zu uns, der ausgezeichnet englisch spricht und uns bei der Zusammenstellung des Menus hilft. Da stehen dann kleine Schüsselchen mit einer wohlriechenden Suppe vor uns, daneben Teller mit Fleischbrocken, eine schäbige Kanne, aus der grüner Tee in kleine zierliche Tassen gegossen wird. Dann werden uns Nudeln, die in einer wäßrigen Sauce schwimmen, gereicht und schließlich eine Schüssel mit Gemüse. Die Spucknäpfe fehlen natürlich auch nicht. Wie sie benutzt werden, können wir an den Nebentischen beobachten. Die vielfältigsten Düfte steigen zu uns hoch. Es ist schwierig, sie im einzelnen zu charakterisieren, fade und gleichzeitig würzig und schmackhaft. Unsere Gaumen sind an andere, ganz offensichtlich ›gegensätzliche‹ Kost gewöhnt. Vielleicht sind die Geschmacksnerven von der abendländischen Kost überstrapaziert, so daß wir die sublimen Nuancierungen der chinesischen Küche nur sehr schwer unterscheiden können.

Abgesehen von dem Erlebnis ›chinesisches Menu‹ wirken das Restaurant selbst und seine Gäste wahrscheinlich noch viel intensiver auf uns. Wir haben den Eindruck, daß wir in einer großen, allerdings frauenlosen, Familie speisen. Immer, wenn wir aufschauen, nickt uns ein alter Mann oder ein junger Bursche zu. Sie haben teil an unserer Unterhaltung, wenn auch nur mit Gesten. Nein, als exotische Eindringlinge werden wir sicherlich nicht betrachtet – Hongkong ist international. Aber die Chinesen haben ihre Bereiche – und die sind chinesisch. Vielleicht freuen sie sich, daß wir, die Europäer, den Weg zu ihnen gefunden haben, um an ihrer Kultur teilzunehmen.

Peking steht vor der Tür

»Hongkong is watching you!« Aufkleber mit dieser Sentenz sind überall in der Stadt zu entdecken – ob an öffentlichen Verkehrsmitteln, Häuserwänden, Straßenlaternen, Schaufenstern oder wo auch immer. Was mag das bedeuten? Hongkong wird in etwas mehr als einem Dezennium chinesisch, das bedeutet ›rot-chinesisch‹. In wenigen Jahren könnte sich das soziale und kulturelle Gefüge dieser Riesenstadt grundlegend ändern. Hongkong is watching you – eine Warnung an die Europäer und ein Aufruf an die Chinesen, ein neues Bewußtsein zu bilden? Hongkong is watching you – ein Symptom für eine gewisse Verunsicherung, die langsam, ganz langsam um sich greift?

Es gibt also einen ›Fall Hongkong‹. Der britische Gouverneur, Vertreter der Queen, führt die Regierungsgeschäfte in Hongkong. Ihm stehen unter anderem zwölf von ihm ernannte Stadträte zur Seite – und ihm gegenüber zwölf frei gewählte Stadträte. Unschwer zu erraten, durch wen Entscheidungen getroffen werden. Diese Machtstruktur wird demnächst aufgelöst. Der Pachtvertrag über die New Territories, wir erwähnten das schon, läuft 1997 aus. Peking steht vor der Tür. Verhandlungen werden geführt.

Heute, ein Jahr nach unserer Weltreise und während der Niederschrift unseres Manuskripts, hat sich die politische

Situation geklärt. Wahrscheinlich sind jetzt die Aufkleber, von denen wir eben gesprochen haben, aus dem Straßenbild von Hongkong wieder verschwunden. Doch greifen wir nicht vor, denn im Augenblick sind wir ja noch in Hongkong und gleichzeitig hier an unseren Schreibtischen. Zeichnen wir diesen Prozeß nach. Die Rot-Chinesen sind schon lange in Hongkong und den angrenzenden Gebieten präsent. Die Kin Kwong Corporation, eine in Hongkong eingetragene rot-chinesische Gesellschaft, hat sich in den New Territories eingekauft. Peking verpachtet dort Land. Diese Gesellschaft ist ebenfalls an einem Riesenprojekt beteiligt: Mit anderen Gesellschaften finanziert sie das Metro-Netz in der Kronkolonie. Und dann gibt es viele rot-chinesische Banken mit zahlreichen Zweigstellen in der Stadt. Warum sollte China Interesse haben, den Status quo in Hongkong grundlegend zu verändern? Richard Hughes, der in einem brillanten Aufsatz im Merian-Heft ›Hongkong und Macao‹ das rot-chinesische Engagement in der Kronkolonie durchleuchtet hat, spricht von einem »kommerzialisierten Kommunismus«, der in Hongkong gerade zu blühen anfange. Er geht sogar noch einen Schritt weiter und sagt sehr delikat, daß Hongkong der Herausforderung gegenüberstehe, Karl Marx zu widerlegen: Die Armen müssen nicht ärmer und die Reichen nicht reicher werden. Und wenn die Reichen Hongkong verlassen, ist nicht gesagt, daß die Armen an ihre Stelle treten. Das Beispiel Vietnam hat das Gegenteil gezeigt. Die Reichen wurden arm und die Armen noch ärmer. Wir würden diese Situation noch anders beurteilen: Hongkong ist gerade dabei, das sozialistische System zu widerlegen.

Kurz nachdem die ›Pushkin‹ den letzten Hafen unserer Weltreise – Genua – erreicht hatte, waren die Verhandlungen zwischen London und Peking unentschieden. Im Sommer des Jahres 1984 war noch in der Presse zu lesen, daß die verbleibenden dreizehn Jahre für die Einwohner Hongkongs zu einer qualvollen Periode größter persönlicher Unsicherheit werden könnte. Die Kommunisten in Peking freuten sich schon auf den ›fetten Braten Hongkong‹. Wir standen solchen Meldungen gelassen gegenüber. Wenn auch das

»Hongkong is watching you« in diese Richtung tendierte, so sah doch die Realität anders aus. Für einen kommerzialisierten Kommunismus ist ein fetter Braten keine ›Beute‹, sondern politisches Kalkül. In der Tat, am 25. September desselben Jahres wurde das Hongkong-Abkommen paraphiert. Hongkong wird im Jahr 1997 an die Chinesen übergeben, und trotzdem bleibt so ziemlich alles beim alten. Das Vertragswerk sieht vor, daß Hongkong bis zum Jahr 2047 sein eigenes Rechtssystem beibehält. Es wird also über die eigene Wirtschafts- und Handelspolitik entscheiden. Dazu gehört, daß der Hongkong-Dollar eine konvertible Währung bleibt. Die Bürger der Stadt behalten ihr Recht, überall dorthin zu reisen, wohin sie wollen. Ja, die Hongkong-Bürger können sogar über 1997 hinaus ihre britischen Pässe behalten. Bleibt insgesamt abzuwarten, wie sich dieses Vertragswerk in die Wirklichkeit umsetzen läßt.

Von diesen Dingen konnten wir natürlich im März noch nichts wissen. Das »Hongkong is watching you« hat uns eigentlich nur nachdenklich gemacht, nicht aber beunruhigt. Kehren wir also wieder von den Schreibtischen nach Hongkong zurück.

In den New Territories

Wir sind schon den dritten Tag in Hongkong und betreten unser Schiff nur noch für wenige Stunden Schlaf. Heute, am letzten Tag, verzichten wir auf das Übersetzen mit dem Star Ferry Boat nach Hongkong Island. Wir machen uns auf den Weg zur *Kowloon Railway Station*. Diese lag früher genau gegenüber von Victoria, neben der Anlegestelle der Fährboote. Davon zeugt noch der alte, im Kolonialstil erbaute Uhrturm. Die neue Station ist ein klobiges Ungetüm. Eine mehrspurige Autobahn, die durch den Causeway Tunnel führt, der Kowloon unter Wasser mit Victoria verbindet, zweigt einen Zubringer zum riesigen Bahnhofsvorplatz ab. Dort drängen sich die zweistöckigen Busse, um überraschend wenige Fahrgäste ein- und aussteigen zu lassen.

Belebt ist dieser Bahnhof, der von außen nach ›weiter Welt‹ aussieht, nicht. Aber wohin sollen auch die Züge fahren? Es gibt einen Expreßzug, der in das nahe Kanton, jenseits des Bambusvorhanges, fährt. Die übrigen Züge, Metros, gehen über Tai Po nach Lo Wu, zur Grenze. Das ist übrigens die einzige Metro-Strecke Hongkongs. Die andere, nach und in Victoria, befindet sich im Bau. Oder ist dieser Bahnhof schon für die Zeit nach 1997 geplant, wenn hier viele Züge aus Kanton, Peking oder Shanghai eintreffen und wieder abfahren werden?

Wir steigen in die Metro nach *Sha Tin*. Dort, so die Reiseliteratur, ziehe sich ein Bambuswald an den Hängen eines Gebirgszuges empor. Oben, inmitten einer »alt-chinesischen Idylle«, erhebe sich der berühmte Tempel der Zehntausend Buddhas. Hier werden wir das alte China treffen, seine Kultur und seine urwüchsige Landschaft. Der Rundblick wird uns mit einem einmaligen Panorama vertraut machen. Unter uns das verschlafene Nest Sha Tin, malerisch an einer Bucht gelegen, in der langsam Dschunken ihre Bahn ziehen. Das hört sich gut an – viel zu gut. Nach unserem Aberdeen-Erlebnis trauen wir allerdings solchen Beschreibungen nicht mehr. Aber warum, so überlegen wir, während der Zug durch einen langen Tunnel fährt, sind wir so mißtrauisch? Die New Territories sind nicht Hongkong Island. Und ein Gebiet, das demnächst an die Chinesen übergeht, wird wohl nicht einem Bau-Boom zum Opfer gefallen sein.

Welcher Irrtum. Nachdem wir seit fast einer Viertelstunde angestrengt nach ›Landschaft‹ Ausschau gehalten haben und immer noch Hochhaus-Kolonien sehen, zweifeln wir an der erwarteten »typisch-altchinesischen Landschaft«. Offenbar, so beruhigen wir uns, haben wir die Stadtgrenze von Kowloon noch nicht erreicht, obwohl wir schon an einigen Stationen haltgemacht haben. Und jetzt bremst der Zug wieder ab: »Sha Tin!« Unser Ziel ist erreicht – und doch nicht erreicht. Um uns herum Wolkenkratzer. Wir verlassen den Bahnsteig, irren durch einen langen, fahl erleuchteten Tunnel und stehen schließlich auf einem verwaisten Busbahnhof. Nun fängt es auch noch an zu regnen. Und kein Mensch in der Nähe, den wir nach dem Weg zum Bambuswäldchen und zum Tempel der Zehntausend Buddhas fragen können.

Zwischen zwei Hochhäusern entdecken wir in der Ferne einen bewachsenen Hügel und dahinter höhere Berge. Mutlos schauen wir uns an. Sollen wir noch weiter in Richtung Grenze fahren? Irgendwo muß doch freie Landschaft zu finden sein. Wir sind verzweifelt und wissen nicht, was wir unternehmen sollen. Da erscheinen unvermittelt zwei unserer Schiffspassagiere auf einer der Zufahrtsstraßen zum Busbahnhof. Sie winken uns und fragen nach dem Buddha-Tempel im Bambuswald. Immerhin hätten wir ja in unserem Vortrag so davon geschwärmt. Wir zucken mit den Schultern. Ratlos stehen wir einander gegenüber. Dann tauschen wir unsere Enttäuschungen aus, und das Ehepaar entschließt sich zur Rückfahrt nach Hongkong. »Dort gibt es auch Großstadt, nur schöner, belebter und interessanter!«

Wo ist der Bambuswald?

In uns steigt der Trotz hoch. Jetzt gerade! Wir wollen unsere Idylle! Wo ist der Bambuswald? Dort hinten jenseits der Hochhäuser könnte er sein. Wir marschieren los. Schon nach wenigen Schritten erblicken wir – winzig klein – die Turmspitze einer Pagode. Offensichtlich haben wir den richtigen Weg gewählt. Vorbei an Wellblechhütten, die am Rande der Hochhaussiedlung an einem ausgetrockneten Flußbett stehen und weiter über ein unwegsames Baugelände entdecken wir schließlich einen Pfad, der uns in den mittlerweile schon sehr nahen Bambuswald führt. Die ockerfarbenen Bambusstäbe und die zarten olivgrünen Blätter verdichten sich zu einem undurchdringlichen Gewirr, so daß wir glauben, in eine dunkle Höhle vorzudringen. Steil geht es bergauf. In zahlreichen Windungen erklimmen wir den Berg und stehen unvermittelt vor der Pagode. Zunächst fallen uns die großen bunten Tiere und die strengen, überlebensgroß dargestellten Götterfiguren auf. Eine davon stellt Guanyin dar, die buddhistische Göttin der Barmherzigkeit. Die grelle Farbigkeit dieser mythischen Gestalten verwundert uns zunächst. Wir verfügen eben über andere ästhetische Maßstäbe. Die abendländische Kunstmaxime, die das farblich und formal Ausgewogene erstrebt, gilt im Reich der Mitte nicht. Die Farbe, die grelle Farbe wird hier als Bedeutungsträger, vielmehr noch als Signal für Macht und Glanz verstanden. Das Märchenhafte, in das die chinesische Mythenwelt verwoben ist, wird dadurch ebenfalls um so deutlicher hervorgehoben. Aber belassen wir es zunächst bei diesen Überlegungen. Im Tiger Balm Garden von Singapur werden wir noch ausführlicher auf die chinesische Fabelwelt zu sprechen kommen.

Die vielstöckige Pagode, deren Simse elegant ausschwingen, zeigt in jedem Geschoß innerhalb kleinerer Bogennischen eine Buddhafigur. Gegenüber öffnet sich die weite Halle eines Tempels. An den acht bis zehn Meter hohen Innenwänden stehen auf Regalen unzählige Buddha-Statuen, die in der Höhe vielleicht vierzig Zentimeter messen. Wir befinden uns im *Tempel der Zehntausend Buddhas.* Wir haben sie nicht einzeln nachgezählt, aber diese unübersehbare Menge von Götterstatuen, die sich wie ein plastisches Ornamentmuster ausnimmt, könnte diese Zahl vom Augenschein her bestätigen. Die Allgegenwärtigkeit Buddhas – Buddha in jedem Lebewesen, in jedem Gegenstand, in jedem Atom – vielleicht könnte das die Richtung sein, in der eine Interpretation dieses Tempels zu erfolgen hätte. Nach der besonders in China vorherrschenden monistischen Mahayana-Lehre wird die Welt als ›Leere‹ definiert (Shunya). Nur durch einen Irrtum ist die vielheitliche Welt entstanden. Der Buddha-Jünger soll sich nicht als Heiliger empfinden, sondern in selbstloser Hingabe an alle irdischen Wesen die Läuterung und damit die Befreiung (Nirwana), also das Nichts erreichen. Vielleicht symbolisieren diese ›Buddha-Wände‹, diese kosmischen Eckpfeiler, das Nichts.

Wenige Meter von diesem Tempel entfernt tut sich vor uns ein faszinierendes und zugleich ein erschreckendes Panorama auf. Einerseits erscheint uns endlich die lang gesuchte altchinesische Landschaft mit dem olivgrünen Bambuswald im Vordergrund, einer stillen Bucht im Mittelgrund und einer Bergkulisse im Hintergrund. Vereinzelte kleine Flachdachhäuser und Hütten in den Tälern und auf den Hügeln. Ganz rechts die bunte Pagode. Aber dann marschieren da unten unübersehbar die riesigen Betonsilos ins Tal und zerstören das Bild. Ob spätere Generationen auch an Zerstörung oder verunstaltete Landschaft denken, wenn sie vor diesem Panorama stehen? Vielleicht haben wir die zivilisatorischen Notwendigkeiten unseres Jahrhunderts noch nicht mit dem ästhetischen Empfinden in Einklang bringen können.

Neben uns ragt eine große Buddha-Statue auf. Ihr Blick geht ins Leere, ins Nirwana. In der Nähe ein weiterer Tempel, in dessen Mittelpunkt eine vergoldete Buddha-Statue steht. Merkwürdig nimmt sich die Formung der Körperteile aus. Gar nichts Stilisiertes ist zu erkennen. Unförmig und mager wirkt die Gestalt, und das Gesicht erscheint mumienhaft. Viele Dokumentarfotos an den Tempelwänden erzählen die Geschichte dieser Buddha-Figur. Es handelt sich um den mumifizierten Körper eines Mönchs, der im Jahre 1965 in Hongkong gestorben ist. Er ist, so ist den Bildern zu entnehmen, über die Maßen populär gewesen und muß die gestellten Forderungen, um das Nirwana zu erreichen, offensichtlich erfüllt haben. »Denn er ging ein in Buddha« –

so würden wir jetzt sagen. Seine engsten Anhänger und weite Teile der Bevölkerung haben diesen Mönch so sehr geliebt und verehrt, daß sie das notwendige Geld aufgebracht haben, um die Mumie vergolden zu lassen.

In der Stille des Bambuswäldchens zwischen der Pagode und den vielen, vielen Buddhas sind unsere Gemüter besänftigt worden. Angesichts des Nirwanas ist es wahrscheinlich müßig, sich über Beton den Kopf zu zermartern. Das Nirwana ist die äußerste Form einer Wirklichkeitsflucht – aber wem sollen wir die Wirklichkeit überlassen, wenn wir den Rückzug in unser zur Zeit sanftmütiges Inneres antreten?

Zurück ins 20. Jahrhundert

Also machen wir uns wieder als Abendländer, als Zeitgenossen unserer Zivilisation, auf den Weg durch die New Territories. Viel Zeit bleibt nicht mehr, und so entschließen wir uns für die übernächste Station, für *Tai Po Market*. Tai Po, so lesen wir in unserem Reiseführer nach, ist eine kleine Stadt an der großen Tolo Bucht, die stets von Hunderten von Dschunken und Fischerbooten bevölkert ist. Früher sollen sich hier sogar Piraten aufgehalten haben. Und die Berglandschaft, so lesen wir schmunzelnd, sei hier »besonders urwüchsig«. Nichts von alledem. Keine Dschunke, nur Tankschiffe vor Reede in der Ferne. Und die Landschaft ist wieder einmal nicht zu sehen, weil Hochhäuser die Sicht versperren. Die Altstadt ist schnell gefunden, sie besteht aus einer großen Markthalle, um die einzelne Obst-, Gemüse- und Fischstände gruppiert sind. Wir schlendern durch die Halle, lassen uns treiben. Plastik und Coca-Cola neben alten Chinesen-Frauen, die vor einer Feuerstelle auf dem Boden hocken und Tee kochen. Kühltruhen neben Fischbottichen. Moderne Ladeneinrichtungen, in denen Fernseher oder Stereo-Anlagen verkauft werden, neben windschiefen Ständen mit zerschlissenen Leinendächern, unter denen flinke Chinesen veraltete Haushaltsgeräte feilbieten. Autoabgase von der nahen Straße und würzige Düfte, die aus einer versteckten Küche zu uns herüberwehen. Laute amerikanische Schlager, in deren grelle

Klänge sich manchmal der Singsang chinesischer Musik mischt.

Uns gefallen diese Kontraste nicht mehr. Wir mögen auch keinen Tempel aufsuchen, um den Hauch vom Nirwana einzuatmen. Also zurück ins 20. Jahrhundert! Unser Entschluß steht fest. Die nächste Metro wird uns nach Kowloon fahren. Dort werden wir im Ocean Terminal einen Einkaufsbummel unternehmen. Wir sitzen im Zug und lassen diese wechselvolle Landschaft an uns vorüberziehen. Es nieselt. Die eben noch so intensiven Farben, von der Sonne zum Leuchten gebracht, verschwimmen in ein düsteres Grau. Wir sind uns einig, daß wir Hongkong wiedersehen werden. Wir haben Stadt und Land noch nicht begreifen können – zu vielfältig und widersprüchlich waren die Eindrücke. Oder haben wir in diesen drei Tagen die Zeit falsch genutzt? Hätten wir eine andere Route in die New Territories einschlagen sollen – beispielsweise zum höchsten Berg dieses Gebietes, zum Taimo Shan (956 m) und weiter nach Kam Tin, eine der ältesten Ortschaften hier? Eine uralte Stadtmauer, so wie sie in China kaum noch zu finden ist, soll die Stadt umgeben. Die meisten Gebäude stammen noch aus dem 14. und 15. Jahrhundert. Weiter hätte es nach San Tin und Fan Ling gehen können. Hier wäre Gelegenheit gewesen, zahlreiche Entenfarmen und Fischteiche zu besuchen. In Lu Fau Shan an der Deep Bay hätten wir Austern verspeisen können. Bei Ebbe werden die in aller Welt berühmten Riesenaustern aus dem Schlick herausgeholt und in großen Körben gesammelt.

Wir sind schon dabei, das Programm für unseren nächsten Hongkong-Aufenthalt zusammenzustellen. Auf keinen Fall würden wir es dann versäumen, mit der Fähre nach Macao, der portugiesischen Kolonie, oder Lantau überzusetzen. Wenn wir auch den emphatischen Landschaftsbeschreibungen in unserer Reiseliteratur mißtrauen – zu oft ist von »typisch chinesisch«, »ungemein reizvoll« und »urwüchsig« die Rede –, würden wir auf jeden Fall die beiden Klöster der Insel Lantau besuchen, das Trappistenkloster, in dem europäische und chinesische Mönche leben, und das Po-Lin-

Kloster, eine Gründung aus dem frühen 15. Jahrhundert. (Po Lin heißt soviel wie Kostbare Lotosblume.) Im Tempel sind viele alt-chinesische Holzschnitzereien und Buddha-Figuren zu sehen. Und dann würden wir überprüfen, ob Tung Chung immer noch der beschauliche Fischerort ist, als der er ausgegeben wird. Wenn dem so wäre, könnten wir vielleicht ein wenig von der knisternden Atmosphäre verspüren, die auf Tung Chung, dem berühmten Spionagezentrum des Fernen Ostens zur Zeit des Kalten Krieges, verweist. Eine Atmosphäre, die gewissermaßen schon vorbereitet war, denn während der Opiumkrieg zwischen 1840 und 1842 tobte, lauerten chinesische Kriegsschiffe den mit Opium beladenen Dschunken auf, die von der benachbarten Insel Lin Tin nach Hongkong unterwegs waren.

Wir stehen an der Reling. Langsam wird unser Schiff von zwei Schleppern von der Pier weggezogen, und schon sehr bald haben wir die Causeway Bay erreicht. Ein letztes Mal grüßen wir die Skyline von Victoria. Der Ocean Terminal, ein unvergleichliches Einkaufsparadies, das uns noch zum Kauf einiger Kostbarkeiten verführen konnte, verschwindet langsam hinter Holt's Wharf, dem äußersten Punkt der Halbinsel und der Stadt Kowloon. Die Sonne blendet, und vielfältig wird der Schein von den fernen Glas- und Betonstäben zurückgeworfen. Wie ein strahlendes Feuerwerk muten diese Lichtreflexe an. Stellenweise blitzt das Meer vor uns silbrig auf. Über uns donnern die Jets hinweg, die gerade die Startpiste von Kai Tak verlassen haben. Und dann haben wir schon das offene Meer erreicht. Unzählige kleine unbewohnte Inseln und hin und wieder noch ein paar Wolkenkratzer, deren Spitzen über die Bergkuppen schauen – dann ist Hongkong verschwunden. Im fernen Dunst ganz zart, bläulich zart, die Küste Rot-Chinas.

14

DIE JEEPNEYS VON MANILA

Auf den Philippinen

»Passen Sie in Manila auf!« So wurden wir vor unserem Ausflug gewarnt. »Vor kurzem soll einem Geschäftsmann in einem Taxi die heraushängende Hand abgehackt worden sein. Die Ausbeute: Eine goldene Armbanduhr und ein Siegelring.« Manila soll die kriminellste Stadt der Welt sein – und das im Dreieck zwischen Hongkong, Malaysia und Neuguinea, wo ein vergessener Koffer nicht gestohlen, sondern noch nachgetragen wird; wo die Menschen offen und ausgelassen sind – sogar gegenüber Touristen. Wir stehen ja noch unter dem Eindruck der fröhlichen Kinder von Rabaul und Kokopo in Neuguinea.

Stadt oder Landschaft?

Also wir sind gewarnt und werden uns bei unserem Ausflug, den wir diesmal ohne Schiffspassagiere unternehmen, entsprechend vorsehen. Bei der Wahl des Zieles können wir uns schwer entscheiden. Natürlich ist unser Aktionsradius bei nur einem Tag Aufenthalt wieder etwas beschränkt. Doch *Luzon,* die größte Insel, ist sicherlich neben Mindanao, der Südinsel, der interessanteste Aufenthaltsort auf den Philippinen. Das Leben spielt sich zunächst hauptsächlich in der Millionenstadt Manila ab, die mit der Hälfte aller zugelassenen Autos des Landes fast im Verkehrsgewühl erstickt. Wie still und beschaulich müssen dagegen die übrigen 7499 Inseln und Atolle sein, die mit Luzon zusammen die Inselgruppe der Philippinen ergeben? Viele dieser Eilande sind allerdings weniger als einen Quadratkilometer groß und kaum namentlich erfaßt. Die elf größten dagegen zählen zusammen neunzig Prozent der philippinischen Inselfläche. Doch auch nach Mindoro, Samar, Panay, Negros oder Palawan kommen wir leider nicht. Wir bleiben auf Luzon und haben die Wahl in südöstlicher Richtung, zur Pagsanyan-Schlucht, oder in den Süden zum Taal-See zu fahren. Der Weg zum Pagsanyan bietet, abgesehen von einer über hundert Kilometer langen, sehr schönen Überlandfahrt, in der Schlucht des Flusses ein aufregendes Landschaftserlebnis. Das Ziel des kleinen Abenteuers ist ein dreißig Meter hoher Wasserfall, zu dem die Touristen mit Booten hingeführt werden. Es ist schon ein nasses und nicht ganz ungefährliches Unternehmen, diese Fahrt auf einer ›Banca‹. Die Bancas sind kleine Boote, die zunächst von einem Motorboot in einem Pulk stromaufwärts gezogen werden. Dann werden sie abgekoppelt; doch keine Bedenken, ab hier übernehmen einheimische Bootsführer die Fahrt. Die Arbeit ist nicht leicht, denn die kleinen Boote mit ihrer touristischen Last müssen ständig gegen den Strom geführt werden. In trockenen Jahreszeiten, wenn der Fluß wenig Wasser führt, müssen die Bancas sogar über Steine und Felsvorsprünge getragen werden. Die Filipinos zeigen dabei große Geschicklichkeit. Ebenso gekonnt steuern sie am Ziel ihre Boote bis unter den mächtigen Wasserfall. Es empfiehlt sich, die geologischen Besonderheiten der teilweise hundert Meter hohen Pagsanyan-Schlucht auf der Bergfahrt zu bestaunen. Die Talfahrt wird ein wenig aufregender. Flußabwärts sind circa fünfzehn Stromschnellen und zahlreiche Felshürden zu umfahren. Das ganze ist ein Spaß, der vor allem wasserdichte Kleidung und ein wenig sportliche Beweglichkeit erfordert.

Dennoch ziehen wir es vor, Manila, die angeblich so chaotische Metropole am Rande Ostasiens, zu besichtigen. Wir wollen anschließend noch ein wenig die wunderschöne Landschaft um den Taal-See genießen. Heute sind wir zu viert, wir haben uns mit einem aufgeschlossenen und interessanten Passagierpaar zusammengetan. Sie sind uns vor kurzem bei einem Kostümfest aufgefallen. Sie verkleideten sich als Kolonialherr und sein Engelchen. Weil wir stets vermuten, daß sich Menschen ihr Wunschbild als Verkleidung wählen, waren wir gespannt, was sich wohl hinter diesen Kostümen verbirgt. Es stellte sich heraus, daß der ›Kolonialherr‹ tatsächlich viele Jahre in Südostasien als Arzt verbracht hatte – natürlich behütet von seinem ›Engelchen‹. Wir hörten damals sehr interessante Berichte aus Java, über die Menschen, ihre Lebensweise, ihre Kunst, vor allem über das dortige Schattenspiel. Ein gemeinsamer Ausflug schien interessant zu werden, und so verabredeten wir uns für die Philippinen. Um acht Uhr ist das Schiff von den örtlichen Behörden freigegeben, und wir können von Bord. Unten vor dem Schiff warten bereits zahlreiche Händler an kleinen und großen Ständen auf uns. Von Briefmarken über Postkarten bis hin zu farbenfrohen Textilien, Stickereien und auch Schnitzereien ist alles geboten. »Whisky, Cognac?«, werden wir gefragt. Doch wir suchen einen Fahrer mit Auto. Zwei Männer bieten sich als Fahrer und Guide für achtzig Dollar an – offensichtlich ein Familienunternehmen. Das scheint uns allerdings zu teuer. Wir schütteln den Kopf und gehen weiter. Die beiden hinter uns her. Eingedenk der Warnungen haben wir sämtliche Dollars im Brustbeutel direkt am Körper, auch tragen wir keinen Schmuck. Dennoch kommt ein beklommenes Gefühl auf. Das große Hafenareal ist auch nicht gerade einladend. »Mister, siebzig Dollar!«, hören wir. Dann fünfundsechzig und sechzig. Der Preis wird schon besser. Wir hören noch weitere Gebote von anderen Chauffeuren. Doch bald zeigen unsere ersten Verhandlungen Früchte. Wieviel wir denn zahlen wollten, werden wir von dem Familienunternehmer gefragt. Vierzig Dollar. Und zu unserem großen Erstaunen nickt der Mann schließlich. Und betrübt guckt er, er habe immerhin eine große Familie und eine geschiedene Frau mit mehreren Kindern zu versorgen. Also, bei guten Erklärungen bekämen sie fünfundvierzig Dollar. Sie strahlen. Inzwischen haben wir die Zollschranken passiert und kommen wohl bald zum Auto. Ob es uns etwas ausmacht, wenn der Wagen keine Klimaanlage hat? Nein, wir werden dann die Fenster vielleicht etwas öffnen können. Und dann stehen wir vor unserer Limousine und sind nicht schlecht erstaunt. Es ist keine Rede von einem sechssitzigen bequemen amerikanischen Automodell, so wie wir es uns ausgemalt haben. Wir stehen vor einem silbergrauen Monster mit viel farbigem Beiwerk, einer Mischung von Ranch-Rover und Kleinbus. Wir sehen uns einem echten *Jeepney* gegenüber. Die Kühlerhaube ist über und über beladen mit Spiegeln, Reflektoren und einigen silbernen Aluminiumpferden. Über der Stoßstange zahlreiche Scheinwerfer – mehr schmückend als funktional. Dazwischen blicken grelle Reklamefiguren stumpfsinnig auf die Straße. Überall prangen Aufkleber mit Sinnsprüchen und Emblemen, ähnlich denen unserer Rocker. Antennen ragen gefährlich spitz in den Himmel. Die Windschutzscheibe ist innen liebevoll mit einer Samtbordüre bekränzt, kleine rote Kordeln hängen herunter. Der vordere Innenraum des Gefährts ist ebenfalls kurios geschmückt. Da hängt eine asiatische Skelettmarionette neben dem Marienaltar. Seitlich davon klebt ein penetranter Männerwitz neben einem frommen Spruch. Wir werden in den Fond verfrachtet. Für längere Fahrten allerdings dürfte dieses Fahrzeug etwas unbequem sein. Zwei hölzerne Sitzbänke sind in Längsrichtung an den Seitenwänden angebracht. Die scheibenlosen Fenster gewähren einen ungetrübten Blick – allerdings können wir auch mit entzündeten Augen rechnen. Andererseits wären Scheiben aber erst recht hinderlich, denn durch die bleischweren Abgaswolken Manilas würde das Glas ohnehin ständig undurchsichtig.

Der Jeepney ist eine echte Kuriositätensammlung, eine Mischung aus fernöstlichen chinesischen und spanisch-katholischen Kulturelementen, angereichert durch US-amerikanische Zutaten. Der Jeepney selbst ist in seiner Grundstruktur dem amerikanischen Jeep nachempfunden. Vermutlich sind viele Autos, die beim Abzug der amerikanischen Truppen nach dem Zweiten Weltkrieg zurückgelassen wurden, in der ersten Not von den Filipinos umgebaut, vergrößert und dankbar als neues Transportmittel verwendet worden. So war die Grundform des Jeepney erfunden. Heute werden sie oft mit einem großen Anteil an Handarbeit in eigenen Fabriken hergestellt. Der Jeepney in seiner Vielfalt von konträren Kulturelementen ist ein sichtbares Zeichen der Identität oder Nicht-Identität der Filipinos. Aus einer unendlichen widersprüchlichen Geschichte heraus ist es den Menschen wohl bis heute nicht gelungen, eine selbstbewußte philippinische Identität zu finden. Doch machen wir uns auf zur Besichtigung der Metropole.

Manila Intramuros

Manila, das mit vollem Namen ›Metropolitan Manila Area‹ heißt, ist eine 7,5 Millionen-Stadt mit nordsüdlicher Ausdehnung von fünfundvierzig Kilometern und einer Breite von fünfundzwanzig Kilometern. Uns interessiert zunächst das alte Manila, *Intramuros,* wie es auch genannt wird. ›Innerhalb der Mauern‹ liegt dann auch die alte koloniale Stadt. Wir bewundern den Fahrer, der sich geschickt durch das Verkehrsgewühl schlängelt. Dabei ist heute Sonntag, dennoch – oder vielleicht gerade – fahren die Jeepneys Stoßstange an Stoßstange. Die Straßen sind überfüllt. Das geflügelte Wort vom ›urbanen Hexenkessel‹ Manila scheint da nicht übertrieben. Überall die kuriosen, von Staub und Abgasen düster eingefärbten kantigen und stacheligen Monster. Sie sind der Stolz und die Lebensgrundlage ganzer Familien. Oftmals teilen sich auch zwei bis drei Familien ein solches Gefährt. Die Jeepneys dienen als Transport- und Fortbewegungsmittel für Einheimische und Touristen. Je reicher eine Familie ist, desto zahlreicher die Aluminiumpferde auf der Kühlerhaube. Reichtum ist hier allerdings relativ. Eine philippinische Familie ist nach einheimischen Verhältnissen schon wohlhabend, wenn sie sich einen Jeepney leisten kann. Und ein reicher Filipino demonstriert seinen Stand mit der Anzahl der kleinen Rösser. Übrigens versteht es sich von selbst, daß eben nur der Filipino den Jeepney lenkt, die Filipina dürfte selbstverständlich nie das Steuer dieses Prunkstücks führen. Das Menschen- und Verkehrsgewühl führt uns plastisch vor Augen, was es heißt, wenn 12000 Menschen auf einem Quadratkilometer wohnen. Die Vergleichszahl mit einer unserer Großstädte, Hamburg, nimmt sich da recht bescheiden aus, hier sind es nur 2100 Menschen auf gleicher Fläche. Sehr viele Kinder und Jugendliche treiben sich in den Straßen

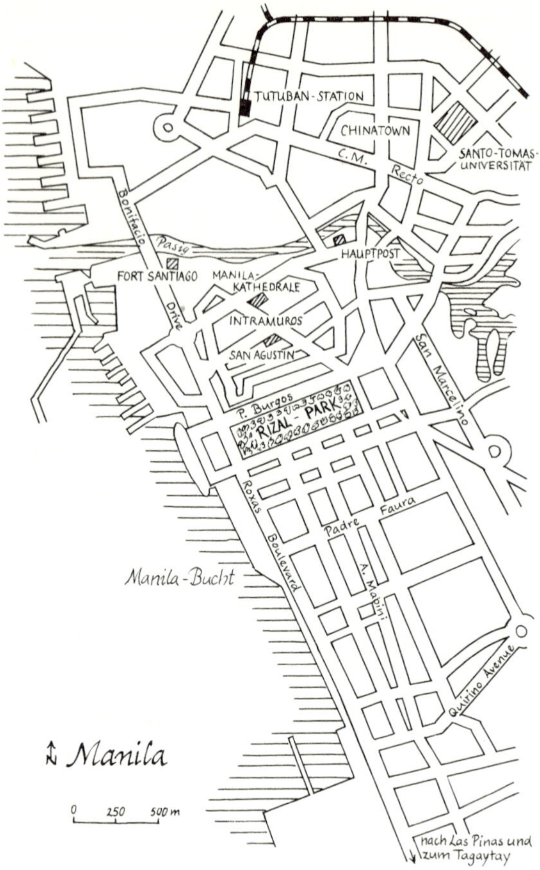

herum. Auch das kann nicht verwundern, liegt doch das Durchschnittsalter bei 16 Jahren.

Bald sehen wir von weitem die mächtige Mauer, die früher nur durch acht Tore den Zugang zur Außenwelt zuließ. Durch die Wirren des Zweiten Weltkriegs ist sie teilweise sehr zerstört worden, so daß der Befestigungsring heute nicht mehr vollständig ist. Intramuros war eine strategisch hervorragend gesicherte Stadtanlage. 1571 wurde die schon vorhandene Festung eines islamischen Herrschers von den Spaniern unter Miguel López de Legazpi erobert und später weiter ausgebaut. Schon 1565 hatten die spanischen Eroberer die Inselgruppe zwischen Luzon und Mindanao, die Visayas, erobert, bevor sie dann sechs Jahre später in das nachmalige Manila eindrangen. Dieser Eroberungsakt gilt als der Beginn der spanischen Kolonialzeit. Aber schon gut fünfzig Jahre früher, 1521, hatten die Philippinen – wie sie erst später genannt wurden – europäischen Kontakt. Ferñao de Magalhães (Ferdinand Magellan) landete hier und büßte bei der Besetzung einer kleinen Insel schließlich sein Leben ein. Villalobos, ein Spanier, war da geschickter. Ihm gelang es wenigstens, die Inselgruppe auf den Namen des spanischen Tronfolgers, des späteren Königs Philipp II. zu taufen: Seit 1543 trägt die Region den Namen Las Filipinas, die Philippinen. Intramuros als Festung jedoch ist älter als die spanische Geschichte. Schon der islamische Herrscher Rajah Soliman, der dann Legazpi in die Hände fiel, residierte hier. Die islamische Religion hatte schon zweihundert Jahre vorher den Zugang auf die Philippinen gefunden. Im 14. Jahrhundert wurde sie durch moslemische Gelehrte auf die Inseln gebracht. Ein Jahrhundert später verdrängte der Islam auch politisch und wirtschaftlich die herrschenden Vorgänger, die Abgesandten der chinesischen Ming-Dynastie. Diese wiederum befanden sich seit dem 11. Jahrhundert auf dem späteren philippinischen Territorium. Der dann einfallende Katholizismus hat den Islam relativ vollständig getilgt. Beim chinesischen Einfluß allerdings gelang dies nicht so radikal. Zu verwurzelt waren die kulturellen Strömungen, die sich bereits seit dem 10. Jahrhundert hier angesiedelt hatten.

Den heutigen philippinischen Einwohnern wird viel fernöstliche Weisheit nachgesagt. Die Christianisierung hat nicht alle älteren Wurzeln zu tilgen vermocht. Versucht haben sie es, die geistlichen Konquistadoren. Die Augustiner, Franziskaner, Jesuiten, Dominikaner, die ab 1577 katholischen Gehorsam predigten. Auch sie priesen das Nicht-Sehen, Nicht-Hören und Nicht-Sprechen und suchten damit folgsame und schweigsame Untertanen zu erziehen. Das jedoch ist nicht das Ziel der drei chinesischen Affen, die jene Tugenden zur aktiven Selbstbeherrschung im Sinne einer höheren Erkenntnis und Selbstreflexion über Jahrhunderte hinweg demonstrieren.

Offensichtlich prallen seit der spanischen Kolonialisierung fernöstliche Mentalität und europäische Gehorsamsvorstellungen aufeinander. Die Folge der neuen Herrschaftsverhältnisse war Unzufriedenheit, sowohl der einheimischen Filipinos als auch der noch verbliebenen japanischen und chinesischen Siedler. Der Unmut führte zu offenen Aufständen, die wiederum blutig niedergeschlagen wurden. Der mächtige Altstadtring mit fast dreihundert Metern Länge bekam als zusätzlichen Schutz noch einen Wassergraben als äußeren Ring. Die alte spanische Stadt hatte damit eine Ausdehnung in Nordwest-Südost von über einem Kilometer und sechshundert Metern in der kreuzenden Achse. Gegen Ende der spanischen Zeit, 1898, zählte die Stadt fast eintausend Einwohner. Manila hat heute 1,5 Millionen Menschen und ist damit die größte sowie politisch und wirtschaftlich bedeutendste Stadt des philippinischen Inselstaates.

Intramuros birgt seit der spanischen Zeit einige steinerne Zeugen. Leider wurde die Stadt im Zweiten Weltkrieg sehr stark zerstört, so daß das spanische Kulturschaffen auch stark in Mitleidenschaft gezogen wurde. Japan hatte ja bekanntlich 1942 auch die Philippinen annektiert und errichtete bis 1945 ein Terrorregime in der Hauptstadt. Die Kämpfe zwischen den japanischen und den anlandenden amerikanischen Truppen unter General MacArthur waren sehr folgenreich für die Bevölkerung und ebenfalls für die altspanischen Bauten. Sicherlich weniger tragisch, dennoch bedauerlich: Intramuros wurde bis auf wenige Ausnahmen 1945 fast völlig zerstört. Danach wurden Manila und die Philippinen US-amerikanisches Territorium. Die Unabhängigkeit 1946 brachte einen mühsamen Wiederaufbau, in dessen Folge auch einige der alten Baudenkmäler restauriert wurden. Von den zwölf spanischen Kirchen ›intra muros‹ überstand nur *San Agustin* die Kämpfe. Wir fahren an der ältesten Steinkirche der Philippinen von 1599 langsam vorbei. Die Vorgängerkirche, von der allerdings keine Reste mehr vorhanden sind, stammte sogar aus dem Jahr 1571, dem Jahr der spanischen Eroberung. Das damalige Baumaterial war Bambus und Blätter der Nepa-Palme. Es hielt jedoch einigen Piratenüberfällen nicht stand. Auch der zweite Holzbau von 1574 wurde vernichtet. Leider haben wir nicht die Zeit, einen Blick in das Innere zu werfen. Bemerkenswert sind die Wanddekorationen des italienischen Künstlers Alveroni. Auch die Altäre und einiges Schmuckwerk, zum Beispiel an der Kanzel, sind sehenswert. Legazpi, der spanische Eroberer, fand nach seinen Großtaten hier seine Grabstätte, vielleicht auch seine letzte Ruhe. Von dem dazugehörigen Klosterbereich sind leider nur noch Ruinen zu sehen. Schön dagegen ist ein Spaziergang durch den liebevoll gepflegten Klostergarten.

Doch wir bleiben im Jeepney und genießen Intramuros vom offenen Gefährt aus. Rechter Hand liegt nach ein paar Metern die *Kathedrale* von 1581. Auch sie ist im Laufe ihrer Geschichte mehrmals durch Naturgewalten und vorsätzliche Zerstörungswut der Menschen geschädigt worden. Der heutige Bau stammt daher auch aus der Nachkriegszeit von 1956. Die Kathedrale wurde als einzige der kriegszerstörten Kirchen wieder aufgebaut. Ein einundfünfzig Meter hoher Glockenturm überragt heute die dreischiffige Basilika, deren Grundriß ein lateinisches Kreuz bildet. Bemerkenswert sind im Inneren der Kirche die aus Ravenna stammenden Mosaikarbeiten und der Fußboden aus poliertem Carrara-Marmor.

Intramuros, das von seiner Geschichte her so viele historische Schätze versprochen hat, ist für uns einigermaßen enttäuschend. Wir fahren eben nicht durch eine altspanische Stadt auf den Philippinen, sondern hauptsächlich durch gesichtslose Straßen. Damals sind sie aus der Not der Nachkriegszeit heraus entstanden. Schnell mußten Wohnungen gebaut und daher schnell jene Betonblocks hochgezogen werden. Historisch wird es nur noch einmal an der Nordbegrenzung von Intramuros, am *Fort Santiago,* das sich über dem Pasig-Fluß erhebt. Die spanischen und ab 1898 die amerikanischen Kolonialherren nahmen hier ihren Hauptsitz. Zu trauriger Berühmtheit gelangte das Fort 1945 mit der Hinrichtung zahlreicher Einheimischer durch die japanischen Besatzer. Auch der Held der philippinischen Unabhängigkeit, José Rizal, verbrachte hier die letzten Stunden vor seiner Hinrichtung. Die Exekution wurde später im heutigen Rizal-Park vollzogen. Davon wird noch ausführlich die Rede sein. Heute ist seine ehemalige Gefängniszelle eine Gedenkstätte. Der vom Volk ungeliebte Präsident und Diktator Marcos ließ dem Helden der philippinischen Befreiungsbewegung diesen Gedenkort einrichten. Wieder einmal Ironie der Geschichte?

Wir fahren auf dem Magellanes Drive am Pasig entlang in Richtung Hauptstadt. Es ist wirklich beeindruckend, das große Bauwerk der *Hauptpost* im neoklassizistischen Stil. In den achtziger Jahren des 19. Jahrhunderts wurde es nach Plänen von Juan Arellano, einem Filipino, erbaut. Nach gut touristischer Art können wir hier nicht umhin, auszusteigen. Zum einen haben wir wieder einen Stapel der obligatorischen Postkarten für die lieben Daheimgebliebenen, zum anderen müssen wir unbedingt ein ungewöhnliches ›Alltagsdenkmal‹, das einen überdimensional großen blau-uniformierten Briefträger darstellt, vor dem Bauwerk fotografieren. Es ist ganz wohltuend zu sehen, daß weder eine historische Figur noch ein heutiger Staatsmann dargestellt wird.

Ein kleiner Schwenk führt uns über die Quezon-Brücke nach *China Town,* damit weiter nach dem Norden der Stadt. Wir sehen im Vorbeifahren das typisch chinesische Stadtbild, das eine China Town wohl rund um die Welt prägt. Die Vorfahren der heute nur kleinen chinesischen Minderheit kamen schon im 10. Jahrhundert auf die Insel und prägten die Lebensweise der Insulaner doch sehr nachhaltig. Wir sind nun auf dem Weg zur ältesten Universität des Landes: *Santo Tomas.* 1611 schon wurde sie von Dominikanermönchen gegründet und wird bis heute von Ordensbrüdern geführt. Neben altehrwürdigen Fakultäten sind hier verschiedene wertvolle Sammlungen untergebracht. So bewahren die Dominikaner ein Museum mit kostbaren Schriftstücken und Dokumenten, weiterhin eine Schausammlung präparierter philippinischer Fauna und verschiedene Beispiele philatelistischer Schätze.

Wir fahren nicht weiter in nördlicher Richtung. Hier liegt das große Elendsviertel von Manila. Ein Besuch ist weder zu Fuß noch mit dem Jeepney, ja nicht einmal mit dem geschlossenen Wagen für Touristen zu empfehlen. Sie haben dort auch wirklich nichts verloren. Das Armengetto Tondo ist wahrhaftig ein trauriger Beleg für die teilweise unmenschliche Politik des Präsidenten Ferdinand Marcos und seiner Ehefrau Imelda. »We don't like our president«, so bekommen wir abschätzig von unserem Fahrer zu hören. Doch diese Äußerung scheint noch sehr untertrieben. Auf den Philippinen sind die Vermögensverhältnisse ebenso extrem verteilt wie beispielsweise in Mexiko. Es gibt kaum eine sogenannte Mittelschicht, nur die Pole arm und reich. Das Volk ist arm, zum Teil am Existenzminimum und darunter. Sie mögen ihren Diktator nicht, der sich demokratisch ›Präsident‹ nennt und seit 1972 mit kleinen Ausnahmen mit dem Kriegsrecht regiert. Doch scheint die Macht des kranken, heute 66jährigen Marcos, der nun knapp zwanzig Jahre das Präsidial-Amt innehat, sehr angeschlagen. Im August 1983 wurde Aquinos, der führende Oppositionelle, ermordet, ein Signal, das für viele den Anfang vom Ende der Ära Marcos einzuläuten scheint, denn dieser Mord aktivierte die politischen Gegner des Regimes.

Entsprechend fielen die Wahlen vom Juni 1984 auch weniger eindeutig für die KBC, die Regierungspartei ›Bewegung für eine neue Gesellschaft‹, aus. Dennoch regiert Marcos auch heute noch mit unerhörten Vollmachten, mit denen er das Parlament sogar ausschalten kann.

Wir hören, daß Marcos sich ausschließlich für seine ehrgeizigen Industrieprojekte einsetzt, gestützt von seiner internen Bourgeoisie und massiver Hilfe aus den USA. Hunderttausende aber hungern – und das nicht nur in Manila. In Tondo hat sich inzwischen eine Selbsthilfeorganisation zusammengefunden, die Überlebensstrategien entwickelt. Die 1970 gegründete ›ZOTO‹ hat bereits zehntausend Mitglieder. Sie bemühen sich vor allem um Erste-Hilfe-Stationen, Schulen und andere soziale Einrichtungen. Das schwerste ist der Kampf gegen Krankheiten wie TBC, Lungenentzündung, Cholera, sowie die Versorgung mit Nahrungsmitteln und Trinkwasser. Marcos dagegen hat in Tondo, das nahe am Hafen liegt, eigene Pläne. Er will weiterhin im großen Umfang Industrie ansiedeln und den Hafen ausbauen lassen. Die Elendsviertel in Tondo stören da, und so verbietet er die weitere Ausdehnung der Slums. Selbst der Boden zur Ansiedlung wird den Menschen damit genommen, Hütten werden abgerissen, weil diese der wirtschaftlichen Expansion im Wege stehen. Erzürnt meint der Fahrer nur noch, das diene alles nur der persönlichen Bereicherung des Präsidenten und seiner Verbündeten. Dort drüben, das Hotel zum Beispiel, sei einzig die Einkommensquelle für das Taschengeld der Lady Marcos. Inzwischen fahren wir an der *Manila Bay,* der großen Bucht der Stadt in Richtung Süden, und sehen in der Ferne unter Palmen eine zwar nicht schöne, aber gigantische Hotelsilhouette. Das Taschengeld der Lady muß relativ hoch sein.

Die Gegensätze in Manila sind bedrückend. Genau im Süden liegt das Luxus- und Geschäftsviertel Makati. Daneben die Prachtvillen der Reichen – auch ein Getto. Denn: Die Häuser und Parkanlagen werden durch eine Privatpolizei geschützt, die Insassen leben verbarrikadiert wie in einem Gefängnis und wagen sich ohne Schutz nicht auf die Straße.

Ausflug zum Taal-See

Wir haben die Altstadt nun endgültig verlassen, natürlich nicht ohne linker Hand einen Blick auf den *Rizal-Park* mit dem Denkmal des Helden zu werfen. Hier wurde José Rizal am 30. Dezember 1896 als Anführer der philippinischen Freiheitsbewegung erschossen. Dieser Tag wird heute alljährlich als Nationalfeiertag begangen. Rizal wurde als siebtes von elf Kindern einer wohlhabenden philippinischen Familie geboren. Der Wohlstand der Eltern ermöglichte ihm eine Ausbildung in Madrid, Heidelberg, Paris, Japan, Hongkong, in den USA, London und Berlin. Genau dort soll 1887 die philippinische Revolution begonnen haben, die Ideen für eine Befreiung der Philippinen von der spanischen Herrschaft entstanden sein. Der praktizierende Augenarzt begann damals sozialkritische Romane zu schreiben, deren Inhalte auf westlichem Gedankengut, aber auch den fernöstlichen Ideen eines Gandhi und Sun-Yatsen aufbauten. 1892 kehrte Rizal nach Manila zurück und gründete dort eine Freiheitsbewegung, die ›Liga Filipina‹. Das Ziel war natürlich die Befreiung des Landes von der spanischen Fremdherrschaft und die Verbesserung der politischen und sozialen Verhältnisse. Nach einem sehr kurzem Aufenthalt wurde Rizal nach Mindanao ins Exil geschickt. Von dort aus pflegte er noch Briefkontakte zu seinen westeuropäischen Freunden, wie Rudolf Virchow oder Ferdinand Blumentritt, einem österreichischen Ethnologen. Aus dieser Verbannung meldete er sich wenig später als Freiwilliger zur Befreiungsarmee auf Kuba. Auf der Überfahrt in die Karibik wurde er als »Seele der philippinischen Freiheitsbewegung« verhaftet. Bald darauf erfolgte die Hinrichtung des erst Fünfunddreißigjährigen, der später als der »erste Filipino« oder als »Stolz der malaiischen Rasse« geehrt wurde. Die Unabhängigkeit von Spanien erfolgte am 12. Juni 1898. Diese Loslösung sah allerdings anders aus, als es sich die Freiheitsbewegung erhofft hatte: Im Pariser Friedensvertrag 1898 tritt Spanien die Philippinen für zwanzig Millionen Dollar an die USA ab. Es begann eine neue Kolonialzeit. Erst am 4. Juli 1946, nach dem Zweiten Weltkrieg also, bekommen die Philippinen die nominelle Unabhängigkeit. Wie unser Fahrer jedoch betont, sehen die Philippinen ihre Freiheit heute noch durch eine wirtschaftliche Zwangsabhängigkeit von den USA eingeschränkt.

Von der Stadtrundfahrt sind wir fast abgasvergiftet und haben jetzt, als wir ein wenig aus der Stadt herausgefahren sind, etwas Hoffnung auf bessere Luft. Der ›Kolonialherr‹ lächelt auch im heißen Jeepney-Gewühl von Manila noch verschmitzt. Sein kleiner weißer Oberlippenbart tänzelt lustig hin und her. Auch in dem Chaos wirkt er immer korrekt. Das ›Engelchen‹ lacht ebenfalls freundlich wie immer. Wir sind ein wenig müde von den vielen Eindrücken, von den unzähligen silbergrauen und farbigen Monstern mit ihren Hupen und Auspuffgasen.

Wir haben uns wohl doch zu früh gefreut. Die Stadt geht in kleine Orte über, die sich nun kilometerweit an der Landstraße entlangziehen – mehr oder weniger verstopft durch den Sonntagsverkehr. Aber dann lichtet sich die schier unendliche Häuserreihe. Bald tauchen Häuser und Hütten nur noch vereinzelt auf. Nun geht die Fahrt der verbleibenden fünfunddreißig Kilometer hoffentlich etwas schneller voran. Der Ausblick aus unserem offenen Jeepney ist abwechslungsreich. An die kleinen vereinzelten Dörfer schließen sich die ausgedehnten Felder an. Hauptsächlich wird hier Reis angebaut. Seit in den späteren sechziger Jahren die Züchtung des sogenannten ›Wunderreises‹ gelang, kann der Bedarf des so wichtigen Grundnahrungsmittels aus eigenem Anbau gedeckt werden. Bis zu den Knöcheln stehen die Reisbauern mit ihren Wasserbüffeln im Schlamm der Felder und bestellen sie. Die Produkte der Mais-, Tabak- und Obstbauern gehen zum großen Teil ins Ausland. Die Wirtschaft des Landes ist stark exportabhängig. Die Philippinen brauchen die ausländischen Devisen. Ebenso geht die Ausbeute an Zucker, Kokosöl und Kopra zum großen Teil ins Ausland, insbesondere nach Japan und in die USA. Insgesamt sind fast siebzig Prozent der philippinischen Bevölkerung in der Landwirtschaft tätig; die Industrie ist entsprechend schwach entwickelt. Sie verarbeitet weitgehend die eigenen Landesprodukte wie Rohstoffe zu Textilien, Früchte zu Obstkonserven oder das berühmte Rattan zu den gleichnamigen Möbeln. Bekannt ist ebenfalls der Manilahanf, ein für uns begehrtes Importprodukt, das aus den Fasern einer Bananenart gewonnen wird. Die Landschaft, durch die wir fahren, ist leicht hügelig, teilweise ein wenig bewaldet. Im Baumwuchs gibt es große Unterschiede. So wachsen im Norden von Luzon zum Beispiel Edel-, Nutz- und Harthölzer, aber auch Nadelbäume. Auf den südlicheren Inseln Samar, Palawan und Mindanao finden wir dagegen dichten Urwald und tropische Vegetation. Nun, diese Extreme bekommen wir hier nicht zu Gesicht. Wir fahren kilometerlang an Reis-,

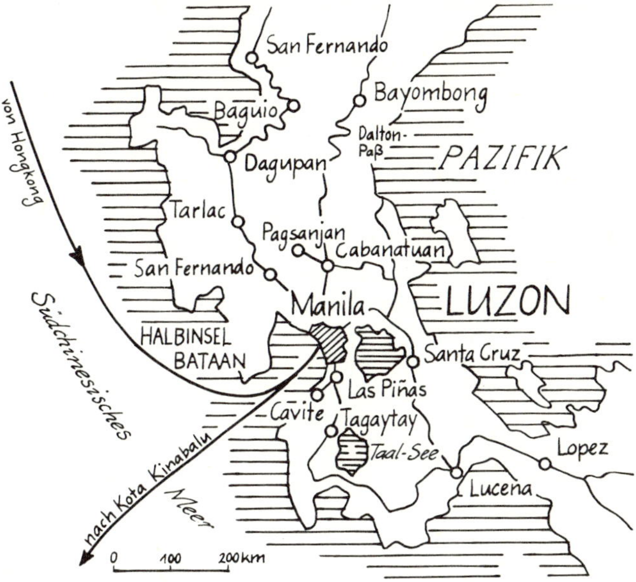

Mais- und Tabakfeldern vorbei. Die Häuser wandeln sich zwischendurch oft in kleine Hütten. Der Guide zeigt links hinaus. Dort hinten sei ein Wellblechlager mit Auswanderern. Viele Menschen kommen in der Hoffnung nach Luzon, der Hauptinsel, in der Nähe der reichen Hauptstadt Arbeit zu finden. Wir kennen das Problem von Mexiko-Stadt. Doch weder die Industrie noch die Landwirtschaft kann diese Familien ernähren. Selbst für die schon hier Ansässigen ist die Lage oft aussichtslos. So bleibt für viele der einzige Ausweg, ihre Töchter und Frauen in die Prostitution zu schicken. Nach Bangkok ist nun auch Manila damit zu trauriger Berühmtheit gelangt. Die Hauptstadt ist zur guten Einnahmequelle geworden – jedoch nicht für die betroffenen Frauen, sondern für die Zuhälter. Sie machen mit dem Hunger, der Armut und der gesellschaftlichen Geringschätzung der Frau ein blühendes Geschäft. Schon 13- bis 14jährige Mädchen, deren Mütter ebenfalls gezwungen sind, hier zu

›arbeiten‹, werden vermarktet. So verspielen Ehemänner ihre Frauen, Bauern bieten ihre Töchter feil und Geschwisterfamilien zwingen junge Witwen, die nach der Religion nicht mehr heiraten dürfen, nach Manila zu gehen. Alle diese Frauen müssen auf diese traurige Art Geld verdienen. Die Zahl der so mißhandelten Frauen wird auf über zweihunderttausend geschätzt.

Traurige Gedanken beim Anblick dieser Armenhütten. Das ansonsten recht lebhafte Gespräch zwischen uns vieren stockt etwas. Gedankenversunken hängen alle ihren Überlegungen nach. Wir sind ein wenig müde und vor allem hungrig. Bald finden wir an der Straße einen kleinen Stand mit Früchten, die ungleich schöner und reifer scheinen, als wir es von zuhause gewöhnt sind. Unser Guide fährt langsamer, um zu halten. Plötzlich springt von hinten ein Junge in den Jeepney. Unsere Reflexe funktionieren gut: Tausend Warnungen und Ängste schießen uns durch den Kopf, und schon greifen wir zu den nebenliegenden Fotoapparaten. Doch der Junge verlangt bittend eine Zigarette. Etwas beschämt über unser Mißtrauen geben wir sie ihm. Er springt zufrieden vom Auto.

Wir kommen in eine gebirgige Landschaft. Mit einer kleinen dunklen Abgaswolke hinter uns tuckert der Jeepney ein wenig kurzatmig die siebenhundert Meter hoch zum *Tagaytay*. Der Platz selbst ist kaum interessant, eindrucksvoll dagegen ist der Blick auf den *Taal-See*. Er ist eine geologische Besonderheit. Im See liegt der kleinste aktive Vulkan der Welt. 1966 brach er aus, fünfzehn Jahre später entstand nochmals ein kleiner Vulkan. Dieser aktive Krater liegt in einem alten Kratersee, dessen Vulkanberg wiederum in einem See, dem Taal-See, liegt. Auf den Philippinen gibt es noch zehn aktive Vulkane. Auf Mindanao liegt ein tätiger Vulkan, der zugleich der höchste Berg der Inselgruppe ist: der Mont Apo mit 2965 Metern über dem Meeresspiegel. Die Philippinen liegen auf dem sogenannten ›Feuergürtel‹ der Erde, daher ist die rege Vulkantätigkeit nicht verwunderlich. Die Philippinen sind aber noch in einer anderen Hinsicht geologisch interessant. Ihre Lage zwischen China und Australien deutet auf die Zugehörigkeit zum Kontinentalsockel. Der Sockel ist auf Meeresgrund-Reliefkarten am Verlauf des zweitausendfünfhundert Meter hohen, oder vielmehr tiefen Kontinentalabhangs zu sehen. Östlich der Inselgruppe liegt zudem die dritt-tiefste Meeresstelle mit 10 540 Metern, der sogenannte Philippinengraben.

Leider haben wir keine Zeit, mit einem der kleinen Boote zur Vulkaninsel hinüberzufahren. Wir begnügen uns mit dem einzigartigen Blick. Über die hügelige Landschaft schauen wir in die fast unendliche Ferne des kleinen Hochlands. In dem üppigen Urwaldgrün ist nichts Menschengefertigtes mehr auszumachen. Hier scheint die Natur wirklich vollkommen unberührt. Dennoch trügt das Bild, denn hier auf Luzon ist fast jeder Meter Landes entdeckt und bekannt. Anders ist es auf Mindanao, zumindest bis 1971 gewesen. In diesem Jahr stießen Forschende auf einen Stamm, die Tasaday. Die fünfundzwanzig Erwachsenen und Kinder leben für unsere Verhältnisse wie vor fünfzigtausend Jahren. Sie kannten bis zum Zeitpunkt ihrer Entdeckung keine Textilien, keine Metalle, weder Haustiere noch den Ackerbau. Sie hantierten allenfalls mit ungelenken Steinwerkzeugen. Das Erstaunlichste aber ist, und das sollte uns nachdenklich machen, sie kannten weder den Begriff ›Feind‹, noch einen Ausdruck für ›Krieg‹. Ihre Sprache besteht aus etwa neunhundert Wörtern. Sie ist von der nächstfolgenden linguistisch verwandten Gruppe fünfhundert bis tausend Jahre entfernt. An der Südspitze von Mindanao wurde ein zweihundert Quadratkilometer großes Reservat für sie eingerichtet, in dem sie weiterhin ungestört leben können. Es versteht sich von selbst, daß Touristen keinen Zutritt haben.

Der Rückweg wird recht schweigsam, weil wir von den vielen Reizen und Informationen erschöpft sind. Dennoch müssen wir uns auf jeden Fall noch die *Bambusorgel* in *Las Piñas* ansehen. Der kleine Ort liegt nahe bei Manila, so daß der Besuch keinen Umweg bedeutet. Ungünstig allerdings ist der Sonntag. So ist der Parkplatz mit laut palavernden Trauergästen angefüllt. Da hier offensichtlich bald mehrere Trauerfeierlichkeiten stattfinden, werden wir fast nicht in die kleine Kirche hineingelassen. Mit dem Versprechen, nur ein paar Minuten auf der Empore zu bleiben, dürfen wir schließlich rechts die schmalen, dunklen Stiegen hinaufgehen. Sehr stabil sehen die Bohlen der Galerie nicht aus. Obwohl wir uns große Mühe geben, leise zu sein, knarren die Dielen. Da stehen wir nun vor der einzigen Bambusorgel der Welt. Klein und unscheinbar sieht sie aus, und dennoch ist sie eine handwerkliche Meisterleistung. 1816 benötigte Pater Diego Cerra für seine Kirche ein Musikinstrument. Mangels anderer Materialien baute er seine Orgel in fünfjähriger Arbeit aus Hartholz und Bambus. Der 5,17 Meter hohe und 4,17 Meter breite Holzrahmen ist ohne Metallnägel zusammengefügt. Heute sind einige der circa tausend Bambuspfeifen durch Metall ersetzt, allerdings haben nur etwa zweihundert der über hundertfünfzigjährigen Abnutzung nicht standgehalten. Der Voraussicht oder auch der Handwerkskunst des Missionars ist es zu verdanken, daß er die Pfeifen vor der Installation imprägniert hat. Er hat die Bambusteile ein halbes Jahr in Strandnähe vergraben, damit das salzige Wasser sie gegen Insektenfraß und andere Zerstörung haltbar machen konnte. Die Orgel wird heute nur selten gespielt, und so erklingt sie leider auch jetzt nicht, als die Messe beginnt. Dafür nehmen wir uns den konservierten Klang auf einer Kassette mit nach Hause. Der Ton ist eigenartig fremd, pfeifend, für musikalische Ohren sicher kein Hochgenuß – aber das war ja auch nicht das Ziel des geschickten und erfindungsreichen Paters.

Wir müssen auf dem schnellsten Wege zum Südhafen zurück. Es ist gleich 17.30 Uhr, und das Schiff wird um 18.00 Uhr auslaufen. Unsere Filipinos sind natürlich gespannt, wieviel Dollars sie bekommen. Wir denken an die große Familie und an die geschiedene Frau mit den zahlreichen Kindern und vor allem daran, daß wir doch recht viel erfahren haben – sie haben fünfundvierzig Dollar verdient. Sie strahlen. Also war unsere Vorsicht, besser unser Vorurteil gegen das chaotische und kriminelle Manila doch zu voreilig: Wir fühlen uns weder hintergangen noch ausgenutzt. Wir verabschieden uns.

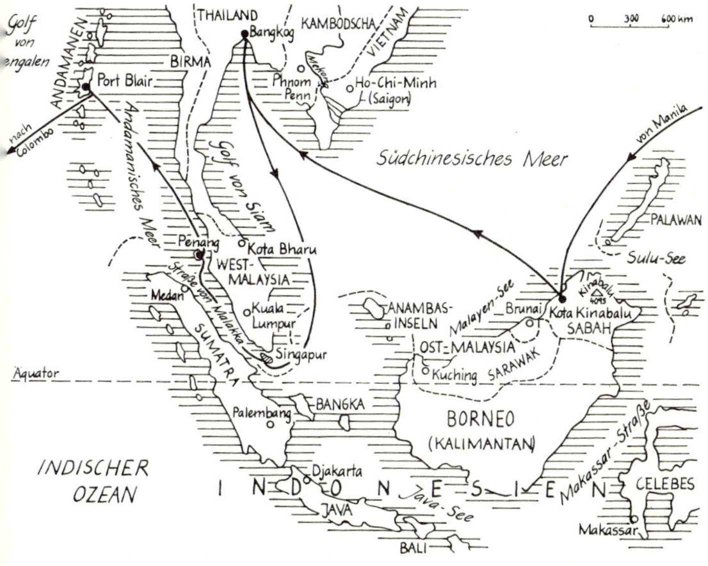

15

AKI NABULA

Im Urwald von Nordborneo

Aki Nabula oder Kinabalu, so wird der höchste Berg Südwestasiens genannt. Gebräuchlicher ist der Name Kinabalu. Der 4100 Meter hohe Berg erhebt sich auf der Nordspitze Borneos, nur zwei Autostunden von Kota Kinabalu, der Hauptstadt Sabahs, einer Provinz Ostmalaysias, entfernt.

Heute am frühen Morgen, das Schiff wird gerade an die Pier von Kota bugsiert, erblicken wir zwischen hohen Kränen und Hafengebäuden die silbrig-blaue, wie transparent erscheinende Spitze dieses gewaltigen Berges. Unser Tagesausflug, den wir dieses Mal zusammen mit Passagieren unternehmen, wird uns tief in den Urwald von Borneo führen – bis an den Fuß dieses Berges. Eine reine Landschaftsfahrt also und damit eine gute Gelegenheit, uns von den Großstädten Hongkong und Manila zu erholen. Die folgenden Stationen Bangkok und Singapur werden ja ebenfalls wieder mehr oder weniger anstrengende Stadtaufenthalte sein.

Dschungelfahrt zum Viertausender

Unser Guide, ein freundlicher junger Malaie, wir sollen ihn Ben nennen, weiß unglaublich viel über seine Heimat zu berichten. Mit ungeheurer Geschwindigkeit zählt er die verschiedenen Stämme Sabahs auf und nennt deren Lebensgewohnheiten. Dann ein paar Worte zur Arbeitslosigkeit … »ein Problem, das es hier in Sabah nicht gibt, aber drüben in Westmalaysia, weswegen viele hierher nach Kota oder ›KK‹ kommen wollen, aber nicht dürfen, und deswegen würden die Einwohner von Sabah nach Westmalaysia ohne Paß und umgekehrt mit Paß … ja, im eigenen Lande dürfen viele nur mit dem Paß reisen, ist das nicht komisch?« Die Passagiere im Bus hören zunächst erstaunt zu. Nach wenigen Kilometern wissen wir schon fast alles über Sabah, Ostmalaysia und den Kinabalu – und haben schon alles wieder vergessen. Dann eine scharfe Kurve, und nach der geteerten Straße holpern wir über einen Sandweg, der uns hinunter ans Meer zu einem Pfahlhüttendorf führt. »Wollen Sie aussteigen oder wollen wir gleich weiterfahren? Fotografieren können Sie auch vom Bus aus!« Nein, so geht es natürlich nicht. Wir ermahnen unseren Guide lachend, uns ein wenig Zeit zu lassen. Außerdem soll er noch einmal von den Stämmen Nordborneos erzählen und von den Menschen, die hier im Pfahlhüttendorf am Meer leben. Es sind die Bajaus, die vorwiegend Fischfang betreiben. Manche bestellen auch ihre Reisfelder. Das Dorf ist nur über einen schmalen Holzsteg zu betreten. Weit kommen wir nicht, da sich die Gruppe nach wenigen Metern staut. Für viele sind die schwankenden Holzplanken zu gefährlich. Zwei, drei Meter unter ihnen zieht sich eine Schlickbank entlang, und danach beginnt schon das Meer. Die kleine Dorfgemeinschaft blickt neugierig zu uns herüber. Es ist selten, daß sich Touristen hierher verirren. Die Bajaus sind von verhältnismäßig niedrigem Wuchs. In ihren dunklen Gesichtern fallen eine breite Nase und langgezogene schmale Lippen auf. Viele tragen Kopftücher, auch Männer, und um ihre Hüften sind bunte Tücher gewunden. Darunter weite Hosen, die bis zu den Fußknöcheln reichen. Aber schnell haben sie das Interesse an uns verloren, zumindest erscheinen wir doch nicht so aufregend wie auf den ersten Blick. Sie gehen wieder ihren Alltagsbeschäftigungen in oder vor den Hütten nach.

Auf unserer Fahrt in den Dschungel fallen uns ständig weitere Pfahlbauten auf. Ben meint, daß die Räume auf diese Weise sehr gut durchlüftet werden; Schlangen und andere Reptilien könnten ebenfalls nicht in die Wohnräume eindringen. Außerdem galt diese Bauweise in früherer Zeit als Schutz vor Kopfjägern. Später sehen wir am Straßenrand einen kleinen Tisch mit Früchten, aber weit und breit keine Menschenseele. »Das sind die Obststände der Kadanzas. Sie scheuen die Fremden, selbst ihre Landsleute. Wenn wir Obst wollen, müssen wir nur ein wenig Geld hinlegen und können uns dann bedienen.« Die Kadanzas sind Bauern, so erfahren wir weiter, und leben hauptsächlich hier an der Westküste Ostmalaysias. Ihre Leidenschaft und zugleich ein großes Laster ist das Bier. Und Bier ist sehr teuer, so Ben, umgerechnet kostet die Flasche etwa zehn DM. Auf unsere Frage, woher die Kadanzas das Geld für das Bier hernehmen, zuckt Ben mit den Schultern und deutet mit dem Daumen auf die Obststände am Straßenrand.

Wir sind dem Kinabalu schon nähergekommen. Ebenmäßig wie eine Pyramide ragt er vor uns auf. Lediglich der Gipfel ist zerklüftet. Schneeweiße Wolken haben sich schon um den Berg versammelt. Es werden immer mehr, und Ben rät, jetzt Fotos zu machen, denn innerhalb einer halben Stunde sei vom Berg so gut wie nichts mehr zu sehen. Jeden Tag zwischen neun und elf Uhr würde der Aki Nabula in einem weißen Wolkenring verschwinden.

»Aki Nabula«, so fragen wir nach, »was bedeutet der Name?« Ben erzählt uns, daß ›Aki‹ eine Frau war, die auf diesem Berg die Rückkehr ihres Mannes sehnsüchtig erwartet hatte. Dieser war Seemann und wieder einmal für lange Zeit fort. Das Schiff kam nicht zurück. Es blieb auf dem Meer. Aus Gram über den Verlust ihres Gatten bewegte die Frau sich nicht mehr fort und wurde langsam zu Stein. Ihre Gestalt ist heute noch in der Formation des Gipfels zu erkennen. Ihre Seele aber schwebte hoch in den Himmel, ins Paradies. ›Nabula‹ bedeutet so viel wie ›Himmelsrampe‹, von der aus die Seelen der Menschen in den Himmel steigen.

Eine schöne Sage. Sie erinnert uns an den Schwarzen Felsen von Rarotonga, der ja eine gleiche Funktion hatte. Und ist nicht Mohammed auch von einem Felsen hoch in den Himmel geritten? »Übrigens«, so fährt Ben fort, »richten heute die Kadanzas, die aus Ehrfurcht niemals diesen Berg besteigen würden, lange Ständer auf. Sie weisen zum Gipfel des Aki Nabula. Auf diese Weise können die Seelen der Toten den Gipfel erreichen, um von dort schließlich die letzte Etappe zu meistern.«

Eine Besteigung des Berges ist sehr empfehlenswert und nicht einmal schwierig. Sie muß allerdings beim Office des Kinabalu-Nationalparks angemeldet werden. Hier erhalten die Bergsteiger einen Führer, Verpflegung und einen Schlafsack. Eine Übernachtung unterhalb des Gipfels in einer Berghütte ist notwendig, da der letzte Aufstieg zum Gipfel noch bei Dunkelheit erfolgt. Gegen sieben Uhr in der Frühe ist der Gipfel erreicht, und im Osten über dem Südchinesischen Meer geht die Sonne auf. Am Vormittag sollte dann der Abstieg geschafft werden, denn – wie gesagt – gegen elf Uhr hüllt sich der Berg in sein weißes Gewand.

Mittlerweile haben wir den Nationalpark am Fuß des Kinabalu in etwa zweitausend Meter Höhe erreicht. Es ist kühler geworden. Wir alle frösteln ein wenig. Während die Passagiere ein Naturkunde-Museum besuchen, machen wir uns auf, um ein paar Meter in den Dschungel vorzudringen. Von Ben lassen wir uns den Weg zeigen, der übrigens bis zum Gipfel führt ... Es ist so, als ob wir einen Vorhang geöffnet hätten, um in eine neue Welt einzutreten, in eine Wunderwelt. Von Dschungel zu sprechen ist vielleicht nicht ganz richtig, denn immerhin befinden wir uns auf einem wenn auch sehr schmalen und holperigen Pfad. Dieser Teil des Urwalds ist in gewisser Weise ›kultiviert‹, damit die Besucher in diesem riesigen Nationalpark nur die vorgesehenen Wege betreten. Aber dennoch kommen wir uns vor wie auf einer Expedition.

Die Szenerie hat sich verdunkelt. Die hohen Bäume wachsen über uns zusammen, und das Dickicht verhindert Durchblicke. Wir überqueren einen kleinen Fluß, der wild über glatt geschliffene Felsen und an weit über die Ufer wuchernden Farnen vorbei ins Tal tost. Neben der dunkelgrünen Farbkulisse eine weitere akustische, die zunächst nur aus dem Rauschen des Flusses besteht. Je weiter wir uns von ihm entfernen, desto deutlicher vernehmen wir unbekannte Töne. Mal können wir ein helles Zwitschern, mal ein dunkles Rufen und dann ein grelles Kreischen unterscheiden. Die exotischen Vögel sehen wir leider nicht, höchstens verschwommene Schemen im Unterholz oder in den Wipfeln der Bäume – für Bruchteile von Sekunden, begleitet von einem hektischen Rascheln. Von den wenigen freilebenden Orang Utans zeigt sich ebenfalls keine Nasenspitze – aber damit haben wir auch nicht gerechnet. Diese seltenen Tiere halten sich in ganz entlegenen Winkeln dieses Dschungelparks auf. Und eigentlich sind wir auch ganz froh, ihnen nicht begegnet zu sein …

Nun entfaltet sich die Farbkulisse vor uns. Das Grün gliedert sich in verschiedene glänzende und, sofern die Sonnenstrahlen das Dickicht durchdringen, glitzernde Töne auf. Die schlanken nach oben strebenden Baumstämme und Äste sind von Epiphyten, Schmarotzerpflanzen, besetzt. Lang und in eleganten Schwüngen hängen sie teilweise freischwebend, teilweise mit anderen verknotet herab. Die vielen Farn- und Moosarten können wir nicht unterscheiden. Wir erfreuen uns aber an ihren unterschiedlichen Strukturen und Tönungen. Die bunten Farbtupfer, die hin und wieder hervorleuchten, entpuppen sich als Orchideen. Die Rafflesie, die Riesenblume, von der uns Ben erzählt hat, entdecken wir leider nicht. Sie soll die größte Einzelblüte auf der Welt sein. Die grell-rot und weiß gemusterte tellerförmige Blüte mißt im Durchmesser über einen Meter – ihr Gewicht: etwa sechs Kilo. Dafür können wir aber die weiß-blühende glockenförmige ›Schima Breviforma‹ betrachten. Unterhalb der Blütenblätter sitzen in Stauden kleine kugelförmige rote Früchte. Und den in pastosen Gelbtönen leuchtenden ›Rhododendron Lowii‹ begegnen wir immer wieder. An einem Baumstamm entdecken wir schließlich eine ›Nepethes Villosa‹, eine fleischfressende Orchidee. Unter ihrem roten ringförmigen Stachelschlund hängt, ebenfalls mit Stacheln besetzt, der Verdauungskelch.

Der Aufenthalt in diesem schattigen Tropenwald war natürlich viel zu kurz. Wie aufregend muß es sein, von hier bis hinauf auf den Gipfel zu steigen. Vielleicht ein nächstes Mal. Die Passagiere haben sich schon um den Bus versammelt. Wir steigen ein und fahren weiter. Ben sagt, daß diese Straße erst seit einigen Monaten gebaut sei. Sie stellt die einzige Verbindungsstraße von Kota zum Nationalpark dar.

Vor nicht allzu langer Zeit mußten die Touristen mit dem Jeep anfahren – ein anstrengendes, aber dafür auch abenteuerliches Unternehmen. Der Tourismus in Sabah ist noch sehr jung. Hotels sind vorhanden, sogar sehr gute und preiswerte. Nur, die Touristen bleiben aus. Wer kennt schon Sabah? Möge es weiterhin unbekannt bleiben, denken wir – dachten wir damals, als wir im Bus saßen –, und heute an der Schreibmaschine wecken wir Neugier auf dieses Land ...

Es ist Nachmittag geworden. Der Berg ist in eine weiße Wolkenmasse gehüllt. Wir fahren der Sonne und dem Meer entgegen. Für eine Stadtbesichtigung von Kota bleibt keine Zeit mehr. Es gibt, so versichert uns Ben, auch nicht allzuviel zu besichtigen. Aus diesem Grunde fahren wir hinauf auf den Signal Hill, um einen Blick über die ›schmalste Stadt‹ Südostasiens zu werfen. Zwischen dem Meer und nicht einmal hohen Hügeln eingeklemmt, zieht sich eine weiße Hochhauskulisse entlang – das übliche Bild einer Stadt des 20. Jahrhunderts. Lediglich die große goldene Kuppel der Masjid Sabah Moschee sorgt für einen auffälligen Kontrast.

Kota Kinabalu hieß früher ›Api Api‹, das heißt ›Feuer, Feuer!‹ Der Name führt von einem Aufstand der Bevölkerung her, in dessen Verlauf die Stadt niedergebrannt wurde. Später, im Jahre 1846, bemächtigten sich die Engländer des Landes. ›Api Api‹ wurde von der British North Borneo Company verwaltet und erhielt den Namen Jesselton nach dem Vorsitzenden der Gesellschaft, Sir Charles Jessel. Im Zweiten Weltkrieg kamen die Japaner nach Sabah und kämpften gegen australische Truppen. Jesselton wurde dem Erdboden gleich gemacht. Später, als Sabah in die Malaiische Föderation aufgenommen wurde, nannten die Ostmalaien ihre Hauptstadt Kota Kinabalu. Heute leben etwa siebzigtausend Menschen in der Stadt.

Ein wenig über Malaysia

Malaysia ist eine sehr junge Nation. Als ›Federation of Malaysia‹ wurde sie erst 1963 ausgerufen. Der Name bezieht sich auf die moslemische Bevölkerung, die etwa 40 Prozent der Einwohnerschaft ausmacht. Inder, Chinesen und Eurasier vervollständigen das Bild. Wie aber sind Moslems nach Malaysia gekommen? Zu Beginn des 15. Jahrhunderts fielen arabische Eroberer in Südostasien ein und zwangen den dort lebenden Stämmen ihre Religion auf. Ein entscheidendes Datum war das Jahr 1414. Parameswara, Fürst von Malakka, heiratete die Tochter eines Sultans und trat als erster malaiischer Herrscher zum Islam über. Die arabischen Eroberer kamen zu einer Zeit in dieses Gebiet, als das Jahrzehnte mächtige Majapahit-Reich, das auf Java entstanden ist und sich von Malaya bis zu den Sunda-Inseln erstreckte, zerfiel. Von Malakka aus verbreitete sich dieser Glaube sehr schnell und ist bis zum heutigen Tag Hauptreligion geblieben. Malakka, an der Südwestküste Hinterindiens gelegen, erlebte damals im 15. Jahrhundert eine einzigartige Blütezeit, die sich unter den Portugiesen hundert Jahre später noch weiter entfalten konnte. Zu dieser Zeit, genauer im Jahre 1521, erkundete Magellan die Küste von Nordborneo. Das Land wurde von Sultanen regiert. Noch einmal hundert Jahre später wurden die holländischen Schiffe in den Gewässern Südostasiens übermächtig. Rigoros vertrieben sie die Portugiesen, um an möglichst vielen Stellen des Malaiischen Archipels Handelsniederlassungen zu gründen. In der ersten Hälfte des 17. Jahrhunderts entstand ›Niederländisch Indien‹. Und noch einmal hundert Jahre später kamen die Engländer. Die East India Company war bald an vielen Häfen Südostasiens präsent – darüber aber mehr im Zusammenhang mit Singapur und Penang.

Machen wir einen Sprung in unser Jahrhundert: Nach dem Zweiten Weltkrieg werden überall in Südostasien die politischen Grenzen verschoben. Die Länder ringen um ihre Unabhängigkeit. Es beginnt ein äußerst zäher Prozeß der Loslösung von den europäischen Mächten. Die beiden Staaten Sabah und Sarawak auf Borneo bleiben zunächst noch britische Kronkolonie. Im Jahre 1957 erlangt die damals noch so genannte ›Federation of Malaya‹ völlige Unabhängigkeit, allerdings noch als Wahlmonarchie. Sechs Jahre später, wie gesagt, schließen sich Malaya, Singapur und die beiden Staaten Nordborneos Sabah und Sarawak zu Malaysia zusammen. 1965 verläßt Singapur diesen Staatenbund und wird selbständige Stadtrepublik.

Wir haben das Schiff erreicht. Zufrieden steigen die Passagiere die Gangway hoch. Es gab nicht viel zu sehen, keine spektakulären Erlebnisse oder sensationellen kulturellen Phänomene, dafür aber eine Landschaft, die uns alle bezaubert hat. Wenn wir auch nur ihre Oberfläche gestreift und lediglich einen Hauch ihrer Eigenart mitbekommen haben, so ist das für einen so kurzen Aufenthalt doch schon sehr viel.

Lange dauert die Fahrt aus der Bucht von Kota. Ein letztes Mal blicken wir hinüber zum Berg, zu diesem riesigen Wattebausch, der sich erst morgen früh, wenn wir weit entfernt auf dem Südchinesischen Meer Kurs Bangkok fahren, in seiner ebenmäßigen Gestalt zeigen wird.

16

NIEMALS UNTER KOLONIALHERRSCHAFT

Thailand

Prahet Thai – so nennen die Thais ihr Land, das ›Land der Freien‹. Die Tourismus-Werbung und unsere Vorstellung lassen uns auf das märchenhafte Thailand, vor allem auch auf die legendäre Hauptstadt des früheren Siam und heutige Metropole Bangkok, gespannt sein. Für dieses fernöstliche Märchen scheuen wir auch die zweihundert Kilometer lange Fahrt ins Landesinnere nicht. Und was bietet demgegenüber Sattahip, der trostlose Marinestützpunkt, an dem wir ankern müssen. Der Ort bietet ausschließlich einen guten Liegeplatz für Ozeanriesen und läßt uns so nahe wie möglich an die Hauptstadt Bangkok herankommen, lädt die Reisenden aber kaum zum Verweilen ein. In Sattahip befinden wir uns an der östlichen Küste des Landes, genau dort, wo sich das Mündungsdelta des Menam Chao Phraya zu einer großen Bucht, dem Golf von Siam ausgeweitet hat. Wir werden die östliche Küstenformation entlangfahren. Leider verläuft die Straße jedoch nicht direkt an der Bucht, so daß wir keinen Blick auf den Golf werfen können. Der Golf ist in Sattahip immerhin mehr als hundert Kilometer breit. Das gegenüberliegende Ufer ist also nicht zu sehen Wir können ihn nur vermuten, den kleinen Ort Hua Hin, der an der Westküste Sattahip gegenüberliegt. Ein wenig weiter südlich die Hafenstdt Prachuap Khirikhan – für uns auch ein unbekannter Name. Dort jedoch verengt sich die Landmasse Thailands, breiter wird an dieser Stelle das angrenzende Birma. Prahet Thai zieht sich dann alleinherrschend, ohne Nachbarstaaten, noch als schmaler Streifen einige hundert Kilometer in den Süden, bis sich dann auf der 250 Kilometer breiten Landzunge das westliche Malaysia anschließt. So befinden wir uns in Sattahip zwar im Süden Thailands, dennoch sind wir nicht an der südlichsten Spitze. Dem tropischen Klima entsprechend sind wir auf Höchsttemperaturen bis zu 35 °C – vor allem in Bangkok – eingestellt. Wir geraten damit in die heißeste Temperaturperiode, die von März bis Mai dauert. Die Periode von November bis Februar ist durch den Nordost-Monsun relativ kühl. Die Nachttemperaturen können sogar auf 15 °C absinken. Auch der Südwest-Monsun hat großen Einfluß auf Thailand. Er setzt ab Mitte Mai mit starken Regenfällen, ja Wolkenbrüchen ein. Zu dieser Zeit ist das tropische Klima mit feuchtwarmer Luft für uns am deutlichsten zu spüren. Dieser monsunbedingte Dreijahreszeiten-Rhythmus macht sich in der Region Bangkok am stärksten bemerkbar. Nun, mit einem Baumwoll-T-Shirt, leichter Hose und ein paar Leinenschuhen sind wir angemessen bekleidet.

Zweihundert Kilometer Busfahrt nach Bangkok

Für die lange, vermutlich dreistündige Fahrt stehen uns luxuriöse, vollklimatisierte Reisebusse zur Verfügung. So verspricht die Fahrt recht angenehm zu werden. Zunächst sind wir froh, die militärische Zone in all ihrer Trostlosigkeit verlassen zu können. Aber auch das Umland zeigt sich zunächst nicht einladender. Es ist weithin abgeholzt, öde oder nur mit niedrigen Sträuchern bedeckt – vermutlich wurde das ehemals üppige Grün militärisch-strategischen Zwecken geopfert. Es ist grotesk, aber wir profitieren zunächst von dieser Naturzerstörung. Auf den breiten Straßen kommen wir sehr gut voran. Unsere Passagiere scheinen diese Kleinigkeiten nicht zu bemerken. Sie sind – so kurz nach dem Start – noch ganz mit sich beschäftigt. Hier stimmt die Sitzlehne nicht, dort wird die Ventilationsdüse über dem Sitz zum Problem. Bald aber sind alle Neuigkeiten erkundet, und unsere thailändische Begleiterin beginnt mit ihren Erklärungen. Sie spricht ein erstaunlich gutes Deutsch, das offensichtlich das Resultat einer umfassenden Fremdsprachenschulung auch in der Bundesrepublik gewesen ist. Ihre Sprachfähigkeit und Kenntnisse sind wirklich bewundernswert, weicht doch ihre Heimatsprache so vollkommen von der Struktur unserer Sprache ab. Das Thai gehört zur Familie der sino-tibetischen Sprachen. Der große Unterschied zu unseren indogermanischen Sprachen liegt in der tonalen Sprechart. Schwer genug wird es Dalin gefallen sein, eine europäische Sprache zu lernen. Doch ist das Erlernen des Thai für uns vermutlich wenigstens in einem Punkt komplizierter: Die Thai-Wörter bekommen ihre Bedeutungen durch fünf verschiedene Tonhöhen. Der Sinn entsteht durch ein normales, tiefes, hohes, aufsteigendes oder fallendes Sprechen der meist einsilbigen Wörter. So ist es auch schwierig, diese Sprache zu transkribieren, also den tonalen Charakter der Thai-Sprache in lateinischen Schriftzeichen wiederzugeben. Eine thailändische Landeskunde weist darauf hin, daß bei falscher Betonung statt eines gekochten Frühstückseies ein gebratenes Huhn auf dem Teller liegen kann: Beides schreibt sich in unserer Sprache ›gai‹. Auch unsere bekannten ›Chinesenwitze‹, in denen ›r‹ und ›l‹ vertauscht werden, haben ihre Ursache in der fremdartigen Sprachstruktur. So sind diese Konsonanten unserer Sprache neben einigen anderen in der chinesisch-tibetischen Sprachfamilie austauschbar. Wenn uns Dalin also später in das erste Hotel am Platz führen wird, so sind wir nicht im ›Olientan‹, sondern im Hotel ›Oriental‹ in Bangkok. Auch wissen die Thais trotz unterschiedlicher (transkribierter) Schreibweise dennoch den Namen ihres Königs, der mal mit ›Bhumibol‹ und mal mit ›Bhumibon‹ wiedergegeben wird. In beiden Fällen sind die Vokale von der Bedeutung her austauschbar, das ›l‹ wird häufig zu ›n‹ verflacht. Andere Spezifika unserer Sprache dagegen dürften Dalin wiederum Kopfzerbrechen beim Erlernen des Deutschen gemacht haben. Zum Beispiel gibt es im Thai keine Deklinationen und Konjugationen. Hier stehen alle Wörter isoliert nebeneinander, ja sie beeinflussen einander überhaupt nicht. Lediglich durch das Vor- und Nachstellen von Hilfswörtern werden die Zeiten grammatikalisch ausgedrückt. Satzzeichen sowie die Groß- und Kleinschreibung unserer Sprache, schon für uns oft problematisch, müssen ihre Geduld zudem unendlich strapaziert haben: Beides gibt es in der Thai-Sprache nicht. Dafür hatte sie es wiederum mit dem Alphabet leichter. Ihre Sprache hat vierundvierzig Konsonanten und zweiunddreißig Vokale, die wiederum in Schreibweise und Aussprache verschieden sind. So finden wir zum Beispiel fünf verschiedene S-Laute. Offensichtlich überträgt Dalin diese Klangfülle in unsere Sprache. Ihr Vortrag sollte uns später, als die Aufmerksamkeit nachließ, noch erhebliche Mühe bereiten.

Vorerst jedoch sind wir noch frisch und verfolgen gern ihre Ausführungen. Bald bietet sich neben der Straße ein Bild, wie wir es ähnlich von den Philippinen kennen. Wir sehen weite Reisfelder. Reis, das Hauptnahrungsmittel, das bis in die siebziger Jahre hinein nahezu in Monokultur angebaut wurde – eine Konzentration, die für das Land in dieser Einseitigkeit problematisch wurde. Fast 80 Prozent der Bevölkerung arbeiten in der Landwirtschaft, die wiederum stark exportorientiert ist. Reis und Tapioka, das neuerdings von der Europäischen Gemeinschaft als Viehfutter oder von der Pharmaindustrie als Tablettenträger sehr gefragt ist, haben etwa gleiche Exportanteile. Interessant sind für uns die Erläuterungen zum Reisverkauf, der bis heute ein Monopol des Staates ist. Kauf und Verkauf werden streng überwacht. Früher ein Recht der Krone, ist der Reis heute ein wichtiger Faktor des thailändischen Haushaltsplans. Die Bauern stehen mit ihren Büffeln oft bis zu den Knien im Wasser – ein gewohntes Bild des Reisanbaus. Der Anbau wird zu 80 Prozent durch Auspflanzung kultiviert – eine mühselige Arbeit, da die kleinen Pflanzen von Hand umgesetzt und in einem angemessenen Abstand zu den Nachbarpflanzen gebracht werden müssen. Sicher wäre das sogenannte ›Streusaatverfahren‹ einfacher. Durch Auspflanzung aber können höhere Erträge erzielt werden. Nach dem Umpflanzen braucht der Reis kaum noch Pflege, allerdings hängt das Gelingen der Ernte stark von der Regenmenge ab, denn die Pflanzen brauchen einen konstanten Wasserspiegel. Ob die Aussagen stimmen, daß der Reis pro Tag um fünfzehn, ja bei günstigen Bedingungen um 25 Zentimeter wachse, können wir nicht überprüfen. Doch gerade hier, im weiten

Umfeld des Menam-Flusses, sind sehr günstige Anbauverhältnisse gegeben. Insbesondere natürlich im unmittelbaren Schwemmland des 365 Kilometer langen Menam-Flusses sind die Ernten am ertragreichsten. Aber auch hier, einige Kilometer vom Kernland entfernt, sind die Anbaubedingungen auch für andere landwirtschaftliche Produkte wie Jute und Hanf, Baumwolle, Rizinusbohnen, Tabak, Mais und Zuckerrüben sehr gut.

Der weiträumige Bereich um das Menam-Becken wird als Lebensader oder auch große Reiskammer Thailands bezeichnet. Dieses Kernland hat durch die Länge des Menam und seiner beiden Quellflüsse eine enorme Ausdehnung: Die fruchtbare Schwemmlandebene zieht sich damit über 365 und nochmals jeweils 600 Kilometer Länge durch das Land. Und noch ein Superlativ bleibt anzufügen: Das Einzugsgebiet dieser drei Flüsse beträgt zusammen 160000 Quadratkilometer, davon sind die 20000 des Menam-Binnendeltas die bei weitem fruchtbarsten Gebiete. Das Menam-Becken ist eine kleine Besonderheit, erläutert Dalin weiter. Der Fluß verzweigt sich im Landesinneren in viele Kanäle und kleine Flußarme. In Bangkok werden wir einen Eindruck davon bekommen, denn die Stadt liegt inmitten dieses Deltas.

RED PLUM
BEAUTY PARLOUR
KOONG
YICK

Doch die Menam-Region ist nur eine von insgesamt vier Bereichen, die topographisch und geologisch sehr genau unterscheidbar sind. So ist der über tausend Kilometer lange Südstreifen ein großer Kontrast zur Schwemmlandebene. Hier finden wir sogar Ausläufer des Himalayas, die sich mit ihren 1500 Meter Höhe auf der relativ schmalen Landzunge recht mächtig ausnehmen. Dazwischen, in den flachen Tälern, finden wir – ebenso wie im Süden – tropischen Regenwald. Der Nordosten des Landes gestaltet sich bis zum Mekong, der ›Mutter der Gewässer‹, an der Grenze zu Laos zu einem zweihundert Meter hohen Plateau, das wiederum mit Monsunwald bewachsen ist. Dieser bietet wertvolle Edelhölzer wie Teak-, Palisander- und Ebenholz. Wir finden auf den 514000 Quadratkilometer, der doppelten Fläche der Bundesrepublik, insgesamt eine sehr üppige und abwechslungsreiche Vegetation. Hier, in den Küstenregionen, finden wir Mangroven, ein wenig tiefer im Landesinnern auch Pinien- und Kiefernwälder.

Dalin beschreibt, erläutert, spricht ununterbrochen. Sie nennt das jährliche Pro-Kopf-Einkommen der Thais und erklärt die Zusammensetzung des Bruttosozialprodukts – Zahlen und Fakten, die sicher kaum jemand von uns behalten wird. Sie ist gut geschult in der Werbung für ihr Land. Dabei fällt kein Wort über die große Auslandsabhängigkeit ihres Landes, insbesondere von den USA, von Japan, Saudi Arabien oder der Bundesrepublik. Kein Wort auch darüber, daß einige ländliche Gegenden unter dem Existenzdurchschnitt, ja Existenzminimum dahinvegetieren. Kein Wort über die Armut in den Klongs, den Kanälen der Hauptstadt, die wir später auch sehen, ihre Armut aber vielleicht durch den Schleier fernöstlicher Romantik nicht wahrnehmen werden. Thailand, so das vorläufige Fazit, gehört im Vergleich zu seinen Nachbarstaaten in der Tat zu den prosperierenden Regionen Südostasiens.

Wir sind jetzt schon über zwei Stunden unterwegs, und Dalin ist in ihrer Ausdauer wirklich bewundernswert. Im wahrsten Sinne des Wortes redet sie ohne Punkt und Komma – und das seit Beginn der Fahrt in Sattahip. Das sanfte

Schaukeln des Busses und wohl auch ihr konstanter Singsang ließ viele Passagiere sanft, aber unbequem einschlummen. Hier rutscht wieder ein Kopf langsam zur Seite, dort fährt eine Frau – wohl erschrocken über sich selbst – zurück in die angestammte Sitzhaltung. Für dieses kleine Schauspiel ist ein Platz im Fond des Busses sehr geeignet. Doch auch wir sind froh, als sich der Straßenverkehr langsam verdichtet und endlich die Außenbezirke Bangkoks sichtbar werden. Ein graues Häuser- und buntes Automeer, in dem wir über eine Stunde steckenbleiben.

Bangkok

Mit der Einfahrt nach Bangkok beginnt Dalin die Geschichte der Hauptstadt zu erzählen. So hat sie erneut einen Anlaß, ihren Redefluß fortzusetzen. Doch wie paßt das prächtige Bild der thailändischen Geschichtsschreiber mit dieser grauen Vorstadt zusammen? Schon 1782 berichtet die offizielle Geschichtsschreibung von einer kleinen und sehenswerten Siedlung, die sogar einige Zeit früher, 1636, bereits in niederländischen Quellen erwähnt ist: von »Banckok« oder »Bancoq«. Doch dieser Ort ist nicht ohne die damalige Nachbarstadt Ayuthia denkbar. Bangkok war zunächst eine kleine Festung, die, zudem mit prächtigen Fruchtgärten ausgestattet, die damalige Hauptstadt des Reiches, Ayuthia, schützen sollte. Gut 150 Jahre später wurde an dieser Stelle dann ein prächtiger Palast gebaut, der wiederum der Ausgangspunkt für die weitere Entwicklung Bangkoks war.

Doch eine Schilderung der fernöstlichen Märchenwelt will überhaupt nicht zum augenblicklichen Straßenbild der Hauptstadt passen. Wir fragen daher nach den aktuellen Problemen der Metropole, die zu erfahren angesichts des Verkehrschaos vor uns dringlicher erscheinen. Dalin ist als Fremdenführerin natürlich schwer zu einer Antwort zu bewegen. Sicher, so gibt sie zu, hat auch Bangkok Entwicklungsprobleme. Etwas anderes wäre auch verwunderlich, denn diese Stadt mußte nach dem Zweiten Weltkrieg eine Bevölkerungszahl von fünf Millionen verkraften, und das kommt einem Zuwachs um das Zehnfache gleich. Dominierten früher die prächtigen Tempeldächer, so verschwinden sie heute im Meer der Hochhäuser, in denen Banken, Hotels und Verwaltungen untergebracht sind. Die früheren Hauptverkehrswege, die Klongs, sind vielfach zugeschüttet und der Transportverkehr auf die Straßen verlegt. Wir tragen im Moment zu den immensen Verkehrsproblemen bei, sind andererseits aber auch ihr Opfer. Doch weit tragischer als die optische Verschandelung des alten Stadtbildes durch den Verkehr ist die katastrophale Luftverschmutzung durch industrielle Entwicklung. Hinzu kommen Bevölkerungsprobleme, da sich das vormals ausgeglichene Sozialgefüge durch zuwandernde Menschenmassen problematisch verschoben hat.

Unser Bus quält sich weiter durch Bangkok und kommt schließlich vor dem Luxushotel ›Oriental‹ an. Dalin geleitet uns in den modernen Prunkbau. Fasziniert bleiben wir schon in der Eingangshalle stehen. Die sich weit verzweigenden Räume mit prächtiger fernöstlicher Ausstattung verleiten zum Verweilen. Kostbare Teppiche, wertvolle Möbel, Ton in Ton aufeinander abgestimmt mit phantasievollen Fabelwesen, bieten sich uns als Wand- und Bodenschmuck dar. Doch wir werden dringend zum Durcheilen der Räume angehalten, denn an der Wasserseite des Hotels warten schon kleine Boote für eine Fahrt durch die Klongs auf uns. Hier auf dem Menam Chao Phraya ist noch ein Eindruck von dem früheren Verkehr auf der Wasserstraße zu bekommen. Der Menam ist in Bangkok schon recht breit, ähnlich der Elbe in Hamburg oder dem Rhein in Köln. Jedoch ist das Flußbild ein völlig anderes. Hier überwiegen kleine Boote mit oder ohne Motor und schutenähnliche Schiffe, die einen für Personentransporte und kleine Lasten, die anderen als Warentransporter. Der rege Schiffsverkehr bringt unser Boot, in dem zwanzig Personen Platz finden, ins Schwanken. Wir sitzen hinter den anderen Passagieren auf einer kleinen Holzbank, direkt neben dem dröhnenden Motor. Die Mittagshitze macht sich langsam bemerkbar, und die Kleidung beginnt am Körper zu kleben. Wir versagen uns den dringenden Wunsch, die Hände einmal kurz in den kühlen Menam zu tauchen – er sieht nicht sehr einladend aus. Genauer gesagt, können wir ihn schon als Kloake bezeichnen, in die alle Abwässer und jeder Abfall hineinbefördert werden.

Wir passieren die *Memorial Bridge,* eine große Stahlbrücke, und biegen in einen Seitenarm, in einen der Kanäle des Menam ein.

Wir sind in den Klongs, um die versprochenen ›Schwimmenden Märkte‹ zu besichtigen. Vielfältige exotische Früchte wie Baummelonen, Papayas, die apfelähnliche Compa-Frucht oder auch die pflaumenähnliche Camyai wollen wir uns ansehen. Alles vom Boot aus natürlich. So verkaufen auch die Händler und Händlerinnen alles von ihren kleinen wendigen Nachen aus. Doch wir kommen um zwölf Uhr zu spät. Die Schwimmenden Märkte enden am späten Vormittag. Wir sehen nur noch das traurige Ende des Ereignisses, vor uns werden Fruchtschalen und Abfälle in die Klongs geworfen, kein sehr appetitliches Bild. Die Beurteilung der Szene hat aber wenig mit den europäischen Sauberkeitsübertreibungen zu tun, sondern mit ganz nüchternen Hygienebedenken, stehen doch die Behausungen der handelnden Thais in den Klongs. Links und rechts der kleinen Wasserwege sehen wir ihre Pfahlhütten und -häuschen. Der stark überstrapazierte Vergleich mit Venedig drängt sich auf, oft wird Bangkok auch als ›Venedig des Ostens‹ bezeichnet. Doch die Klongs von Bangkok lassen sich ebensowenig mit den Canali von Venedig vergleichen wie die Kultur- und Lebensweise der hiesigen Einwohner mit denen der Lagunenstadt.

Die Klongs in Bangkok mit ihrem sozialen Leben sind einzigartig und bedürfen keines Vergleiches als Anlehnung. Wir schämen uns fast, mit dem lauten Motorboot durch die schmalen, sehr friedlich wirkenden Seitenarme des Menam-Deltas zu lärmen. Dort leben die Thais recht offen in ihren Pfahlbauten-Behausungen, die fast jeden Blick in den Intimbereich zulassen. In den Läden mit allerlei Gemischtwaren, die nur mit Booten zu erreichen sind, werden alle Angebote in frontaler Offenheit präsentiert. Auch die privaten Räume sind oft nicht einmal durch einen Stoffvorhang vor den Blicken der Außenwelt geschützt. Wir haben Schwierigkeiten, so offen als touristische Voyeure aufzutreten.

Dort scheint eine Wäscherei zu sein. Beim Anblick des Wassers fragen wir uns allerdings, ob es einen Sinn hat, die weiße Wäsche in die braune Brühe zu tauchen. Überall sitzen Männer auf den Stufen zum Kanal. Sie reden miteinander, ruhig, fast apathisch. Die Frauen sind mit vielerlei Reinigungsarbeiten beschäftigt: vom Geschirr über Textilien bis zu den Kindern wird alles ins Wasser getaucht. Die Klongs verzweigen sich. Es kommen neuere Arme hinzu. Stellenweise fahren wir ausschließlich an Sumpfpflanzen vorbei, manchmal scheinen wir durch Urwaldstücke zu treiben. Die Malariamücken haben hier in den Sümpfen ein reiches Brutfeld – und an uns wieder frisches Blut. Die Hitze ist fast unerträglich geworden. Für unser europäisches Empfinden wird es langsam sehr stickig in den Klongs. Die Mal-Aria, die schlechte Luft kann kaum abziehen. Wir spüren keine Luftbewegung. Und wieder das gleiche Bild: Kilometerweit wechseln nun wieder Wohnhäuser mit offenen Geschäften ab. Kinder planschen im Wasser, die Luft riecht nur noch übel. Einmal sogar ein wenig süßlich. Ja, so wie sich in den Klongs das volle Leben präsentiert, wird hier ebenso offen gestorben und sofort wahrnehmbar auch eingeäschert. Um der Seuchengefahr vorzubeugen, werden die Toten direkt vor den zahlreichen Tempelanlagen an den Ufern der Kanäle verbrannt. Auch das ist ein Stück Alltag in den Klongs von Bangkok, vielleicht ein wichtigerer Einblick als die farbenfrohen Schwimmenden Märkte. Dalin schweigt in ihren Erklärungen freilich darüber.

Wat Arun, Tempel der Dämmerung

Wir atmen doch ein wenig auf, als wir die stickigen Klongs verlassen, denn über dem breiten Menam herrscht frischere Luft. Und nun der große Gegensatz zum kärglichen thailändischen Alltag: der ›Wat Arun‹. Wir halten auf das linke Ufer des Menam zu, auf die weithin sichtbare Anlage des ›Tempels der Dämmerung‹. Hoch ragt der stelenartige Zentralteil, der sogenannte pagodenförmige Prang, in den Himmel hinein. Vier kleine Prangs umgeben ihn in geringerer

Höhe. 1767 bis 1781 schon ließ König Taksin die Tempelanlage beginnen, die dann erst sehr spät vollendet wurde. Die Sonne fällt jetzt, gegen Mittag, prall auf den Tempelbezirk und läßt überall die kleinen Porzellanteilchen, mit denen die Prangs über und über belegt sind, vielfarbig blitzen. Unser Boot nähert sich langsam der Anlegestelle. Wir erwarten ehrfürchtige Ruhe und vielleicht hin und wieder einen stillen, gelb gekleideten Mönch. Doch welcher Trugschluß. Kaum haben wir angelegt, werden wir von geschäftstüchtigen Thais umringt. Laut reden sie auf uns ein und gestikulieren wild. Überall sind Stände aufgebaut, die thailändische Waren feilbieten. Thailändische? Wir entdecken beim Gang zum Tempel, der uns unweigerlich zwischen den Waren hindurchführt, Kleider, Decken und auch Polohemden, jene mit dem kleinen grünen Krokodil. Doch hier kosten sie pro Stück nur einen Dollar, bei uns das zwanzigfache. Die exklusiven europäischen Firmen haben ihre Produktion in die Länder der Dritten Welt ausgelagert. Die Löhne sind hier verschwindend gering, und die Gewinnspanne steigt somit um ein Vielfaches. Jedoch bereitet es diesen Firmen zusehends wachsende Probleme, daß die Herstellerbetriebe in Nachtschicht das bestellte Kontingent verdoppeln, die Produkte ebenfalls mit den exklusiven Firmenschildchen versehen und dann in Eigenregie an europäische Touristen verkaufen. So werden wir später in Singapur eine ganze Straße, die ›Change Alley‹, besuchen können, in der nur solche Imitate veräußert werden.

Wir gelangen langsam zur eigentlichen Tempelanlage. Offensichtlich stört der Trubel vor dem heiligen Bezirk die schweigenden Mönche ebensowenig, wie er die Schriftgelehrten und Pharisäer im biblischen Jerusalem gestört hat. Im Innern des Bezirks allerdings, rings um die Prangs herum, herrscht absolute Ruhe. Es gibt hier viel zu bestaunen, sind doch schon die schillernden Mosaiksteinchen ein kleines Wunder für sich. In den Nischen des Hauptprangs sitzt eine Indra-Figur. Indra, der Hindu-Gott, reitet auf seinem dreiköpfigen Elefanten Erawan. Auch an den kleinen Prangs sind Gestalten, kleine Gottheiten auf weißen Pferden, zu entdecken. Nur für wirklich Schwindelfreie empfiehlt sich der steile Aufstieg auf den Hauptprang. Wir wagen es und werden mit einem weiten Ausblick über Bangkok, vor allem aber auch den Königstempel Wat Phra Keo und den ein wenig entfernt liegenden Wat Po belohnt.

Im Tempelbezirk begegnen uns immer wieder die schweigsamen gelbgekleideten Mönche. Ernst und entrückt scheinen sie, vielleicht auch nur unwillig gegenüber dem Ansturm von Touristen, die ihre Ruhe stören. Sie gebieten uns Abstand, diese buddhistischen Mönche. Ihnen wird auch im thailändischen Alltag große Hochachtung gezollt. Neben dem Königshaus wird der Religion und ihren Repräsentanten absoluter Respekt entgegengebracht. So erhalten die Mönche Essensspenden von der Bevölkerung, eine Sitte, die nicht weiter erstaunt. Verwunderlich für uns aber ist, daß sich bei der Übergabe nicht der Empfänger, sondern der Spender bedankt. »Der Spender« ist dabei keine rhetorische Unterschlagung der Frauenwelt, sondern die korrekte Beschreibung des Alltagsrituals. Frauen dürfen den Mönchen nämlich keine Nahrungsspende übergeben. Sie müssen dazu einen weltlichen Mann bitten, ihr Opfer dem Mönch weiterzureichen. Dies ist für europäische Begriffe eine Ungeheuerlichkeit, die sich aber aus den Glaubensvorstellungen herleiten läßt. Nach fernöstlichen Vorstellungen der männlichen Religionsstifter gelten die Frauen als unrein und können beispielsweise nicht in das Nirwana, wir würden sagen, in das ewige Leben, eingehen – weshalb sie auch hier in Thailand sehr leicht in die Prostitution geschickt werden ... Doch davon später mehr. So ist es dennoch erstaunlich, daß es auch weibliche Ordensleute gibt, nämlich Nonnen. Sie sind an ihrer weißen Kleidung zu erkennen, weitgehend rechtlos und eher nur aus der Tradition heraus geduldet: Buddhas Pflegemutter gründete um das Jahr 480 vor unserer Zeitrechnung das erste Frauenkloster. Da alles, was mit Buddhas Namen verbunden ist, heilig gehalten wird, dürfen eben auch jene Klosterfrauen ihren Orden führen. Auch in den Alltagsbereichen dominiert ›der Erleuchtete‹. So ist der Buddhismus in Thailand zur Staatsreligion geworden.

94 Prozent der Thais bekennen sich zu diesem Glauben. Entsprechend ist auch der Kalender nach Buddha, genauer nach seinem Eingang ins Nirwana (480 v. Chr.) ausgerichtet. Jene 175 000 gelbgekleideten Mönche, die in den rund 24 000 Klöstern des Landes leben, gehören dem Buddhismus an. Zwischendurch sind im Stadtbild auch braune Kutten zu entdecken. Diese Mönche zählen sich zu einer sehr strengen Reformbewegung, die sich im letzten Jahrhundert ausgebreitet hat.

Unser Boot wartet auf uns und bringt uns zum ›Oriental‹ zurück. Wir werden dort unser Mittagessen einnehmen. Doch was heißt schon Mittagessen – dieser Ausdruck ist leicht untertrieben. Zunächst umfängt uns wieder die fernöstliche Märchenwelt, die sich im großen Speiseraum des noblen Hotels mit moderner Gemütlichkeit paart. Und dann erst das Buffet ... von exotischen warmen Speisen bis zu köstlichen Desserts gibt es alles, was unser Herz begehrt ...

Siamesische Tempel und Paläste

Das Besichtigungsprogramm läßt uns keine Pause. Dalin drängt weiter. Wir fahren eine kurze Strecke mit dem Bus und befinden uns bald in einer kleinen unscheinbaren Seitenstraße – so schmal, daß wir beim Aussteigen einen Verkehrsstau verursachen. Von allen Seiten strömen Menschen zum *Wat Trimitr*, dem Tempel, der auch unser Ziel ist. Er birgt eine kleine Sensation. Der für uns interessanteste Tempelabschnitt ist sehr farbig und recht jung, er wurde erst 1955 errichtet. Über eine kleine Treppe schieben wir uns inmitten einer zähen Menschenmenge zunächst in den Vorraum auf der rechten Seite des Baues. Tempelwächter gebieten uns, die Schuhe auszuziehen, damit wir den heiligen Boden nicht entweihen. Und dann stehen wir vor dem Heiligtum, vor einem überdimensionalen Buddha. Die ungewohnt schlanke Statue stammt aus der Sukothai-Periode, vermutlich aus dem 13. Jahrhundert. Die sitzende Gestalt trägt die typischen Züge der Zeit: Der Körper ist sehr elegant geformt, das Gewand wirkt ebenfalls zart und hauchdünn, die Gesichtsform ist oval, die Nase deutlich heruntergezogen, die Augenbrauen sind betont halbkreisförmig und Mund und Kinn stark herausgearbeitet. Aus der Sukothai-Periode, die bis ins 15. Jahrhundert dauerte, gingen die ersten bedeutenden künstlerischen Leistungen thailändischer Reiche hervor. Die Nachfolge trat der Ayuthia-Stil, der von der zweiten Hälfte des 15. bis ins 18. Jahrhundert datiert wird, an. Genannt wurde er nach der schon erwähnten früheren Hauptstadt, deren Nachfolge bald Bangkok antrat. Doch davon hören wir noch.

Was ist nun so sensationell an dieser Statue? Der Buddha-Figur ist nichts Außergewöhnliches anzusehen. Dalin aber hat uns vorher gut instruiert: Der Buddha hat eine erstaunliche Geschichte wohlbehalten überstanden. Die Statue, die heute in ihrer ganzen fünfeinhalb Tonnen Goldpracht glänzt, war einige Jahrhunderte unscheinbar mit Gips überzogen. Die wenig beachtete, aber monumentale Statue sollte 1955 aus einem Tempel am Hafen in eine neue Heimstätte verfrachtet werden. Der Transport mit einem Kran mißlang, und die schwere Figur fiel zu Boden. Dort blieb sie liegen und sollte erst am nächsten Tag erneut transportiert werden. Ein nächtlicher Regen brachte am anderen Morgen dann eine kleine Sensation zutage: Der Gips wurde weich und abgespült und heraus kam eine tonnenschwere Goldfigur. Die Erklärung der Maskerade liegt nahe: Vermutlich wurde der Buddha von geschickten Mönchen im 16. und 17. Jahrhundert, der Zeit vermehrter Angriffe durch die Birmanen, oder auch im 18. Jahrhundert, als die damalige Hauptstadt Ayuthia durch diese feindlichen Nachbarn in Flammen aufging, mit Gips bestrichen und so vor dem Raub bewahrt. Über die Jahrhunderte hinweg geriet der Schatz in Vergessenheit und wurde erst vor dreißig Jahren wiederentdeckt.

Zu unserem Erstaunen fahren wir danach an einer der bekanntesten Tempelanlagen, am *Wat Po,* dem berühmten Tempel des Ruhms, vorbei. Wir wundern uns, ist doch dieser Bezirk der weitläufigste und älteste Tempel, der im östlichen Teil sogar auf das 16. Jahrhundert zurückgeht. Der westliche Abschnitt des Bezirks, der zur großen Verkehrsader, der Maha Rai Road, hin liegt, ist dagegen ein Gemeinschaftswerk aus wenig jüngerer Zeit. So haben die Herrscher Rama I. um 1783, Rama II. um 1832 und wenig später Rama IV. daran bauen lassen. Die Besucher strömen hauptsächlich in den Tempelbezirk, um die nordöstlich gelegene Kapelle des ruhenden Buddha zu sehen, die auf Rama III. in der ersten Hälfte des 19. Jahrhunderts zurückgeht. Sehenswert ist auch das alte Hauptgebäude des Tempels, der sogenannte Bot. Interessant ist hier die Vielzahl der Buddha-Figuren, die teilweise sehr wertvoll sind. Der Innenraum des Tempels schließlich enthält eine sitzende, goldüberzogene Buddha-Figur, die einige Reliquien Ramas I. enthalten soll.

Dieser wurde im Jahre 1782 der Begründer der heutigen Dynastie und Vorfahr aller folgenden Monarchen. Er kam nicht sehr friedlich an die Macht, doch einigte er nach einer Zeit der politischen Desorientierung das Volk der Thais unter einem neuen Herrscherhaus in einer neuen Hauptstadt: Bangkok. Nach einer sehr wechselvollen Vergangenheit kamen die Thais damit bis zum heutigen Tag siedlungsgeschichtlich zur Ruhe.

Sie kamen aus dem Nordwesten von Sichuan und machten sich im ersten Jahrhundert unserer Zeitrechnung auf die Suche nach neuem Lebensraum. Sie wanderten das Yangzi-Tal abwärts und kamen dort mit den Chinesen in Berührung. Auf diese Zeit geht auch die Benennung der Thais durch die Chinesen zurück. Sie heißen bis heute ›die älteren Brüder‹. Südlich dieser Begegnungsstätte gründeten die Thais ihre erste Hauptstadt, Talifu. Dieses erste Königreich existierte von 650 bis ins Jahr 902. Dann – von den Chinesen bedrängt – wanderten sie weiter in den Süden und wurden im fruchtbaren Schwemmland der großen Flüsse Mekong, Menam, Salween und Irrawadi seßhaft. Eine weitere Südwanderung setzte dann im dreizehnten Jahrhundert ein, als Mongolen die Thais angriffen. Die Thais ihrerseits verdrängten andere Völker, so die Khmer, deren Nachfahren uns aus der jüngsten Geschichte als ›Rote Khmer‹ keine Unbekannten sind. Das Khmer-Reich wurde so stark zurückgedrängt, daß die Thais

1238 ihr eigenes Reich errichteten. Zum ersten Mal etablierte sich ein sehr straff durchorganisiertes Staatswesen, angeführt vom ersten Thai-Herrscher der Geschichte. Positive Einflüsse kamen zu dieser Zeit aus China. So blühte bald die importierte Kunst und Kultur. Hinderlich dagegen blieben die andauernden Kämpfe gegen die Khmer, die sich in Phnom Penh ihre neue Hauptstadt suchten. Doch war das Reich von Sukothai zur beherrschenden Macht Indochinas geworden.

In der Zeit nun, in der sich die europäischen Kolonialmächte ein Großteil der Welt unterwarfen, blieb Thailand frei. Zwar kamen zunächst Portugiesen, später Niederländer, Briten und Dänen nach Thailand. Diese mußten sich aber auf Kontakte, auf Handelsbeziehungen und den Austausch von technischem Wissen beschränken. So profitierte das Land vor allem in der Schiffahrt stark vom Wissen der europäischen Seemächte. Im 16. und 17. Jahrhundert meldeten sich die alten Feinde, die Birmanen, wieder. Die Thais hatten ihre Hauptstadt inzwischen nach Ayuthia, nördlich von Bangkok am Menam-Fluß, verlegt. Einem entscheidenden birmanischen Angriff konnte die Hauptstadt jedoch nicht standhalten. Ayuthia wurde 1767 während feindlicher Invasionen in Schutt und Asche gelegt. Ein Großteil der Kunstgegenstände und vor allem die Archive mit allen historischen Dokumenten des Volkes gingen dabei verloren. Die thailändische Geschichte konnte lediglich aus den Quellen benachbarter Völker – vor allem der Chinesen – detailliert rekonstruiert werden.

Der Kreis der Geschichte schließt sich hier: Fünfzehn Jahre nach dieser Zerstörung gründete der erste Rama in Bangkok ein Nachfolgereich. Seine Reliquien werden – wie schon erwähnt – in der Hülle des sitzenden Buddha hier im Wat Po verehrt. Doch merkwürdig, wir fahren an diesem wichtigen Tempel vorüber und drängen uns im Verkehrsgewühl weiter in nördliche Richtung. Am Haltepunkt sind wir überrascht, denn er ist nicht in unserem Besichtigungsprogramm vorgesehen: Wir stehen vor dem alten Königspalast mit dem herausragenden Tempel *Wat Phra Keo*. Wir haben kaum

Zeit, die meterhohen weißen Umfassungsmauern, die zinnenbekrönt sind, zu bestaunen. Alles Dahinterliegende bleibt momentan weitgehend verborgen. Ab und zu schimmert ein Dach oder ein Türmchen voll winziger Glas- oder Keramikplättchen in der gleißenden Sonne. Die große Mauer rahmt das Gelände, das etwa einen Quadratkilometer Flächenausdehnung hat, in einem unregelmäßigen Viereck ein. Wir sind von der Sanam Chai Road links in die Na Phra Lan Road eingebogen, denn hier ist der Eingang für die Besucher. Eine scheinbar unendliche Schlange Interessierter drängt zum Eingang. Dalin führt unsere kleine Gruppe energisch an und bringt uns sehr schnell durch das ›Vised Chaisri-Tor‹ in die Palastanlage. Der derzeitige König Rama IX. (Bhumibol) residiert nicht mehr in diesem Palast, statt dessen dient er ihm als Gästehaus. Ein wirklich prächtiger Anblick empfängt uns, und bald stehen wir in einer Märchenwelt. Wir halten immer wieder inne, um die funkelnde Pracht der Bauten und das üppige Grün der gestutzten Bäume und exotischen Pflanzen zu bewundern. Dalin drängt. Sie kann uns in der kurzen Zeit nur die wichtigsten Gebäude zeigen, doch möchte sie dort wenigstens etwas verweilen. Geradeaus führt sie uns, direkt nach Süden. Dann geht es, als wir ein zweites Tor, das Pimarn Chaisri, passiert haben, in den engeren Palastbezirk. Hier befindet sich der *Chakri Maha Prasad,* der eigentliche Palast. Offensichtlich waren englische Architekten am Werk, denn wir finden europäische und fernöstliche Bauelemente vereinigt. Die Fassade aus Marmor ist in neoklassizistischem Stil gestaltet, das große Dach nach thailändischer Tradition in Staffeln gebaut, es leuchtet in einer unendlich tiefgrünen und sandfarbenen Pracht. Da der König hier noch Audienzen gibt, sind vom Palast nur einige Räume zu besichtigen. So kommen wir immerhin in die bildgeschmückten Empfangsräume vor dem Thronsaal, der selbst allerdings für uns nicht zugänglich ist. Westlich der Anlage finden wir den ältesten Gebäudekomplex des Palastes von 1789, einen Nachfolgebau der noch älteren Anlage Ramas I. Der *Dusit Maha Prasad* diente früher als Schwurhalle. Heute ist er der Aufbahrungsort für Angehörige der königlichen Familie. Jener kleine Pavillon, der linker Hand von uns steht, wurde 1958 – dupliziert allerdings – auf der Brüsseler Weltausstellung als Paradebeispiel thailändischer Baukunst ausgestellt.

Auf dem Weg zum Wat Phra Keo im östlichen Teil der Anlage kommen wir an einem kleinen Umkleidepavillon vorbei. Imposant sich vorzustellen, wie hier die königlichen Elefanten festgemacht werden, der Herrscher über das kleine Podest absteigt und sich in den kostbar gestalteten Bau zurückzieht. Der Pavillon diente als Durchgang zum Maha Montien, einem früheren Wohnkomplex der Herrscher. Doch für uns ist selbst die Einsicht dorthin versperrt. Wir halten auf die Tempelanlage zu, auf den Wat Phra Keo, von dem uns insbesondere der Raum des Smaragd-Buddha interessiert.

Wir müssen unsere Schuhe wieder am Eingang abstellen und barfuß den Tempel betreten. An den drei Eingangstüren begrüßen uns merkwürdige Trophäen. Zu beiden Seiten hängen schwarze Filmstreifen in lustigen Kringeln zu Boden. Doch dies ist kein Tempelschmuck, sondern der deutliche

Hinweis der Tempelwächter, hier nicht zu fotografieren. In den buddhistischen Tempeln ist das ›Bilder-Nehmen‹ strikt untersagt. Ein unbelehrbarer Reisender, der meint, die Mönche überlisten zu können, muß diese Tat sofort büßen: Er hat die Fotokamera vor seinem rundlichen Bauch baumeln und drückt wahllos auf den Auslöser. Irgend etwas vom Tempel würde ja aufs Bild kommen. Und eine Trophäe muß ja mit nach Hause: Je verbotener, desto besser. Doch das Klicken des Auslösers verrät ihn. Die Tempelwächter packen kurzerhand den Apparat, und der Wat Phra Keo hat einen Filmstreifen mehr am Eingang hängen …

Als sich unsere Augen an das Licht gewöhnt haben, sehen wir ihn, weit entfernt hinter einer Absperrung: Dort thront der nur 75 Zentimeter große Buddha, der im übrigen nicht aus Smaragd, sondern aus Jaspis besteht. Die Figur wurde 1435 in Chiang Rai im Norden Thailands gefunden und nach großer Irrfahrt 1778 nach Bangkok gebracht. Der *Smaragd-Buddha* ist heute das größte Heiligtum Thailands. Jeweils zu Beginn der drei thailändischen Jahreszeiten wird die Figur vom König eigenhändig neu bekleidet. In den heißen Zeiten trägt der Buddha eine mit Diamanten bestickte Robe. In der Winterzeit bekommt er einen schwarzen Mantel aus Gold und Email, und in der Regenzeit bekleidet ihn ein Umhang aus blaugemustertem Goldbrokat.

Vor dem Tempel gebieten Löwenfiguren Respekt. Die beiden mittleren der insgesamt sechs Tempeltiere stammen noch aus dem 11. Jahrhundert. Der Bau selbst ist vielfältig dekoriert. Auch hier blinken und funkeln die Seitenwände und das Dach durch unzählige kleine Mosaiksteinchen in der Nachmittagssonne.

Beim Hinabsteigen entdecken wir auf der linken Seite eine winzige Besonderheit, die oft in oder auch vor thailändischen Tempeln zu sehen ist. Eine kleine Buddha-Statue glänzt, ja glitzert ebenfalls im Sonnenlicht. Beim näheren Hinsehen bemerken wir, daß die Figur mit kleinen Goldplättchen übersät ist. Hauchdünn spielen die Enden im Wind. Offensichtlich werden diese Blättchen hier von Gläubigen erstanden und während des Gebets auf die Figur gerieben.

Den *Prasad Phra Thep Bidom,* das Pantheon der Herrscher, können wir ebenfalls nur von außen betrachten. Der Bau mit einem Säuleneingang ist prunkvoll dekoriert und zeigt eine Vielzahl mythologischer Darstellungen. Bemerkenswert ist immer wieder die filigrane Handwerkskunst, die Fertigkeit, mit deren Hilfe Mauern und Türme über und über mit unendlich kleinen Teilchen geschmückt werden, um eine leuchtende Märchenwelt zu erzeugen.

Zum Abschluß bekommen wir noch einmal eine exotische Welt vorgegaukelt. Wir erleben eine sehenswerte Folkloreveranstaltung, die uns einen Hauch thailändischer Eleganz, Rhythmik und Grazie vermittelt. Wir nehmen den Eindruck, vor allem die grazilen Bilder und den spezifischen Klang fernöstlicher Musik, dankbar mit auf die lange Rückfahrt.

Die Ausfahrt aus der Metropole ist dann sehr unproblematisch. Es herrscht wenig Verkehr in den Abendstunden. Ab und zu kommen uns ein paar Fahrzeuge entgegen. Ab und zu auch sehen wir weit entfernt von der Autopiste ein paar Lichter, Wohnhäuser und kleine Siedlungen.

Einige Kilometer vor Sattahip werden wir aus dem Halbschlaf gerissen. Dalin meint es gut und möchte uns noch im Vorbeifahren eine typische Kleinstadt nahe am Golf von Siam zeigen: Pattaya. Sie schildert stolz die touristischen Attraktionen – jedoch verschweigt sie das Geschäft, das für uns hier in der nächtlichen Stadt besonders sichtbar wird: die Prostitution. Da stehen vor Hotels und Wohnhäusern kleine runde Bars. Wie Verkaufsbuden wirken sie. Doch ist außer den Frauen nichts zu sehen, was verkauft werden könnte. Sie sind also die Objekte. Sie palavern mit den männlichen Gästen, während über dem Geschehen auf Monitoren die Gegenleistung für den Kaufpreis gezeigt wird. ›Land der Freien‹, in dem die Frauen als touristisches Markenzeichen Nummer eins gehandelt werden?

17

EIN SINGAPUR SLING IM RAFFLES HOTEL

Singapur

Die Geschichte Singapurs müßte eigentlich mit dem *Raffles Hotel* beginnen. Ja, hier an der Bar neben den alten Fahrrad-Rikschas vor einem ›Singapur Sling‹ läßt es sich leicht erzählen, zumal wir uns in einer illustren – wenn auch nicht gegenwärtigen – Gesellschaft befinden: Es ist gar nicht einmal so lange her, daß Somerset Maugham oder Rudyard Kipling hier ihre Plätze eingenommen und ebenfalls genüßlich an einem Singapur Sling genippt haben. Orangensaft, Gin, vielleicht ein Schuß Sherry oder Cognac – eine solche Mischung mag den Geschmack dieses Getränks ausmachen.

Singapurs englisches Herz

Über uns rotieren große Propeller und fächeln uns kühle Luft zu. In dem abgedunkelten Raum fühlen wir uns wohl. Der Großstadtlärm dringt verhalten herein. Am liebsten würden wir jetzt ihn, Somerset Maugham, über seine Reisen und Erlebnisse befragen. Einige Beschreibungen menschlicher Begegnungen in der Südsee kennen wir ja schon von seinen zahlreichen Erzählungen her. Maugham hielt sich im Malaiischen Archipel und im Raffles Hotel zwischen 1920 und 1925 auf. Hier müssen einige seiner Storys entstanden und hier dürfte er auch dem typischen englischen Kolonialherrn begegnet sein, der voller Würde die äußersten Zonen des Britischen Weltreiches durchschritt, den Zauber Südostasiens aber nur unzureichend begriffen hatte. Maugham, der feinsinnige Erzähler, verstand den Malaiischen Archipel nicht nur als exotischen Erlebnisraum seiner Helden und Anti-Helden, sondern vor allem als Seelenraum, in dem die Schicksale der Europäer Kapriolen schlugen, in dem aber auch der westliche Mensch, der Zivilisationsmensch, angesichts dieser exotischen Kulisse scheiterte. Schon Maugham hat deutlich gemacht, daß die vermeintliche Trauminsel der Südsee zum Alptraum für diejenigen werden kann, die das Paradies auf Erden suchen.

Wir steigen von den Barhockern herunter, um über die ›Geschäftsstraße‹ des Hotels in den tropischen Innenhof, wo ein kleines Café einladen soll, zu gehen.

Unvermittelt stoßen wir auf die Spuren des Tigers. Auf dem Fußboden erblicken wir nicht wenig verwundert Abdrücke von Tiger- oder Löwenspuren. Natürlich handelt es sich um nachgebildete Spuren, um ›Tigerspuren-Intarsien‹. Wir folgen ihnen. Die Sonne sticht, und der Tropenhelm wird in den Nacken geschoben. Schwer lastet das immer schußbereite Gewehr in den Armen. Dann stehen wir plötzlich vor einem Bambusvorhang, teilen ihn und... der Tiger setzt zum Sprung an, in der Mündung des Gewehrs leuchtet das Feuer ... Schmunzelnd nehmen wir an einer weiteren Bar Platz und bestellen, nach erfolgreicher Tigerjagd, zwei kühle Glas Bier. Die kleine Bar, ganz in Bambus gehalten, liegt in einem der hinteren Winkel des Hotels – deswegen die Fährte des Tigers. Hier haben sich offensichtlich die tapferen Jäger getroffen und von ihren Erlebnissen erzählt – einige Szenen davon sind großformatig an den Wänden abgebildet.

Schließlich lassen wir uns in einer Halle, die zum Innenhof offen ist, nieder und bestellen Kaffee und Kuchen. Palmen, Orchideen und andere tropische Gewächse füllen den Hof aus. Zwischen den sanft im Wind wiegenden Palmenblättern können wir die gegenüberliegende Hofseite mit den kleinen im maurischen Stil gestalteten Balkons und den teilweise spitzbogig zulaufenden Fenstern erkennen. Das im viktorianischen Stil erbaute Hotel strahlt, trotz seiner aristokratischen Würde, Wärme und Gemütlichkeit aus. Wir können uns sehr gut vorstellen, hier einige Tage oder gar Wochen zu bleiben, um diese Millionenstadt zu erkunden.

Singapurs englisches Herz, das nur noch ganz klein ist, schlägt hier am kräftigsten. Vor mehr als eineinhalb Jahrhunderten wurde die ›Stätte des Löwen‹, so die Übersetzung des Namens der Stadt, als englische Handelsniederlassung gegründet. Im Jahre 1819 ging ein englischer Dreimastschoner hier vor Anker. Der Kapitän und die Offiziere sowie die Matrosen sahen nichts weiter als ein paar Pfahlbauten im Mangrovensumpf – ein unscheinbares Fischerdorf. Und da ohnehin mit Piraten gerechnet werden konnte, wollte die Besatzung gleich wieder die Segel setzen. Der Historiker, Kartograph und Botaniker Sir Thomas Stamford Raffles von der East India Company jedoch konnte den Kapitän von der strategisch äußerst günstigen Lage dieses Urwaldnestes überzeugen. Die Segel blieben gestrichen, und die Engländer gründeten an dieser Stelle eine Handelsstation. Der Grundstein für das moderne Singapur wurde dann erst drei Jahre später, im Jahre 1822 gelegt. Für 60000 spanische Dollar kauften die Engländer dieses Territorium und bauten die Handelsstation als Freihafen aus. Bald zeigte sich, daß Raffles nur zu recht mit seinen Überlegungen gehabt hatte. Der größte Teil des Ostasienhandels wurde über Singapur abgewickelt. »This is my own child«, soll der Stadtgründer stolz nach England geschrieben haben und meinte natürlich seine Stadt – Singapur. 1871 wurde Singapur britische Kronkolonie, denn mit dem Bau des Suezkanals im Jahre 1869 rückte Großbritannien noch enger an seine Kolonien heran. Die Engländer blieben bis zum 15. Februar 1942 in Singapur die Herren. An diesem Tag eroberten die Japaner in einem Handstreich die Stadt und vertrieben die Briten aus Singapur und Malaya. Nach dem Zweiten Weltkrieg kehrten sie jedoch wieder zurück. Schon wenige Jahre später wurde die ›People's Action Party‹ gegründet, die sich die Unabhängigkeit Singapurs und Malayas zum Ziel gesetzt hatte. Es war Lee Kuan Yew, ein Chinese, Enkel eines Kulis und glänzender Absolvent der Cambridge University, der als Führer dieser Partei Singapur in die Unabhängigkeit (1959) und zum Stadtstaat (1965) geführt hat. 1967 war er es wieder, der zusammen mit Thailand, Indonesien, Malaysia und den Philippinen die Vereinigung der südostasiatischen Nationen, ASEAN (Association of Southeast Asian Nations) gründete.

Dieser ungewöhnliche Mann regiert heute noch den Stadtstaat. Er hat aus Singapur die modernste Metropole Südostasiens gemacht. Sein Werk wird heute allerdings unterschiedlich beurteilt: »Schön, grün, peinlich sauber, wohlhabend, diszipliniert, höflich, verbrechensfrei« – so wurde Singapur kürzlich in einer medizinischen Fachzeitschrift gelobt. Aber die ›saubere Stadt Singapur‹ mußte offensichtlich einen hohen Preis zahlen. Das kulturelle Leben liegt brach. Der bürokratische Kultusminister Dhanabalan schreibt nicht nur die Freizeitlektüre vor, sondern, so war kürzlich in einer Tageszeitung zu lesen, er verlangt sogar Schnitte bei alten Murnau-Filmen. Akademiker aus Europa und Amerika haben Berufungen an die Universität Singapur häufig abgelehnt. Die heimischen Akademiker sitzen, wie sie sagen, ständig auf dem gepackten Koffer, da ihnen in ihrer Stadt keine Zukunft blüht. Und wenn die Europäer von einer ›freien Marktwirtschaft‹ in Singapur sprechen und diese beispielhaft für Südostasien herausstellen, dann ist das ebenfalls eine Legende. Die Wirtschaftspolitik ist in einem hohen Maße interventionistisch. Es gibt kaum ein größeres Unternehmen, an dem der Staat nicht beteiligt ist. Aber diese Politik scheint bisher erfolgreich zu sein. Während heute westliche Volkswirtschaften stagnieren, gibt es in Singapur immer noch Wachstumsraten von weit mehr als fünf Prozent. Im Jahre 1990, wenn Lee Kuan Yew aus Altersgründen zurücktreten wird, will er, so hat er versprochen, mit der Weltmacht Japan wirtschaftlich gleichgezogen haben …

Ob es sich hier tatsächlich um eine erfolgreiche Politik handelt, scheint uns zweifelhaft. Die Familienpolitik hat schauerliche Züge angenommen. Da, wie erwähnt, die ausländische Intelligenz ausbleibt, versucht der Staat die heimische Intelligenz auf jede Weise zu fördern. Frauen mit Universitätsdiplom sollen mindestens zwei Kinder gebären. Für diese seien dann schon bevorzugte Plätze an guten Schulen und an der Universität reserviert. Frauen ohne höhere Schulbildung sollen auf Kinder verzichten … Wahrscheinlich trägt ein Artikel über Singapur, der im Spätsommer 1984 in einer deutschen Tageszeitung erschienen ist, folgende Überschrift völlig zu Recht: »Viel Orwell in Singapur«.

Stadtbummel

Wir haben das Raffles Hotel verlassen und befinden uns nun in einer anderen Welt. Wolkenkratzer, lärmende Baustellen und ein unsäglicher Autoverkehr! Viele Kreuzungen, an denen wir lange warten müssen, bis wir sie überqueren können, halten uns auf. Schließlich haben wir die *Stamford Road* erreicht, die uns zur *St. Andrew's Kathedrale* führt. Diese ›Church of England‹, die im neugotischen Stil Mitte des vergangenen Jahrhunderts errichtet wurde, kündigt das Regierungsviertel an. Größtenteils besteht es noch aus Gebäuden, die im englischen Kolonialstil errichtet wurden. Am imposantesten nimmt sich das mit einer großen Kuppel versehene Gebäude des *Supreme Court,* des Hohen Gerichtshofes, aus. Gegenüber ist die ganz im klassizistischen Stil erbaute Stadthalle zu sehen. Etwas weiter, Richtung *Collyer Quay,* öffnet sich der *Empress Place,* benannt nach der Queen Victoria. Hier ragt die über drei Meter hohe Statue des Stadtgründers Sir Stamford Raffles auf. In würdiger Schreitstellung steht er da auf hohem Sockel. Die Arme über der Brust verschränkt, blickt er ernst Richtung Süden, dorthin, woher er kam, um sein ›Kind‹, wie er sagte, großzuziehen. Ob er von dem legendären Ereignis wußte, das lange vor seinem Erscheinen hier ganz in der Nähe stattgefunden hatte? Unten im *Merlion Park,* am Ausgang des Singapore River, erinnert eine mächtige Löwenstatue an jene malaiische Legende: Einst soll ein malaiischer Prinz einen schrecklichen Löwen getroffen haben. Lange kämpfte er mit ihm, ohne ihn überwältigen zu können. Schließlich konnte er das wilde Tier ins Wasser treiben. Siegreich blieb er zurück. Die Stätte des Kampfes wurde ›Singha-Pura‹ genannt – ›Stätte des Löwen‹. Und um daran zu erinnern, daß ›Löwenmut‹ nicht zu bezwingen ist, daß also das Tier eine Metamorphose durchgemacht hat, wurde ihm ein Fischleib verliehen. Dieser Merlion ziert heute das Wappen des Stadtstaates.

Vom Merlin Park ist es nicht weit zur *Change Alley,* einem Kuriosum, das in der ganzen Welt seinesgleichen sucht. Hier ist es möglich, bekannte Markenartikel für auffallend wenig Geld zu erstehen – japanische Fotoapparate für ein paar Singapur-Dollars, französische Markenhemden ebenfalls für ein ›Nasenwasser‹ und Musikkassetten bekannter deutscher Firmen zu einem Zehntel des deutschen Preises. Des Rätsels Lösung: Es handelt sich hier um Nachbildungen, um Imitationen, die als solche zwar nicht gekennzeichnet sind, aber

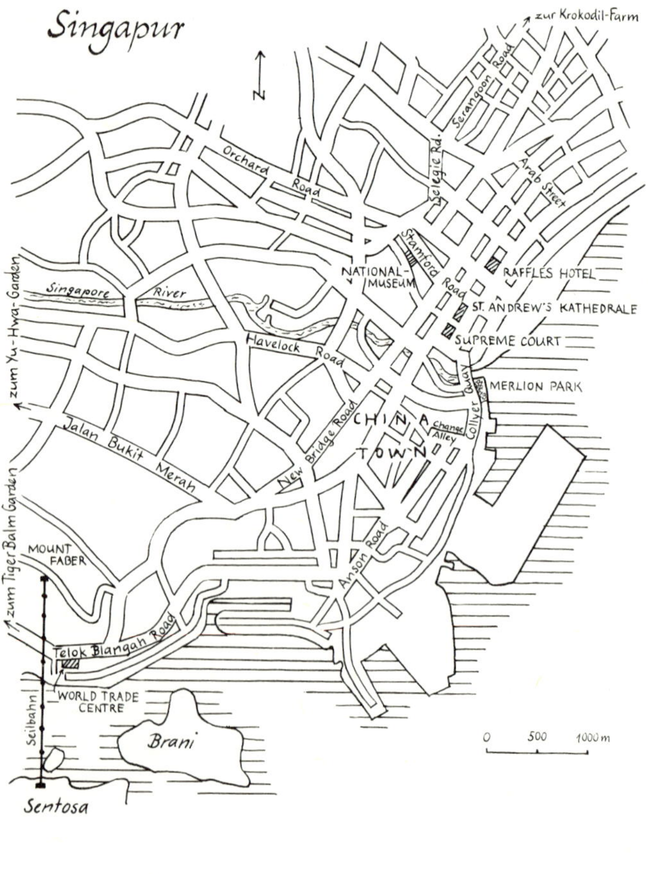

von den Verkäufern ausgewiesen werden. Und der Höhepunkt dieser kommerziellen Kuriosität: Mitunter preist ein Händler den ›echten‹ Markenartikel an. Und als wir ihn ungläubig anschauen, nennt er zum Beweis den Preis – in der Tat, so teuer würden wir das Hemd auch in Deutschland einkaufen.

Von der Change Alley gelangen wir zum *Raffles Place*. Ja, der berühmte Engländer, »born at sea 1781«, ist überall präsent – warum sollte er auch verschwiegen werden. Er wird von der heutigen Regierung als großes Vorbild angesehen, wie überhaupt Westeuropa und Amerika Maßstäbe für Singapur sind. Um den Raffles Place gruppieren sich viele Bankgebäude und vornehme Geschäftshäuser. Die üppig ausgestalteten Einkaufszentren sind verlockend, aber auch verhältnismäßig teuer. Die einstigen Einkaufsparadiese Hongkong und Singapur sind für Europäer längst nicht mehr so attraktiv wie noch vor einigen Jahren. Zugegebenermaßen sind elektronische Geräte oder Fotoapparate immer noch billiger als in Europa, jedoch nicht mehr um ein Vielfaches billiger. Unser ›Einkaufsbummel‹ beschränkt sich auf das Betrachten der Waren, das aber auch sehr bald erlahmt, denn diese ›Warenszenerie‹ präsentiert sich ebenfalls in ähnlicher Gestalt in Deutschlands Kaufhäusern – abgesehen von den kunstgewerblichen Gegenständen, die aber für unsere Geldbeutel unerschwinglich sind. Empfehlenswerter wäre das arabische Viertel um die *Arab Street* im Osten der Stadt. Hier können sehr preiswert geflochtene Körbe oder Strohhüte und mit den vielfältigsten Motiven bedruckte Stoffe erhandelt werden.

Uns zieht es nun ins Chinesen-Viertel, nach *China Town*. Wir geben uns aber keinen Illusionen hin, auch überlesen wir die emphatischen Beschreibungen in der Reiseliteratur, die China Town als aufregendsten Stadtteil Singapurs beschreiben. Der mit seinen Dschunken und Sampas malerische Singapore River zeigt sich heute als einbetoniertes leeres Gewässer, an dessen Ufern Wolkenkratzer in die Höhe wachsen.

Chinata Town wird zur Zeit saniert. Das bedeutet in Singapur: Die kleinen intimen Häuser mit den malerischen

Innenhöfen werden abgerissen und dafür Wohnsilos hingesetzt. Eine ›malerische‹ Variante ist allerdings erhalten geblieben. Aus fast jedem der alten Gebäude ragen lange Stangen, an denen die bunte Wäsche zum Trocknen aufgehängt ist. Diese Gepflogenheit haben die zum Umzug gezwungenen Chinesen nicht aufgegeben, so daß die Wohnsilos wie stachelige Monster aussehen. Aus fast jedem der unzähligen Fenster ragen die Wäschestangen – im ersten Stockwerk genauso wie im fünfzehnten oder fünfundzwanzigsten.

Die berühmte *Sago Lane* mit ihren Totenhäusern ist ihrer Gebäude beraubt. Die zur Straße hin offenen einstigen Totenhallen, in die Sterbende getragen wurden, sind abgerissen. Jetzt wird ›zeitgemäß‹ und ›modern‹ im Krankenhaus gestorben. Damals in den Totenhäusern wurde die Sterbestunde feierlich von allen Verwandten und Bekannten des bald Seligen begangen. Und nach dem letzten Atemzug waren die Trauergäste fröhlich über den eben abgeschlossenen Lebensweg. Ironie der Stadtplaner: Damals, als die Sago Lane noch ihren alten Zweck erfüllte, war sie in beiden Richtungen befahrbar. Heute ist sie Einbahnstraße geworden.

Kontrastreich wie Hongkong, wo sich unvermutet in kleinen Seitengassen intime Tempel oder schmucke kleine Geschäfte entdecken lassen, ist Singapur nicht. Die Gassen sind verschwunden oder kurz vor dem Verschwinden, wie im Viertel um die Arab Street, wo noch am meisten ›Altstadt‹ zu schnuppern ist. Singapur will modern sein, ein ›Über-New York‹ des Fernen Ostens. Das wollen Hongkong und die japanischen Metropolen auch. Doch verzichten diese Städte nicht ganz auf ihren traditionellen Charakter. Während in den Geschäftsstraßen Hongkongs ein bunter Reigen chinesischer Schriftzeichen auf langen Transparenten die Hochhauskulisse manchmal vollständig verdeckt, fehlt das in Singapur, als ob die Stadt erhaben über solche kindischen Spielereien wäre. Nein, Singapur will sauber bleiben. Keine Papierschnitzel oder Zigarettenkippen auf das Pflaster! ›Zuwiderhandelnde‹ werden hart bestraft: 500 Singapur-Dollars für das ›Verschmutzen der Stadt‹ – was auch immer darunter verstanden werden mag –, so können wir auf Warntafeln lesen. Und 500 Singapur-Dollars sind etwas weniger als 500 DM. Daß auf Rauschgifthandel, und wenn es nur um wenige Milligramm geht, die Todesstrafe steht, zeigt doch nur, wie schwach das Rechtssystem dieses Staates ist. Davon wurden wir nach der Lektüre eines Zeitungsartikels überzeugt: Ein zwölfjähriger Chinesenjunge wurde mit einer Tüte Heroin von der Polizei aufgegriffen. Er beteuerte, daß ein Mann diese ihm gerade zugesteckt hatte. Eine billige Entschuldigung, wie der Richter feststellte. Der Junge wurde zum Tode verurteilt. Buchstäblich in letzter Sekunde konnte er gerettet werden, nachdem der Heroinhändler gefaßt worden war und die Aussage des Kindes bestätigt hatte. Längst nicht so bedrohlich, aber doch ziemlich lächerlich wirkt das ›Haargesetz‹. Auf dem Flughafen von Singapur müssen Einreisende die ›Kragenprobe‹ über sich ergehen lassen. Sollte das Nackenhaar über den Kragen herausragen, dann wird die Einreise rigoros verweigert. Glücklicherweise trifft diese Bestimmung nur für Männer zu …

China Town, wie gesagt, stirbt in Singapur, obwohl die Stadt eine chinesische ist. Sechsundsiebzig Prozent der 2,6 Millionen Einwohner sind Chinesen. Vom arabischen Viertel, das noch weitgehend intakt ist, haben wir schon gesprochen, obwohl dessen Einwohnerzahl verschwindend gering ist – weniger als zwei Prozent. Die indische Bevölkerung macht etwa sieben Prozent aus. Ihr Stadtteil befindet sich in der Nähe der Arab Street – nur ein paar Straßenzüge in nordwestlicher Richtung weiter, in der *Serangoon Road* sowie angrenzenden Straßen und Gassen. Der süßliche Duft von Jasmin dominiert. Hier sind wir nicht mehr in Singapur, sondern in einer indischen Stadt. Frauen laufen in ihren bunten Saris über die Straße, und vor den Häusern sitzen alte Inder, die auf Betelnußblättern kauen. Von der Buffalo Road gehen kleine Gassen und Höfe ab, in denen viele Sari-Geschäfte zu finden sind. Und dann entdecken wir plötzlich einen alten Inder, der mit überkreuzten Beinen vor einer kleinen Holzschachtel mit Banknoten und Münzen sitzt. Mit seinen langen Fingern ordnet er die Noten und türmt die Münzen auf. Gleichmütig schaut er an uns vorbei ins Leere.

Es muß sich hier um einen Chettiar handeln. Diese aus Südindien mit den Engländern nach Singapur gezogenen Chettiars waren Geldverleiher. Einige von ihnen sollen auch heute noch zu beträchtlichem Reichtum gekommen sein. Die Inder, billige Arbeitskräfte, wurden von den Engländern nach Singapur gebracht. Es waren also hauptsächlich Inder, die das Singapur des 19. Jahrhunderts aufgebaut haben – natürlich nach den Plänen und Vorstellungen der Engländer. Die Serangoon Road geht über in die Selegie Road, und diese führt auf die Prachtstraße Singapurs, auf die *Orchard Road*. Supermoderne Hotelbauten wie das ›Märchenschloß Mandarin‹, dessen Dachgeschoß sich in stilisierter Form wie eine Lotosblüte öffnet, oder pompöse Einkaufszentren, deren hohe Hallen mit funkelnden goldfarbenen Blechen ausgeschlagen sind.

Das *Nationalmuseum* an der *Stamford Road* wurde im Jahr 1832 gegründet. Der Haupttrakt des Gebäudes wird von einer mächtigen Kuppel überwölbt. Ein Besuch lohnt sich – allerdings sollte von ihm nicht allzuviel erwartet werden. Neben archäologischen Funden bietet die malaiische Abteilung noch am meisten. Es sind hauptsächlich kunsthandwerkliche Gegenstände, die einen Einblick in das Alltagsleben dieses Volkes vermitteln. Eine kleinere Abteilung mit chinesischem Porzellan ist ebenfalls sehenswert. Vasen und Krüge sowie Teetassen und Teller aus dem 17. und 18. Jahrhundert erfreuen durch ihre klaren hellblauen und dunkelvioletten Farben, die spielerisch über das Rund des Porzellans gezogen, getupft und lasiert sind und wie zufällig Schmetterlinge, Vögel, Pflanzen und Ornamente hinterlassen.

Singapur hat mit drei Spezialitäten, mit unvergleichlichen Attraktionen aufzuwarten, die eigentlich nicht versäumt werden dürften. Im *Yu-Hwa-Garden* nahe der Yuan-Ching Road steht eine Nachbildung des Pekinger Sommerpalastes, der seinerseits im 12. Jahrhundert angelegt und im Laufe der Geschichte immer wieder zerstört und neu aufgebaut wurde. Hier mögen die Besucher lustwandeln, um einen Hauch des alten China einzuatmen. Der Replik-Charakter der Wassertürmchen ist allerdings unverkennbar.

Die *Krokodil-Farm* in der Upper Serangoon Road, also östlich des indischen Viertels, kann nüchtern gesagt als eine Lederverarbeitungsfabrik bezeichnet werden. Hier in dieser größten Krokodil-Zuchtstation Südostasiens tummeln sich nicht nur Krokodile, sondern auch andere Echsenarten und sogar Schlangen. Stündlich werden Führungen durch die Farm gemacht, deren Höhepunkt natürlich in der Fütterung der Tiere besteht. Nun aber zur letzten Spezialität Singapurs, die zumindest für uns ein Höhepunkt unseres Aufenthaltes geworden ist – zum *Tiger Balm Garden.* Er befindet sich am anderen westlichen Ende der Stadt am West Coast Highway und wird zuweilen auch als größter Kitsch-Park der Welt bezeichnet – aber das können nur phantasielose Menschen sein, die so etwas sagen.

Tiger Balm Garden

Ende der dreißiger Jahre sind die Brüder Aw Boon Haw (der Tiger) und Aw Boon Par (der Leopard) durch ihren berühmten Tigerbalsam zu Reichtum gekommen. Sie finanzierten in Hongkong und Singapur je einen Phantasie-Park, in dem die chinesische Mythologie- und Märchenwelt in teilweise überlebensgroßen bunt angestrichenen Figuren dargestellt ist. Der Tiger Balm Garden in Hongkong ist leider schon teilweise dem Bau-Boom zum Opfer gefallen. Aber hier in Singapur ist es noch möglich, sich in eine unvergleichliche Märchenwelt zu begeben.

Gleich zu Beginn, hinter einem weit ausschwingenden Portal und in der Nähe von riesigen Pappmaché-Felsen, werden wir von einem unglaublich dicken, aber gemütlich und freundlich schauenden Gott begrüßt – Amitabha, Gott der Gnade und der Erlösung. Vor ihm betet ein Priester – vielleicht darum, daß ihm der Amitabha-Kanon über die Lippen gehe möge. Wenn ihm dieses gelingt, wird er in der Stunde seines Todes ins Paradies aufsteigen ... Und dann wird nebenan die Geschichte von zwei Schnecken, die sich in hübsche Frauen verwandeln, erzählt. Die Schnecken waren natürlich Gottheiten, die auf die Erde gekommen sind, um die Güte der Menschen zu prüfen. Sie hatten Glück und fanden zwei gütige Männer, mit denen sie sich vermählten. Aber auch das Übel war zur Stelle und mußte bekämpft werden. Der Yangzi trat über die Ufer, um die Bösewichter hinwegzuschwemmen. Die Tugenden stehen auf den Felsen und schlagen mit Schwertern auf Meeresungeheuer ein. Ganz unten am Beckenrand ertrinken die Sünder. Ein junger Mann, der von einer Frau, die aus einer Muschel hervorkommt, verführt werden soll, wird gerade noch von seinem Vater zurückgehalten. Oben auf dem Goldenen Hügel, so wird der Tugendberg genannt, steht eine Pagode, in die Pei Su-Chen vom Himmelsgott eingesperrt wurde. Sie, die vormals als weiße Schnecke durch die Welt gekrochen war und danach zur Gemahlin eines Irdischen wurde, hatte im Kampf gegen das Übel auch viele Unschuldige sterben lassen. Diese Schuld büßt sie nun in der Pagode. Aber sie wird befreit – von ihrem Sohn Hsu Meng-Chiao – den sie kurz vor ihrer Gefangennahme gebar …

… und so könnte diese Geschichte weitergehen. Unendliche Verwicklungen und Verstrickungen, die Mythisches und Märchenhaftes zu einem faszinierenden Muster zusammenschließen. Erstaunt bleiben wir vor einer Felshöhle stehen. Dort kniet eine alte Frau vor einer jungen Frau und säugt an deren Brust. Uns kommen sofort Parallelszenen aus der europäischen Kulturgeschichte in den Sinn. Am Belfried von Gent, in dem ein Gefängnis untergebracht ist, findet sich ein kleines Relief, auf dem eine Frau einem Greis durch die Gitter ihre Brust reicht. Es handelt sich um die Tochter des römischen Bürgers Cimon, die ihren zum Hungertode verurteilten Vater ernährt und ihn damit rettet, denn er wird, nachdem er nach vielen Tagen immer noch nicht gestorben ist, begnadigt. Eine ähnliche Szene findet sich auch an der Decke des Tübinger Karzers … Was mögen diese Darstellungen mit der im Tiger Balm Garden gemeinsam haben? Eigentlich nichts – oder doch alles. Die gütige Chinesin, Madam T'ang, lebt mit ihrer Schwiegermutter zusammen, die blind ist und keine Zähne mehr hat. Also wird ihr frische Milch gereicht. In der Ecke schreit das Baby der Madam

T'ang – es muß noch ein wenig warten. Das Alter geht vor. Warum sollen nicht alte Menschen Brustmilch zu sich nehmen, wenn es ganz junge Menschen tun? Immerhin liegt in allen drei Vorkommnissen ein Notfall vor.

Teuflisch geht es in der Hölle zu. Die Fabelwelt von Hieronymus Bosch verblaßt vor dem unglaublich schauerlichen Szenarium, das hier entfaltet wird. Da werden Menschenleiber zwischen Mühlsteinen zerrieben, auf Astgabeln aufgespießt, unter Fallbeilen zerhackt, in siedendes Öl getaucht oder vor eine Nagelwalze geworfen. Das Blut spritzt und fließt über die Marterinstrumente. Was müssen diese armen Sünder während ihres irdischen Lebens verbrochen haben, daß sie in der ›chinesischen Hölle‹ so leiden müssen? Aber alles scheint mit rechten Dingen vor sich zu gehen. Ein weiser Richter ist anwesend. Vor ihm auf dem Pult liegt ein Buch, in dem die Vergehen und die entsprechenden Strafen verzeichnet sind. Nicht minder schauerlich sind die Folterknechte. Schweins- oder ochsenköpfige Monster traktieren die Verdammten. Manche haben grauenerregende Masken aufgesetzt, andere Peiniger sind mit dem Blut ihrer Opfer bespritzt ... Gerade schiebt sich eine Schar Chinesenkinder durch dieses Horrorkabinett. Aufgeregt kreischen die Kleinen und plappern wild durcheinander. Sie zeigen auf die einzelnen Höllenszenen und scheinen sich diese gegenseitig zu erklären. Vor Freude klatschen sie in die Hände – offensichtlich wollen sie in ihren Beschreibungen das Geschehen selbst noch übertreffen.

Neben einer Drachen- und Götterwand sind auch Darstellungen aus der Geschichte Chinas zu sehen. Und dann ist der Alltag präsent: Dort geht ein Schiff im stürmischen Meer unter – gegenüber ein Verkehrsunfall, und ein paar Stationen weiter können wir beobachten, wie die Bauern auf dem Felde ihrer Arbeit nachgehen.

Wir treffen im Park auch einige Passagiere, die kopfschüttelnd an uns vorbeigehen und mit diesen märchenhaften Darbietungen – das entnehmen wir ihren Gesten – nichts anfangen können. Später an Bord hörten wir dann, daß ein längerer Aufenthalt im Nationalmuseum auf jeden Fall weitaus lohnender gewesen sei. Wir sind da ganz anderer Meinung. Die Räume des Museums waren kaum besucht, aber hier im Tiger Balm Garden trieben sich Schulklassen herum, und es war eine Freude mitanzusehen, mit welcher Inbrunst die Kinder das Märchenszenarium betreten haben. Uns ist es ja auch nicht anders ergangen ...

Rundblick vom Mount Faber

Wenn das Raffles Hotel Singapurs die ›Ouvertüre‹ darstellt, dann sollte der letzte ›Satz‹ vor Sentosa gespielt werden – und zwar in der Seilbahn, die den hundertundfünfzehn Meter hoch gelegenen Mount Faber mit der Insel Sentosa verbindet. Vom Tiger Balm Garden ist es nicht weit zum Mount Faber. Dort oben angekommen, genießen wir einen herrlichen Ausblick auf die zahlreichen Inseln, die westwärts hinter dem Horizont verschwinden, und natürlich auf die Stadt, deren Wolkenkratzer östlich aus dem Meer zu steigen scheinen. Es ist Abend, und die Sonne senkt sich langsam der Horizontlinie entgegen. Lautlos schwebt die Kabine hinunter zur Mittelstation ›Jardin Steps‹ und weiter über das Meer zur Insel Sentosa. Rötlich färben sich die Hochhäuser im Abendlicht. Die Autos strömen in langen Schlangen aus der City uns entgegen. Viele haben schon ihre Scheinwerfer eingeschaltet. Wie ein Leuchtwurm, der sich längt und wieder zusammenzieht, kriechen die Autos unter uns hinweg. Gegen das Licht der untergehenden Sonne werden die Konturen der Inseln immer schärfer und die violette Farbgebung der Hügel immer transparenter. Golden scheint das Meer zu uns herauf. Auf der Insel angekommen, machen wir uns sogleich auf den Weg zum Ferry Terminal. Dort liegt eine Fähre an der Pier, die uns bald hinüber zum World Trade Centre bringen wird. Wir beschließen, in der Stadt noch ein Abschiedsbier zu trinken – in irgendeiner chinesischen Wirtschaft, vielleicht im Chinesen-Viertel. Dann werden wir uns wieder auf unser Schiff begeben, das kurz vor Mitternacht ablegt. Aber im Augenblick betrachten wir noch die Gondeln, die über uns in den roten Abendhimmel tauchen und zum Mount Faber hinüberschweben.

18

SCHWEIZER PRÄZISION IM MALAIISCHEN URWALD

Penang

Oben auf dem Penang Hill, fast siebenhundert Meter über dem Meeresspiegel, schweift der Blick über die dicht bewachsene Insel und deren Hauptstadt *Georgetown* hinüber nach Butterworth zum Festland. Ein asiatisches Panorama – Urwald, Palmen, weiße Hochhäuser, das blaue Meer und ein grau-blauer Landstreifen, vielfach unterbrochen von weißen Punkten, der von einer lockeren Kette buschiger weißer Wolken abgeschlossen wird. Die Sonne steht schon tief im Westen und beleuchtet die Szenerie. Die Mittagssonne, die eben noch für grelle Farben und kontrastreiche Schattierungen gesorgt hat, ist mild, ja fast zart geworden.

Hier oben auf einer Bank im Park nahe des luxuriösen Hotels Bellevue ruhen wir uns aus von einem Tag, der uns so Vieles und Unterschiedliches gezeigt hat. Eigentlich können wir das von jedem Tag sagen, den wir an Land verbracht haben. Aber unser Penang-Aufenthalt war irgendwie anders. Vielleicht lag das auch daran, daß wir es hier auf dieser Insel mit einem ›echten Szenarium‹ zu tun hatten. Die Tempelanlagen sind eingebunden in Dörfer oder kleinere Städte, die noch weitgehend ihr altes Gesicht gewahrt haben. Und dann diese urwüchsige Landschaft – hier trifft diese Charakterisierung endlich einmal zu –, die uns mit ihren seltsamen Düften, den fremden Vogelschreien und den satten Grüntönen immer wieder fasziniert hat. Die lärmende Großstadt Georgetown wirkt in einer merkwürdigen Weise immer noch beschaulich, da viele Gebäude im alten englischen Kolonialstil errichtet sind. Großzügig angelegte Parks sorgen für gute Luft und eine verhältnismäßige Ruhe. Und dann ist der Strand mit seinem weißen Sand in der Nähe und davor Palmen, die eine heitere Note in die Betonkulisse bringen. Aber viel Beton ist hier gar nicht zu bemerken. Georgetown war bis heute mit diesem Baumaterial zurückhaltend.

Penang ist etwas Anderes – Penang ist etwas Besonderes. Zu diesem Ergebnis kommen wir jetzt hier oben in der Nachmittagsstimmung. Vielleicht liegt das auch an der Historie der Insel, die seltsam verlaufen ist, wenn wir an die Geschichte mit der Kanonenkugel denken – einer Kanonenkugel mit Silberdollars gefüllt. Da unten in Georgetown stehen noch Reste des einstigen englischen Forts Cornwallis, das zu Beginn des 19. Jahrhunderts errichtet wurde. Kurz vorher, am 12. August 1786, gelangte Captain Francis Light an die Küste von Penang. Er traf Fischer und Piraten an, die ›Pulau Ka Satu‹, die ›Einzelne Insel‹, bewohnten – aber nur in Küstennähe. Da Light für die East India Company unbedingt eine Handelsstation errichten wollte, mußte er auch das Landesinnere durchforschen. Doch niemand von den Einwohnern war bereit, ihm zu folgen. Im Urwald, so die Küstenbewohner, hausen die bösen Geister, die nicht gestört werden wollten. Auch die vielen Inder, die Light nach Penang hat

schaffen lassen, verweigerten die Arbeit. Da ließ er eine Kanonenkugel mit tausend Silberdollars füllen – wie immer er das auch anstellte – und feuerte dieses kostbare Geschoß ab – in den Urwald. In Erwartung unermeßlichen Reichtums stürmten die Inder und auch die Malaien ins Landesinnere. Die Rodungsarbeiten konnten beginnen.

Georgetown

Im Distrikt des Forts Cornwallis haben wir die Nähe der Engländer, besser noch, die der englischen Kolonialherren gespürt. Das Parlamentsgebäude, das Rathaus und der Oberste Gerichtshof sind im typischen Kolonialstil errichtet worden. Doppelsäulen flankieren die Trakte, und Balustraden schließen die Gebäude ab. Prächtige Portale, die sich fast schon wie antike Triumphbögen ausnehmen, verheißen einen erhebenden Zugang zu den Häusern. Ganz englisch ist es auch im ›E & O‹, dem East and Oriental Hotel, das malerisch an der Küste liegt. Hier gibt es zwar keinen Singapur Sling zu trinken, und eine Raffles-Atmosphäre stellt sich selbstverständlich auch nicht ein, aber englische Kolonialluft ist auch hier zu schnuppern.

Merkwürdig nimmt sich der in dunklen Ockerfarben gehaltene Glockenturm, der zu Ehren der Königin Victoria erbaut wurde, aus. Die untere Geschoßpartie erinnert an ein islamisches Minarett. Darüber ist ein muschelförmiger Balkon angebracht und ein typisch europäischer Uhrentrakt mit hohen Schallarkaden und einem abschließenden Zwiebeltürmchen.

Typisch englisch ist auch die *St. George's Church* aus dem Jahr 1818. Sie befindet sich nicht weit entfernt vom Glockenturm. Ein antikisierendes Rundtempelchen mit Kompositkapitellen und einer abschließenden flachen Kuppel läßt Erinnerungen an die griechische oder römische Antike aufkommen. Ganz ›abendländisch‹ kann einem hier vor den weiß getünchten Säulen, Kapitellen und Dreiecksgiebeln werden. Allerdings will das tropische Grün und die üppige Vegetation nicht so recht zum strengen dorischen Stil passen.

Und überdies – uns ist kein Tempel der Griechen oder Römer bekannt, dessen Front mit Doppelsäulen gestaltet wurde – so jedenfalls die Eingangsfassade der Kirche. Die Engländer konnten sich eben nicht mit dem einfachen antiken Stil zufrieden geben – sie monumentalisierten ihn hier am Rande des tropischen Regenwaldes.

Ja, Georgetown ist reich an Überraschungen. Eben noch der antike Tempel in englischer Bauweise vor der bunten Kulisse der Tropen und dann, ein paar Straßenzüge weiter, ein typisch chinesischer Tempel, der *Guanyin Teng-Tempel* in der Pitt Street. Er wurde über ein halbes Jahrhundert später als die eben erwähnte Kirche erbaut, auch im historischen Stil. Der dem Gott der Barmherzigkeit Guanyin geweihte Tempel zeigt die typisch mittelalterlichen chinesischen Zierformen, die merkwürdige Übereinstimmung mit gotischen Formen offenbaren. Die in Spiralen ausschweifenden Dachformen wären mit Ornamentmustern mittelalterlicher Evangeliare zu vergleichen – aber eben nur zu vergleichen. Wir ›Abendländer‹ in Ostasien machen uns die fremde Kultur durch das Raster unserer Kultur klar. Was würde wohl ein Chinese zur gotischen Kathedrale sagen?

Im Lorong Burmah steht der *Wat Chaymangkalaram* – wie der Name schon sagt, ein buddhistischer Tempel der Thai. Berühmt ist er wegen der Länge der Buddha-Statue geworden. Sie mißt dreiunddreißig Meter und soll eine der längsten Buddha-Figuren der Welt sein. Die ›Buddhist Association‹ in Penang ließ sich dieses im Jahre 1929 fertiggestellte Bauwerk etwas kosten: Weißer Marmor aus Carrara wurde nach Penang verschifft – Buddha sollte in einem edlen, würdigen Material gestaltet werden. Die Kristalleuchter sollen aus der Tschechoslowakei stammen, und das Schwarzholz, das für den Bau der Altäre benötigt wurde, kommt aus China, genauer aus der Provinz Guangdong.

Angenehm ist es, hier oben zu sitzen und an die jüngste Vergangenheit zu denken. Georgetown erscheint uns jetzt wie ein farbenprächtiges Bilderbuch, das kunterbunt mit den unterschiedlichsten Überraschungen aufwartet. Ein buntes Völkergemisch, das da unten lebt – Araber, Chinesen, Inder,

Malaien und Engländer, wenn auch nur noch wenige. Sie leben alle friedlich beisammen und nebeneinander her. Die Inder und Chinesen haben ihren Tempel, die Malaien und Araber ihre Moschee und die Engländer ihre Kirche. ›Penang – Perle des Orients‹, wie die Insel auch genannt wird. Zugegeben, eine nicht gerade originelle Bezeichnung, kennen wir doch aus Werbeprospekten der Tourismus-Branche viele ›Perlen‹ aus nahezu jeder Weltgegend. Aber ein kleines Wunderwerk, kurz vor den Pforten zum Märchenreich, ist dieses Penang doch.

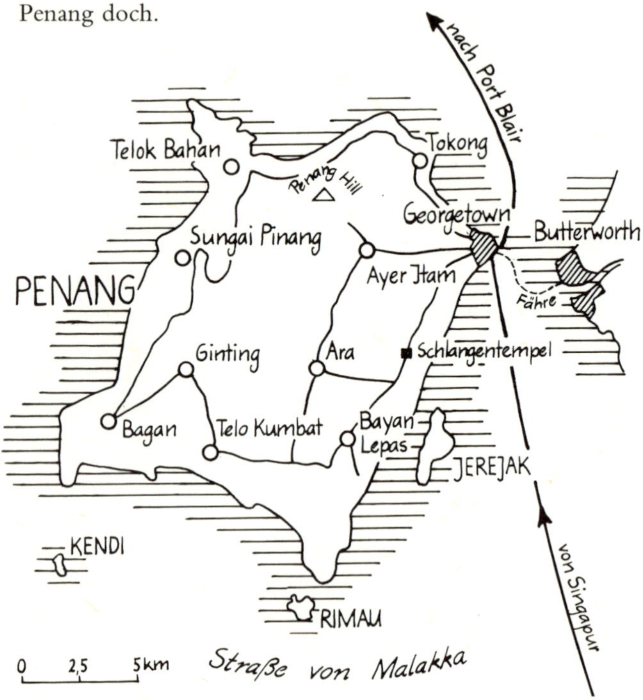

Wir sind dann mit dem Bus durch die Straßen Georgetowns gefahren, um den *Schlangentempel* zu erreichen. Die Großstadt hört ziemlich abrupt hinter dem Sungai Pinang auf, und eine freie, nur wenig zersiedelte Landschaft mit Reisfeldern und Obstplantagen beginnt. Zeitweise fahren wir durch den tropischen Regenwald, in dem hin und wieder kleinere graue Pfahlbauten auffallen.

›Tempel zur Azurblauen Wolke‹ heißt der Schlangentempel, der erst im Jahre 1850 erbaut wurde. Er ist dem Heiligen Chor Su Kong geweiht, dem man nachsagte, er hätte auch Schlangen als seine Jünger akzeptiert. Wir haben zwanzig bis dreißig Vipern gezählt, die sich träge, weil betäubt durch den Rauch der Stäbchen, um die Äste von Baumstümpfen winden. Ein Wärter mit lachendem Gesicht eilte plötzlich auf uns zu, und, ehe wir etwas unternehmen konnten, lag eine Schlange um unser beider Schultern. Da alles so schnell ging und wir eher an einen Spaß glaubten, waren wir gelassen und ruhig. Einträchtig, Arm in Arm mit einer Viper ließen wir uns fotografieren – dummerweise mit dem Apparat eines Passagiers, der staunend danebenstand. Und dann war die schläfrige Viper wieder auf dem Ast. Erst später erfuhren wir, daß auch diese Vipern hochgiftig sind … Nachts wird der Tempel gelüftet, und dann leben die Schlangen auf.

Ein spannendes Erlebnis, das wir uns hier oben angesichts der untergehenden Sonne erzählen. Hätten wir gewußt, daß die Vipern giftig waren, wir hätten den Tempel wahrscheinlich gar nicht betreten. Jetzt, stellen wir fest, fühlen wir uns wie nach dem Ritt über den Bodensee …

Aufstieg zur Pagode der Zehntausend Buddhas

Vom Schlangentempel ist es nicht weit nach *Ayer Itam* zum Kek-Lok-Tempel. Ein Taxi führte uns tief in den tropischen Regenwald hinein. Viele Pfahlbauten bekamen wir zu sehen. Sie sind bewohnt. Der Aufenthalt in einem solchen luftigen Gebäude muß sehr angenehm sein. Die zu einem lichten Dach zusammengewachsenen Baumwipfel schützen vor der sengend heißen Sonne, und immer weht ein kühler Wind vom Meer herüber. Hier ist die Hitze erträglich.

Ayer Itam kündigt sich durch eine staubige Sandstraße an. Hühner und Hunde laufen wild durcheinander. Ein ständiges Hupkonzert warnt die Tiere und auch viele Kinder, die schreiend über die belebte Straße rennen. Vor den Häusern sind Stände aufgebaut, die einfach alles, was die Menschen zum Leben brauchen, feilbieten. Neben Obst- und Gemüseständen auch solche mit Küchengeräten oder Handwerkszeug. Der Autoverkehr verdichtete sich, und bald gelangten wir an einen größeren Platz, umgeben von Hunderten von Menschen. Diese nahmen von uns kaum Notiz, so selbstverständlich ist wohl mittlerweile der Tourismus auf Penang geworden. Der Taxi-Fahrer deutete auf einen Stand, an dem bunte Tücher, Souvenirs und Postkarten verkauft wurden. Nein, nein, wir wollten zum *Kek-Lok-Tempel*. Ja, ja, dort entlang. Oben auf dem Berg beginne die Klosteranlage und hier unten der Weg dahin. Tatsächlich, wir mußten einen langen Gang auf uns nehmen, an unzähligen Ständen mit törichten Souvenirs entlang, bis wir den ersten Vor-Tempel der großen buddhistischen Klosteranlage erreicht hatten. An fast jedem Stand wurden wir aufgehalten. Immer wieder hängten eifrige Chinesinnen uns T-Shirts vor das Gesicht, um uns am Weitergehen zu hindern. Wir kauften dann auch tatsächlich zwei ›Modelle‹ mit chinesischen Schriftzeichen, die ›Glück‹ bedeuten sollten.

Endlich war der Aufstieg geschafft, dieser ›kommerzielle Passionsweg‹. Eine wohltuende Ruhe umgab uns sogleich und der betörende Duft von vielen Räucherstäbchen. Wir hockten uns auf eine Balustrade und ließen das Tempelinterieur auf uns wirken. Zwei riesige musizierende Dämonen schauten uns an. Ihre Fratzen blickten böse zu uns herab, und unter ihren Füßen duckten sich reuig kleine Sünder. Ähnliches kennen wir ja auch von der christlichen Ikonographie her. An gotischen Portalen hocken Sünder oder Dämonen unter den Füßen von Heiligen. Also sind diese Dämonen keine teuflischen Gesellen, sondern göttliche Helfer. Durch die himmlische Musik, durch die Sphärenklänge also wird das Übel bekämpft. Nun ist dieser Tempel Ende der zwanziger Jahre unseres Jahrhunderts vollendet worden. Begonnen wurde mit dem Bau im Jahre 1887. Ist es nicht möglich, daß durch das englische Missionswerk Spuren der christlichen Heilslehre – zumindest in ikonographischer Hinsicht – in die

buddhistische Lehre eingeflossen sind? Die Darstellungsform dieser beiden ›guten Dämonen‹ legt diese Vermutung nahe.

Nachdem wir aus diesem Tempel herausgetreten waren, erwartete uns ein prächtiger Anblick. In zahlreichen Terrassen, die mit hübschen Balustraden eingefaßt sind, staffelt sich eine parkähnliche Anlage nach oben. Auf der linken Seite die Klostergebäude mit den unnachahmlichen, in den Himmel ausschweifenden Dachfirsten. Ganz oben, auf dem Gipfel des Hügels, erhebt sich mächtig eine dreißig Meter hohe Pagode, die *Pagode der Zehntausend Buddhas.* Die einzelnen Buddha-Statuen sind aus Marmor gefertigt. Sie stehen im Innern und außen in kleinen rundbogigen Nischen. Sieben Stockwerke zählt das Bauwerk, deren unterer Teil im birmanischen Stil und deren oberer Teil samt Kuppel im siamesischen Stil erbaut wurde. Die Stilarten sind klar unterscheidbar. Im unteren Teil dominieren großräumige Arkadengänge, deren Bogenformen zur Spitze hin orientalisch unterteilt, also in kleine Bogensegmente aufgegliedert sind. Der siamesische Stil wird besonders am Kuppelbau deutlich, der wie ein gelängter, vielfach unterteilter Zwiebelturm aussieht. Ähnlich waren ja die Pagodentürme in Bangkok gestaltet. Der Blick von oben über die Terrassen- und Klosteranlagen war unvergleichlich eindrucksvoll. Der ziemlich steil abfallende Hügel bot einen Blick über die zierlichen Dachformen und Palmen hinweg auf den nahen tropischen Regenwald und weiter zum azurblauen Meer.

Ja, Penang ist reich an Ausblicken, stellen wir hier oben auf dem Penang Hill fest. Die Sonne sinkt jetzt schnell auf die Horizontlinie zu. Butterworth ist schon im violetten Abenddunst verschwunden, und die Schatten um uns herum werden immer länger. Wir müssen noch an die vielen Wasserschildkröten denken, die einige Becken der Terrassenanlage bevölkern. Hier in Äquatornähe sind diese Tiere zu Hause und dann doch wieder nicht. Aber vielleicht fühlen sie sich in der Nähe des Heiligtums wohl. Seit einiger Zeit beobachten wir zwei Äffchen, die munter über die Wiese vor uns tollen, auf die nahen Bäume springen und spielerisch umeinanderhangeln. Nun wird es langsam Zeit, daß wir uns auf den Weg zur Gipfelstation der Zahnradbahn machen, um in Ruhe unser Schiff unten an der Pier von Georgetown zu erreichen. Wir freuen uns auf die Talfahrt, war doch die Hinfahrt schon voller lebhafter Eindrücke. Paradiesvögel haben wir gesehen und Affen, die durch den Dschungel turnten. Und dann hat uns natürlich das kleine Schild im Fahrgastraum tief beeindruckt. Eine Schweizer Firma, so konnten wir lesen, hat die Bahn und das Zugsystem konstruiert, Schweizer Präzisionsarbeit im Dschungel von Penang, und witzelnd machten wir uns darauf aufmerksam, daß auch schon Schweizer Seilbahnen Unfälle hatten.

Dramatische Talfahrt

Vor der Gipfelstation begegnen wir bekannten Gesichtern. Da steht die junge Engländerin mit ihrem Strickzeug, die schon während der Bergfahrt, ohne eine Miene zu verziehen und ohne nach links oder rechts zu schauen, sich ihrem Werk gewidmet hatte. Ihr Gatte in Shorts raunte hin und wieder ein Wort in ihre Richtung. Ein flüchtiges Nicken, mehr nicht. Fast schon zu typisch. Die bunte Malaienfamilie steht am Geländer und erwartet den Zug. Die Kinder, ungeduldig, springen mal hierhin und mal dorthin. Disziplinierter die vielen Chinesenkinder. Die Knaben tragen blaue Shorts und weiße Hemden, die Mädchen weiße Hemden und blaue Röckchen. Nicht diszipliniert, sondern müde sind sie. Wahrscheinlich haben sie auf dem Hügel herumgetobt, während ihre Eltern eine Tasse Tee tranken. Und da tauchen auch die beiden modebewußten Paare auf. Wir bewunderten schon während der Fahrt hinauf ihre Kleidung. Bunt und elegant. Satin und Seide knisterten. Der Bahnsteig ist mittlerweile angefüllt. Mehr Personen dürften den Fahrgastraum der gerade erscheinenden Bahn wohl auch nicht betreten. Die Türen schieben sich auf, und nachdem die wenigen späten Besucher ausgestiegen sind, besteigen wir ein Abteil. Ein Pfiff, die Schiebetüren schließen automatisch, und die Bahn setzt sich langsam in Bewegung. Hinab geht es, steil hinab in den Dschungel. Wie Kulissen schieben sich die Stationsgebäude an den Fenstern vorbei, und dann sehen wir nur noch das Dickicht von Pflanzen, Lianen, Büschen und Bäumen.

Plötzlich – uns bleibt fast das Herz stehen – ein Rucken, dann ein unsägliches Kreischen der Räder, ein erneutes Rukken, noch viel kräftiger als das erste Mal, ein Schwanken, ein Rutschen … Wir bewegen uns nicht, atmen kaum. Kommt jetzt der Absturz? Nach der ersten Schrecksekunde bricht es aus einigen Passagieren heraus. Lautes Rufen, hysterisches Kreischen. Die Türen bleiben geschlossen. Raus! Bloß raus hier! Wir schauen uns an – bleich und mit großen Augen. Keine Bewegung. Auch die anderen Fahrgäste sind wie auf ein geheimes Zeichen hin ruhig geworden. Ja, bloß keine Bewegung, denn die könnte letzte Ursache für den Absturz sein. Natürlich müssen wir das Schlimmste befürchten, denn wir wissen nicht, was passiert ist. Ganz vorsichtig haben die beiden Zugführer den Wagen verlassen und hantieren offensichtlich am Gestänge, an den Rädern, an den Seilen. Hoffentlich wissen sie, was zu tun ist. Aber sie könnten doch die Türen öffnen. Oder ist die Situation völlig harmlos? Dann ein erneutes Quietschen und ein weiterer

Ruck. Nun sinken plötzlich unsere Herzen tief nach unten. Und wieder ein Schrei von einem Fahrgast.

Wir sitzen fest. Es geht weder bergauf noch bergab. Die Gefahr scheint offensichtlich gebannt zu sein, denn es sind Arbeiter gekommen, die mit langen Stangen unser Gefährt wieder in Gang setzen wollen. Gefahr, wenn auch nicht mehr so lebensbedrohend, jetzt von einer anderen Seite: Werden wir rechtzeitig unser Schiff erreichen? Genügend Zeit für die Rückfahrt zur Pier hatten wir eingeplant, als wir uns oben auf den Weg zur Station machten. Aber sehr viel länger dürfen wir hier nicht festsitzen.

Die Arbeit dauert an. Immer wieder Schläge gegen den Boden des Fahrgastraumes. Draußen steigen die Äffchen auf und nieder, tollen herum. Neben uns die Engländerin, die gleichmütig an ihrem Werk strickt. Und die Kinder lachen schon wieder. Die Zeit verstreicht. Nun geht es schon nicht mehr darum, einen Bus von der Talstation nach Georgetown zu nehmen. Es kommt nur noch ein Taxi in Frage, ein sehr schnelles allerdings. Was sollen wir machen, wenn das Schiff ohne uns abfährt? Und es wird ablegen, denn die Reederei kann es sich nicht leisten, die Liegezeit zu überziehen. Außerdem darf der Fahrplan nicht eingeschränkt werden. Was würden vierhundert Passagiere sagen, wenn ihnen am nächsten Hafen Programmpunkte gestrichen würden – wegen zwei Säumiger? Sicherlich, einige hätten Verständnis. Und die anderen? Außerdem, was heißt zu spät kommen? Wir sind nicht zur Abfahrtszeit an Bord. Wer soll wissen, *wann* wir kommen werden. Beklommen schauen wir uns an und dann nach draußen. Es ist dunkel geworden. Unter uns blitzen die ersten Lichter auf. Und wenn an der Talstation kein Taxi steht? Wir haben weder unsere Pässe bei uns noch ausreichend Geld. Wo würden wir das Schiff wieder betreten können? In Colombo? Gibt es einen Flug von Penang nach Colombo? Vielleicht über Singapur?

Ein weiterer Ruck – und ein letzter Ruck. Die Bahn setzt sich in Bewegung. Ganz langsam wird sie nach oben gezogen. Also wieder hinauf. Und die Zeit verstreicht weiter. Oben angekommen, werden die Türen geöffnet. Lautes

Palaver. Aber dann, endlich, geht es bergab, wenn auch mit verminderter Geschwindigkeit.

Wir schauen auf die Uhr. Genau noch vierzig Minuten haben wir Zeit, das Schiff zu erreichen. Wenn wir in dreißig Minuten unten angekommen sind, müßte uns ein fliegendes Taxi zur Pier bringen. Die Mittelstation ist erreicht. Aber der Gegenzug kommt erst langsam herauf – eine kleine Verzögerung wegen der Entgleisung da oben! Unsere letzten Minuten auf Penang werden anstrengend. Aufatmend stellen wir fest, daß es nun etwas zügiger hinuntergeht. Die Talstation ist erreicht, wir stürzen aus dem Zug und aus dem Gebäude, um einen von den Taxifahrern zu greifen. Diese kommen, auf ein gutes Geschäft hoffend, den Fahrgästen winkend entgegen. Blitzschnell haben wir unseren Mann gefunden. Es bleibt ihm nicht einmal Zeit, sein Gefährt und seine Fahrkünste anzupreisen. Fast tragen wir ihn zu seinem Auto, und während wir einsteigen, versprechen wir ihm das höchste Trinkgeld seiner Laufbahn, wenn er uns innerhalb von fünf Minuten nach Georgetown zum Hafen bringe. Er lacht. Ja, ja, die Touristen haben es immer eilig. Und wir, die wir es nun wirklich eilig haben, versuchen ihn von unserer Not zu überzeugen. Er versteht, denn plötzlich wird er ganz ernst, beugt sich über sein Steuerrad und flitzt mit einer unglaublichen Geschwindigkeit über die Straße Richtung Georgetown. Er kündigt uns einen Nebenweg an, der zwar ein Umweg ist, aber weniger befahren. Im Geiste erhöhen wir das Trinkgeld. Und mit jedem Reifenquietschen erhöhen wir es nochmals. Die Stadtgrenze von Georgetown ist erreicht. Es ist Punkt 19.30 Uhr. Die Abfahrtszeit der ›Pushkin‹. Ein wenig müßten sie doch noch warten. Aus vielen Häfen sind wir doch schon mit Verspätung ausgelaufen, weil sich die Zollformalitäten verzögerten. Warum gerade jetzt Pünktlichkeit? Zollformalitäten! Hoffentlich werden wir nicht am Zoll aufgehalten.

Da ist schon die Strandchaussee, und in der Ferne sehen wir den roten, hell erleuchteten Schornstein unseres Schiffes. Es liegt also noch an der Pier. Und dann kurven wir schon in das Hafengebiet. Die Zollgebäude fliegen auf uns zu.

Der Schlagbaum geht nach oben. Die Zöllner winken und nicken. Sie wissen also Bescheid.

Wir haben das Schiff erreicht. Sieben Minuten Verspätung! Unsere Sorgen waren nicht unberechtigt, denn die Gangway wird gerade eingezogen. Wir fallen unserem Taxichauffeur fast um den Hals und drücken ihm ein Bündel Scheine in die Hand. Wir wissen nicht, wieviel es war – aber es war ausreichend.

Zwei Matrosen helfen uns auf die langsam nach oben schwebende Gangway. An der Reling die Passagiere. Einige klatschen. Wir haben es geschafft, aber ein unangenehmes und wirklich überflüssiges Nachspiel soll noch folgen. Der russische Oberzahlmeister, eine Art Kapitän für die ›nichtnautische Besatzung‹ – und dazu gehören wir ja auch –, empfängt uns ziemlich erbost und ist nicht bereit, unsere Entschuldigung zur Kenntnis zu nehmen. Wir begeben uns an die Bar, um so etwas wie einen Doppelgeburtstag zu feiern. Am anderen Tag läßt er an die deutsche Besatzung ausrichten, daß diese künftig nicht eine, sondern zwei Stunden vor Auslaufen des Schiffes an Bord zu sein habe. Wir lassen sofort wissen, daß wir uns an eine solche törichte Weisung nicht halten werden.

19

»KÖPFE WIE BULLDOGGEN«

Die Menschen auf Andaman

»Die Einwohner sind unfreundlich und nicht besser als wilde Tiere. Ich versichere, alle Menschen dieser Inseln haben Köpfe wie Hunde, wie Bulldoggen. Sie sind eine sehr grausame Gruppe, sie essen jeden, den sie fangen – mit Ausnahme ihrer eigenen Rasse ...« So berichtet der Kaufmann und Entdecker Marco Polo im 13. Jahrhundert über die Menschen auf Andaman, oder den *Andamanen,* einer Inselgruppe im Golf von Bengalen, die heute indisches Territorium ist. Er selbst hat sie allerdings nie gesehen, diese angeblich hundsköpfigen Kannibalen auf »Angaman«, denn er hat die Inseln nie betreten. Aber schon wesentlich früher fand die Inselgruppe Eingang in die Geschichtsschreibung. So soll bereits Ptolemäus in Alexandria im 2. nachchristlichen Jahrhundert »Angdaimonos« erwähnt haben. Der Name der Inseln hat sich später wohl über Angaman und Agdaman zur heutigen Benennung gewandelt. ›Viel Glück‹ soll er bedeuten. Eine andere Version nennt den Affenkönig Handuman oder Hanuman als Namensstifter, der von dem Gott Rama auf diese Inseln gesandt wurde.

Die nächste Quelle, aus der wir etwas über die heute noch weitgehend unbekannte Inselgruppe erfahren, ist eine Skizze aus dem Jahre 672 n. Chr. Der chinesisch-buddhistische Mönch I-Tsing erwähnt sie schon im 7. Jahrhundert. Zwei Jahrhunderte später, genauer 871, legten zwei arabische Reisende wohl den Grundstein zur diffamierenden Charakterisierung der Einwohner. Sie schilderten sie als furchterregende Menschenfresser. An Realitätsbezügen gewannen diese Schilderungen vermutlich einige Zeit später, als chinesische, malaiische und arabische Piraten die Ruhe der Andamanen störten und sie als Nachschub für ihre Sklavenmärkte abtransportieren wollten. Die Einheimischen reagierten so, wie es ihnen jahrhundertelang unterstellt wurde: Sie töteten die Eindringlinge in blinder Wut – vielleicht nicht ganz ohne Grund. Genauere Berichte, die jedoch auch nicht zum Abbau der Vorurteile beitrugen, lieferten zwei Seefahrer: 1430 Niccolò dei Conti, ein Venezianer, und ein Jahrhundert später, 1566, Cesare Frederici.

Port Blair

Was erwartet uns auf einer Insel hundsköpfiger Einwohner? Gegen acht Uhr morgens sind wir vor der Haddo Wharf, der kleinen Pier von Port Blair, der Hauptstadt der Andamanen und auch der benachbarten Inselgruppe der Nikobaren, angelangt. Langsam, sehr langsam hat sich das große Schiff durch die vielfältige Inselwelt geschlängelt. Die Andamanen, grob zu gliedern in Groß- und Klein-Andaman, zählen zusammen immerhin 257 Inseln und 190 Felsen, die Nikobaren nochmals 62 Eilande und 58 Felsen. Der Hafen der kleinen Hauptstadt mit 27 000 Seelen läßt ein Anlegen des Ozeanriesen nicht zu. Wir werden also ausgetendert. In Haddo Wharf werden wir von vielen freundlichen Menschen begrüßt, die weder wie Bulldoggen noch wie Menschenfresser aussehen. Die Frauen bekommen nach hinduistischem Brauch einen roten Punkt auf ihre Stirn, genau zwischen die Augenbrauen. Hier ist alles erstaunlich gut organisiert, trotz der weiten Entfernung zum indischen Festland. Wir hören später, daß Kalkutta 1255 Kilometer und Madras immerhin auch 1190 Kilometer von Port Blair entfernt ist.

Für uns stehen Busse für je zwanzig bis fünfundzwanzig Personen bereit. Auch einen Fahrer und einen Guide, Shri Harmander, haben wir zur Verfügung. Shri spricht allerdings ein sehr indisch gefärbtes Englisch, so daß wieder einige Übersetzungsarbeit auf uns wartet. Die Hauptstadt liegt etwa zwei bis drei Kilometer von der Pier entfernt, einige Meter über dem Meeresspiegel. Shri nimmt diese Gelegenheit wahr, uns ein wenig in die Geschichte und Kultur des Landes einzuführen. Er selbst ist Inder und hier auf Groß-

Andaman, genauer Süd-Andaman, dem südlichen Teil der Hauptinselgruppe, geboren. Er ist einer von insgesamt 190000 Einwohnern der Andamanen und Nikobaren. Doch nicht alle sind Inder, eine Bevölkerungsgruppe, die ohnehin hier nicht unbedingt Heimatrecht genießt. Eine verschwindend geringe Zahl von Negritos, 500 bis 600, ist von den eigentlichen Ureinwohnern der Inseln übriggeblieben. Ihre Verwandten haben vermutlich vor mehreren tausend Jahren überall in Südostasien und Ozeanien gelebt. Sie wurden später vertrieben oder haben sich mit anderen Völkern gemischt. Lediglich auf Andaman halten sich noch vier Stämme, die, mehr oder weniger reinrassig, diese Urbevölkerung noch repräsentieren. Die übrigen 120000 Menschen auf den Inseln – 22000 davon auf den Nikobaren – sind indische und birmanische Siedler vom Festland.

Inzwischen fahren wir an den ersten Häusern vorbei. Reges Treiben macht sich auf der Straße breit, so daß wir langsam fahren müssen. Die Menschen haben alle eine sehr bräunlich-gelbe Haut, zarte längliche Gesichter und sehen in der Tat indisch aus. Sie winken uns freundlich zu. Als freundlich schildert Shri uns auch den Negrito-Stamm, der auf Mittel- und Süd-Andaman heute noch lebt: die Jarawas. Ihre Zahl ist leider schon stark gesunken, und so gibt es heute nur wenig mehr als 300 Stammesangehörige. Sie wohnen in Reservaten an der Westküste und werden als klein, nur bis 1,60 Meter groß, tief-schwarz und muskulös beschrieben. Die Jarawas sind recht fröhliche Menschen, die häufig singen und tanzen. Dagegen seien die Sentinelesen, die auf Nord-Sentil im Südwesten von Groß-Andaman leben, sehr abweisend, ja feindlich gegenüber Fremden. Diese zählen nur noch 150 Menschen, und ihre Zahl sinkt ebenfalls ständig. Die exponierte Insellage ihres nur 50 Quadratkilometer großen Gebietes kommt ihnen bei der Verteidigung gegen Eindringlinge sehr zugute. Sind die Schauergeschichten Marco Polos angesichts dieses wehrfreudigen Stammes doch berechtigt?

Auch der dritte der insgesamt vier noch existierenden Stämme, die sogenannten Onges, sind in den letzten Jahrzehnten stark dezimiert worden. Sie leben ebenfalls sehr isoliert auf Klein-Andaman. Ehemals war der Name für diesen Stamm Minkopia, was vermutlich aus ›mönge bi‹ entstanden ist und soviel heißt wie ›Ich bin ein Mann‹. Da Männer und Frauen der Negritos jedoch sehr gleichberechtigt miteinander umgehen, könnte die Übersetzung allerdings auch ›Ich bin ein Mensch‹ heißen. Es ist durchaus denkbar, daß die Frauen durch eine inkorrekte europäische Übersetzung unterschlagen wurden. Klein-Andaman wird bei den Einheimischen auch kurz ›Önge‹ genannt; daraus abgeleitet ist vermutlich die Stammesbezeichnung Onges. Diesen Namen tragen die noch verbleibenden 112 Stammesangehörigen ganz im Süden. Um die Jahrhundertwende lebten immerhin noch 672 Onges. Die Statistik weist leider aus, daß sich der Stamm nach jeweils einem Jahrzehnt wieder um 14 Prozent verringert. Schon im 19. Jahrhundert ging die Zahl der Negritos zurück. So schleppten die englischen Eroberer die Syphilis, die Malaria und Grippe sowie Bindehautentzündung ein. 1877 starb jeder fünfte Onge an Masern. Auf Groß-Andaman, so schildert uns Shri, herrschte 1876 zwei Jahre lang eine Massenepidemie, die zwei Drittel der Ureinwohner hinwegraffte. Heute ist die Gelbsucht noch eine ernstzunehmende Gefahr für die Negritos. Eben jene Negritos auf Groß-Andaman sind am stärksten gefährdet, ja durch niedrige Geburtenzahlen (zwei in den letzten zehn Jahren) und hohe Kindersterblichkeit wohl auch kaum mehr zu retten.

CEYLON – SRI LANKA

27 In einem Urwalddorf

28 Teepflückerinnen auf der Fahrt nach Kandy

29 Ein ceylonesischer Küstenblick

30 Immer wieder Teeplantagen

31 Straßenszene in Colombo

32 Liegende Buddha-Statue in Polonnaruwa

Von ihnen leben nur noch 23 Menschen. Die Vorfahren dieser Groß-Andamanesen lebten früher auf Mittel- und Nord-Andaman und zählten um 1850 immerhin noch 4000 Menschen. Heute lebt der traurige Rest lethargisch und fast lebensuntüchtig auf der kleinen Strait-Insel, die der Ostküste von Mittel-Andaman vorgelagert ist.

Shri hat uns gut vorbereitet, denn der Bus hält jetzt vor dem *Anthropologischen Museum,* wie es offiziell genannt wird. Wir müssen ein wenig darüber lächeln, als wir den kleinen Raum betreten. Europäische Arroganz? Unser Guide zeigt uns Alltagsgegenstände der Stämme, schildert uns Gewohnheiten und Rituale. Teilweise können wir seine Ausführung anhand der kleinen dunkelbraunen Fotografien über den Vitrinen und Gegenständen nachvollziehen. Scheinbar ist das Schmuckbedürfnis der Negritos stark ausgeprägt. Sie tragen Bemalungen aus Tonerde, die teilweise satt rot leuchten, aber auch gelb, grau oder rosa scheinen. Schmuck oder Glaube? Wir sehen eine Frau abgebildet, die den Totenkopf ihres Mannes auf dem Rücken trägt. Männer wie Frauen tragen ›Schamgürtel‹ aus Hibiskus oder Pandanus mit Blätterbüscheln oder gefärbten Fransen. Oft sind sie – vor allem die Jarawas – mit einfachen breiten Rindengürteln um die Hüften bekleidet und einem roten Tuch geschmückt. Halsbänder aus Blüten, Meeresfrüchten oder Dentalium liegen ebenfalls zur Bewunderung ausgebreitet. Wir bekommen einen Einblick in die Siedlungsformen, bei denen uns vor allem die Häuser der Verheirateten, die Junggesellenhäuser und das rund gebaute Gemeinschaftshaus, das mit halbierten Palmenblättern bedeckt ist, gezeigt werden. Wir bekommen Werkzeuge, Zubehör und andere Gegenstände des alltäglichen Handwerks sowie Haushaltsgegenstände wie kegelförmige Körbe und ebensolche Töpfe zu sehen. Die Töpfe aus dem nördlichen Inselteil sind spitz zulaufend und damit von den rundlich gestalteten des Südens zu unterscheiden. Beide Formen stehen in Futteralen, da sie keine eigene Stehfläche haben. Auch das wichtigste Fortbewegungsmittel, ein Einbaum, ist zu besichtigen. Es sieht trogähnlich aus. Auffällig sind die Ausleger des Bootes, die vermutlich indisches

Lehnsgut sind. Ebenfalls aus Indien kommt auch der Halbreflexbogen, die Waffe aus Mimusopsholz. Einige wenige Kunstgegenstände werden uns auch stolz präsentiert. Sie sind mit schlichten geometrischen Ornamenten geschmückt. Die Negritos mußten offensichtlich aber mehr Energie auf das einfache Überleben verwenden, denn die Kunst ist nicht sehr weit entwickelt.

Der Besuch in diesem liebevoll hergerichteten Museum hat sich doch gelohnt, und wir sind ein wenig beschämt über unseren europäischen Hochmut zu Beginn des Rundgangs.

Shri merkt unser Interesse und führt uns sofort in ein zweites Museum, etwas außerhalb von Port Blair. Wir sehen uns bald im *Marine-Museum,* das allerdings weniger für die Allgemeinheit als für speziell an der Meeresflora und -fauna Interessierte sehenswert ist. Hier können wir über 350 verschiedene Arten von Seetieren und Pflanzen bewundern. Sie sind fast alle liebevoll konserviert und werden mehr oder weniger gut beschriftet dem Publikum präsentiert.

Ernst, geschichtsträchtiger und für uns interessanter wird die nächste Station, *Cellulal Jail,* das alte Gefängnis. Wir werden zunächst durch das massive Eingangsportal hindurch in den Garten der burgartigen Anlage geführt. Bis zu 12 000 Gefangene wurden hier eingekerkert. Heute hat nur noch ein kleiner Trakt Gefängnisfunktion. Vor allem aufständischen Indern vom Festland diente die Festung als Haft- und Hinrichtungsort. Heute, nach der Unabhängigkeit Indiens von der Britischen Kolonialmacht, werden hier jene Aufständischen verehrt, die sich 1857 in einer Meuterei gegen die Engländer aufgelehnt haben. Im Hof steht ein Gestell, an dem die Inder gefesselt und dann ausgepeitscht wurden. Die Besichtigung der Hinrichtungsstätte, ein Galgen mit Seilschlinge und Falluke, ersparen wir uns.

In den Räumen rechts und links hinter dem Eingang ist heute ein kleines Museum hergerichtet, fast eine Gedenkstätte. Hier werden Modelle der Festung gezeigt, aber auch Bilder der Freiheitskämpfer präsentiert, die 1943 hingerichtet wurden. Im Zweiten Weltkrieg sind die Andamanen sinnlos von Japanern angegriffen und verwüstet worden.

Doch warum mußten im 19. Jahrhundert Inder – auf dem Festland – gegen Engländer rebellieren, und was haben die Briten auf den Andamanen zu suchen? 1789 gründete der britische Marineoffizier Archibald Blair an der Stelle der heutigen Hauptstadt einen Marinestützpunkt, der nach ihm Port Blair genannt wurde. Schon ein Jahr vorher, 1788, war Indien zu einer englischen Kolonie gemacht worden. Captain Blair stand in den Diensten der East India Company und annektierte die Inselgruppe aus politisch-wirtschaftlichen Motiven. Nach fast 70 Jahren relativer Ruhe brach der schon genannte Aufstand der geknebelten Inder auf dem Festland aus. Ein Jahr später, 1858, wurden auf den Andamanen offizielle Verwaltungsbeamte aus London eingesetzt. Klein-Andaman bekam diese Bürokratie erst 1886. Die indischen Meuterer, die hier festgesetzt wurden, mußten intensiv an der Kultivierung des Landes mitarbeiten. Später blieben viele der ehemals inhaftierten Inder als Siedler auf den Inseln – die Vorfahren unseres Guide vielleicht.

Traumstrand und immergrüner Regenwald

Wir verlassen die grausige Stätte und dürfen uns auf eine schöne, halbstündige Landschaftsfahrt nach *Corbyn's Cove Beach* freuen. Der nahe Badestrand präsentiert sich uns als weißer Traumstrand mit schmalen Sandstreifen und einer erhöht gelegenen grasbewachsenen Promenade – palmengesäumt. Als Erfrischung bekommen wir eine aufgeschlagene Kokosnuß gereicht. Die cremige Milch gilt als guter Durstlöscher. Vielleicht ist unser Durst zu übermächtig – aber der warme schleimige Saft ist uns kein Labsal. Wir haben ausreichend Gelegenheit zum Baden. Fast könnten wir die kleinen unbewohnten Inseln oder Felsen erreichen, die der Küste vorgelagert sind. Sie sind – im Gegensatz zu den großen Inseln – unbewaldet. Die Gesteinsart ist auf diese Entfernung nicht zu identifizieren, zu vermuten ist aber, daß es sich – ähnlich wie beim hinterasiatischen Festland – um Urgesteinsformen handelt. Allerdings kommt auch Schiefer oder Grünstein vor. Klein-Andaman besteht dagegen aus

Korallen und Vulkangestein. Die zahlreichen kleinen Inseln gehören geologisch zu der Festlandbrücke zwischen Sumatra und Westbirma, die im Laufe von Jahrmillionen abgebrochen oder versunken ist.

Auf der Rückfahrt sehen wir, daß der Urwald auch hier, auf einer der großen Inseln, bis zur Küste hinunterreicht. Die Vegetation ist üppig. Tropischer, immergrüner Regenwald mit Baumhöhen bis zu 43 Metern im Durchschnitt. Teilweise wachsen die Stämme auf der Suche nach Licht für die Kronen sogar auf 50 bis 60 Meter Höhe. Kennzeichnend für die alles überragenden Bäume ist der lange unverzweigte Stamm, der sich erst im oberen Teil zu einer kleinen Krone entfaltet. Mehrere Stockwerke können wir im tropischen Regenwald, der bei Niederschlägen von über 2000 mm pro Jahr gedeiht, unterscheiden. Zwischen den Bäumen machen sich undurchdringliche Sträucher und zahlreiche Pflanzen wie Bambus, Lianen und Epiphyten breit. Durch die starke Beschattung kann sich ein üppiger Pflanzenwuchs auch entlang der Stämme entwickeln. Den immergrünen Eindruck vermittelt der Regenwald dadurch, daß die Bäume zu unterschiedlichen Zeiten ihr Blätterkleid wechseln. Bei uns bestimmt der Jahreszeitenwechsel auch den Laubaustausch. Hier in den Tropen erspart das gleichbleibende Klima den Wäldern die abrupte Nacktheit.

Auch an Strauchpflanzen sind die Andamanen reich. So wuchert selbst an den Straßenrändern der gelbe Hibiskus, die weiße Lilie und eine Vielzahl von Orchideenarten. Rotblühende Begonien sind neben fülligem Philodendron keine Seltenheit. Ebenso bunt ist die Tierwelt, die sich uns allerdings nicht so offen zeigt. Von den ungefähr vierhundert Schlangenarten des indischen Territoriums sind auf den Andamanen vor allem die Vipern heimisch – und hochgiftig! Aus anderem Grund lohnt es sich auch, auf die Vogelwelt zu achten, die mit 240 Arten und Unterarten sogar zwölf nachweisen kann, die nur auf den Andamanen beheimatet sind. Die Krokodile in den Flußmündungen stören uns nur wenig. Geplagt werden wir jedoch ab und zu von Vertretern der dreißigtausend Insektenarten, von denen Moskitos,

Ameisen, Termiten und Heuschrecken auch für die Einheimischen manchmal zur Plage werden.

Die Rückfahrt führt uns dann an der großen ›Saw mill‹, der größten Sägemühle Asiens, wie Shri uns erklärt, vorbei. Hier wird die landwirtschaftliche Ausbeute zu Eisenbahnschwellen, Schiffszubehör oder Baugerüsten verarbeitet. Die wertvolleren Edelhölzer kommen in verarbeitende Manufakturen.

Die kleine Rundfahrt endet wieder unten am Hafen. Wir halten neben einer Umfassungsmauer, die hinunter zur Bootsanlegestelle führt.

Langer Schatten Indiens

»Long live Indira« und »Indira leads Nation, the nation behind Indira« oder auch »Freedom by Gandhi, democracy by Nehru, socialism by Indira« lauten Parolen, die mit bunter Farbe auf die Mauer gemalt sind. Offensichtlich handelt es sich um freundliche Begrüßungsworte an die Ministerpräsidentin Indira Gandhi. Doch wie ruhig ist es hier, auf der abgeschiedenen indischen Insel im Vergleich zum brodelnden Festland. Shri erzählt, daß die Kämpfe zwischen der fanatischen Minderheit der 14,2 Millionen Sikhs und den dominierenden 600 Millionen Hindus hier nicht zu spüren sind. Die Einwohner von Port Blair haben die Ministerpräsidentin einige Tage vor unserem Besuch freudig jubelnd begrüßt, denn für viele gilt »Indira ist Indien, Indien ist Indira«.

Doch ein halbes Jahr nach unserer Reise, am 31. Oktober 1984, wurde sie von extremen Sikhs ihrer Leibgarde erschossen – Indira, die Tochter des ersten Ministerpräsidenten Nehru, die selbst 1967 an die Macht gekommen ist. Die Ursache dieses Unruheherdes, der zum Tod der Ministerpräsidentin geführt hat, reicht bereits ins 16. Jahrhundert zurück. Die Sikhs haben sich damals von der Kastengesellschaft der Hindus losgesagt und lebten fortan – recht friedlich neben den Hindus – in eigenen Gemeinschaften. Nach der indischen Unabhängigkeit 1947 sahen sie sich dann von den Hindus politisch und kulturell unterdrückt. Im Juni 1984 ließ Indira ein Heiligtum der Sikhs, den Goldenen Tempel Amritsar in Pandschab, stürmen. Dort hatten sich fanatische Sikhs um den Anführer Bhindranwale versammelt und verschanzt. 1200 Menschen sollen bei der Räumung umgekommen sein. Der Mord an Indira war die Folge, ein Racheakt, der in Indien durchaus Tradition hat. So wurde am 30. Januar 1948 Mahatma Gandhi (der nicht mit Indira verwandt war) von einem fanatischen Hindu, einem Brahmanen, dem Angehörigen einer hohen Kaste, durch eine Beretta getötet. Der 78-jährige hatte der indischen Nation, die ab 1947 politisch unabhängig wurde, in der Zeit des Unabhängigkeitskampfes Gewaltfreiheit und Toleranz gegenüber Andersgläubigen gepredigt. Genau das aber wollten fanatische Hindus nicht tolerieren. Mahatma und Indira Gandhi – der legendäre Asket und die starke, aber rücksichtslose Frau –, beide fanden durch religiös-politische Fanatiker den Tod. Ihr Leben allerdings unterschied sich sehr stark voneinander. Zwar berief sich Indira auf die engen Bande zu Mahatma, der ›großen Seele‹. Er war einer der engsten Freunde ihres Vaters. Allein, die Lebensweisen waren extrem unterschiedlich: auf der einen Seite der spirituelle Stifter der indischen Nation, karg und volksnah, auf der anderen Seite die Frau, die prunkvoll in Allahabad am Ganges als Sprößling einer Familie der Kaschmir-Brahmanen aufgewachsen ist, die im europäischen Ausland lebte und studierte und deren Leben nicht unbedingt asketisch verlief.

Die einzelnen mögen selbst beurteilen, wie erfolgreich Indiras Politik gewesen ist. Jedoch dürfen die Rahmenbedingungen dabei nicht übersehen werden: Sie regierte ein 730 Millionen-Volk mit sechs verschiedenen Religionen, einer Vielzahl von Sekten, ein Volk, das in dreitausend Kasten und Unterkasten gegliedert ist und 14 Sprachen mit 1638 Dialekten spricht, ein Land, in dem heute 48 Prozent der Menschen unter dem Existenzminimum leben, in dem 110 Millionen als ›Unberührbare‹ gelten und schlechter als Tiere behandelt werden – und ein Land, in dem jährlich 23000 Menschen Gewaltverbrechen zum Opfer fallen.

Wie gesagt, die Andamanen wirken in diesem politisch-gesellschaftlichen Gefüge wie eine ruhige ›Insel‹. Port Blair, für das wir noch ein paar Stunden Zeit haben, zeigt sich sowohl zur Zeit unseres Besuchs als vermutlich auch ein halbes Jahr nach den Unruhen gelassen und zeitlos. Mahatma Gandhi wird mit einem Denkmal geehrt, um das sich im Kreisverkehr nur wenige Autos herumschlängeln. Daneben ein ›Stilleben‹ auf einer Abfallhalde: Vor uns liegt ein Schwein und genießt ganz offensichtlich den Unrat. Auf seinem Rücken pickt eine Krähe das Ungeziefer aus dem Fell. Im Hintergrund sonnt sich eine der heiligen Kühe. Das kleine Zentrum ist stark belebt. Überall lachen uns freundliche Menschen zu. Wir können in die kleinen Werkstätten, die oft zugleich ein Gemischtwarengeschäft sind, hineinsehen. Hier finden wir auch die rote Farbe, die für die Stirnpunkte der Frauen verwendet wird. Pulverig und leuchtend rot, gibt es sie offen oder in kleinen Päckchen für ein paar Pfennige zu kaufen.

Eins der wenigen Hotels am Platz ist einstöckig gebaut wie alle Häuser in dieser Straße. Sie ähneln der Kulisse einer Westernstadt. Dort drüben, am Neubau, werden die Steine in einer langen Menschenkette auf das Dach hinauf befördert. Weit und breit sind keine technischen Hilfsmittel zu sehen. Wir laufen ein wenig aus dem Ort heraus und stehen bald vor einem denkwürdigen Anblick: Auf einer Kreuzung steht auf seiner Verkehrsinsel ein Polizist – der Ähnlichkeit mit einem Kolonialherrn hat. Er streckt und winkelt seine Arme voll Inbrunst, als müsse er einen tosenden Verkehr regeln. Von fern tuckert ein Auto heran, sonst nichts, nur ein paar Passanten. Dennoch: Pflicht ist Pflicht, offensichtlich auch auf Andaman.

Wir fahren mit einem Taxi zurück zum kleinen Hafen. Auf der linken Seite sehen wir, ein wenig außerhalb der Stadt, eine große Menschenansammlung, daneben ein Berg prächtiger exotischer Blüten: Offensichtlich findet hier eine Beerdigung statt. Seitlich des Geschehens wehen zwei Flaggen im Wind, die heimatliche indische und die bekannte rote mit Hammer und Sichel.

Unten am Hafen treffen wir Valery, unseren Oberzahlmeister. Es ist schwierig, mit dem düster wirkenden, verschlossenen Mann ins Gespräch zu kommen. Wir berichten ihm von dem Begräbnis. »Ja«, meint er zum ersten Male lächelnd, »wir Sowjets sind überall anwesend.« »... Aber nicht überall erwünscht«, möchten wir – auch angesichts des Fortgangs unserer Reise – fast antworten. Jedoch sind wir höflich – und schweigen.

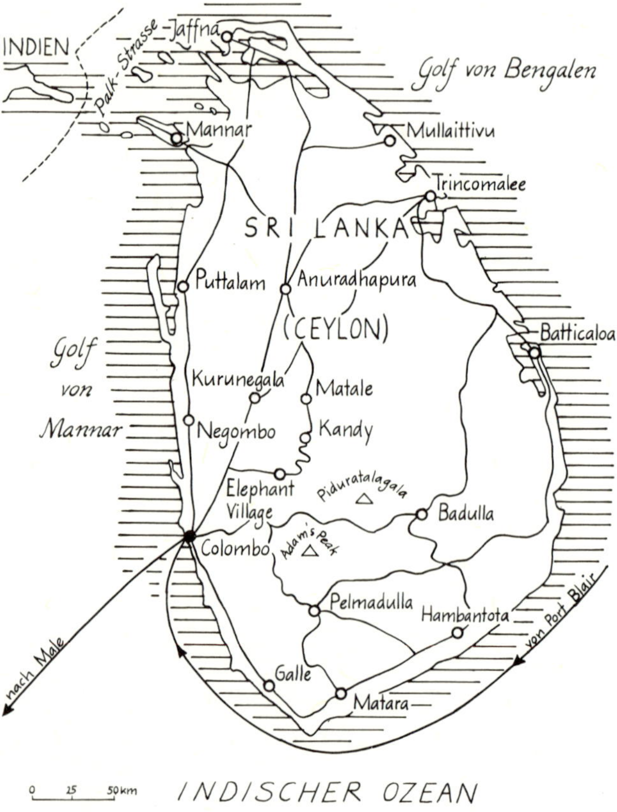

20

VOR DEM OBEREN ECKZAHN BUDDHAS

Sri Lanka

Nur einen Daumenbreit über dem Äquator liegt das birnenförmige Land, das mit seinen 65 610 Quadratkilometern kleiner als das Bundesland Bayern oder die Insel Irland ist – Sri Lanka. Colombo, die Hauptstadt an der südlichen Westküste, ist seit vielen Jahren ein beliebtes Touristenziel und Ausgangspunkt für Ausflüge ins Landesinnere.

Ankunft in Colombo

Hier in Colombo beginnen auch unsere Exkursionen durch Ceylon, beispielsweise in den Norden nach Negombo, entlang der Südküste nach Galle und Hikkaduwa oder ins Herz des Landes nach Kandy auf der Hochebene. Übrigens ist der Name Ceylon heute nicht mehr korrekt. Diese Bezeichnung stammt aus der britischen Kolonialzeit und hat ihre Vorläufer in der kolonialen portugiesischen Bezeichnung ›Ceilan‹ und der noch früheren portugiesischen ›Cilao‹. Die Wurzeln werden in der alten indischen Bezeichnung für die ›Löweninsel‹ gesucht: ›Sihalam‹. Dieser Name wiederum scheint eine klangliche Ähnlichkeit mit der portugiesischen Benennung aufzuweisen. Sihalam – Cilao? Seit die Insel 1972 Republik wurde, wählten die Volksvertreter wieder die alte indische Bezeichnung für ein strahlend schönes Land: Sri Lanka.

Vom Peildeck aus sehen wir zunächst nur die endlosen Hafenanlagen der 650 000 Einwohner zählenden Stadt. Seinen Namen trägt Colombo übrigens durch den Hafen, singhalesisch ›Kolomba‹. Schon zu portugiesischer Zeit Anfang des 16. Jahrhunderts, später auch zu holländischer Kolonialzeit war der Hafen stets ein bekanntes Handelszentrum. Wir sehen uns eingepfercht zwischen Tankern und Containern. Rings herum am Quai und auf den Schiffen herrscht reges Leben. Kräne be- und entladen, an der Pier rangieren kleine Gabelstapler. Auch unser Schiff nimmt frische Lebensmittel auf – Obst und Gemüse. All diese frischen Dinge sehen wir gern, da sie uns durch die sowjetische Sparsamkeit lange vorenthalten wurden. Es riecht nach Öl, Teer und schmutzigem Wasser, jener typische Geruch großer Häfen. Wir betrachten von oben noch die bunte Szenerie vor der ›Pushkin‹, denn auch hier wurden vor unserer Ankunft kleine Stände aufgebaut, die nun ihre Waren feilbieten. Wo wir auch hinsehen, überall sind Elefanten beteiligt: Elefanten als Embleme auf Textilien, herausgearbeitet aus Elfenbein, aus Schildpatt geschnitzt und verarbeitet zu Ringen oder Armreifen. Elefanten – die wichtigsten Helfer der ceylonesischen Menschen.

Wir sind eine kleine Gruppe, die sich am Ausgang des Hafengebiets einen Kleinbus mit Fahrer für sechs Personen mietet. Die Preise liegen im Vergleich beispielsweise zu den Philippinen und Hongkong recht hoch. Immerhin bezahlen wir 100 Dollar für die Fahrt auf das klimatisch angenehme und regenreiche Hochland.

Unser Fahrer zeigt uns nahe der Hafenausfahrt zunächst die Uferpromenade, einer der schönsten Flecken in der auf den ersten Blick nicht sehr reizvollen Stadt. Wir haben von hier einen weiten unbegrenzten Blick und können in südwestlicher Richtung die Koralleninseln der Malediven nur vermuten. Ebenso würde es uns an der Süd- und Ostküste gehen. Im Süden sind die nächstliegenden Landmassen etwa achttausend Kilometer entfernt: die Antarktis. Im Osten, in der Richtung, aus der wir angefahren sind, liegen die Andamanen und Nikobaren etwa eine Tagesreise entfernt. Sri Lanka ragt somit einsam in den indischen Ozean hinein. Einzig die Adams-Brücke im Nordosten wird von einer Inselkette gebildet, die mit Abständen von wenigen Kilometern fast schon auf Sichtkontakt beieinanderliegen. Die Adams-Brücke führt geradewegs an die Südwestspitze des indischen Subkontinents, von dem Sri Lanka nur durch die

Palk-Straße, die an ihrer schmalsten Stelle 35 Kilometer breit ist, getrennt ist.

Neben der recht einladenden Promenade führt direkt die Hauptverkehrsader Galle Road entlang, so daß der Reiz eines Spaziergangs wieder erheblich gemindert wird. Doch wir haben ohnehin jetzt keine Zeit, da die Strecke nach Kandy etwa zwei bis drei Stunden in Anspruch nehmen wird. Erstaunlich schnell kommen wir aus den Vorstädten, die nochmals zusammen 150000 Einwohner zählen, heraus und haben freie Fahrt.

Grünes Land und fliegende Hunde

Nun erst können wir erleben, was uns ständig in den Reisebeschreibungen und der touristischen Werbung angepriesen wird: die nahezu unendliche Palette der unterschiedlichen Grüntöne Sri Lankas. Die Straße ist ein wenig eng geworden, und damit rückt die Natur näher an den Bus heran. Schon in der Hauptstadt, aber auch hier auf dem Land begegnet uns immer wieder das kräftige Grün der Kokospalme, ihrer breit gefiederten Wedel. Jetzt sehen wir auch das behutsame, zarte Grün der kleinen Reispflanzen, denen wir schon auf den Philippinen und in Malaysia begegnet sind. Mattgrün schimmern zwischendurch die Blätter der Gummibäume. Wir kommen hin und wieder durch kleine Orte, Straßendörfer, die voneinander kaum zu unterscheiden sind. Alle haben sie kleine Läden mit Lebensmitteln. Stolz werden vor den Geschäften auch Plastikwaren präsentiert – eine wichtige Errungenschaft für die hiesigen Menschen. Unverkennbar sind die Stoffgeschäfte, vor deren Eingängen und Schaufenstern bunte Stoffbahnen in allen nur denkbaren Farben lustig flattern. Aus den fünf bis sechs Meter langen Bahnen werden die Saris, die traditionelle ceylonesische und indische Bekleidung der Frauen, gewickelt. Leider hat sich jedoch ihre Qualität inzwischen zum Nachteil verändert. Sie sind aus Kunststoff, einem Material, das preiswerter als Baumwolle oder gar die traditionelle Seide ist, das allerdings in der feuchten Hitze des Landes nicht sehr angenehm zu tragen sein dürfte. Auch Korbwaren werden überall angeboten. Sie stammen vorwiegend aus Kalutara, der Korbstadt. Speziell für die Touristen natürlich bunte Batikdrucke: Stoffe, Dekken, Kleider ... Bunte Masken hängen ebenfalls zum Verkauf aus, Masken in kräftigen roten und gelben Tönen mit ›Kobra‹-Haaren und leuchtend weißen Zähnen. Doch auch mit diesen Souvenirs lassen wir uns noch Zeit.

Plötzlich bremst unser Chauffeur ein wenig ab. Wir fahren langsam über eine Brücke, unter der nur sporadisch in kleinen Rinnsalen das Wasser in einem ansonsten recht breiten Flußbett dahinfließt. Doch was will er uns hier zeigen? Er weist auf das rechte Ufer, dort oben im Baum! Und jetzt bemerken wir, daß in der Krone reges Leben herrscht. Die Wipfel sind dunkel, ja schwarz von mittelgroßen Tieren, die recht merkwürdig aussehen. Sie hängen wie überdimensional große Pflaumen von den Ästen des Baumes. Das also sind die berühmten ›fliegenden Hunde‹ aus Ceylon. Sie sind hundgroß und hängen – als Verwandte der wesentlich kleineren Fledermäuse – mit dem Kopf nach unten in den Ästen. Hin und wieder startet ein Tier zu einem Flug. Dann wird erst die erstaunliche Größe und Flügelspannweite der urzeitlich anmutenden Säugetiere deutlich: Einen bis zwei Meter haben sie sicherlich.

Das dunkle Grün der Teeplantagen

Bald geht es hinauf in das bergige Hochland. Hier bekommen wir noch vielfältigere Grüntöne zu Gesicht. So das vielschichtige satte Grün der Regenwälder oder das dunkle Grün der Teeplantagen. Große Flächen sind mit Teekulturen bepflanzt, Tee, der mit Kautschuk und Kokosprodukten zu fast 90 Prozent das wichtigste Exportprodukt des Landes ist. 1982 produzierte Sri Lanka ca. 231 Millionen Kilo Tee. Wie es heißt, soll die Produktion noch weiter gesteigert werden. Dabei sind ein Fünftel aller Beschäftigten und 40 Prozent aller weiblichen Erwerbstätigen mit dem Pflanzen, Düngen, Pflücken und Verarbeiten des Ceylon-Tees beschäftigt. Der Teeanbau als heute dominierender Part der Plantagenwirtschaft kam erst relativ spät, erst um 1820, zu größerer Bedeutung. Die ersten europäischen Kolonialherren, die 1505 aus Portugal kamen, um mit Feuer und Schwert zu missionieren, taten sich in der landwirtschaftlichen Kultur wenig hervor. Sie begnügten sich lediglich mit dem Pflücken der wildwachsenden Gewürzpflanzen, wie Zimt, Kardamom und Pfeffer. Auch die nachfolgenden Holländer, die 1602 an der Ostküste landeten und 1658 schließlich die Herrschaft auf der Insel übernahmen, kultivierten zunächst wenig. 1769 ließen sie dann Zimtplantagen in den südwestlichen Küstengebieten anlegen. Auch Kokos und Pfeffer wurden hernach angebaut. Später kam noch Kaffee und Zucker hinzu.

Diese Plantagenwirtschaft und der damit verbundene Kanalbau blieb jedoch die einzige Kulturgabe der Kolonialisten auf Sri Lanka. Weniger rühmlich waren ihre grausamen Kriege gegen die singhalesischen Einwohner. Ende des 18. Jahrhunderts übernahmen die Briten dann das Zimtmonopol von der Niederländischen Ostindischen Gesellschaft. Erst Anfang des 19. Jahrhunderts wurde der qualitativ hochwertige Ceylon-Zimt von den minderen Sorten aus Indien und Java verdrängt. Die größte Plantagenwirtschaft wurde jedoch ab 1823 mit Kaffeeanbau betrieben. Schon fünfzig Jahre später zerstörte ein Rostpilz die Pflanzen fast vollständig, so daß sich der Anbau nicht mehr lohnte. Ab 1867 setzte daraufhin eine planmäßige Umstrukturierung innerhalb der Plantagenwirtschaft ein: Die Teepflanze hatte den Kaffee verdrängt. Nach Darstellungen kritischer Literatur soll die britische Kolonialmacht sich ab 1840 bis 1906 systematisch und mit Gewalt Land angeeignet haben. Die neuen Besitzer der Anbauflächen waren englische Siedler.

Wir sind mit unserem bequemen Kleinbus inzwischen in eine Höhe von 1000 bis 1500 Metern aufgestiegen. Die üppigen Bäume und Sträucher am Straßenrand lassen oftmals dennoch Blicke auf die wunderschönen dunkelgrün überzogenen Berghänge zu. Hier oben liegt – sogar bis auf 1800 Meter – das heutige Zentrum des Teeanbaus. Dazu zählen das Hatton-Plateau als Kernland der Plantagenwirtschaft, das Gebiet um Kandy und weiter südlich und südöstlich die Regionen von Nuwara Eliya und Badulla. Sie gelten als die größten Teedistrikte.

Die heutige Ausdehnung von 245 000 Hektar wurde fast schon zu Beginn unseres Jahrhunderts und in den zwanziger Jahren erreicht. Heute ist ein Siebtel der ceylonesischen Kulturlandschaft mit Teeplantagen bedeckt. Wir fragen unseren Fahrer nach den Geheimnissen des Teeanbaus, und er erläutert uns einiges in gutem Englisch, der ehemaligen Kolonialsprache. Daß die seit ungefähr 4700 Jahren kultivierte Pflanze Feuchtigkeit und Wärme braucht, also die Tropen oder Subtropen benötigt, ist uns spätestens hier im ceylonesischen Hochland klar. Der Stammbaum der heutigen ein bis eineinhalb Meter hohen Kulturpflanze ist vermutlich die Thea Assamica, ein acht bis zwanzig Meter hohes Gewächs in Assam, Indien. Zur intensiveren Blattproduktion und nicht zuletzt zum bequemeren Pflücken wurden die Pflanzen bei der Kultivierung auf die geringere Höhe beschnitten und gezüchtet. Die Vermehrung geschieht seit 1955 in Ceylon durch Blattsetzlinge, nicht mehr durch Samen und Saat. Der Ertrag konnte mit diesem Verfahren gesteigert werden. Ein weiterer Vorteil liegt in der größeren Widerstandsfähigkeit, erläutert unser Chauffeur. Und wir erfahren noch weitere interessante Details, während wir durch das gleichmäßig grüne Teegebiet fahren. Der volle Ertrag einer Pflanze wird erst sehr spät erzielt, zwischen dem fünften und fünfundzwanzigsten Jahr des Setzlings. Gepflückt wird die Blattknospe, die flaumig behaart ist und deren Tee später das Prädikat ›Flowery Orange Pekoe‹ bekommt. Weiter werden die folgenden zwei bis drei oder vier Blätter jeweils im Abstand von acht bis zehn Tagen das ganze Jahr hindurch geerntet. Die Bezeichnungen der Teesorten reichen von ›Orange Pekoe‹, den kleinen gerollten Blättern mit silbrigen oder goldenen Spitzen, über das zweite kürzere und breitere Blatt, deren Pflückung ›Pekoe‹ genannt wird, zum ›Pekoe Souchong‹, den dritten, härteren Blättern, und ›Souchong‹, den vierten schon sehr groben und breiten, bis hin zu ›Kongo‹, dem Tee mit den ältesten noch verwertbaren Blättern. Der Name gibt jeweils Aufschluß über das Alter der Blätter und damit auch die Qualität des Tees. Wir erfahren auch, daß der Name ›Orange‹ vermutlich mit der Hoffähigkeit des Tees im niederländischen Königshaus zu tun hat. Jene Tees, die qualitativ ausreichend waren, um in das Haus Oranje geliefert zu werden, wurden mit diesem Prädikat versehen. Wir wollen nun auch noch ein wenig über die Verarbeitung hören. Die Ernte muß binnen sechs Stunden nach dem Pflükken verarbeitet werden, daher stehen auch auf einigen Plantagen schon die Fabriken. Die Blätter machen dann vom sogenannten Welken, Rollen, Fermentieren – einer Art Gärung – über das Trocknen und Sortieren vielfältige Behandlungsprozesse durch.

Doch unser Fahrer beendet das Thema nicht, ohne uns noch die menschliche Dimension der Teeproduktion zu schildern. Die Geschichte der Arbeitskräfte auf den Teeplantagen ist dabei eine sehr traurige. Sie ernten zwar die Früchte der reichen Teeausbeute, jedoch profitieren sie in keinem Fall vom finanziellen Umsatz. Im Gegenteil – sie sind billige Arbeitskräfte. Schon früh herrschte unter den Briten Mangel an Arbeitern und Arbeiterinnen, da die einheimischen Singhalesen sich weigerten, diesen sklavenartigen Status einzugehen. Da sie noch eigenes Land besaßen, blieb ihnen dieses Schicksal auch weitgehend erspart. So holten die Briten seit 1820 tamilische Kräfte aus Südindien, hungernde und landlose Menschen. Sie wurden in der Zimt- und Kaffeernte eingesetzt. Später, als der Teeanbau florierte, wanderten immer mehr Tamilen nach Ceylon ein. So waren es 1911 circa 450000 und zwanzig Jahre später schon 693000 neue Arbeitskräfte, die zudem Zeit ihres Lebens ihren Anwerbern gegenüber in sklavenähnlicher Schuldknechtschaft standen. Erst 1948, im Zuge der Unabhängigkeit des Landes, wurden diese Machenschaften endgültig von der Regierung unterbunden. Heute besteht die Bevölkerung in den Teegebieten zu über 70 Prozent aus Tamilen. Es hat sich damit eine Nachbarschaft zu den Singhalesen entwickelt, die von jeher feindlich war. Auch unser Fahrer ist Singhalese und spricht nicht sehr respektvoll von den sogenannten ›ungeliebten Brüdern‹. Dennoch verteidigt er die unterprivilegierten Tagelöhner gegen die Ausbeutung durch die Superintendents, die Teemanager und ihre Konzerne. So liegt ein durchschnittliches Familieneinkommen, wenn alle Kinder mitarbeiten, bei 630 Rupien im Monat. Dabei verdienen Frauen und Kinder, die zudem ausschließlich für die harte Pflückarbeit zuständig sind, wesentlich weniger als die Männer. Um aber nur das Lebensnotwendige kaufen zu können, braucht eine Familie mit sechs Kindern 1200 Rupien pro Monat – ein einfaches Rechenexempel, das deutlich die Armut dieser Bevölkerung zeigt.

Wir sehen im Vorbeifahren langgezogene Baracken, oft vierzig bis fünfzig Jahre alt. Sie heißen ›Lines‹ und werden oft von zehn bis zwanzig Familien gemeinsam bewohnt. Was denn die großen Zahlen an den Gebäuden bedeuten, fragen wir. Das ist die Anzahl der Arbeitskräfte, die hier wohnen. Die Aufseher vermerken sie an jeder Baracke, um den Überblick zu haben ...

Unsere Fahrt neigt sich nach über drei Stunden bald dem Ende entgegen. Auf der linken Seite sehen wir nun eine hohe, sehr gepflegte Buschreihe. Dahinter verbirgt sich der wunderschöne *Botanische Garten der Universität,* der nur sieben Kilometer von Kandy entfernt in Peradeniya liegt. Der Besuch ist überwältigend und zeigt eine unendlich exotische Blütenpracht, in deren Mitte die hundertundfünfzig verschiedenen Orchideenarten, die blühenden Kakteen, die Lianen oder die rot bis weiß in allen Abstufungen leuchtenden Rhododendren neben den übergroßen Brotfruchtbäumen, den wilden Zimtsträuchern und dem Kina, jenem Urwaldbaum mit blutroten Blättern, nur die auffälligsten sind. Diese wunderschöne Exotik hat sicher schon viele zum viel zu langen Verweilen verführt, ja hier könnten wir wirklich die Zeit vergessen. Auch das gegenüberliegende Restaurant aus den fünfziger Jahren, gelb getüncht mit einer kleinen Veranda, lockt zum Ausruhen – zu einem durststillenden heißen Tee. Jedoch: Die Rast ist kurz, denn Kandy, die angeblich schönste Stadt Sri Lankas, ›ruft‹.

Wenige Minuten später befinden wir uns schon im dichten Verkehr von Kandy. Zur Rechten liegt der große abgasverhangene Busbahnhof. Wären wir auf uns allein gestellt, hätten wir aufgrund der ceylonesischen Beschriftung kaum eine Chance, den richtigen Bus herauszufinden. Geschickt schlängelt sich unser kleines Fahrzeug durch das Gewühl. Wir passieren das lebhafte Geschäftsviertel. Links und rechts zweigen kleine Straßen ab, deren Geschäfte offensichtlich nicht auf die Touristen, sondern den Alltag der Einheimischen abgestellt sind. Und dennoch! Sie drängeln sich hier in Massen, die deutschen, holländischen und amerikanischen Reisenden. Rechts von uns liegt nun der wunderschöne See, der nichts von all dem Trubel und der Hektik des ceylonesischen und touristischen Alltags verrät. Hinter dem See erhebt sich einer der fünf Hügel, nach denen der Ort schon im 15. Jahrhundert genannt wurde: Kanda Uda Pas Rata, was soviel heißt wie: ›Bezirk auf den fünf Hügeln‹.

Hinter uns – im Westen – liegt jetzt das geschäftige Treiben. Vor uns – im Osten – der heilige Bezirk, ein wenig erhöht. Wir stellen den Bus auf dem großen Platz in einiger Entfernung vom Tempelbezirk ab und verabreden uns drei Stunden später wieder hier. Auf uns wartet zunächst ein wunderschöner Weg zu den Anlagen. Rechter Hand schimmert manchmal der See durch die üppigen Bäume und Sträucher. Links am Straßenrand werden Lotosblüten verkauft. Sie dienen den Einheimischen und anderen Buddhisten als Opfergaben für den ›Erleuchteten‹. Steht Buddha sowieso im Mittelpunkt der von ihm gestifteten Religion, so wird der Kult um seine Person erst recht hier in Kandy gepflegt. Wir befinden uns hier in einem Tempelbezirk, der in einigen Gebäuden sogar auf das 15. Jahrhundert, auf die Palastanlage des letzten Singhalesenkönigs, zurückgeht. Diese Anlage gilt als eine der bedeutendsten Pilgerstätten des Weltbuddhismus. Warum?, fragen wir unseren Fahrer, der uns noch ein Stück begleitet, nicht ohne eine Lotosblüte erstanden zu haben. Hier, im Innern der verschachtelten Anlage soll einer von vier geretteten Buddhazähnen verwahrt sein. Die nun folgende Geschichte dieser Reliquie aber klingt so unglaublich, daß wir eher an eine Vermischung von Realität und Mythos glauben.

Bekanntlich starb der ›Erleuchtete‹ im Jahre 480 vor unserer Zeitrechnung. Fünf Reliquien wurden aus seiner Asche geholt: ein Schlüsselbein und vier Zähne. Um zwei der Zähne rankten sich mystische Geschichten. Die anderen beiden Zähne jedoch sollen noch auf dieser Erde weilen. So liegt einer vermutlich in China nahe Peking verwahrt und einer, nämlich der linke obere Eckzahn, hier in Kandy. Zunächst wurde er in Nordindien, von wo aus Buddha ins ewige Leben eingegangen ist, gehütet – fast ein Jahrtausend lang. Ein mißgünstiger andersgläubiger Herrscher bemächtigte sich des Zahns und trachtete danach, ihn mit Feuer und roher Gewalt zu vernichten. Beides mißlang, und der König trat tiefbeeindruckt vom Hinduismus zum Buddhismus über. Die Legende berichtet weiter, daß der Zahn später auf die Insel Lanka gebracht wurde. Hier galt er als geschützt, da die Menschen auf der Insel stärker dem Buddhismus huldigten, als es auf dem indischen Festland der Fall war. Von einer frommen Ordensfrau soll er nach Anuradhapura im nördlichen Teil des Landes gebracht worden sein. Danach bekam die Reliquie am jeweiligen Herrschersitz ihren würdigen Platz. Bald entwickelten sich religiöse Bittfeiern um den Zahn. Beispielsweise wurde an seinem Aufbewahrungsort so lange um lebensnotwendigen Regen gefleht, bis er schließlich kam …

Die europäischen Kolonialisten brachen trotz ihres religiösen Eifers diesen Kult nicht. Unser Fahrer berichtet, daß in der Zeit der portugiesischen Herrschaft gegen Ende des 16. Jahrhunderts die Reliquie nach Westindien verschleppt und dort zerstört wurde. Demonstrativ versuchte sich ein Erzbischof an diesem Zerstörungsakt und meinte, durch das Zerstampfen und Verbrennen des Zahns ein deutliches Siegeszeichen des Christentums zu setzen. Doch – ob wahr oder erfunden – er zerstörte zwar einen Zahn, dieser soll jedoch lediglich eine Fälschung gewesen sein. Dem echten Eckzahn kann also auch heute noch in den prächtigen Prozessionen gehuldigt werden. Und das wird alljährlich auch mit großem Aufwand getan. Einmal im Jahr wird die Reliquie in einer tage- und nächtelangen Prozession durch die Straßen von Kandy geführt. Leider kommen wir jetzt, im März, nicht in den Genuß, den farbenprächtigen Umzug, dessen Hauptdarsteller die kräftigsten Elefanten sind, zu erleben. Die Feierlichkeiten finden nur zur Vollmondzeit der Monatswende Juli auf August statt. Schade. Doch wir trösten uns damit, den Zahn in seinem Schrein mitten in jenem verschachtelten Heiligtum zu bewundern. Doch auch da muß uns unser Fahrer enttäuschen. Wir können im Innern der Anlage zwar das prächtige Haus des Schreins besichtigen, den Zahn jedoch werden wir nicht sehen. Er bleibt ständig hinter den kostbar mit Silber und Elfenbein beschlagenen Türen und Wänden verborgen. Selbst bei der prächtigen Prozession wird alljährlich nur eine Nachbildung der Reliquie gezeigt. Wahrheit oder Mythos? Jedoch übt die Legende einen nicht unerheblichen Reiz auf uns aus.

Zu gern würden wir ihn einmal sehen. Schon allein seine Ausmaße sind erstaunlich. So soll er fünf Zentimeter lang sein und einen Durchmesser von eineinhalb Zentimeter haben.

Aber auch ohne den mysteriösen Zahn zu Gesicht zu bekommen, lohnt sich ein Besuch der Tempelanlage. Hier empfiehlt es sich, schulterbedeckende Kleidung und lange Hosen oder Röcke zu tragen und auf jeden Fall ein paar Strümpfe bereitzuhalten. Wir müssen wiederum die Schuhe am Tempeleingang stehen lassen und sind froh, nicht barfuß über den täglich stark strapazierten Boden laufen zu müssen.

Wir haben Glück, daß wir jetzt in der Mittagszeit, offensichtlich außerhalb des Touristenstroms, die Anlage besichtigen können. Und wir genießen die Ruhe, die Stille im Innern, die uns bald wichtiger erscheint als die Betrachtung des ohne Zweifel sehr kostbaren Schreins. Er steht unübersehbar in der Mitte des großen Raums. Vielfältige mythologische Darstellungen und Phantasietiere sind zu bewundern. All diese Darstellungen sind aus Gold, Silber, Elfenbein und kostbarem dunklem Holz gefertigt.

Auch der Aufstieg über die breite Treppe links vom Haupteingang in den ersten Stock lohnt sich. Jedoch wollen wir hier die betenden Gläubigen nicht stören und lassen uns – wieder im Erdgeschoß – in einen kleinen Garten seitlich des Schreinhauses führen. Hier wird uns der Tempelelefant gezeigt, ein offensichtlich älteres, mürrisches Tier, das sein spätes Dasein fristet. Wieder vor diesem Gebäude lädt uns die große Anlage mit all ihren farbigen Gärten und den verschachtelten immer neuen Tempelgebäuden zum Spaziergang ein.

Doch wir haben bald ein wenig Hunger und wollen uns im Alltagsleben nach einer Kleinigkeit umsehen. So, wie wir es von den kleinen Ständen und Geschäften in China oder auf den Philippinen gewohnt sind. Wir müssen lange suchen, ehe wir eine kleine schmale Teestube finden. Hier sitzen wieder einmal ausschließlich Männer. Die angebotenen Kleinigkeiten finden diesmal nicht unseren Zuspruch. Sie sind schwer fetthaltig und schmecken unangenehm streng. Auch der Tee, der uns in der Hitze erfrischen soll, dient nicht diesem Zweck. Er ist übersüß, als wären drei bis vier Löffel Zucker in einer kleinen Tasse. Nein, da halten wir uns lieber an die Früchte, die im benachbarten Geschäft angeboten werden. Bananen sind erst einmal das sicherste. Aber die Pracht der vielen, oft auch unbekannten Früchte lockt: So finden wir hier Avocados mit ihrem cremigen, fast birnenartigen Geschmack, Mangos, die süß und weich ein wenig unseren Pfirsichen vergleichbar schmecken, oder auch Mangosteen, die wiederum apfelähnlich aussehen und eine Farbpalette von bräunlich bis tiefrot aufweisen können. Ebenso sehen wir Papayas, von denen es eine große Sortenvielfalt gibt, oder die Passionsfrüchte, die sofort den Durst löschen und sehr süß nach Stachelbeeren schmecken. Wir können uns also nicht beklagen.

Die Zeit ist inzwischen weit fortgeschritten, denn es geht bereits auf 17.00 Uhr zu. Die kleine Gruppe ist schnell wieder versammelt, und bald sind wir auf dem Rückweg nach Colombo. Um einen kleinen Zwischenhalt in *Elephant Village* kommen wir nicht umhin, zu interessant ist es doch, kleine und große Elefanten hautnah zu beobachten. Wir können ihnen beim Baden, Arbeiten und Fressen zusehen, diesen schweren und so nützlichen Tieren. Hier in Elephant Village werden jene prächtigen Elefanten für die große Prozession in Kandy aufgezogen und gepflegt.

Ein einheimisches Bier erfrischt uns, bevor wir zum letztenmal in unseren kleinen Bus steigen. Die Rückfahrt verläuft ruhig. Die Sonne ist inzwischen hinter den exotischen Grüntönen der Bäume und Sträucher rotorange untergegangen. Es wird ein wenig kühl, sehr schnell dämmerig und bald auch dunkel. Wir schlummern in unserem Bus ein wenig ein; das eintönige Holpern auf der oft schlechten Straße wiegt uns in den Schlaf. Plötzlich ein starkes Bremsen. Der Bus schlägt fast einen Haken, so heftig weicht der Fahrer aus. Dann ein Holpern, als wären wir über einen harten Gegenstand gefahren. Eine Kobra – meint der Fahrer nur trocken. Wir wagen nicht, uns umzudrehen. Den Anblick des hinterlassenen Blutbades wollen wir uns ersparen. Offensichtlich kommt so etwas häufiger vor, denn unseren Chauffeur läßt der Vorfall ziemlich ungerührt. Er sieht es sowieso als gute Tat an, denn Kobras seien hochgiftige Tiere ...

Wir kommen nach einer zweieinhalbstündigen Fahrt nun gegen 21.00 Uhr in Colombo an. Unsere Rückfahrt hat sich durch starken Verkehr auf der Straße vom Hochland hinab in die Hauptstadt ausgedehnt.

Auf dem Schiff zurück, machen wir es uns auf dem Peildeck gemütlich, schließlich wollen wir die Ausfahrt durch das Lichtermeer des Hafens genießen. Doch merkwürdig, noch immer wird ›gebunkert‹, also Ladung aufgenommen. Warum so viel? Unsere nächste Station, Bombay, bietet doch wieder ausreichend Gelegenheit, frische Nahrungsmittel aufzunehmen.

Des Rätsels Lösung erfahren wir bald über den Bordlautsprecher. Wir werden einen weiteren Tag in Colombo verbringen, da wir wegen blutiger Hafenunruhen in Indien nicht nach Bombay einlaufen dürfen. Die Enttäuschung ist natürlich groß, denn diese Metropole lockte ebenso wie der große Ausflug nach Delhi und Agra. Aus der heutigen Rückschau und den weiteren Ereignissen wird aber einiges verständlicher: Unser Besuch wäre in die Zeit des heißen Bürgerkriegs in Indien gefallen, in dessen Folge auch die Ministerpräsidentin Indira Gandhi ermordet wurde. Was bedeutet angesichts dieser Zustände unsere kleine Enttäuschung?

Über das Nachdenken, welche Ziele und Sehenswürdigkeiten wir morgen aufsuchen sollen, ist es Nacht geworden. Die Entscheidung wird also vertagt.

Am morgendlichen Frühstückstisch, der wie immer grell und neonlichtig unseren Gesichtern vornehme Blässe verleiht, beraten wir weiter: Die Fahrt entlang der Südwestküste wäre sehr abwechslungsreich. Wir könnten viele kleine Orte besuchen, die uns einen Einblick in das geschäftige Alltagsleben vermitteln könnten. So gilt *Kalutara,* auf der Strecke zur Südspitze der Insel, als das Zentrum der Korbwaren. Zu sehen sind die Herstellerinnen, wie sie Korbmaterial und Stroh flechten und so vielerlei nützliche Gebrauchsgegenstände produzieren. Hier arbeiten hauptsächlich Frauen. Ein Einblick in die Massenproduktion, in die Manufakturen, ist ebenso aufschlußreich wie erschreckend. Es sind junge Mädchen, oft noch Kinder, die sich für einen Hungerlohn, für ein paar Pfennige pro Tag abplagen. Der Gegensatz zum touristischen Leben ist wieder einmal deutlich, denn die Fahrt geht weiter, vorbei an lebendigen, bunten Dörfern, deren Strände zum Verweilen und Baden einladen. Zum Beispiel *Beruwela,* das sich ein wenig aus den gleichgesichtigen Orten heraushebt. Zwar laden die modernen Hotels nur entsprechende ›Fans‹ zum Verweilen ein. Doch ein Spaziergang im Ort lohnt sich immer. Nicht zuletzt wirkt die weiße Moschee interessant – exotisch und fremdartig in dieser Gegend. Schon um das Jahr 1000 nach Christi Geburt kamen die Vorfahren der heute hier lebenden Moslems auf die Insel Lanka. Die Minderheit lebt hier sehr zurückgezogen und Fremden gegenüber verschlossen.

In *Ambalangoda* sind die Maskenschnitzer zu Hause. Sie stellen jene Produkte her, die überall an den Straßen in kleinen und großen Orten sehr preiswert angeboten werden. *Hikkaduwa,* der dann folgende Ort, bietet wieder etwas für die Erholung. Das Städtchen ist einer der beliebtesten Badeorte der ganzen Insel. Reizvoll ist er auch für Unterwasserfans. Wer nicht taucht, kann die Flora und Fauna unter Wasser auch per Glasbodenboot bewundern.

Galle, der letzte Ort dieser Route, ist eine alte Kolonialstadt, die für den damaligen Handelsverkehr sehr günstig gelegen war. Die europäischen Kolonialisten haben hier imposante Zeichen hinterlassen, so die riesige Umfassungsmauer aus der holländischen Zeit vor etwa 450 Jahren. Ein Spaziergang auf dem mächtigen Bauwerk lohnt sich in jedem Fall. Auch im Innern sind Relikte der Kolonialzeit zu besichtigen. So werden von den Einheimischen stolz die alten Wappen gezeigt.

Eine wirkliche Alternative zu dieser Südwesttour ist die Fahrt nach *Negombo* in nördlicher Richtung. Der 40000 Einwohner zählende Ort liegt etwa fünfundzwanzig Kilometer von der Hauptstadt entfernt. Die Fahrt führt entlang an einem der alten holländischen Kanäle, die wiederum aus der Kolonialzeit stammen. Auf dieser dreihundert Jahre alten künstlichen Wasserstraße werden heute nur noch wenige Produkte befördert. Die Konkurrenz der Straße ist doch zu groß. Die Folge ist, daß der Kanal schon deutlich sichtbar versandet. Negombo, der malerische Fischerort, bietet zur Besichtigung hauptsächlich das alte holländische *Fort* und *St. Stephan,* eine heute anglikanische Kirche, zur Besichtigung an.

Zum dritten lockt natürlich die Hauptstadt selbst, und da wir gestern so lange im Bus gesessen haben, entschließen wir uns für Bewegung, für Colombo.

Colombo

Wir haben uns sagen lassen, daß wir uns in der Hauptstadt auf die beiden sehr gegensätzlichen Stadtviertel der Innenstadt, auf *Fort* und *Pettah* beschränken können. Das eine das europäisch geprägte Viertel mit Banken und Geschäftshäusern, das andere der Bezirk, in dem das ceylonesische Alltagsleben mit seinen kleinen Händlern und Handwerkern pulsiert. Die wenigen Sehenswürdigkeiten sind im Alleingang, das heißt ohne organisierte Bustour nur mühsam zu erreichen, da sie sehr weit gestreut über den gesamten Stadtbereich liegen.

Unser Chauffeur hat uns gestern mit kleinen Abstechern von der Route nach Kandy, die wir allerdings aus Unkenntnis nicht als solche wahrgenommen haben, wichtige Sehenswürdigkeiten gezeigt. So liegt im Norden Colombos die *Wolfendael Kirche* von 1749, ein Bauwerk, das nach der Zerstörung des portugiesischen Vorgängerbaus an derselben Stelle von holländischen Kolonialisten errichtet wurde. Die Kirche gilt als das besterhaltene Zeugnis dieser Zeit. Ebenfalls im Norden finden wir den *Kadhiresan Kovil,* einen alten Hindu-Tempel. Ebenfalls im selben Bezirk steht die zweihundert Jahre alte katholische *St. Lucia's Cathedral.* In näherer und weiterer Nachbarschaft auch andere christliche Kirchen, wie zum Beispiel die anglikanische Kathedrale.

Beeindruckend ist auch der mondäne Bezirk *Cinnamon Gardens,* in dem wichtige Funktionsbauten wie die Universität, verschiedene Diplomatensitze, das Rathaus und nicht zuletzt das Colombo-Museum aus dem 19. Jahrhundert angesiedelt sind: Eine Rundfahrt kann dann über das Viertel *Borella* im Osten vorbei an der südlichen Vorstadt *Kotte,* der ehemaligen Königsstadt der Insel Lanka, zurückführen. Jedoch: Colombo ist keine schöne Stadt, eher ein interessanter Ort, der zudem aber betroffen macht. In Fort ist die touristische Welt noch oder wieder in Ordnung. In Pettah jedoch treffen wir spätestens auf die Relikte des Bürgerkriegs zwischen Singhalesen, den ›Söhnen des Löwen‹, und Tamilen, ihren ›ungeliebten Brüdern‹. Insbesondere die sogenannte Schwarze Woche im Juli 1983, aber auch weitere Gewalttaten haben hier ihre Spuren hinterlassen. Immer wieder starren uns ausgebrannte und zerfallene Ruinen oder glaslose Fensterhöhlen an. Ganze Häuserzeilen liegen auch heute, über ein halbes Jahr später, noch in Schutt und Asche. Doch warum dieser Bürgerkrieg?

Voller Stolz berichten die Singhalesen auf Sri Lanka von ihrer Abstammung. Vor langer Zeit raubte ein Löwe im Norden Indiens eine Tochter aus adeligem Haus, eine Prinzessin (... welche Ähnlichkeit mit dem europäischen Mythos des Raubs der Europa durch Zeus in Stiergestalt). Aus dieser Verbindung wurde ein Sohn geboren, ein Sohn mit Löwentatzen: Singhabahu. Mit sechzehn Jahren zeichnet er sich durch Stärke und Mut aus und entführt seine Mutter vor dem Unhold, seinem Vater, in ein fernes Reich. Dieser seinerseits drangsaliert das Gebiet, in dem er Frau und Sohn vermutet. Daraufhin setzt der König des fernen Reiches ein Kopfgeld auf den Wüstling aus, um in seinem Land wieder Ruhe einkehren zu lassen. Die tragische Folge ist absehbar: Der Sohn erschlägt seinen Vater und ehelicht die Tochter des Reiches. Aus dieser Verbindung wiederum entspringt Vijaya, der Lieblingssohn des Vaters. Aber er mißrät, was als Strafe für den vatermordenden Sohn gedeutet wird.

Der mißratene Sohn wird nun mit siebenhundert seiner Anhänger auf die Insel Lanka verbannt. Vijaya landet übrigens – so will es die Sage – an jenem Tag auf der Insel, an dem Buddha ins Nirwana einging. Von diesem Tage an wird der Enkel des Löwen als Stammvater der Könige auf der Insel verehrt.

Mit dieser Mythologie im Hintergrund beanspruchen die Singhalesen die Insel und die Herrschaft natürlich für sich. Historisch läßt sich aber nachweisen, daß auch die Tamilen seit undenklichen Zeiten auf der Insel leben. Sie haben ihre eigene Sprache bewahrt und haben eine eigene Religion, den Hinduismus. Sie sind heute mit drei Millionen Einwohnern die zweitgrößte Volksgruppe auf Sri Lanka, neben Minderheiten wie den arabisch-indischen Moors mit 600 000 Menschen, den Burghers, die mit 30 000 bis 40 000 Einwohnern als Nachkommen der holländischen und portugiesischen Kolonialisten noch hier leben, den tausend Malaien, den wenigen Europäern und den interessanten Nachkommen der Steinzeitmenschen, den Weddas.

Wie wir beim Thema ›Tee‹ schon erfahren haben, holten die englischen Kolonialherren zu ihrer Zeit nochmals Tausende von Tamilen nach Ceylon, die dann als billige Arbeitskräfte hier fast sklavenähnlich arbeiteten. Die Volksgruppen vertrugen sich nie. Das um so weniger, als die Regierung schon unter Solomon Bandaranaike, später unter seiner Witwe Sirimavo ausschließlich die singhalesischen Einwohner förderte. Erst 1983, als mit 53 Prozent aller Stimmen der jetzige Präsident Junius Richard Jayewardene an die Macht kam, war die Staatsgewalt auf Ausgleich zwischen Singhalesen und Tamilen bedacht. Das jedoch war offensichtlich zu spät: Am 23. Juli 1983 wurden Soldaten in einen Hinterhalt gelockt und ermordet. Militante Tamilen kämpften seit langem intensiv für einen eigenen Tamilen-Staat. Der Gegenschlag artete in ein Blutbad aus. Nun wurden Häuser der Tamilen in Colombo in Brand gesteckt, Geschäfte zerstört und Tamilen ermordet. Offizielle Schätzungen sprechen von tausend bis zweitausend Toten. Gerade Pettah, das Basarviertel, wurde stark zerstört, ebenso auch große Industrieanlagen. Insgesamt sind allein fünfundachtzig Millionen Dollar notwendig, um nur die zerstörten Industrieanlagen wieder funktionsfähig zu bekommen; von den privaten Kosten der einzelnen Betroffenen gar nicht zu reden. In Gesprächen erfahren wir, daß die Touristen momentan der einzige lukrative Wirtschaftszweig sind, der ohne größere Investitionen florieren kann.

21

EILAND MIT PALME – TAUSENDFACH

Die Malediven

Die Malediven sind natürlich kein Ersatz für Bombay, sagen wir uns, als das ceylonesische Festland langsam hinter dem aufschäumenden Heckwasser zurückbleibt. Aber ein wenig Beschaulichkeit unter tropischen Palmen, ein Spaziergang durch ein kleines Hafenstädtchen oder das Dösen oben an Deck angesichts zahlreicher winziger Eilande mit Palmen – das ist auch nicht zu verachten.

Die weltpolitische Lage wird uns mit unserem Kurswechsel wieder einmal deutlich vor Augen geführt: Bürgerkriegsähnliche Zustände in Indien, die, wie wir ein halbes Jahr später zu Hause erfahren, unter anderem auch zum Tod der indischen Ministerpräsidentin Indira Gandhi geführt haben, und ganz in unserer Nähe tobt der Golfkrieg.

Also verbergen wir uns hinter den Wogen des Indischen Ozeans und kriechen unter eine Palme, um träge die laue Luft einzuatmen.

Wir sind ein wenig in Verlegenheit, da wir einen Vortrag vorbereiten müssen, der nicht in unserem ›Fahrplan‹ vorgesehen war. Mit Hilfe der Bordbücher, des Reisebüros und unserer Reiseliteratur bekommen wir die notwendigen Informationen, um den Passagieren einiges über diese Inselgruppe zu erzählen.

Friedliche, friedlose Inseln

Die Malediven, die sich südwärts bis über den Äquator ziehen und ungefähr 700 Seemeilen südwestlich von der Südspitze Sri Lankas entfernt liegen, bestehen aus über zweitausend Inseln. Diese gruppieren sich zu neunzehn Atollen, die nur etwas mehr als zwei Meter über den Meeresspiegel

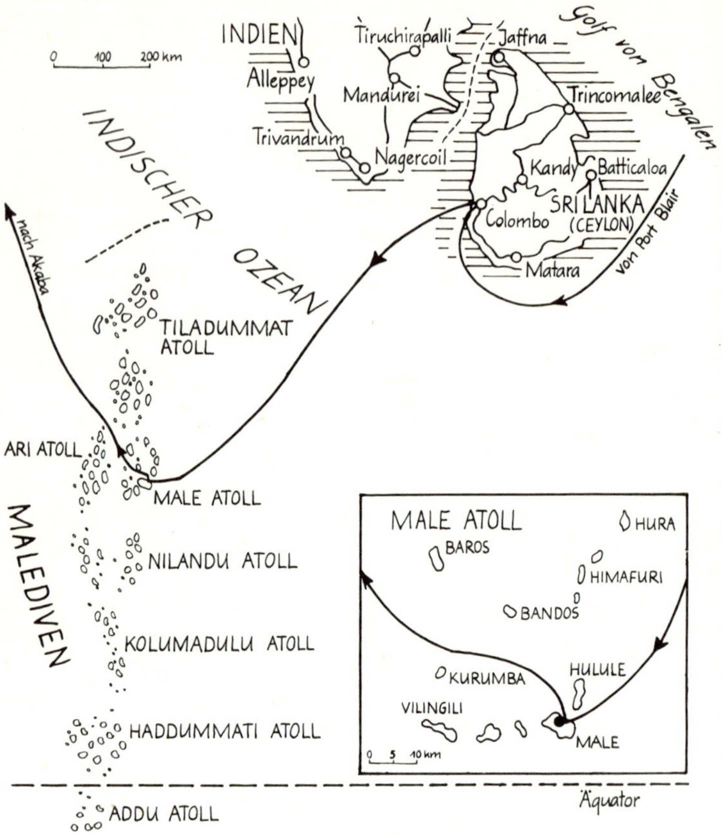

hinausragen. Von diesen zweitausend Inseln sind nur etwa 190 bewohnt. Die Ureinwohner kamen aus Nord-Ost und Nord-West, aus Arabien und Ceylon. Vermutlich waren die Singhalesen aus Ceylon die ersten, die im 4. Jahrhundert auf den Inseln gelandet sind, denn auf einigen der Eilande sind Reste von Dagobas, glockenförmigen buddhistischen Reliquienschreinen, gefunden worden. Dann gelangten Araber und später auch Perser in das Archipel und bekämpften die Andersgläubigen. Es müssen fürchterliche Schlachten auf den idyllischen Inseln getobt haben, denn Zeugnisse der buddhistischen Religion sind bis auf ganz geringe Reste nicht mehr vorhanden. Die Singhalesen wurden ausgerottet. Das alles spielte sich im 11. und 12. Jahrhundert ab. Es ist sogar ein Datum überliefert: 1153. In diesem Jahr siegte der Islam. Diese Notiz stammt von dem arabischen Geschichtsschreiber Ibn Battuta aus Tanger, der im Jahr 1343 die Malediven angesteuert hat. Der auch als Geologe, Kartograph, Botaniker und Händler tätige Araber blieb zwei Jahre auf der Inselgruppe, um seinen Geschäften nachzugehen und die einzelnen Atolle zu erforschen. Er legte genaue Land- und Wasserkarten an, machte sich Notizen über die Fauna und Flora und studierte die sozialen Verhältnisse dieser entlegenen Inseln. So ist von Beobachtungen des Alltagslebens die Rede: ... Immer wenn Handelsschiffe bis zu den Malediven vorgedrungen waren, blieben sie in der Regel geraume Zeit, um Güter auszutauschen und Proviant zu laden. In dieser Zeit freundeten sich die Matrosen offensichtlich mit den Schönheiten der Inseln an – manche heirateten. Die Schiffe legten wieder ab ... Nach langen Monaten oder gar Jahren kamen sie wieder, und die Ehemänner waren erfreut, nicht nur ihre Frauen in die Arme zu schließen, sondern zugleich den Nachwuchs, der sich in der Zwischenzeit eingestellt hatte... Die Malediven waren damals bekannt für solche ›Ehen auf Zeit‹.

Ibn Battuta berichtet ferner, daß die Straßen täglich gefegt werden, denn die Einwohner haben es gern sauber in ihrem Lande. Dann berichtet der Chronist auch von der Wirtschaft der Inseln. An erster Stelle steht natürlich der Fischfang und die damit zusammenhängende Fischverarbeitung. Besonders mit Trockenfisch und Muscheln wurde gehandelt und natürlich mit der Kokosnuß, aus der Kokosfasern, Kopra und Öl gewonnen wurden.

Bis auf die ›Ehe auf Zeit‹ treffen Ibn Battutas Beobachtungen auch heute noch zu. Was er allerdings noch nicht berücksichtigen konnte, ist der Fremdenverkehr, ein ganz junger Wirtschaftszweig der Inseln. Erst seit 1972 wird verstärkt um Touristen geworben. Und da die Fremden nicht zum strengen mohammedanischen Lebenswandel gezwungen werden können, werden sie auf kleinere Inseln verbannt, wo sie ganz unter sich sind und somit kein schlechtes Vorbild für die Einheimischen abgeben können.

Nachdem die Portugiesen die Weltmeere erobert hatten, gelangten sie auch auf die Malediven. Diese Inselgruppe war ein wichtiger Handelsstützpunkt für die Südasienroute. Im Jahre 1558 besetzten sie die Inseln, konnten aber nie das gesamte Archipel erobern. Ihr größter Feind war das Meer zwischen den Inseln. Immer wieder brachen Aufstände auf der einen oder anderen Insel aus. Und wenn die einen unterworfen waren, standen die anderen wieder auf. 1573 kam es zu einer großen Revolte gegen die neuen Machthaber. Die Kämpfe blieben unentschieden, bis die Sultane indische Seeräuber von der Malabar-Küste zur Hilfe riefen. Die Portugiesen wurden schließlich ins Meer getrieben. Das Kreuz war besiegt. Aber Buddha stand wieder vor der Tür. Den indischen Piraten gefielen die Eilande, und sie wollten sich nicht heimschicken lassen, so daß die Malediven sich erneut einer feindlichen Macht ausgesetzt sahen. Im Laufe der folgenden Jahre und Jahrzehnte wurden immer wieder Sultane getötet. Die Piraten-Plage war unerträglich, so daß wieder eine fremde Macht zu Hilfe gerufen werden mußte. Dieses Mal waren es vorbeisegelnde Holländer, die mit ihren hervorragend ausgerüsteten Schiffen die Piraten vertreiben konnten. Die Malediven kamen unter holländischen Schutz. Das war im Jahre 1654.

Ab 1796 waren es die Engländer, die sich als Schutzmacht über die Inselgruppe aufspielten. Etwas weniger als hundert Jahre später, genau im Jahre 1887, regelte ein Vertrag den neuen Status der Malediven. Sie wurden britisches Protektorat und unterstanden dem Gouverneur von Ceylon. Innenpolitisch waren sie weitgehend selbständig. Der Sultan wurde von der britischen Krone als ›König über alle Atolle‹ respektiert. 1923 wurde das ›erbliche Sultanat‹ durch eine Wahlmonarchie abgelöst, und im Jahre 1953 nannten sich die Malediven Republik – aber immer noch in Abhängigkeit von Großbritannien. Im Jahre 1965 endlich erhielten sie völlige Souveränität. Das war am 26. Juli. Dieser Tag wird

heute als Unabhängigkeitstag gefeiert. Die Engländer handelten noch einen Pachtvertrag über einen Flottenstützpunkt aus. Er sollte bis 1986 gültig sein. Doch schon 1976 verließen die Briten diesen Stützpunkt. Seit diesem Jahr gehören die Malediven zu den blockfreien Staaten.

Gegen Abend sichten wir die ersten Inseln – kleine dunkle Streifen am Horizont, die sich langsam verschieben, je nach dem, welchen Kurs wir gerade einschlagen. Es sieht so aus, als ob Raupen auf der Horizontlinie hin und herkriechen würden. Rasch kommen wir näher und können schon bald Kräne und Hafengebäude ausmachen. Dazwischen funkelt eine Kuppel und daneben – ganz schwach zu erkennen – dünne Stäbe. Wahrscheinlich handelt es sich hier um die Moschee der Hauptstadt Malé. Dieser Hauptinsel ist ein langgezogener Landstreifen mit einigen militärischen Gebäuden vorgelagert – der Flugplatz Hulule, der auf zwei Korallenriffen erbaut wurde.

Landgang in Malé

Nun müssen wir häufiger den Kurs ändern, um die Fahrrinne, die uns durch die Atolle nach Malé führen soll, zu erreichen. Dann erscheint auch schon das Lotsenschiff, und wenige Augenblicke später rasseln die Ankerketten ins Meer.

Wir liegen vor Reede. Aber an Landgang ist jetzt in den Abendstunden nicht zu denken. Die maledivischen Behörden dulden keine Fremden in ihrer Hauptstadt nach Sonnenuntergang. Und wie ein glutroter Ball verschwindet die Sonne im Meer. Zwei, drei palmenbewachsene Eilande in der Nähe glühen violett auf und verblassen dann rasch in ein dunkles und mattes Blau. Schnell senkt sich die Nacht über die Szenerie. Drüben in Malé gehen zahlreiche Lichter an – ein tropisches, nächtliches Stadtpanorama.

Am nächsten Morgen brennt die Sonne heiß auf uns herab. Achtundvierzig Grad im Schatten. Wir schleichen durch die Gassen der Stadt. An ein umfangreiches Besichtigungsprogramm ist jetzt nicht zu denken. Fast kein Lüftchen regt sich. Die große Moschee, die wir schon vom Meer aus gesehen haben, ist noch im Bau. Sie verspricht ein modernes und architektonisch interessantes sakrales Monument zu werden. Intim und altertümlich erscheinen uns die Gebäude der verschiedenen Ministerien, die weiß gekalkt sind und türkisfarbene Fensterläden haben. In der Nähe der auffallend sauberen Markthallen werden gerade die Sandwege gefegt – ganz so wie es Ibn Battuta berichtet hat. Die Basarstraße ist angefüllt mit Ständen und Geschäften, die zum größten Teil Textilien aus Indien sehr preiswert anbieten.

Mehr ist von Malé, einer Stadt, in der mehr als 30000 Einwohner leben, nicht zu berichten. Nach einer Bar, in der wir kühle Getränke zu uns nehmen können, haben wir vergeblich Ausschau gehalten. Dafür entdecken wir im Hafen neben dem Holzmarkt ein Speiselokal, aus dem es köstlich duftet. Aber zu einer Mahlzeit können wir uns bei dieser Hitze nicht durchringen.

MALEDIVEN

33 Atolle bis weit über den Horizont hinaus

34 Wahre Trauminseln –
wenn nur die Hitze nicht so groß wäre …

35 Durch die Wasserpfeife gekühlter Rauchgenuß

So stehen wir wieder an der Pier und warten auf den Tender, der uns an Bord zurückbringen soll. Ohnehin steht die Abfahrt des Schiffes bald bevor. Neben uns schaukeln die Dhonis, die Lastensegler, die weiter entfernte Inseln des Archipels ansteuern. Es handelt sich um kleinere Einmaster, die malerisch an der Uferpromenade vertäut sind.

In der Mittagsglut lassen wir uns zum Schiff hinüberfahren. Mit uns sitzen einige Passagiere, ebenfalls ziemlich erschöpft, im Boot. Sie berichten von einer interessanten und zauberhaften Inselfahrt im Glasbodenboot. Wunderschöne Korallenbänke waren zu sehen sowie bunte Seeanemonen und die gesprenkelten Nashornfische. Und einmal huschte ein Schatten unter ihnen hinweg. Ein Hai? Nein, der Fisch bestand nur aus seitlichen Flossen, die wie Flügel ausgesehen haben. Dann muß es sich wohl um einen Manta gehandelt haben.

Die meisten waren zufrieden mit ihrem Aufenthalt in Malé. Viele Passagiere sind mit dem Boot weiter zu den umliegenden Inseln gefahren und lagen faul unter den schattenspendenden Palmen am Strand. Aber alle haben unter der Hitze gelitten. Und jetzt sind wir ein wenig froh, daß unser Schiff ablegt, damit wenigstens der Fahrtwind für Kühle sorgen kann. Die Inseln und Inselchen um uns herum liegen in greifbarer Nähe im türkisgrünen Wasser. Wir queren das Atoll Kurs Nordwest. So haben wir uns eigentlich die Südsee vorgestellt – das Kreuzen zwischen Atollen. Und immer wieder schiebt sich eine neue Insel in unser Blickfeld. Hütten und Bungalows am weißen Strand und dahinter Palmen. ›Trauminseln‹ – so werden sie ja landläufig im Touristen-Jargon genannt. Warum eigentlich nicht? Hier, in der völligen Abgeschiedenheit, jenseits des Weltgeschehens, könnten wir vielleicht einmal alles vergessen, um nur für uns selbst da zu sein. Eine ›traumhafte‹ Erholung – wenn nur nicht die Hitze so stark wäre.

22

AUF DEN SPUREN DES MOSES

Ägypten und Jordanien

Wir halten Kurs auf den Golf von Aden. Bald wird das Rote Meer erreicht sein, und dann auch Akaba. Dschedda werden wir nun nicht anlaufen. Wie es offiziell heißt, könne die Sicherheit des Schiffes in diesem Hafen nicht gewährleistet werden. Eine merkwürdige Begründung. Die Passagiere und die Besatzung haben Visa für Saudi-Arabien erhalten. Und jetzt sollen die dortigen Behörden für die ›Pushkin‹ nicht mehr garantieren? Wie muß sich die politische Situation doch verändert haben ... Nachrichten darüber sind an Bord nicht zu erhalten. Überhaupt waren wir während unserer Reise von der Weltpolitik abgeschnitten. Nachrichten, Kommentare und Meinungen zu Ereignissen des Weltgeschehens wurden nicht vermittelt, obwohl sie empfangen werden konnten. Es gab zwar eine Bordzeitung, aber die berichtete lediglich vom kulturellen Leben des Sowjetvolkes ...

Als Ersatz für Dschedda wurde Sharm el Sheik angeboten, eine Hafenstadt an der Südspitze des Sinai. Von hier aus sollten Busse zum Katharinenkloster fahren – eine interessante Alternative zur arabischen Hafenstadt Dschedda.

Wir änderten also unsere Vorträge, damit wir die neuen Sehenswürdigkeiten mit aufnehmen konnten. Da Sharm el Sheik, Akaba und Suez mit einem Ausflug nach Kairo in einem verhältnismäßig kurzen Zeitraum aufeinanderfolgen würden, faßten wir alle Ausflüge unter dem Titel ›Auf den Spuren des Moses‹ zusammen.

Vergebliche Liebesmühe! Denn schon zwei Tage später war es klar, daß der Hafen an der Südspitze des Sinai nicht angelaufen werden konnte. Die Begründung fiel noch merkwürdiger aus: Wegen der zahlreichen Seetage müsse lange und gründlich in Akaba gebunkert werden, damit wir mit frischem Wasser und neuen Lebensmitteln die Reise glücklich beenden könnten. Der Aufenthalt in Akaba wird auf zweieinhalb Tage ausgedehnt. Frische Lebensmittel – ein guter Gedanke – gerade heute Mittag wurde uns ein Joghurt-Becher Marke Neuseeland vorgesetzt. Wir ließen ihn ungeöffnet zurückgehen. Aber zweieinhalb Tage, um ausreichend bunkern zu können? Das leuchtet uns nicht ein. Ein Passagierdampfer ist innerhalb von wenigen Stunden vollständig verproviantiert. Und in Akaba steht doch lediglich die Tour nach Petra und ins Wadi Rum an – ein Tagesausflug. Akaba selbst hat fast nichts zu bieten. Ein Gerücht, das wir vor einigen Tagen noch lachend zurückgewiesen haben, wird plötzlich für uns bedenkenswert: In Akaba wird hoher Besuch erwartet. König Hussein und seine Familie sollen der ›Pushkin‹ einen Besuch abstatten. Wir werden sehen. Begeben wir uns zunächst auf die Spuren des Moses. Für diesen Ausflug müssen wir allerdings die Chronologie unserer Reise durchbrechen. Wir beginnen in Kairo, genauer, in Gizeh bei den Pyramiden, und enden in Petra, Jordanien. Die Stadt Kairo werden wir dann im Zusammenhang mit dem Suezkanal noch einmal ausführlicher beschreiben. Unser Schiff wird die entgegengesetzte Route nehmen. Und noch etwas: Den Sinai und das Katharinenkloster werden wir nicht aussparen, um zumindest den Passagieren zu signalisieren, was ihnen entgangen ist, aufgrund eines merkwürdigen, undurchschaubaren Kurswechsels.

Das Knäblein im Nil

»... Und es ging hin ein Mann vom Hause Levi und nahm eine Tochter Levi. Und das Weib ward schwanger und gebar einen Sohn ...« So beginnt die Moses-Geschichte im zweiten Kapitel des zweiten Buchs Mose. Bekanntlich wurde das Neugeborene in einen Kasten gelegt und im Schilf des Nil verborgen, bis die Tochter des Pharao es fand »... und es ward ihr Sohn, und sie hieß ihn Mose; denn sie sprach: Ich habe ihn aus dem Wasser gezogen.«

Nun bezieht sich der Name weder auf das Körbchen noch auf den Umstand, daß er »aus dem Wasser gezogen« wurde,

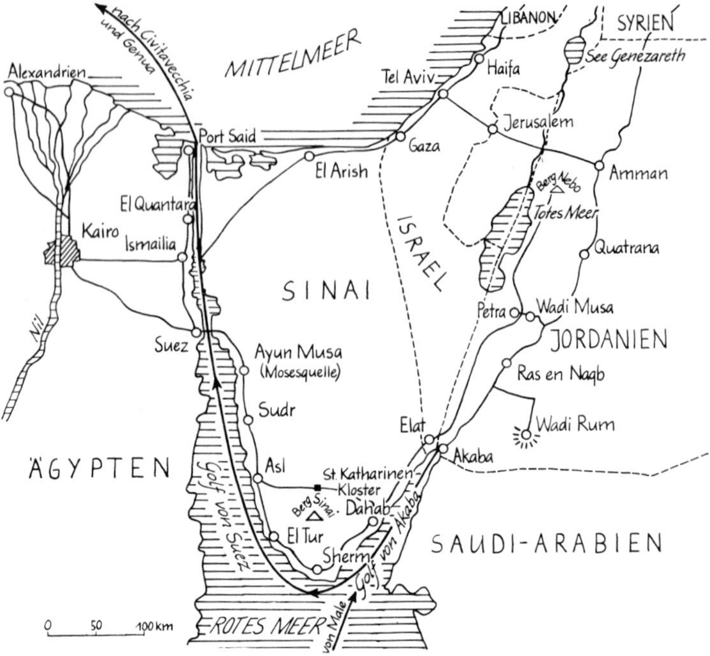

sondern schlicht darauf, daß er als »Sohn« erklärt wird. Das ägyptische Wort ›ms‹ oder ›maose‹ bedeutet: Knabe oder Sohn. Es taucht übrigens in einigen Herrschernamen auf, wie zum Beispiel Amosis oder Thutmosis. Der Vater der Königstochter war sehr wahrscheinlich Ramses II., der zwischen 1290 und 1224 v. Chr. lebte und regierte. Als Moses am Hofe des Pharao aufwuchs, standen die großen Pyramiden von Gizeh, Abusir und Dahschur schon eintausendfünfhundert Jahre. Nun ist festgestellt, daß diese riesigen Bauwerke nicht durch Fronarbeit zustande gekommen sind. Also keine Sklaven, die riesige Felsbrocken aus dem jenseits des Nils gelegenen Mokattam-Gebirge herausbrechen und nach Gizeh schaffen mußten. Es waren Facharbeiter, die sehr gut bezahlt wurden. Abrechnungen darüber sind erhalten.

Der Pyramidenbau, so können wir folgern, sicherte und festigte demnach die sozialen Strukturen eines großen Teils der ägyptischen Bevölkerung. Der Lebensstandard war zur Zeit des Pyramidenbaus nachweislich sehr hoch gewesen. Daß der Pyramidenbau einzig und allein ein umfangreiches Arbeitsbeschaffungsprogramm gewesen ist, wie hin und wieder auch behauptet wurde, würden wir bestreiten. Die monumentale Pyramide ist Symbol für die Göttlichkeit und Gottähnlichkeit des Pharaos. Die Tiefe des Symbolgehaltes wurde in frühen Kulturen häufig quantitativ zum Ausdruck gebracht – die sieben antiken Weltwunder legen darüber ein beredtes Zeugnis ab. Außerdem war die Pyramide sakraler Baustein innerhalb einer architektonischen Anlage, deren einzelne Bauelemente einem religiösen Plan entsprachen.

Wir stehen oben vor der Chephren-Pyramide und schauen hinunter in das Niltal. Unmittelbar unter uns die Reste einer Allee, die zum Sphinx verläuft. Im Ägyptischen wird der Sphinx als Symbol für den Pharao verwendet, also maskulin, im Gegensatz zur griechischen Symbolfigur der Hüterin des weiblichen Wissens.

Hier oben sehen wir auch die Grundmauern eines ehemaligen Tempels, und unten bei dem Sphinx sind ebenfalls noch Tempelreste auszumachen. Bei diesen handelt es sich um den Tal-Tempel, in dem die Mumifizierung des toten Pharao vorgenommen wurde. Danach trugen ihn Priester den Prozessionsweg hinauf zum Totentempel, wo die entsprechenden Zeremonien abgehalten wurden. Dann erst gelangte der Pharao in sein Grab – in die Pyramide. Von Amenemhet III., einem Pharao der 12. Dynastie (1842-1797), ist eine Inschrifttafel, die den Abschluß seiner Pyramide zierte, erhalten, der zufolge die Pyramide Symbol der Sonnenstrahlen ist, auf denen die Seele, der ›Ka‹, des Pharao zur Sonne aufsteigt.

Zur Zeit des Moses wurden allerdings keine Pyramiden mehr gebaut. Es bietet sich eine einfache Erklärung an. Die Pyramiden waren schon kurz nach ihrer Fertigstellung ein unübersehbarer Hinweis für Grabräuber, die sich – gottlos wie sie waren – über die Reichtümer, mit denen die Pharaonengräber ausgestattet waren, hermachten. Fortan wurden die Grabkammern im unwegsamen Gebirge nahe des Nils versteckt, wie zum Beispiel die Königsgräber von Luxor.

Es ist also längst nicht ausgemacht, daß die Hebräer, geschätzte Facharbeiter, zu Frondiensten herangezogen worden sind. Wie dem auch sei, der in Ägypten erzogene Moses beging einen Mord: »Zu den Zeiten, da Moses war groß geworden, ging er aus zu seinen Brüdern und sah ihre Last und ward gewahr, daß ein Ägypter schlug seiner Brüder, der Hebräischen, einen. Und er wandte sich hin und her, und da er sah, daß kein Mensch da war, erschlug er den Ägypter und scharrte ihn in den Sand.«

Moses mußte fliehen. Er begab sich zunächst in das gebirgige Midian östlich vom Golf von Akaba. Er wählte seinen Fluchtweg in diese Gegend wahrscheinlich deswegen, weil die Mutter Midians, des Stammvaters, eine Frau des Urvaters Abraham gewesen ist. Sie hieß Ketura. Die Midianiter werden im Alten Testament oft Keniter genannt. In diesem Wort steckt das arabische ›gain‹, das soviel wie Schmied bedeutet. In der Tat gibt es dort beträchtliche Metallvorkommen, besonders Kupfer.

Der brennende Dornbusch

Von hier aus organisierte Moses seine Rückkehr nach Ägypten. Auf dem Weg ins Pharaonenreich gelangte er auf den Sinai, im Alten Testament ›Horeb‹ genannt.Hier ereilte ihn Gottes Stimme aus dem brennenden Dornbusch. Mit diesem Auftrag sammelte er die Seinen und floh aus Ägypten.

Die kürzeste und verhältnismäßig einfache Verbindung ins Gelobte Land wäre die Karawanenstraße, die von Ägypten über Palästina nach Asien führte – heute die Hauptstraße von Kairo über Ismailia, El Arish nach Tel Aviv –, gewesen. Als Fluchtweg mußte Moses sie meiden, da sie zu streng bewacht wurde. Also machte er sich in südöstliche Richtung auf und gelangte nördlich von Suez an das Rote Meer.

»... und die Wasser teilten sich voneinander. Und die Kinder Israel gingen hinein ... und das Wasser war ihnen für Mauern zur Rechten und zur Linken.«

Aber über die ägyptischen Verfolger schlugen die Wassermassen zusammen. Moses und sein Volk waren gerettet. Wie ist dieses ›Wasserwunder‹ zu erklären? Das hebräische Wort ›Yam Suph‹ wird einmal übersetzt als Rotes Meer und zum anderen als Ried-Meer, also Schilfmeer. Möglicherweise reichte der Golf von Suez zu Ramses' Zeiten bis hinauf zu den heute sogenannten Bitterseen. Bei diesem Abschnitt könnte es sich also um ein Schilfmeer gehandelt haben. Wir werden bei unserer Suezkanal-Durchquerung an die Kinder Israels denken ...

Nun begann ein mühsamer Marsch durch die Wüste. Er sollte vierzig Jahre dauern. Vierzig Jahre lang schleppte sich das kleine Völkchen von Wasserstelle zu Wasserstelle – höchstens fünfzehn bis zwanzig Kilometer täglich. Im dreiunddreißigsten Kapitel des vierten Buchs Mose sind die Lagerstätten der Karawane verzeichnet. Danach ist die Reiseroute genau zu rekonstruieren. An vielen Orten auf dem Sinai und in Jordanien sind heute noch die unterschiedlichen Moses-Denkmäler zu besuchen. Israelische und ägyptische Reisebüros bieten Fahrten von Tel Aviv, Jerusalem oder Kairo auf den Sinai an. Bedeutendstes Ziel neben dem Landschaftserlebnis ist das Katharinenkloster. Aber bleiben wir zunächst noch auf den Spuren des Moses.

Das Katharinenkloster auf dem Sinai

Südlich von Suez auf dem Sinai nennt sich eine kleine Oase ›Ayun Musa‹ – Mosesquellen. Hier soll er zwölf Quellen mit dem Stab aus dem Wüstensand hervorgebracht haben. Und dann endlich nach der Feiran-Oase wird das Katharinenkloster erreicht. Oben auf dem Berg Sinai, dem Mosesberg, stehen zwei kleine Kapellen und in der Nähe ein bezeichneter Felsen. Hier hat Moses die Gesetzestafeln von Gott empfangen. Die eine Kapelle erinnert an die Stimme Gottes und die andere an die Übergabe der Tafeln. Die Stelle, wo er die Tafeln wütend gegen die Felsen schleuderte, weil sein Volk töricht und dumm um das Goldene Kalb tanzte, ist nicht gekennzeichnet.

Der 2641 Meter hohe Mosesberg ist übrigens mehr oder weniger leicht zu besteigen. Über viertausend in den Felsen geschlagene Stufen führen auf den Gipfel.

Die Gründung des Katharinenklosters geht auf Helena, die Mutter Kaiser Konstantins, zurück. Nachdem sie in Jerusalem das Heilige Kreuz gefunden hatte, zog sie im Jahre 342 auf den Sinai. Dort, am Fuße des Mosesberges, gründete sie eine Kapelle. Nicht ganz zweihundert Jahre später, Ostrom hatte sich schon längst in Konstantinopel konstituiert, und das Christentum war Staatsreligion geworden, ließ der Erbauer der Hagia-Sophia, Kaiser Justinian d. Gr., an dieser Stelle das Katharinenkloster erbauen. Die Gebeine der Heiligen, die in Alexandrien ihr Martyrium erlitten hatte, ruhen in einem Sarkophag der Klosterkirche.

Eine hohe Wehrmauer mit Eckbefestigungen umgibt den gesamten Klosterkomplex, in dem das kleine Klosterkirchlein fast verschwindet. Es ist im typisch byzantinischen Stil erbaut. Die vielen Seitenkapellen, in denen manch kostbarer Kirchenschatz aufbewahrt ist, sind ebenso sehenswert wie das monumentale Apsismosaik, das zu den frühesten Beispielen der byzantinischen Mosaikkunst zählt. Es ist die Verklärung Christi dargestellt. Der Herr erscheint in einem antiken Gewand, als Philosoph. Seine Rechte ist erhoben, Zeigefinger und Daumen berühren sich. Der Erzengel Gabriel, ebenfalls in ein antikes Gewand gehüllt, schreitet bewegt einher. Die Antike ist noch ganz nahe.

Die Klosterbibliothek zählt angesichts ihrer großen Zahl früher Manuskripte zu den bedeutenden der Welt. Sie besitzt Bücher in den verschiedensten Sprachen wie koptisch, aramäisch, syrisch oder griechisch und arabisch. Unmittelbar neben dem Turm der Klosterkirche erhebt sich das schlanke Minarett einer Moschee. Moses ist ja nicht nur ein Prophet der Christen, sondern auch der Mohammedaner. Auch die Moschee ist sehenswert, besonders wegen der Gebetskanzel, deren Ornamentik den Stil der Fatimiden aus dem 11. Jahrhundert zeigt.

»Und Mose ging von dem Gefilde der Moabiter auf den Berg Nebo, auf die Spitze des Gebirges Pisga, gegenüber

Jericho. Und der Herr zeigte ihnen das ganze Land Gilead bis gen Dan.«

Den Blick, den Moses kurz vor seinem Tod in das verheißene Land geworfen hat, können wir auch heute noch auf dem Berge Nebo am Toten Meer nachvollziehen. Moses, der die Sünden des Volkes tragen mußte, hat das Land allerdings nicht betreten. Es war Josua, dem Nachfolger Moses, vorbehalten, die Stämme Israels in das Gelobte Land zu führen.

Auf der Königsstraße nach Petra

Auch wir werden das Gelobte Land nicht betreten auf unserer Fahrt von Akaba nach Petra. Aber bevor wir die alte Nabatäer-Stadt erreichen, werden wir noch einen Ort aufsuchen, an dem Moses geweilt hat, Wadi Musa, Mosesquelle.

Zunächst aber geht es auf der historischen Königsstraße von Akaba nach Petra, der ehemaligen Hauptstadt des Nabatäer-Reiches. Auf dieser Straße, eine der ältesten Asiens, sind Alexander der Große, nabatäische Könige, römische Imperatoren, islamische Fürsten, Kreuzritter und schließlich Lawrence von Arabien gezogen. Die Gründe waren unterschiedlicher Art. Entweder sollten neue Siedlungsgebiete ausfindig gemacht, Weltreiche erobert oder Eindringlinge vertrieben werden. Vergessen wir auch nicht die Heerscharen von Kaufleuten, die diese Route benutzt haben, um ihre Waren, wie Gewürze, chinesische Seife, Purpur, Glas, Perlen, Weihrauch und Myrrhe, von oder nach den Ländern Südostasiens zu transportieren.

Die Gegend ist trostlos. Die Autofahrt nach Petra wird zweieinhalb Stunden dauern. Hin und wieder schieben sich bizarre und rötlich gefärbte Felswände vor die Windschutzscheibe unseres Gefährts. Vor Ras en Naqb, nach der Hälfte der Fahrtstrecke, nähern wir uns der Paßhöhe. Nun fahren wir über eine öde Hochfläche. Linker Hand im Nordwesten ist schon der 1727 Meter hohe Jebel Mubrak zu erkennen, und dann geraten die Gebirgsformationen von Petra ins Blickfeld. Wir verlassen die Königsstraße und tauchen in engen Kurven in eine Schlucht hinab. Beduinenzelte tauchen unvermittelt links und rechts der Landstraße auf. Und Vorsicht! Hinter der folgenden Kurve könnte eine Schafherde die Straße queren. Die Strafe für ein totgefahrenes Schaf ist hoch – umgerechnet tausend Mark. Zartes Grün wechselt nun ab mit dem eintönigen Ocker der Fels- und Wüstenlandschaft. Vereinzelt sind auch schon Olivenhaine zu sehen. Dann gelangen wir zu einer größeren Siedlung: Tayiba, ein Dörfchen mit den typisch unverputzten Flachdachhäusern. Hier ein Esel, dort drüben scharrende Hühner, und einen felsigen Hang hinaufkletternd, blökende Schafe.

Dann erreichen wir *Wadi Musa*. Hier also schlug der Führer der Israeliten – wir wissen nicht, zum wievielten Male – Wasser aus dem Felsen. Es fließt heute immer noch, aber kanalisiert und begleitet von krummen Wasserleitungen. Die Quelle ist nichts anderes als ein kleines steinernes Becken, dem ein Parkplatz für die Touristenbusse gegenüberliegt.

Moses hat damals aus diesem Felsen wohl nicht Wasser geschlagen, sondern er hat diese Quelle wiederentdeckt – mit Gottes Hilfe. Denn lange vor Moses in der Jungsteinzeit, also vor ungefähr neuntausend Jahren, war dieses Gebiet schon besiedelt. Später zogen dann die Edomiter hierher, jene Abkömmlinge des biblischen Esau, dem Bruder von Jakob. Sein Sohn Joseph war es ja, der in Ägypten zu Ansehen und Reichtum kam und dann Vater und Brüder samt deren Familien hat nachkommen lassen.

›Wunderstadt‹ Petra

Kurz hinter der Mosesquelle öffnet sich ein phantastischer Blick auf die Felsenkulisse von Petra. Die Formationen der Sandsteinfelsen muten wie kleine rötliche Bläschen oder Kästchen an. Ein Zugang zur Schlucht, die in den Talkessel von Petra, zu den sagenumwobenen Grabpalästen führt, ist von hier aus noch nicht zu erkennen. Aber auch noch nicht vor dem Rasthaus, dem offiziellen Eingang zu den Ruinen von Petra.

Langsam spazieren wir auf die Felswand zu. Ständig überholen uns Pferde im langsamen Trott. Auf ihren Rücken

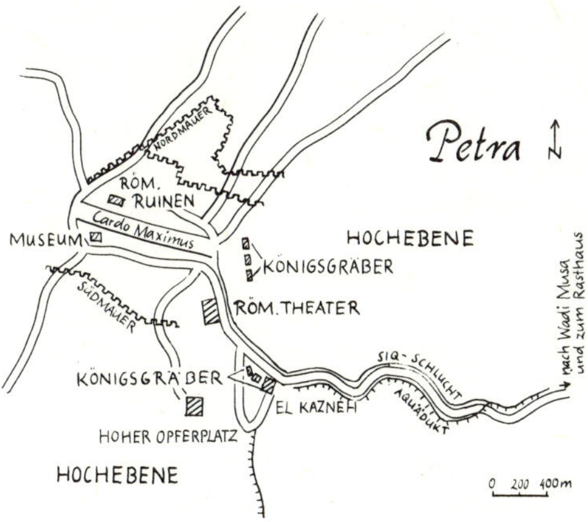

kamerabewehrte Passagiere unseres Schiffes. So zieht eine lange Touristen-Karawane an uns vorbei und verschwindet weiter unten zwischen den nackten Felsen.

Wir lassen uns Zeit, da wir noch ein wenig über das alte Volk Petras, über die Nabatäer, nachdenken wollen. Hier, in diesem unwegsamen Gebirge, haben sie sich eine natürliche Festung ausgewählt. Fremde Eindringlinge scheiterten bei dem Versuch, diese Festung einzunehmen – so zunächst auch die Römer im Jahre 63 v. Chr., als sie unter Pompejus die Königsstraße bis zum Roten Meer sichern wollten. Es lag ihnen sehr viel daran, die Handelswege zwischen dem Mittelmeer und der Euphrat-Tigris-Mündung zu kontrollieren. Um die Zeitenwende erreichten die Nabatäer ihren politischen und kulturellen Höhepunkt. Es regierte sie der König Aretas II. (85-60 v. Chr.). Um die leidigen Kämpfe gegen die hartnäckigen Römer endlich beizulegen, arrangierte sich der König mit dem Imperium. Das bedeutete sehr bald Abhängigkeit von Rom, und im Jahre 106 n. Chr. wurde das Land der Nabatäer zur römischen Provinz Arabia gemacht.

An Bedeutung verlor Petra erst, als in der Spätantike die Königsstraße nur noch sporadisch von Karawanen benutzt wurde. Der Handel wurde immer stärker auf das Meer verlagert. Schiffe segelten den Euphrat flußaufwärts nach

Dura. Von hier wurde die Handelsware auf dem Landweg über Palmyra nach Tyrus ans Mittelmeer geschafft. Petra geriet in den Windschatten des Welthandels. Später kamen islamische Eroberer und dann die Kreuzritter. Danach versank Petra in Vergessenheit. Es wurde nur noch von der ›Wunderstadt‹ Petra gesprochen, aber niemand wußte so recht, wo diese mysteriöse Felsenstadt lag.

Das Geheimnis wurde am 22. August 1812 gelüftet. An diesem Tag betrat ein Schweizer Orientforscher, Johann Ludwig Burckhardt, die Felsenstadt. Damit begann die wissenschaftliche Erforschung Petras. Archäologen reisten an und bald auch Touristen ...

Wir befinden uns tief in der Schlucht, im Siq. Die siebzig bis neunzig Meter hohen, steil aufragenden und überhängigen Felsen scheinen über uns zusammenzuwachsen. Seit einiger Zeit können wir an der linken Felswand eine gehauene Rinne beobachten. Es handelt sich hier um ein Aquädukt, das Wasser aus der Mosesquelle geführt hat, um die nicht weit entfernte Stadt zu versorgen. Nach einigen Windungen erscheinen unvermittelt im schmalen Ausschnitt der eng zusammenstehenden Felsen Säulen mit korinthischen Kapitellen, verzierte Gesimsstücke und der Teil eines Dreiecksgiebels. Wir befinden uns nun auf einem weiten, von Felsen umschlossenen Platz. Die Schlucht liegt hinter uns und vor uns ein monumentales Gebäude, ›El Kazneh‹, das Schatzhaus. Es ist das berühmteste und am besten erhaltene Monument Petras. Die zweigeschossige Fassade ist aus einem Portalteil mit Dreiecksgiebel und einer Kombination von Rundtempel und flankierenden korinthischen Eckrisaliten zusammengesetzt. Eine geniale Lösung, dieses Obergeschoß: Der schlanke, tholosähnliche Rundtempel scheint die Giebelfront zu sprengen, so daß zwei über Eck gestellte Dreiecksgiebel mit Architrav und stützenden Säulen übriggeblieben sind. Die Datierung des Gebäudes und die Herkunft der Architekten ist ungewiß. Einerseits wurden Übereinstimmungen mit der hadrianischen Architektur des 2. Jahrhunderts festgestellt und somit römische Architekten und Handwerker für diesen Bau verantwortlich gemacht. Das mag sicherlich für die

Portalarchitektur zutreffen, die eine Art Säulenhalle vor dem eigentlichen Zugang zu den Grab- und Zeremonialräumen bildet. Der oben stehende Rundtempel mit der zwischen den Säulen herausschauenden Tyche-Figur könnte an den Hellenismus denken lassen, also an das erste Jahrhundert v. Chr. Solche Rundtempel oder Tholoi sind typisch griechisch, und der Kult der griechischen Schicksalsgöttin Tyche war besonders in dieser Zeit verbreitet. Hellenistische Einflüsse kamen ja schon mit Alexander dem Großen ins Reich der Nabatäer.

Wir stehen lange vor diesem Felsentempel. Abgesehen von unseren stilistischen Überlegungen genießen wir das Schattenspiel, das in den Nischen und Winkeln der plastisch aus dem Fels hervortretenden Architektur violette und purpurne Töne hervorzaubert. Der kunsthistorische Typus dieses Bauwerks findet sich in vielen Variationen in jedem dieser Felsentempel wieder. Meistens handelt es sich um eine Synthese aus hellenistischer und römischer Architektur. Übrigens wurde dieser Grabtempel von den Beduinen ›Schatzhaus‹ genannt, da sie in der Urne einen kostbaren Schatz vermutet hatten.

Das Tal weitet sich nun, und wir blicken auf eine einzigartige Kulisse. Weit hinten ein römisches Theater, dessen Ränge sich bis hoch in die Felsen staffeln. Links und rechts daneben immer wieder Tempelfassaden in der architektonischen Struktur des ›Schatzhauses‹. Manche Bauteile sind schon so stark verwittert, daß wir genau hinsehen müssen, wo die Architektur aufhört und der Fels beginnt. An manchen Tempeln können wir die schönen Maserungen der rosenroten Sandsteinarchitektur bewundern – natürliche Ornamentmuster, so wie sie wahrscheinlich kein Künstler gestalten könnte.

Der Anstieg zum Hohen Opferplatz, unmittelbar vor dem Theater, ist lohnend. Nun schauen wir von oben auf diese ›Wunderstadt‹ herab. Wir sehen allerdings nur den Tempelbezirk; die Wohnbauten der Nabatäer lagen abseits und sind längst verschwunden. Nicht einmal Reste davon sind erhalten, lediglich Trümmerhaufen. Ein Nymphäum, ein Brunnen also, in der Nähe des Cardo Maximus, der Haupt- und Prachtstraße der alten Stadt, verweist ebenfalls auf die ehemalige Wohnstadt Petra.

Auf dem Opferplatz fallen zunächst zwei Obelisken auf – Hinweise auf den ägyptischen Einfluß. Wahrscheinlich repräsentieren diese die beiden Hauptgottheiten der Nabatäer, Dusar und Al Uzzar, letztere die nabatäische Venus. Ihr, der Fruchtbarkeits- und Naturgöttin, sollte, so der griechische Philosoph Porphyrius aus dem 3. Jahrhundert, geopfert worden sein – mit Vorliebe Knaben, denen die Kehle durchgeschnitten wurde. Dusar – sein Name läßt sich vom edomitischen Dhu-esh-Shera ableiten, was ›Herr von Shera‹ bedeutet. Heute noch werden die Berge von Petra Shera-Kette genannt. Und aus dem Alten Testament ist ja bekannt, daß Gott oft mit ›Fels‹ gleichgesetzt wurde. Dusar also nicht nur der Lokalgott von Petra, sondern der Hauptgott der Nabatäer.

Viel gibt es in Petra zu sehen. Wir könnten noch Tage durch dieses Gelände streifen. Aber die Zeit drängt wieder einmal, und so begeben wir uns langsam zum Rasthaus zurück. Hin und wieder das verhaltene Donnern von Pferdehufen. Und plötzlich prescht ein kleiner Pulk von feurigen Araberhengsten vorbei. Erschrocken springen wir zur Seite und sehen flüchtig, wie ein oder zwei Touristen sich verzweifelt am Sattel der Pferde festklammern.

Königsbesuch an Bord

Lange zieht sich die Wüstenfahrt zurück nach Akaba hin. Zeit für einen Ausflug ins Wadi Rum ist nun leider doch nicht mehr vorhanden. Aber hätten wir dort wirklich mehr gesehen als auf dieser Fahrt? Rote Sandsteinfelsen, die sich wie bizarre Phantasiearchitektur ausnehmen, begegnen uns ständig. Die Landschaftsformationen nehmen sich aus wie eine Science-Fiction-Kulisse. Filmkulisse ist das Wadi Rum ja einmal gewesen, und zwar für die Verfilmung der Geschichte des legendären Lawrence von Arabien. Dieser nicht unumstrittene Freiheitskämpfer war an der Arabischen Revolte gegen die Türken, die Scherif Hussein im Jahre 1916 entfesselt hatte, beteiligt. Übrigens beginnt auch die moderne jordanische Geschichte mit der Befreiung von der Türkenherrschaft. Die Engländer und Franzosen halfen bei diesem Unternehmen mit und konnten so ihre Kolonialinteressen im Nahen Osten wahren. Im Sykes-Picot-Abkommen von 1916 teilten die europäischen Mächte die seither türkischen Gebiete unter sich auf. Palästina und das Transjordanland wurden englisches Mandatsgebiet. Das Gebiet östlich des Jordans, das zu 90 Prozent als unkultivierbar galt, wurde 1921 als Emirat Transjordanien abgetrennt, 1923 ein selbständiger Staat unter englischer Protektion und 1946 als Haschemitisches Königreich von Jordanien in die Unabhängigkeit entlassen. Als sich nach Ablauf der Mandatsfrist 1948 England, das 1917 während des Ersten Weltkriegs in der sogenannten Balfourdeklaration der zionistischen Führung seine Unterstützung zugesagte hatte, aus Palästina zurückzog, rief David Ben Gurion den Staat Israel aus. Aus der ganzen Welt strömten die Juden in die neue Heimat, so daß Ben Gurion auf eine Ausdehnung des Landes auf Territorium in arabischer Hand bedacht war. Es entstand im Laufe vieler kriegerischen Auseinandersetzungen die ›Palästina-Frage‹, die bis zum heutigen Tage ungelöst ist. In diesem Ringen bemächtigte sich Jordanien des Westjordanlands, eines palästinensischen Rumpfgebiets mit über einer Million Einwohnern, und eines Teils von Jerusalem. Im Jahre 1967 kam es zum offenen Krieg, dem Sechs-Tage-Krieg. Jordanien verlor die Westbank und Ostjerusalem. Zu dieser Zeit war schon über fünfzehn Jahre Hussein, der Enkel des 1951 ermordeten Abdullah und Urenkel Scherif Husseins, König von Jordanien. Er ist es bis auf den heutigen Tag.

Und morgen sollen wir ihn zu sehen bekommen. Die Gerüchte um den Königsbesuch an Bord der ›Pushkin‹ haben sich verdichtet. Niemand glaubt so recht an den hohen Staatsbesuch. Wir wollen uns überraschen lassen. Zunächst beschließen wir, am nächsten Morgen Akaba aufzusuchen. Die Stadt mit 30000 Einwohnern bietet keine spektakulären Sehenswürdigkeiten,dafür aber ein reges Alltagstreiben, was ja bekanntlich manchmal interessanter sein kann als ein kulturgeschichtlich hochgeschätztes Museum. Wir schlendern die Hauptstraße entlang, lassen die wunderbaren arabischen Düfte an unseren Nasen vorbeiziehen und schauen neugierig in die Läden und auf die Auslagen kleinerer Stände.

Neben schön gewebten Decken und mit interessanten Mustern geschmückten Tüchern sowie kupfernen Kesselchen und Tabletts entdecken wir eigentlich nichts, was unsere Aufmerksamkeit herausfordern könnte. Die Menschen sind freundlich. Immer, wenn wir an einem Stand stehenbleiben oder in einen Laden schauen, werden wir freundlich angelächelt. In einem Lebensmittelgeschäft versorgen wir uns mit Quark und Zucker, und irgendwo auf dem Marktplatz finden wir eine verhältnismäßig ruhige Stelle, um dieses köstliche Mittagsmahl zu verspeisen. Was auch sonst hätten wir bei dieser Hitze zu uns nehmen sollen?

In einer Seitengasse nehmen wir dann Platz in einem Café und lassen uns einen großen schwarzen Tropfen dicken heißen Kaffees bringen. Der Puls beschleunigt sich, das Blut zirkuliert, die Hitze wirkt nicht mehr allzu drückend, und der Durst ist gelöscht. Dann suchen wir uns ein Taxi und lassen uns zum Schiff bringen.

Panzerfahrzeuge, MP-Männer, Absperrungen! Der König kommt. Wir stehen oben an der Reling und sehen, wie der Bus an die Gangway heranfährt. Die königliche Familie steigt aus und betritt das Schiff. Wir sitzen oben an Deck und lesen. Um das Schiff kreisen Kanonenboote. Die Geschütze sind auf das Schiff gerichtet.

Langsam senkt sich die Sonne auf den Golf von Akaba. Die Berge gegenüber, sie gehören zum Sinai, färben sich rotviolett und die Lichter von Elat blitzen auf. Links und rechts dieser israelischen Stadt Dunkelheit. Hier verlaufen die Grenzen zu Ägypten und Jordanien. Von Akaba scheinen nun auch die Lichter herüber.

Der König hat wohl schon das Schiff verlassen, denn langsam beleben sich wieder alle Decks, von denen eben noch viele aus Sicherheitsgründen abgesperrt waren. Abends in den Bars zeigen die Russen stolz Video-Filme vom König, dessen Hauch noch manche Passagiere hier zu verspüren glauben, obwohl wir schon Fahrt hinaus auf den Golf von Akaba machen.

23

EINMAL DURCH DEN SUEZ UND...

nach Kairo

Mit äußerstem Genuß und einem Augenzwinkern trägt Walter, unser Tenor, den Schlager ›Einmal durch den Suez‹ vor. Viele der Passagiere haben das Augenzwinkern verstanden, denn neben ›Suez‹ taucht auch noch das Wort ›Bombay‹ auf. Ja, einmal noch nach Bombay ... Die in den letzten Tagen vielfach vorgenommenen Kursänderungen und der überraschende Staatsbesuch an Bord haben manchen Passagier an der Bereitschaft der Schiffsführung gegenüber den touristischen Wünschen der Reisenden zweifeln lassen. Aber lassen wir solche Spekulationen. Die letzte Etappe steht uns bevor, eine Fahrt durch den Suezkanal und für viele Passagiere alternativ ein Ausflug nach Kairo, der in Suez beginnt und in Port Said enden wird. Während unser Schiff sich also in den Konvoi einreiht, der nachher in den Vormittagsstunden die Einfahrt zum Suezkanal ansteuert, steigen über hundert Passagiere in die Tender, um nach Suez zu den Bussen gebracht zu werden. Es wartet eine zweistündige Autofahrt auf sie. Dann haben sie die ägyptische Metropole erreicht. Und nach einem anstrengenden Besichtigungstag geht die Fahrt weiter über Ismailia nach Port Said. Dort werden sie kurz vor Mitternacht auf unserem Schiff wieder zurückerwartet. Wir dagegen machen es uns auf den Liegestühlen an Deck bequem, um die Kanaldurchfahrt zu erleben.

Blitzbesuch in Kairo

Warum ziehen wir den ›Wasserstreifen durch die Wüste‹ einem Ausflug nach Kairo vor? Dafür gibt es viele Gründe. Wir sind satt. Wir haben während des vergangenen Vierteljahres so viel gesehen und erlebt, daß wir kaum noch aufnahmebereit sind. Petra schien uns ein furioser Abschluß dieser

Reise zu sein. Und dann kennen wir Kairo von früheren Reisen her. Manchmal waren wir über eine Woche in der Stadt und manchmal im Rahmen einer Mittelmeerkreuzfahrt nur einen Tag. Ist es wirklich möglich, diese Stadt in einem Tag kennenzulernen? Wir glauben, daß eine solche Frage kaum zu beantworten ist – vielleicht, weil sie falsch gestellt ist. Wir haben schon Wochen und Monate in Rom zugebracht. Aber kennengelernt haben wir diese Stadt eben nur innerhalb eines ganz bestimmten Rahmens. Kennenlernen bedeutet Eindrücke sammeln und verarbeiten. Die Quantität der Eindrücke sagt jedoch nichts über die Qualität der Bekanntschaft aus.

Natürlich ist ein Zehn-Stunden-Aufenthalt in Kairo sehr knapp bemessen. Aber dennoch können diese zehn Stunden Eindrücke von der Stadt hinterlassen; es kommt nur darauf an, wie die Zeitspanne ausgefüllt wird. In Kairo gibt es drei

Dinge, die unbedingt gesehen werden müssen: das ägyptische Museum, eine Moschee und die Pyramiden. Wenn dann noch Zeit ist, über den Basar zu bummeln – um so besser. Und wenn die Passagiere auf einen der teueren Läden in Pyramidennähe verzichten würden – sie bekämen die Souvenirs um vieles preiswerter auf dem Basar –, dann könnten sie in das koptische Viertel fahren und noch einen Blick in das dortige Museum werfen. Wir würden uns eine Ein-Tages-Besichtigungstour durch Kairo folgendermaßen vorstellen:

Im Ägyptischen Museum

Die überwältigende Fülle des Ägyptischen Museums fordert die Besucher und natürlich auch die Führer heraus, möglichst viel zu sehen. Das könnte allerdings ein Fehler sein. Besser wäre es, weniger zu sehen – das würde bedeuten, mehr wahrzunehmen. Zunächst sollten sich die Besucher im Museum auf den Besuch der Pyramiden vorbereiten. Gleich links im Erdgeschoß stehen die Pharaonen *Mykerinos* und *Chefren,* Vertreter des Alten Reichs. Neben der Mykerinos-Statue erscheint ihm zur Rechten Hathor, eine Fruchtbarkeits- und Liebesgöttin. Während Mykerinos (König der 4. Dynastie, etwa 2488-2470 v. Chr.) kraftvoll mit athletischem Körper auf die Betrachter zuschreitet, sitzt Chefren (gleichfalls König der 4. Dynastie, um 2500, erbaute die Cheops-Pyramide) auf seinem Königsthron. Ihn ziert die Horus-Krone, eine mützenähnliche Kopfbedeckung mit einem Falken, dem Horusfalken. Horus ist der Sohn des Osiris, des Gottes der Unterwelt, der den Pharao zum seligen Leben führt. In den folgenden Räumen sind noch weitere Monumente des Alten Reichs zu sehen, unter anderem die berühmte *Sitzfigur des Djoser* (König der 3. Dynastie) aus Sakkara. Seine Stufenpyramide ist vor mehr als 4500 Jahren entstanden, um 2675 v. Chr. Diese Stufenpyramide gibt genau Auskunft über den ›Entstehungsprozeß‹ einer Pyramide – einmal abgesehen von ihrem symbolischen Gehalt. Die erste Stufe war die Mastaba, der Grabraum für den Pharao. Für die folgende Generation wurde eine weitere Mastaba bereitgestellt, will sagen: über der ersten errichtet. Aus diesem Grunde mußte der Grundriß natürlich etwas knapper bemessen werden. Der geniale Architekt und Baumeister des Djoser, Imhotep, plante zunächst für seinen König eine einfache Mastaba. Diese verdreifachte er dann und vollendete sie zur Pyramide.

Eine besondere Spezialität stellt der *Zwerg Seneb* mit seiner Familie dar. Seine nicht zwergenhafte Frau, die neben ihm auf der Steinbank sitzt, umfaßt ihren Gatten liebevoll. Dieser hockt im Schneidersitz auf der Bank. Und damit die Sitzkomposition des Paars gewahrt bleibt, stehen die beiden kleinen Kinder an der Stelle, wo sonst seine Beine zu erwarten gewesen wären. Damit hätten wir die Zeit der Pyramiden, das Alte Reich, das von der dritten bis zur sechsten Dynastie reichte, von 2650 v. Chr. bis 2189 v. Chr., bedacht.

Dann sollten wir einen Blick in den *Amarna-Saal* werfen. Die stilistisch ziemlich einförmig verlaufende Kunstgeschichte Ägyptens weist in der Zeit des Echnaton einen Sprung auf. Echnaton, der ›Ketzerkönig‹, setzte den Monotheismus des Aton (die Sonnenscheibe) durch und verlegte seine Residenz nach Amarna. Das war im Neuen Reich, und zwar im 14. Jahrhundert v. Chr. Diese religiöse Neuorientierung hatte auch eine künstlerische zur Folge. Die frontale Schreitfigur wandelt sich zu einer dynamischen Figur, deren Proportionen verzerrt und, besonders in der Kopfpartie, ›aufgebläht‹ wirken. Eindrucksvoll die Kolossalstatuen des Echnaton in dem eben geschilderten Stil.

Natürlich darf ein Besuch der *Tut-ench-Amun-Abteilung* nicht fehlen. Sie ist im zweiten Obergeschoß aufgebaut. Durch eine Palastrevolution wurde Echnaton abgesetzt, und auf dem Pharaothron folgte Tut-ench-Amun (1347-1338) als Knabe. Allerdings nur für kurze Zeit: Er starb sehr jung, neuesten Kenntnissen zufolge wohl an Tuberkulose. Neben den vier einst ineinandergeschobenen und mit Gold verzierten Sarkophagen, die im Tal der Könige gegenüber von Luxor gefunden wurden, sind die Särge und Totenmaske des Pharao sehenswert.

Hier oben sind die kleinen Räume interessant, in denen

die zahlreichen Grabbeigaben präsentiert werden. Es handelt sich ausnahmslos um eine faszinierende Schau des ägyptischen Alltagslebens, dargestellt in kleinen Tonfigürchen und Holzmodellen. Die Bauern auf dem Feld oder beim Fischfang in einem Nachen auf dem Fluß, sowie Frauen bei der Hausarbeit und noch viele andere Szenen des täglichen Lebens sind hier versammelt.

Der Mumiensaal ist seit dem Tode Sadats geschlossen – und zwar auf Weisung des neuen Präsidenten, der die Ruhe der Toten, so sagten uns kürzlich Museumswärter, nicht gestört wissen wollte. Was für ein weiser und richtiger Entschluß. Den Mumiensaal sahen viele Touristen, wie wir bei früheren Besuchen festgestellt hatten, als Horrorkabinett an.

Zum Basar und den Moscheen

Vom Museum führt die Shâria el-Tahrîr zur Shâria el-Ashar und damit zum Universitätsviertel. Gegenüber der *Ashar-Moschee* öffnet sich der *Basar.* Das beste ist, sich einfach treiben zu lassen. Das ›Doppelminarett‹ der Universität und die beiden Moschee-Minarette daneben sind gute Wegweiser für den Rückweg. Etwas östlich vom Basar zweigt die große, gerade neu erbaute Umgehungsstraße ab, auf der wir schnell die *Zitadelle* erreichen. Oben vor der *Mohammed-Ali-Moschee* ist ein großartiger Rundblick über Kairo möglich. In der Ferne im Dunst der Hitze sind die Pyramiden von Gizeh zu erkennen.

Kairo, diese Riesenstadt mit fast 9 Millionen Einwohnern, ist der ›Platz des Kampfes‹, was bei den alten Ägyptern ›Khere-Ohe‹ hieß. Hier, im Schatten der Mokattam-Berge und südlich der ersten Nilteilung, kämpfte in vordynastischer Zeit Horus gegen seinen Widersacher, den bösen Seth. Hier entstand auch der Sonnenkult und die Sonnenstadt On. Später, nicht weit von diesem Ort entfernt, wurde Memphis, die Hauptstadt des ersten Pharaonenreiches, vor ungefähr fünftausend Jahren gegründet.

Überspringen wir einmal großzügig das Pharaonenreich, von dem ja schon viel die Rede war, und kommen wir zu den Hellenen und Römern. Für diese war Ägypten die Kornkammer des Reiches. Nach den Römern kamen die Araber, zunächst im 7. Jahrhundert die Omaijaden, dann im 8. Jahrhundert die Abbasiden, im 9. Jahrhundert die Tuluniden und schließlich im 10. Jahrhundert die Fatimiden. Ein Feldherr dieses Kalifengeschlechts, Gohar, wollte im Jahr 969 noch einmal den Grundstein zur Stadt legen. Da erschien der Planet Mars über der neuen Stadt: Sie wurde nach ihm ›El Kahira‹ – die Siegreiche – genannt. Unter den Fatimiden wurden die bedeutendsten und schönsten Moscheen der Stadt erbaut, unter anderem die Ashar-Moschee. Aber siegreich blieb die Stadt nicht. Unter der Herrschaft der Osmanen sank die Stadt zwischen dem 16. und dem 18. Jahrhundert zur Bedeutungslosigkeit herab. 1798 landete Napoleon in Ägypten. Dieses französische Zwischenspiel wurde schon sehr bald durch Mohammed Ali beendet. Die weitere Geschichte Kairos und Ägyptens erfahren wir dann im Zusammenhang mit dem Suezkanal. Mit Mohammed Ali, der 1805 Vizekönig von Ägypten wurde, beginnt die Geschichte des modernen Kairo. Die Alabastermoschee, vor der wir jetzt stehen, ist eine Gründung Mohammed Alis. Der Typus: eine Zentralkuppelanlage. Sein Grab befindet sich hinter der rechten Säule – vom Eingang aus gesehen. Der statische Seitenschub der riesigen Zentralkuppel wird aufgefangen von vier Halbkuppeln, die ihrerseits von den mächtigen Quadratpfeilern abgestützt werden. Die gesamte Innendekoration ist am ehesten mit der Kunst des europäischen Rokoko zu vergleichen, so überschwenglich erscheinen die orientalischen Ornamentmotive. Besonders delikat aber nimmt sich die Alabastertäfelung der Wandflächen aus.

Abstecher in die Innenstadt

Von der Zitadelle ist Gizeh verhältnismäßig schnell über die neue Umgehungsstraße zu erreichen. Wenn noch Zeit bleiben sollte, dann wäre die Fahrt durch die belebte, fast chaotische Innenstadt viel interessanter. Über die Tahrîr-Brücke erreichen wir die El-Gala-Brücke. Damit kommen wir in den Genuß, das unvergleichliche Stadtpanorama von Kairo auf uns wirken zu lassen. Der breite Fluß trennt die Altstadt von der Neustadt – zumindest an dieser Stelle. Modernste Hochhausbauten wechseln ab mit Wohnhäusern, die so zerfallen sind, daß wir befürchten, sie könnten jeden Augenblick zusammenstürzen. Das passiert ja auch hin und wieder. Hinter dem Sheraton-Hotel sind viele Botschaftsgebäude am Ufer des Nils erbaut worden – viele stammen aus dem späten 19. Jahrhundert und entfalten einen exotischen Historismus. Nicht nur die europäischen alten Stile sind hier miteinander vermischt, sondern auch die orientalischen. Eines dieser Gebäude ist das Haus Sadats gewesen. Nach dem Zoologischen Garten biegen wir ein in eine mehrere Kilometer lange Straße – die Direttissima zu den Pyramiden. Von diesen war ja schon im vorigen Kapitel die Rede.

Schön wäre es, wenn noch Zeit für einen Abstecher nach Alt-Kairo wäre. Die Krypta der *Abu-Sarga-Kirche* (St. Sergius) reicht vielleicht ins 5. Jahrhundert zurück; der Überlieferung nach bezeichnet sie die Stelle, wo die Heilige Familie während ihres Aufenthaltes in Ägypten gewohnt hat. In der Nähe der Kirche sind noch viele Häuser mit Holzkreuzen über den Türen zu sehen – ein Zeichen, daß hier Christen wohnen. Das *Koptische Museum* schließlich präsentiert eine umfangreiche Sammlung von Kunstdenkmälern aus der Zeit von 300 bis 1000 n. Chr. Koptisch – ›kopt‹ läßt sich auf das pharaonische Wort Het-Ka-Ptah (Haus der Seele des Ptah) zurückführen. Daraus machten die Griechen Aigyptios. Gypt oder Kaopt ist also als Abkürzung für die Ägypter zu verstehen. Und die Kopten verstanden sich auch als direkte Nachkommen des ägyptischen Pharaonenreiches. Nach der Christianisierung verschmolzen altägyptische Volkssagen und hellenistisch-römische Kultelemente mit den Glaubensinhalten der Christen. Es kam zu einer Kulturosmose, einer Durchdringung unterschiedlicher Stilarten. Nach den arabischen Eroberungszügen trat dann noch die islamische Kunst hinzu.

Durch den Suezkanal

Wir liegen an Deck der ›Pushkin‹. Wahrscheinlich zum letzten Mal auf dieser Reise. In den Abendstunden werden wir Port Said erreicht haben und damit das Mittelmeer. Die nächsten Tage, die letzten Tage werden verhältnismäßig kühl sein, wie dem Wetterbericht zu entnehmen war.

Langsam ziehen wir an hellgelben Sanddünen vorbei. Links und rechts von uns nur Wüste. Hin und wieder Menschen am Ufer, die uns zuwinken. Militärstationen sind ebenfalls zu sehen. Und, immer wieder Wracks von Landungsbooten, zerschossene Panzer, abgeknickte Kanonenrohre, ausgebrannte Jeeps. Die Kriegsrelikte der vergangenen Waffengänge zwischen Israel und Ägypten sind gegenwärtig. Sollen sie es sein – als Warnung. Aber vielen eifrig fotografierenden Passagieren ist dieses warnende Moment wohl nicht deutlich – ganz im Gegenteil: Das Panzerwrack vor der hellen Wüstenkulisse wird zum ästhetischen Objekt hochstilisiert.

Die Geschichte des Suezkanals ist fast so alt wie das Land, durch das er gezogen wurde. Der Pharao Sesostris II., ein Herrscher der 12. Dynastie, hat vor ungefähr viertausend Jahren versucht, das Rote Meer mit dem Mittelmeer zu verbinden. Dann, so berichtet der griechische Historiker Herodot, war es der Pharao Necho um 600 v. Chr., der diesen Versuch wiederholt hatte. Ob ihm der Durchstich gelungen ist, ist nicht bekannt. Der Perserkönig Darius jedenfalls hat mit dem Kanalbau 500 v. Chr. begonnen und ihn so weit vorangetrieben, daß die späteren Machthaber des Landes, die Römer, keine Mühe mehr hatten, den Bau zu vollenden. Er versandete aber dann wieder und wurde im 7. Jahrhundert von Arabern erneut ausgebaut – allerdings nur für kurze Zeit. Der Wüstensand ging über die schmale Wasserstraße hinweg, und bald existierte sie nicht mehr.

Diese Informationen über die antiken Kanalbauten sind unter anderem von den Wissenschaftlern erforscht worden, die das Heer Napoleons nach Ägypten begleitet hatten. In dieser Zeit sprachen Ingenieure und Politiker wieder vom Bau eines Kanals. Erst als der Franzose Ferdinand de Lesseps

Pläne vorlegte, die auch die größten Skeptiker eines solchen Unternehmens überzeugen konnten, begannen die Arbeiten in der Wüste. Im Jahre 1854 erhielt Lesseps vom ägyptischen Vizekönig Said Pascha die Konzession für den Bau. Er gründete mit französischem Kapital die Compagnie Universelle du Canal de Suez. England war gegen den Bau des Kanals eingestellt und versuchte auf der politischen Bühne alles, um den Bau zu verhindern. Zunächst setzte die britische Krone das osmanische Reich unter Druck. Der türkische Sultan, der die Oberhoheit über Ägypten innehatte, ließ nichts unversucht, um der ägyptischen Führung klarzumachen, daß ein Kanalbau gegen die Interessen Englands und der Türkei wäre. Um seinem Wort Nachdruck zu verleihen, wollte er Truppen nach Ägypten entsenden. Doch Said Paschas Nachfolger Ismail Pascha verwies kühl auf einen Staatsvertrag mit der Türkei von 1841, dem zufolge alles in eigener Regie unternommen werden könne, was dem öffentlichen Interesse Ägyptens diene, wie zum Beispiel der unter englischer Planung stehende Eisenbahnbau zwischen Alexandrien und Kairo. Und diese Eisenbahnlinie war es auch, die ein Grund für Englands Einspruch gewesen ist. Die Briten waren besorgt, ihr Transportmonopol über den Isthmus zu verlieren.

Der Kanal wurde schließlich unter großem Pomp am 17. November 1869 eingeweiht. Das erste Handelsschiff, das den Kanal passierte, war – natürlich – ein englisches. Es transportierte eine Ladung Kabel nach Suez. Dreizehn Jahre später, infolge bürgerkriegsähnlicher Unruhen, besetzte England die Kanalzone, obwohl Ägypten bis 1914 noch unter türkischer Staatshoheit blieb. Von 1914 bis 1922 war Ägypten britisches Protektorat. Aber auch während der nun von London anerkannten Unabhängigkeit des Landes blieben die Briten in der Kanalzone. Erst nach dem Zweiten Weltkrieg zogen sie ihre Truppen ab. Nachdem im Jahre 1956 Nasser zum Staatspräsidenten von Ägypten gewählt worden war und den Kanal verstaatlicht hatte, besetzten englische und französische Luftlandetruppen die umstrittene Zone. Durch eine UNO-Vollversammlung aber wurden die kriegerischen Auseinandersetzungen beigelegt und die Besatzungstruppen abgezogen. Nach dem sogenannten Sechs-Tage-Krieg zwischen Ägypten und Israel besetzten israelische Soldaten den Sinai und die Kanalzone. Der Kanal wurde geschlossen. Seine Wiedereröffnung erfolgte am 5. Juni 1975, nachdem das Truppenentflechtungsabkommen zwischen den beiden Ländern in Kraft getreten war.

Es dämmert, und es wird sehr schnell kühl. Wir haben schon Pullover angezogen. In der Ferne, backbord voraus, glitzern die ersten Lichter von Port Said auf. Bald werden wir den Kanal durchfahren haben. Die drei englischen Kriegsschiffe vor uns haben ihre Positionslichter eingeschaltet. Die ›Pushkin‹ wird deren Beispiel gefolgt sein – dafür sorgt der Kanallotse. Unser Schwesterschiff, die ›Lermontov‹, folgt in einem angemessenen Abstand nach. Dahinter viele Passagierdampfer, Tanker, Containerschiffe oder Stückgutfrachter unterschiedlicher Nationen. Die letzten des Konvois werden wohl gerade die Bitterseen verlassen haben.

Nun ist es dunkel geworden. Die Lichter von Port Said sind schon ganz nah. Ein wenig Schwermut breitete sich in uns aus. Die Suezkanal-Durchfahrt erscheint uns wie eine lange melancholische Passage des Abschieds. Port Said dünkt uns wie eine Vorstadt unserer Heimat. Wie haben sich doch die Maßstäbe verschoben. Das Mittelmeer – fast ein Binnensee gegenüber den Weiten des Pazifiks. Und im Mittelmeer sind die Küsten so nah, die von Kreta, Sizilien und Ligurien gehen ineinander über. Ja, im Mittelmeer sind wir schon zu Hause.

BILDNACHWEIS

Die Reiseskizzen im Text sowie die Farbaufnahmen 5, 7, 14, 18, 19, 21, 23, 24, 25, 26 und 36 stammen von Ehrenfried Kluckert.
Die weiteren, den Text ergänzenden Aufnahmen stellten freundlicherweise zur Verfügung: BILDERBERG, Hambug (Klaus D. Francke: 2, 3; Till Leeser: 4); Michael Friedel (6, 8, 13, 15, 32, 33, 34, 35); Wolfgang Hetzner (20, 22, 27, 28, 29, 30); Stefan Moses (1, 31, 37, 38, 39); Werner Stumpf (9, 10, 11, 12); Sabine Thiel-Siling (16, 17).
Die Karten im Text und die Pläne der Stadtkerne zeichnete Astrid Fischer auf der Grundlage von Angaben des Autors. Die Weltkarte mit der Reiseroute stammt von Peter Langemann.